普通高等教育"十一五"国家级规划教材

人权法学

（第二版）

杨春福　主编

科学出版社
北　京

内 容 简 介

本书以人权、人权法律制度及人权法律思想为中心进行考察。全书共分三编。第一编是人权的基本理论，从理论层面上分析了人权的定义、属性和分类，回顾和剖析了人权的历史和发展，提出了人权保障的原则及方式。第二编是人权的基本内容，重点讲述了人权的基本内容，即人身人格权、自由权、平等权、民主权利、劳动权、环境权与发展权、人道权等。第三编是人权的国际保护，研究和分析了国际人权文件、人权国际保护的机构及人权国际保护的实施制度。

本书适合高等院校法律专业的高年级本科生及法学硕士研究生、全日制法律硕士和在职法律硕士作为参考教材，也适合从事相关法律工作的人士参考。

图书在版编目(CIP)数据

人权法学/杨春福主编. —2版. —北京：科学出版社，2010
普通高等教育"十一五"国家级规划教材
ISBN 978-7-03-026278-3

Ⅰ. 人…　Ⅱ. 杨…　Ⅲ. 人权-法的理论-高等学校-教材　Ⅳ. D913.01

中国版本图书馆 CIP 数据核字(2009)第 236651 号

责任编辑：徐　蕊　王京苏　刘英红/责任校对：陈玉凤
责任印制：赵　博/封面设计：无极书装设计工作室

科学出版社出版
北京东黄城根北街16号
邮政编码：100717
http://www.sciencep.com
北京富资园科技发展有限公司印刷
科学出版社发行　各地新华书店经销
*
2010年1月第 二 版　开本：B5(720×1000)
2024年8月第六次印刷　印张：19 3/4
字数：396 000

定价：59.00 元

(如有印装质量问题，我社负责调换)

目　　录

绪论……………………………………………………………………………… 1

第一编　人权的基本理论

第一章　人权的概念…………………………………………………………… 9
　第一节　人权的定义………………………………………………………… 9
　第二节　人权的属性 ……………………………………………………… 23
　第三节　人权的分类 ……………………………………………………… 28
第二章　人权的历史和发展 ……………………………………………… 34
　第一节　人权思想与理论的启蒙 ………………………………………… 34
　第二节　近代资产阶级人权理论的确立 ………………………………… 38
　第三节　人权与人权保障的国际化 ……………………………………… 43
第三章　人权的保护与法律救济 ………………………………………… 51
　第一节　人权保护的必要性 ……………………………………………… 51
　第二节　人权保障遵循的原则 …………………………………………… 53
　第三节　人权保护的方式 ………………………………………………… 60

第二编　人权的基本内容

第四章　人身人格权 ……………………………………………………… 71
　第一节　生存权 …………………………………………………………… 71
　第二节　生命权 …………………………………………………………… 73
　第三节　人身安全权 ……………………………………………………… 78
　第四节　人身自由权 ……………………………………………………… 82
　第五节　人格尊严权 ……………………………………………………… 85
第五章　自由权 …………………………………………………………… 91
　第一节　财产权与经济活动的自由 ……………………………………… 91
　第二节　思想良心和宗教信仰自由 ……………………………………… 97
　第三节　表达自由…………………………………………………………… 100
第六章　平等权……………………………………………………………… 108
　第一节　平等权概述………………………………………………………… 108
　第二节　民族平等权………………………………………………………… 115

第三节 男女平等权…… 119
第四节 政治平等权…… 125
第七章 民主权利…… 130
第一节 治人权:选举权与罢免权 …… 131
第二节 治法权:对立法的创制权与复决权 …… 135
第三节 平等担任国家公职的权利与知情权…… 137
第四节 抵抗权与监督权…… 138
第五节 自治权…… 143
第八章 劳动权…… 147
第一节 劳动权概述…… 147
第二节 工作权…… 150
第三节 团结权…… 152
第四节 集体协商权…… 155
第五节 集体行动权…… 158
第六节 社会保险权…… 164
第七节 工作环境权…… 168
第九章 环境权与发展权…… 174
第一节 基本原理…… 174
第二节 环境权…… 175
第三节 发展权…… 182
第十章 人道权…… 189
第一节 老人、妇女、儿童权…… 189
第二节 残疾人权…… 204
第三节 被羁押人的权利…… 210

第三编 人权的国际保护

第十一章 人权国际保护概述…… 217
第一节 人权国际保护概述…… 217
第二节 国际人权法的概念和渊源…… 220
第三节 国际人权法与国内人权法律制度…… 228
第十二章 国际人权文件…… 232
第一节 人权国际保护的基本文件…… 232
第二节 人权国际保护的专门性和区域性文件…… 247
第十三章 人权国际保护的机构…… 254
第一节 联合国体系内的人权机构…… 254

第二节　根据国际人权条约设立的人权机构…… 259
第三节　区域性人权机构…… 261
第十四章　人权国际保护的实施制度…… 266
第一节　联合国处理大规模侵犯人权的程序和制度…… 266
第二节　多边性国际人权条约的实施制度…… 268
第三节　区域性国际人权条约的实施制度…… 272
附录…… 278
附录一　人权文件英文名称…… 278
附录二　主要的人权公约…… 280
后记…… 309

绪　论

一、人权法的概念及其在法律体系中的地位

人权法学，通常可简称为人权法，是研究人权的基本理论、基本内容以及人权之国内与国际法律制度保障的科学。人权法研究的核心内容是人权（human rights）。对于“人权”这个概念，学术界一般认为它源于西方，其历史已久矣。首次明确提出“人权”概念的是意大利的伟大诗人但丁（Dante Alighieri）。[①] 本教材认为，人权可以简明地理解为“人作为人所应当享有的权利”。从权利的理论来看，权利有三种形态，即应有权利、法定权利和现实权利。应有权利是人权的最初形态，而法定权利是对人权的立法保护的结果，现实权利是主体实际行使或享有的权利形态，它可能是受到司法或物质保障的结果。因此，人权在本教材中将被视作一个应然的范畴，它不仅仅是法定权利。人权法亦随之被理解为是自然法学和实证法学的混合物。本教材并不强调人权法的实证研究，而重视某一领域内应当存在的人权及人权法，这或许将成为本教材的特点之一。

人权法作为一门法学学科相对于其他传统的法学学科如民法、刑法等，出现较晚。但 20 世纪末，在西方一些国家的法律及法学教育体系中，人权法的地位殊为重要，人权法的教育臻于成熟完善并且得到了广泛普及。譬如在英国，“人权法是一个很热门、很实际的专业，很多大学的法学院都提供人权法的硕士学位；如果学生愿意在该领域进一步研究，还可以获得博士学位。选择人权法作为主攻方向的人数也很多，就在诺丁汉大学，每年注册攻读该专业的硕士和博士研究生就有五六十人，差不多占全部注册研究生人数的一半，而且其中有一大半的学生来自世界各地。若问他们为什么要选择这一专业，十有八九他们会说，这个专业有出路”[②]。中国对人权的研究和教学始自于 20 世纪 80 年代，但是大都囿于国际关系和国际政治领域。中国法学界当初对人权并不很重视。但近些年来，中国政府对人权的关注愈来愈多，并且加入了一系列的人权公约，尤其是 1997 年和 1998 年分别签署了《经济、社会和文化权利国际公约》以及《公民权利和政治权利国际公约》。这些举措表明中国人权事业的发展驶入了快车道。这无疑对法学界的人权教学和研究提出了更高的要求。目前国内人权法的教材并不多见，本教材亦算是对中国人权法教学的一个探索。尽管人权法的很多课题是从传

---

① 郑杭生：《人权新论》，中国青年出版社，1993 年，第 23 页。

② 王云霞：《人权法教学在英国》，载《华东政法学院学报》，2001 年第 4 期，第 64～66 页。

统的国际法、欧洲联盟法、宪法、刑法、刑事诉讼法等学科中发展出来的，但鉴于人权法的重要性以及人权法有着自己专门的研究对象，本教材倾向于认为人权法是一个独立的部门法。

二、人权法的研究对象和体系

人权法的研究对象是什么？这在上文给人权法所下的定义中实际上已经明确了，即人权的基本理论、基本内容以及人权之国内与国际法律制度保障。目前国内现有的人权法著述所涉及的内容基本上都可以被概括在上述的研究范围内。譬如，1992年中国人民大学出版社出版的《人权思想和人权立法》一书分为三编：马克思主义人权思想和人权立法，资产阶级人权思想和人权立法，以及国际人权法。又如，2001年北京大学出版社出版的《人权与法制》一书亦分为三个部分：人权与法制概说，当代中国的人权与法制建设，以及人权的国际保护。从上述著述的体例安排上不难看出，人权法的研究对象是围绕着人权这个中心而展开的。也正因如此，才使得人权法同其他理论法学或部门法学区别开来。下面就以各学科的研究对象为中心简要地论述一下人权法同其他学科的区别和联系。

人权法与法理学。法理学的研究对象是“一般法”。一般法的结论对实在法的各种现象都能给予有力的解释，其范围涵盖了部门法从制定到实施的所有领域。而人权法作为部门法，它的范围仅仅局限在与人权有关的法律领域内。当下中国从事人权法研究的科研人员当中，法理学家占了相当的比重。这可能是因为人权法的理论性比较强，以及较多法理学家致力于人权法研究的缘故。但值得注意的是，不能因此而混淆了人权法与法理学的学科界限。

人权法与宪法学。宪法学研究的对象是国家根本大法——宪法的基本理论以及具体制度。宪法调整的对象是政府与公民之间的关系，其目标就是人权的保障和权力的控制。因此，人权是宪法学所需研究的主要内容。在人权法的实在法体系内，宪法是效力等级最高的规范。宪法关于人权的规定是人权法研究的重要内容。

人权法与刑法学以及刑事诉讼法学。刑法学研究的对象是犯罪、刑罚以及刑事责任。刑事诉讼法学研究的对象是刑事诉讼的现象和规律。为什么将人权法和刑法学、刑事诉讼法学放在一起比较呢？因为在刑事诉讼活动过程中，犯罪嫌疑人、被告人以及罪犯的人权非常容易受到司法人员的侵害，所以很多国际人权公约当中都特别强调了刑事诉讼活动过程中应当注意基本人权的保障。人权法不仅是抽象的理论，它还是具体的操作指南。只有保障和尊重人权的刑法和刑事诉讼法才是良好的法律，它们是人权法在实践领域里具体展开的重要部分。

人权法与国际法学。人权法和国际法学的研究对象有重叠的部分，那就是国际人权法。国际人权法研究有关国际人权保护的公约和其他文件。例如：①国际人权宪章，包括《世界人权宣言》、《公民权利和政治权利国际公约》、《经济、社会和文化权利国际公约》等；②防止和反对种族歧视的文件，如《防止并惩治灭绝种族罪公约》、《消除一切形式种族歧视国际公约》、《禁止并惩治种族隔离罪行国际公约》等；③有关特殊主体人权的保护，如妇女、儿童、囚犯、少数人等国际人权保护文件，此类公约和文件在国际人权法中涉及面最广，数量最多。

人权法的体系就是人权法的研究对象确定后，将相关的知识内容加以组合而形成的结构形式。本教材分为三编。第一编为人权的基本理论，分设三章，依次是人权的概念；人权的历史和发展；人权的保护与法律救济。第二编是人权的基本内容，分设七章，依次是人身人格权；自由权；平等权；民主权利；劳动权；环境权与发展权；人道权。第三编为人权的国际保护，分设四章，依次为人权国际保护概述；国际人权文件；人权国际保护的机构；人权国际保护的实施制度。

三、人权法的作用和价值

人权法的基本作用和价值主要有以下五点。

第一，普及人权观念，维护人类尊严。上文中提到，本教材注重人权在应然层面的研究。这是为什么呢？可以设想，如果把人权的内容写成是对法定权利尤其是对中国现行法定权利的重述，其意义显然并不是很大。但是若将重点放在那些应当属于人权内容而没有上升为法定权利的内容及其保护上，则可以保证人权对现实法律制度的批判作用。需要说明的是，本教材无意将人权定位于晦涩的形而上学的纯粹概念，而是认为将人权常识化非常重要，本教材的初衷亦正在此，即推动中国人权观念的启蒙。所谓启蒙，就是倡导人们公开运用自己的理性。简单地说，启蒙要求人们运用自己的先天能力去认识什么是人权以及人权的发展规律；甚至鼓励人们勇敢地参与到人权的实践当中去。在人们为人权而斗争的同时，个人的尊严、人类的尊严就得到了最好的体现。本教材致力于信息量的全面和充实，但或许在人权的法律实践或制度设计方面着墨并不多，这里或多或少有一些故意为之的成分。

第二，指导人权立法。广义的人权立法包括国内人权法的制定和修订以及国际人权公约的签署和批准。中国目前没有专门的人权法典，人权的相关法律规定散见于宪法、刑法、刑事诉讼法等法律规定当中。如何完善国内法关于人身人格权、自由权、平等权、民主权利、受益权、环境权与发展权、人道权等人权事项的规定，需要人权法理论的指导，因为人权立法在中国还是新兴的事物，对于很多领域内的人权还需要明确其具体的概念和含义。国外虽有相关的经验和先例，但是完全照搬照抄显然是行不通的，而只能把它们作为借鉴和参考。中国国内人权立法的关键在于摸索出适合中国国情的模式。除此之外，在中国加入一些国际人权公约的同时，人权法理论与国际标准相接轨就成为必然要求。对此，人权法的教学和研究肩负不可推卸的责任。

第三，促进行政执法与刑事司法。人权法对人权保障的促进在行政执法与刑事司法领域内，其收效最为明显。譬如，2003 年在中国广州，孙志刚因被收容审查而致死。[①] 该事件突出地反映了收容审查制度与人权的矛盾。最后，国务院决定废除收容审查制度，代之以《城市生活无着的流浪乞讨人员救助管理办法》。该办法的出台是人权法进步的典型事例。人权法还要求刑事司法人员不得随意殴打、辱骂犯罪嫌疑人，不得刑讯逼供；要求监狱管理人员善待在押罪犯，等等。这些都是人权法在刑事司法领域内的显著体现。概括地说，人权法有力地推动了执法文明和司法文明。

第四，繁荣法学教育，丰富法学研究。由于人权法和人们的日常生活休戚相关，因此对在校学生和广大公民进行法学教育时，人权法应该是重要的组成部分。对于法学专业的学生来说，必须认真学好人权法。人权法的教学和科研还关系到法学的繁荣和发展。人权法的相关教材出版、文章发表以及专著撰写，较之以往有了日新月异、突飞猛进的变化。人权法的研究水平和质量在不断提高，研究的领域也在不断拓展。中国与国外关于人权法的交流日益频繁，中国的学者经常参加或者召开一些有国际影响的人权法研讨会议，这些对于中国法学走向国际舞台有着非常积极的意义。

第五，推动中国民主和法治建设。民主、法治和人权，三者之间有着密切的内在逻辑联系。有学者认为，“法治的真谛是人权，人权加法治等于民主”[②]。此言极是。法治（rule of law）的基本要求是已制定的法律能够获得民众的普遍服从，而民众所普遍服从的法律本身又是制定的良好的法律。什么是良好的法律？良好的法律就是充分尊重人权、合乎人权法要求的法律。良好的法律又如何得以制定出来呢？人们依靠什么来保证法律合乎人权法的要求呢？人类既有的政治法律制度史表明，在没有其他更好的办法以前，只有依靠民主制度。民主制度的核心是选举制度。隐藏在选举制度背后的是代议理论。即人们首先通过选举遴选出各自利益的代言人，再由这些代言人去制定法律。按此程序制定出来的这个法律就被认为是很好地表达了众人之意。表达了众人之意的法律才是符合人权法要求的法律。为什么呢？用一位英国自由主义思想家洛克的话来回答就是：“Salus populi suprema lex（人民的权利是最高的法律），的确是公正的和根本的准则，谁真诚地加以遵守谁就不会犯严重的错误。”[③] 而且，只有维护民众权利的法律

---

① 该案的具体情形，可以参阅陈峰、王雷：《被收容者孙志刚之死》，载《南方都市报》，2003 年 4 月 25 日。

② 徐显明：《法治的真谛是人权》，载《人权研究》第一卷，山东人民出版社，2001 年，代序第 1 页

③ ［英］洛克：《政府论》（下篇），叶启芳等译，商务印书馆，1964 年，第 97 页。

才能获得民众的普遍服从。人权法的教学和研究势必会影响、提升人们评价法律是否良好的标准。在人权、民主与法治三者的互动过程中，人权意识的普及势必推动中国的民主和法治大踏步前进，中国的政治文明也会呈现出崭新的面貌。

四、人权法的研究方法

与其他部门法的研究相比较，研究人权法需要更多的知识背景，这是由人权法内容的广泛性、复杂性以及国际性所决定的。只有综合多学科多种方法对人权法进行研究，才有可能全面地认识和理解人权法。囿于我们的学识，若想完全地认识人权法的真理，那自然是不可能的，但我们可以努力地接近真理。本教材对人权法进行研究的过程中，至少采用了以下的方法。

首先，哲学的方法。研究人权法需要有一定的哲学思想作为基础，这也是人们通常所说的认识论和方法论的问题。本教材讨论人权的概念时，会涉及中国哲学和西方哲学。中国哲学主要是儒家的思想，以孔子和孟子的思想为代表。本教材也吸取了现代西方哲学的一些方法论和认识论，如现象学的方法以及实用主义的方法。鉴于法学界对现象学的介绍不多，并且该学派对本教材第一章的写作有所影响，在此对现象学以及现象学法学作一些简单的介绍。20世纪初德国哲学家胡塞尔（E. Husserl）在1900～1901年发表两卷本《逻辑研究》，书中第一次提出了以“现象学”命名的哲学理论与方法。此后30年里，现象学哲学领域涌现了一批杰出的代表人物，其中有舍勒（M. Scheler）、海德格尔（M. Heidegger）、英伽登（R. Ingarden）等，同时，若干现象学家的经典文献也相继问世。如果从希腊词源上看，“现象学”本义是“让人从显现的东西本身那里，如它从其本身所显现的那样来看它”①。而现象学的方法，其根本统一就在于“非常执拗地努力查看现象，并且在思考现象之前始终忠于现象”②。本教材以为现象学法学有三个特征：第一，现象学法学的思维态度是“回到事情本身”。有学者认为现象学意识开拓了一种新的哲学传统，它拒绝借助旧的传统，拒绝借助以往的理论、前人的学说，而是要求直接、明证、原本地把握绝对真理自身。这种“排除成见”、“面对事实本身”的态度是现象学研究之所以能够成为一大批严肃的哲学家所认同的哲学运动的首要原因，它意味着一种能够维系整个现象学运动的统一性的东西。③ 第二，现象学法学的认识论是克服主体客体的分离。胡塞尔是20世纪初现象学运动的发起人，哲学人类学家米尔曼（W. E. Muehlmann）对其“持久的意义”所进行归纳的六点中的一条功绩就是

---

① ［德］海德格尔：《存在与时间》，陈嘉映、王太庆译，三联书店，1999年，第41页

② ［美］施皮格伯格：《现象学运动》，王炳文、张金言译，商务印书馆，1995年，第964页

③ 倪梁康：《现象学及其效应》，三联书店，1994年，第30页。

他克服了“主客体的分裂”。第三，现象学法学关注主体本身。胡塞尔对人的意识作了严谨的分析，舍勒对人的精神进行了恢宏的研究，海德格尔对人的语言有精辟的阐释。不难发现，现象学对主体的关注是毋庸置疑的。现象学法学当然亦就具备了关注主体的特点。因此，用现象学的方法来研究人权是相得益彰的。实用主义的方法则强调真理是不存在的，理论应该“有用”，理论应当联系实际。另外，如果要给本教材中的案例之穿插也安上一个思想基础的话，经验主义则是最合适不过了。

其次，历史的方法。历史的叙述实际上是经验的展开。对于不喜欢哲学思辨的读者来说，人权的历史更为“实在”——毕竟有文字的记录为证，至于昔时文字的真实，那就是考古学家们的事了。人类为了让自己所生活的天地更为广阔，他们往往通过历史把自己链接到亘古的时空里去。反思先人人权思想实践之得失成败的同时，人权的未来也就得到了昭示。

再次，经济学的方法。经济学属于实证的方法，虽然本教材主张从应然的层面讨论人权法问题，但本教材并不排斥经济学方法的使用。经济学的方法，其核心是成本与利益的权衡。经济学方法的初始假设是追求社会利益总量的最大化。本教材认为，人权法与社会利益总量的增长并没有矛盾，相反二者之间是相辅相成的。用1998年诺贝尔经济学奖获得者阿马蒂亚·森（Amartya Sen）的话说，人权法具有工具性的价值。譬如，在有言论自由（人权之政治权利的重要一种）的国家，就不会有饥荒。对于人权法为什么会促进社会利益总量的增长，这也可以用经济学中的科斯定理来解释。即人权法的统一标准使得市场上的交易成本降低，合约的成立与履行就会变得容易，贸易因此得以兴盛。

最后，比较的方法。本教材认为，对于比较方法的运用，主要集中在中国和西方国家关于人权理论和实践的分析之中。譬如，西方国家的人权观念是以个人主义、自由主义为基石的，中国传统文化中根本没有这些因子。那么，是不是说中国历史上就没有出现过人权的观念呢？通过比较中西人权观的异同点，可以发现中国古代汉语文明中虽然没有“人权”这个词汇或是概念，但是对人权的关怀却举不胜举。因此，人权思想在整个人类是共通的。

第一编　人权的基本理论

第一章　人权的概念

第一节　人权的定义

人权和正义一样有着一张普洛透斯似的脸（a Proteus face），在不同的历史阶段有着不同的面貌。即使处于同一个时代，人权的定义也无法做到完全的整齐划一。因为人权确实是一个仁者见仁、智者见智的问题。

《布莱克维尔政治学百科词典》认为，人权只能在道德意义上使用，并只能限定在道德意义的范围内。“人权思想乃是权利思想，而权利是‘自然的’，因为它被设想为人们作为人凭借其自然能力而拥有的道德权利，而不是凭借他们所能进入任何特殊程序或他们要遵循其确定的特定的法律制度而拥有的权利。”① 但是有学者认为，将法定权利和应有权利均包括在人权概念中才是比较合理的。“人权同时具有法律性质和道德性质，就是说人权既是法律权利，也是道德权利。就其道德属性来说，人权就是人作为人应当享有的，不可由他人非法、无理剥夺，也不可由本人转让的权利，是做人的权利。”② 本教材认同人权既是法律权利又是道德权利的观点。

还有学者把人权看做是历史的产物，并且认为人权不仅仅是由权利构成的，还应该包括“人道”这个概念。人权是权利和人道的融合。其中，权利是作为人权的权利，即作为“每个人都享有或应该享有”的权利；人道是以主张权利为中心的原则，而不是只主张义务的原则，人及人类社会应该怎样对待人、尊重人的判断等命题或原则都是人道。③ 这种提法的特点是指出了人权概念的内在含义。

本教材吸取了英国学者米尔恩（A. J. Milne）关于最低限度人权的说法，并且为了将人权概念常识化、普及化，我们将人权定义为“人作为人所应当享有的权利”。这里的“人”，在自然意义上是指“有感觉的、有个性的、直接存在的”生物有机体；在社会意义上，当指“好人”，即有最低限度道德的人，具体包括行善、敬重生命、公平对待、互助、社会责任、不受专横干涉、诚实信用、礼貌及抚幼等。下面本教材从人权的主体、人权的客体、人权的存在形态、人权的本质，以及人权的思想基础五个方面对人权概念进行阐释，借以促进对人权深入、

---

① 《布莱克维尔政治学百科全书》，中国政法大学出版社，1992年，第337页。

② 张文显：《法哲学范畴研究》，中国政法大学出版社，2001年，第400页。

③ 夏勇：《人权概念起源：权利的历史哲学》，中国政法大学出版社，2001年，原版导言第4、5页。

全面的理解。

一、人权的主体

讨论人权概念，首先得明确人权主体的范围。人权主体范围随着社会的进步在不断地拓展，这也表现在人权主体的理论领域当中。有学者认为，人权主体范围的扩展可以归纳为三个过程：①“从有限主体到普遍主体”。在古典人权理论中人权主体是有限的。古典人权时代，不仅殖民地和附属国的人民的人权被践踏，就连人权的发源地英国、法国和美国，能够真正享有人权的也只有欧洲白人中的有产男子，而几乎所有的非欧洲人，甚至东欧和南欧人，都受到普遍的排斥。从19世纪中叶到20世纪上半叶，在人权发展的这第二个阶段，作为社会主流思想的人权理论不仅在推动人权主体的普遍化上鲜有进展，相反，许多资产阶级思想家还创造了五花八门的学说来为有限的人权主体理论辩护并鼓励理直气壮地践踏人权。这些理论至20世纪中叶在第二次世界大战中被发挥到了极致。正是在这场史无前例的大灾难中才孕育出了对普遍性人权的迫切需要和真切追求。②“从生命主体到人格主体”。新的理论认为，法人是存在于社会中的与自然人有同样活动能力的实体，作为法律拟制的人格与自然人一起构成现代社会的主要要素。自然人的个人利益性已经有了不同的变化，法人迎合自然人发展的需要而产生，自然人通过法人的活动来满足自己、发展自己，法人与自然人之间有一基本的目的与手段的关系，法人作为自然人的手段而存在，给予法人人权主体地位还是为了保障自然人的人权。所有法律上的人格都是平等的，其待遇应该是同等的，不管这个人格是自然取得的还是法律拟制的。③“从个体到集体”。第二次世界大战后，人权理论与实践又进入了一个新的发展阶段。人权主体不仅已从有限的某些人发展为普遍的生物学意义上的每个人，从生命扩展到人格，而且从个人发展到集体，这是人权主体理论的又一次革命。[①] 学者们所概括的上述过程实际上已经大致地将人权的主体范围勾画清楚了，即人权主体似乎应该包括：①所有的自然人和法人；②集体，如少数人群体、民族、国家等。但是，本教材认为还有必要在下列几个人权主体的问题上再作些探讨。

（一）法人是否享有人权

学者们对法人的人权主体资格问题作了如下的论证。美国1873年联邦最高法院在一个“屠宰场”案的判例中把宪法第14条修正案扩大适用于法人。由是，以生命为特征的人权主体扩展为以人格为特征的人权主体。1881年，美国联邦最高法院对“圣克拉拉县诉南太平洋铁路公司”案的裁决，又把宪法第14条修

① 徐显明、曲相霏：《人权主体界说》，载《中国法学》，2001年第2期，第53～62页。

正案的平等保护条款适用于公司。20世纪三四十年代，在美国，法人的人权又被以同样的方式扩展到言论、出版、不受非法搜查、财产不受非法扣押等领域。至此，虽然尚无法律上的明文规定，但法人实际上已经成为人权条款的保护对象。世界上第一部用立法来确认法人是人权主体的宪法是德国的波恩宪法。该法第19条第3款规定，“基本权利限于其性质上的可能，也适用于国内法人”。以此为标志，法人作为人权主体在人权史上有了成文规范。而1950年《欧洲人权公约第一补充议定书》第10条的规定，“每个自然人或法人有权和平享有其财产”，则标志着法人与自然人并列作为人权的主体已经得到了国际人权法的承认。法人是存在于社会中的与自然人有同样活动能力的实体，作为法律所拟制的人格与自然人一起构成现代社会的主要要素，法人作为自然人的手段而存在，给予法人人权主体地位还是为了保障自然人的人权。如果不给予法人以人权主体地位，则不能使法人的权利获得人权条款的保障，这至少在自然人和法人之间制造了区别对待的条件，同为法律上人格不能获得法律上平等，这是有悖于人权理念的。①

本教材不同意将法人也纳入到人权的主体范围中来。理由是，按照人权的道德属性，人权主体的存在资格根本无须法律上的证成。自然人从呱呱坠地时起就享有了人权，其主体资格的获得是天然的，和法律并无关联。后来人权扩大到民族、国家，它们的主体资格也不是源于法律规定。置言之，自然人、民族、国家都是客观世界中事实存在的，并且它们都有着各自的主观意志。法人则不同，法人的成立必须符合法律的规定。如果把法律上的拟制人——法人也纳入到人权的主体范围中来的话，势必造成人权主体的泛滥。至于法人享有某些“人权”，如言论自由、平等保护等，这是因为法人获得了国家宪法和法律保护的缘故。法人的权利虽然同人权的某些内容相重合，但这无法在逻辑上推导出法人就是人权的主体。譬如，公园里的花花草草，其“生命”也是得到法律保护的，它们能否成为人权主体呢？答案当然是否定的。能不能说将花花草草与自然人区别开，花花草草就不能得到人权条款的保障，这是否违背了人权理念呢？答案也是否定的。显然，随意扩大人权主体的范围是不可取的。

（二）集体是否享有人权

国外的学者一般都反对将集体，如民族、国家等纳入到人权的主体范围中来。如美国学者唐纳利认为，只有个人才拥有人权。因为人权是一个人作为人与生俱来所拥有的权利，因此只有人才拥有人权，并且只有个人才拥有人权。个人一般都是社会共同体的成员，对人的尊严的任何合理考虑实际上已经包含了对社

---

① 徐显明、曲相霏：《人权主体界说》，载《中国法学》，2001年第2期，第56、57页。

会集体利益和权利的尊重。个人对社会负有责任，这些责任也许和社会权利是一致的，但不能由此推导认为，社会或者任何其他社会团体拥有人权。某些情况下，个人作为社会团体成员享有的权利仍是个人权利，而不是团体权利，如文化权利由一个特定的文化团体成员所享有。个人是更大的共同体和社会事业的组成部分，这种个人的思想是尊重人权的真正思想基础。①

本教材认为，集体也享有人权。1945 年《联合国宪章》第 1 条“发展国际间以尊重人民平等权利及自决原则为根据之友好关系”的规定，已经把“人民”这个集体而不是自然人（个人）作为“平等权利”和“自决”这两项重要人权的主体。1966 年联合国大会通过的《经济、社会和文化权利国际公约》和《公民权利和政治权利国际公约》均在第 1 条中宣称：“所有人民都有自决权”、“所有人民得为他们自己的目的自由处置他们的天然财富和资源”、“在任何情况下不得剥夺一个人民自己的生存手段”。集体作为人权的主体已是不争的事实。中国作为发展中国家，强调集体是人权的主体有着重大的意义。特别是自决权和发展权这两项内容，对于一个国家或者一个民族来说尤其重要。如果不坚持这两项人权，一个国家或者一个民族的成员就不会真正得到作为人的尊严。

（三）作为人权主体的弱势群体

有学者认为，弱势群体是一个相对的概念，在具有可比性的前提下，一部分人群（通常是少数）比另一部分人群（通常是多数）在经济、文化、体能、智能、处境等方面处于一种相对不利的地位。例如，与青壮年相比的少年儿童和老人，与男子相比的妇女，与健康人相比的残疾人，与就业人员相比的失业人员，与有正常收入者相比的贫困者，与主流文化群体相比的亚文化群体，与多数民族相比的少数民族，与自由公民相比的失去自由或者限制自由的公民，等等。② 美国思想家罗尔斯（John Rawls）认为，每个人都应该在社会中享有平等的自由权利。社会进行财富分配时，如果不得不产生某种不平等的话，这种不平等应该有利于最少受益者，即利益分配应向不利地位的人倾斜。社会职位和地位在公平的机会均等条件下向所有的人开放。③ 美国法学家德沃金（Ronald Dworkin）也认为，政府应该将某些机会和义务平等地分配给其治下的公民，并且公民作为平等的个人能够受到政府平等的尊重和关怀。④ 所以，对于弱势群体，政府有义务保

① ［美］杰克·唐纳利：《普遍人权的理论与实践》，王浦劬等译，中国社会科学出版社，2001 年，第 16、17 页。

② 李林：《法治社会与弱势群体的人权保障》，载《前线》，2001 年第 5 期，第 23、24 页。

③ ［美］罗尔斯：《正义论》，何怀宏等译，中国社会科学出版社，1998 年，第 56 页。

④ ［美］德沃金：《认真对待权利》，信春鹰等译，中国大百科全书出版社，1998 年，第 299、300 页。

障他们的人权的实现。而人权法的一个重要功能，就是按照公平、公正的原则，通过运用公共权力对社会资源的重新分配，给予弱势群体以特别的物质保障；或者运用公共权力，通过创造条件、排除妨碍等方式，给予弱势群体以特别的精神、道义保障。这些特别的措施，目的是使弱势群体群体人权能够平等的实现。在当下中国最重要的一些弱势群体问题就是农民和下岗工人的人权保障。

综上所述，本教材认为，人权的主体包括所有的自然人以及民族、国家等集体。

二、人权的客体

人权的客体即指由人权所引发并形成的社会关系的客体。人权是“人作为人所应当享有的权利”。从这个概念中也可以看出，人权的客体应该是权利。所以，本教材拟对权利作些介绍。

（一）权利的概念

20世纪以降，权利问题成为西方政治学、伦理学尤其是法学关注的重点。英国《牛津法律大词典》认为：“权利（right）这是一个受到相当不友好对待和被过度使用的词。”① 本教材只能选择几种影响较大的权利定义进行介绍。

利益说。利益说的主要代表是德国法学家耶林（Rudolf von Jhering），他“通过使人们关注到权利背后的利益，而改变了整个的权利理论”②。耶林认为，权利就是法律所保护的一种利益，所有的利益并不都是权利，只有为法律所承认和保障的利益才是权利。利益说的主要特点是将利益作为权利的指称范畴，认为任何一种权利都表征了某种利益，义务的设定也是为了保障权利人的某种利益。但是利益说存在偏颇之处，毕竟权利不等同于利益。有些权利恰是对利益的抛弃，如所有权人将财产无偿赠与他人。

资格说。资格说的最初表述见之于格劳秀斯的《战争与和平法》。格劳秀斯把权利看做是人作为理性动物所固有的，即与生俱有的一种“道德品质”或“资格”。在当代，米尔恩教授也持此观点：“权利概念之要义是资格。说你对某物享有权利，是说你有资格享有它，如享有投票、接受养老金、持有个人见解，以及享有家庭隐私的权利。”③ 资格说的缺陷是在逻辑上有循环论证的嫌疑，在研究方法上又忽略了对权利的动态考察。

---

① ［英］沃克：《牛津法律大词典》，光明日报出版社，1988年，第773页。

② ［美］庞德：《通过法律的社会控制》，沈宗灵等译，商务印书馆，1984年，第46页。

③ ［英］米尔恩：《人的权利与人的多样性——人权哲学》，夏勇、张志铭译，中国大百科全书出版社，1995年，第111页。

自由说。自由说主要是由荷兰哲学家斯宾诺沙（Benedictus de Spinoza）、英国哲学家霍布斯（Thomas Hobbes）、德国哲学家康德（Immanuel Kant）和黑格尔（Georg W. Friedrich Hegel）、美国法学家霍姆斯（Oliver W. Holms）等系统化的一种学说。如康德把权利理解为全部条件，“根据这些条件，任何人的有意识的行为，按照一条普遍的自由法则，确实能够和其他人的有意识的行为相协调”①。黑格尔也说：“法定的权利，不论是私人的或是国家的、市镇的等公共的，原先就称之为‘自由’……每一个真正的权利就是一种自由。”② 自由说表明了权利主体的意志自由和行动自由，权利主体为或不为一定行为时不受他人的干预或胁迫，这是自由说的合理之处。但是，权利主体的权利如何体现这种自由，自由说并没有给予关注。

要求说或主张说。要求说或主张说的代表人物是美国的费因伯格（Joel Feinberg）和斯塔尔加（S. T. Stoljar）。前者在其《权利的本性和价值》一书中指出：“权利是一种要求权，而要求权是‘权利之宣告’，用二者互相进行形式上的定义并未使我们走得太远。”但他认为这样的表述又似乎简单化，因此，他主张应将权利定义修正为“有效的要求权”（valid claims）。他指出，“一切要求权都必须得到确证，无论在事实上它们是否得到确证。一项要求权即使受到提出者的认可，但如果没有效力，那它终究不是一项要求权，而仅仅是一项要求……”③ 斯塔尔加指出，许多辞典把权利定义为主张，同时把主张看成是权利的一种形式。他进而认为，一项要求本身意味着一项权利，“一项不能被主张、被要求的或被请求享有或行使的权利，不只是‘有缺陷’的，而且是一个空洞的规定”④。要求说或主张说强调了权利的相对性与关系性的一面，使人们注意到了权利与义务的相关性。

意志说或选择说。意志说或选择说的主要代表是英国的著名法学家哈特（Herbert L. A. Hart ）。该说的基本观点是，权利意味着在特定的人际关系中，法律规则承认一个（权利主体）的选择优于他人（义务主体）的选择或意志。换言之，某人之所以有某项权利，取决于法律承认它对于某一标的物或特定关系的选择优越于他人的选择。

依据上述的简要评说，本教材认为权利之概念宜作如下界定：权利是法律关系主体所具有的为或不为一定行为或要求他人作出或抑制某种行为以满足自己某种利益的能动手段。

---

① ［德］康德：《法的形而上学原理——权利的科学》，沈叔平译，商务印书馆，1991 年，第 40 页

② 周辅成：《从文艺复兴到 19 世纪资产阶级哲学家、政治思想家有关人道主义人性论言论选辑》，商务印书馆，1966 年，第 681 页。

③ ［美］彼彻姆：《哲学的伦理学》，雷克勤等译，中国社会科学出版社，1990 年，第 294 页。

④ S. T. Stoljar，*An Analysis of Right*，Macmillan press LTD，1984，pp. 1～4.

（二）权利的分类

本教材将作为人权客体的权利分为如下几个类别：

第一，基本权利与普通权利。这是按照权利所体现的社会内容（社会关系）重要性及层次性的标准来划分的。基本权利指人们在基本的政治、经济、文化和社会生活中所享有的权利。它们是人们在基本的政治关系、经济关系、文化关系和社会关系中所处地位的法律表现，通常由宪法或基本法加以确认或规定。中国公民的基本权利就是由中国现行宪法第二章所确认和规定的。普通权利是指人们在普通的经济生活、文化生活和社会生活中所享有的权利，它通常是由宪法以外的法律法规加以确认和规定。划分基本权利和普通权利的意义在于，当基本权利和普通权利发生冲突时，应当优先尊重和保护基本权利。

第二，公民权利、集体权利和国家权利。这是以主体身份为标准而作出的分类。公民权利是指公民个人依法所享有的政治权利、经济权利、文化权利和社会权利，通常又称之为个体权利。集体权利是指社会的集合体，包括阶级、民族、政党、社会团体、企业事业单位等依法所享有的权利。国家权利是指国家作为一个整体对内和对外所享有的权利。在这三者之中，我们更需要强调的是公民权利，因为公民权利是集体权利和国家权利的基础和目的。

第三，原权利和补救权利。这是从权利之间的因果关系所作的分类。原权利又称为第一性权利，是指未经侵害就存在的法定权利或法律关系主体通过法律实践而创设的权利，如人身自由权、财产所有权、合同双方当事人所各自享有的权利等。补救权利又称第二性权利，是指权利主体在原权利受到侵害时而产生的权利，如权利主体由于自身的财产所有权受到他人的不法侵害而产生的损害赔偿权。这种分类的意义在于更好地和更明确地保护权利人的合法权益，补救权利实际上就是权利人在向法院起诉时的诉讼请求的内容。换个角度说，明确了补救权利也就是告诫相对义务人要尊重他人的权利，不得侵犯他人的合法权益，否则将承担更多的带有强制性的义务，即法律责任。

第四，绝对权利和相对权利。这是按照权利对人的效力范围所作的分类。绝对权利是指权利人无特定的义务人与之相对的权利，世上的一般人都是他的义务人，因此，该权利又被称为对世权或一般权，如公民的人身自由权、国家的安全权等。相对权是指权利人有与之相对的特定的义务人的一种权利，如债权债务法律关系中，债权人相对于债务人的权利。这种分类的意义在于权利人在行使权利时要注意有无特定的对象即义务人与之相对，当权利人受到不法侵害而向法院起诉时要有针对某人的相对权利，否则，没有明确的被告，法院将不予立案审理，权利人也不能有效保护自己的合法权益。

第五，公权利和私权利。这是以利益主体为标准所作的分类。公权利是指国家机关及其工作人员在执行以维护社会利益为目的的公务时所依法享有的权利，它一般表现为职权。私权利是法律所规定的以满足个体利益为目的的权利。这种划分的意义在于明确公权利和私权利的区别和界限，公权利是不能转让和处分的，而私权利却可以由私权利主体进行转让和处分。

此外，在权利的分类上，国外还有学者提出，权利可分为积极权利和消极权利两个类型。消极权利是自由从事或自由信仰某种事物的权利（“自由权”）；积极权利是从他人那里接受具体的行为、福利或服务的权利（“受益权”）。①

（三）权利的社会经济文化制约

马克思在《哥达纲领批判》一文中分析了在共产主义社会第一阶段将不可避免出现种种弊病后，不无感慨地指出：“权利永远不能超出社会的经济结构以及由经济结构所制约的社会的文化发展。”在这里马克思表达了两个观点：一方面是权利要受经济的制约，另一方面是权利要受到社会文化发展的制约。权利受经济的制约表现在：①从权利的内容来看，一定的权利内容是由一定的经济基础决定的，有什么样的经济基础就会有什么样内容的权利；②从权利的发展变化来看，权利的变更和发展取决于一定的经济基础的变更与发展；③权利的实现受经济的制约。此外，权利受文化制约也是很明显的。譬如，中国古代文化中就没有人权这个概念，而西方却能够产生人权概念，这和西方的自由主义传统是有很大关系的。在后面我们将详细地论述这个问题。不同地域、不同历史时期的文化环境直接影响了人们关于权利的观念以及行为模式。

三、人权的存在形态

对人权存在形态的描述，可以从人权的运行过程来看。人权作为一种社会现象，按其运行规律，可分为三个阶段，呈现为三种表现形态，即应有权利、法定权利、现实权利。

人权运行的第一阶段是潜存阶段，也就是说人权尚处在一种潜伏的、尚未展现的状态中。与此阶段相适应的人权可以称为是应有权利。应有权利是人权的最初形态，它是特定社会的人们基于一定的社会物质生活条件和文化传统而产生出来的权利需要和权利要求，是人作为人应当享有的权利。应有权利在法律没有给予确认和保障的情况下，受以下一些社会力量和因素的不同形式和不同程度的承认和保护：一是各种社会组织，包括政党与社会团体的纲领和章程；二是各种形式的乡规民约；三是社会的习俗、习惯和传统；四是人们思想中的伦理道德观念

---

① ［美］彼彻姆：《哲学的伦理学》，雷克勤等译，中国社会科学出版社，1990年，第296页。

和社会政治意识。[1] 应有权利的重要意义在于可以为改进人权立法提供不可缺少的评价标准和完善发展的参照。

人权运行的第二阶段是表露阶段，也就是说人权处于一种表现的、外露的、展开的状态。与此阶段相适应的人权叫做法定权利。法定权利是通过实证法律明确规定，或通过立法纲领、法律原则加以宣布的、以规范和观念形态存在的权利。它是统治阶级的主观权利意志客观化的结果，所以也称为“客观权利”。在重视法治与人权的国家，法定权利是人权的主要存在形态。在外国人权法制度史上，有许多人权法律化的丰碑。如英国的《权利请愿书》(1628)、《人身保护令》(1676)、《权利法案》(1689)；美国的《独立宣言》(1776)、《美国宪法》(1787)、《人权法案》(即美国宪法第一至第十修正案，1789)；法国的《人权和公民权宣言》(又称《人权宣言》，1789)。法定权利应不限于法律明文规定的权利，也包括根据社会经济、政治、文化发展水平，依照法律的精神和逻辑推定出来的权利，即“推定权利”。[2] 历史上人权推定的典型是英国资产阶级从《自由大宪章》中所作的人权推定。《自由大宪章》是1215年英国的贵族和教会为了限制国王的专制，确认各地诸侯的封建统治权利和教会的特权，而强迫英王约翰签署的一部法案。这部法案并未提出人权问题，更不涉及人民个人的自由与平等权利。但是，在16～17世纪的资产阶级革命中，与国王对立的资产阶级议会代表却从中推定出一系列有关人权的原则，从而使《自由大宪章》具有保障人权的性质和意义。

现实阶段是人权运行的第三个阶段，也就是人权在社会生活中的具体实现、落实阶段。与此阶段相适应的人权可称为现实权利。这种权利是通过主体的主观努力而实现的，所以也称为“主观权利”。法定权利只有转化为现实权利才能成为生活的事实，才对主体有实际的价值。因此，现实权利是人权转化的最终结果，是人权价值的最高表现形式，构成了人权主体追求的最高目标，一切人权的向往与奋斗无不以此为归宿。

潜存阶段中的应有权利是人权的萌芽和原始形态，反映了一个社会向前发展的内在要求，与表露阶段中的法定权利构成了一对“应然”和“实然”的范畴。统治阶级根据社会物质生活的需要，把符合本阶级根本利益的应有权利确认为法定权利且以法律的形式规定下来。这种法定权利相对于现实阶段中的现实权利则又属于“应然”的范畴。它和现实权利又构成了一对“应然”和“实然”的关系。这两对“应然”和“实然”的关系如图1-1所示。

---

① 李步云：《论人权的三种存在形态》，载《当代人权》，中国社会科学出版社，1992年，第9页。

② 张文显：《论人权的主体与主体的人权》，载《当代人权》，中国社会科学出版社，1992年，第44页。

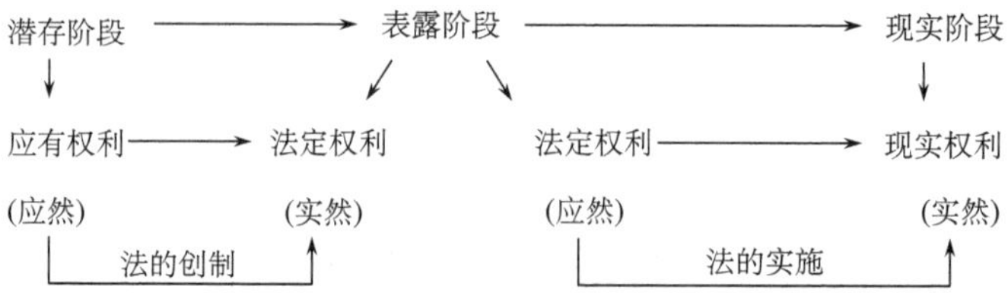

图 1-1

从逻辑上讲，在这三个范畴中，应有权利是前提，法定权利是中介，现实权利是结果。应有权利蕴含着法定权利，法定权利蕴含着现实权利。法定权利是由先前的应有权利演进而来的，现实权利又是法定权利的外露和现实化。现实权利中又包含应有权利的要求，随着社会的发展，它又要求被确认为法定权利而转化为现实权利。这就是人权的运行过程。它周而复始，从不间断，经过三个阶段，呈现三种表现形式，满足主体需要，推动社会的发展。

四、人权的本质

如何认识人权的本质？按照现象学的精神，首先的一个步骤是将所有前人关于人权本质的理论都搁置起来，然后代之以对“人权”直接、明证、原本地把握。譬如，人的本质是什么？如果用现象学的方法，可能的一种回答就是，人的本质就是人的“存在”。而无论人的意识抑或人的行为（语言、动作），都是人的“存在”。存在的背后并没有一个本质的理念世界。存在即本质。因此，基于将“人权”常识化的目的，本教材不打算把人权的本质归纳为一个形而上学的概念。我们将对历史中的“人权”观念以及“人权”实践进行展开，我们认为，这些被展现的关于“人权”的观念和实践就是人权的本质。人权的观念和实践也就是人权的“存在”。所以，我们可以概括地说，人权的“本质”就是人权的“存在”。这个说法的意义在于鼓励人们不要为任何“人权本质”的形式窠臼所束缚，对待生活中的人权应当独立思索并勇于实践。任何关于人权的思考和探索都将是对整个人类人权“质”之拓展的贡献。

（一）习惯权利

历史学家汤因比（Arnold Toynbee）认为，运动是文明与前文明的分野，而“制度”在前文明时代就已经存在了，如禁忌、图腾、婚姻等。[1] 汤因比所说的“制度”，其意思显然是指人类社会的生活秩序或行为规则。人权实际上也是人类

① ［英］汤因比：《历史研究》，刘北成等译，上海人民出版社，2000年，第57页。

生活秩序的一种，那么，我们是否能够在人类的早期——原始社会中发现类似于“人权”的生活呢？在原始社会中，“人权”的观念还没有出现，这是事实。但有研究表明，人类在原始社会确有权利生活，那时多表现为习惯权利。譬如，参加氏族公共事务讨论和管理，相互帮助、保护和进行血亲复仇，土地和食物的公有，继承已故氏族成员个人的生活用品等。摩尔根曾描述道：“在氏族社会中，个人安全依靠他的氏族来保护。氏族的地位就相当于后来国家所居的地位，氏族拥有充分的人数足以有效地行使其保护权。……氏族成员在他们处于忧患困难之时彼此相互援助。”“为血亲复仇这种古老的习俗在人类各部落中流行的非常广，其渊源即出自氏族制度。氏族的一个成员被杀害，就要由氏族为他报仇。……在易洛魁人以及其他一般的印第安部落当中，为一个被杀害的亲属报仇是一项公认的义务。”[①] 从上面这段话中，可以看出，原始氏族成员的“人权”——生命权是得到氏族习俗——血亲复仇之保护的。此外，氏族成员还有从其他氏族成员那里获得帮助的权利。这些似乎已经足以说明原始社会也是有“人权”生活的。但原始社会习惯权利的严重缺陷是，权利的实现只能依赖于形成权利的习俗。因此，原始社会的习惯权利只能是人权观念萌芽的胚床。

（二）人权观念的形成

人权观念的形成和西方自然法思想是休戚相关的。欧洲早期的自然法理论最早表述了关于人权的思想，但是当时对人权的表述还十分模糊。到了文艺复兴之后，以霍布斯、洛克（John Locke）、卢梭（J. J. Rousseau）等思想家的学说为代表的近代自然法理论，把人权概念提升到了一个很重要的社会高度，并且从理论上给予了充分论证。近代欧美国家人权观念由此便基本形成。自然法的天赋人权说毕竟只是一种假说，多是思想家们的主观臆想，因此从实证科学的角度，破绽很多。但尽管如此，自然法理论在世界各国的立宪立法中还是起到了很大的作用。

欧洲早期自然法理论来自古希腊的斯多葛（Stoic）学派。早期的自然法思想包含的主要的两个内容是：①所有人都是上帝的儿子，他们互相之间是兄弟的关系，因此，从自然权利上讲，一切人都应当是平等的；②理性使人类能够认识到自然的道德法则，将人的国家或世俗的法律置于符合上帝意志的自然法原则之下，以便维护人的平等和自由的权利。但是欧洲早期自然法理论的论述仍是模糊的。内容明确的自然法理论是在17～18世纪经由霍布斯、洛克等的论证后才形成的。[②] 我们认为，通过对自然法理论的学习可以推动中国人权观念的启蒙。我们强调，学习自然法理论很重要，而学习自然法埋论的主要方式无非是对西方古

① ［美］摩尔根：《古代社会》（上册），杨东莼等译，商务印书馆，1977年，第74、75页。

② 王一多：《自然法理论与人权》，载《开放时代》，2000年第4期，第105页。

典思想家的著述进行解读。自然法理论主张，人与生俱来就有权利。

（1）自然状态的假说。在自然状态的理解上，霍布斯和洛克之间存在着分歧。霍布斯认为人的自然状态就像狼一样，是“每个人反对每个人的战争”。在国家建立以前，“每一个人对每一事物都具有权力，并有权做他认为对保全自己有必要的任何事情；为了这一点，他可以征服、伤害或杀死任何人”。① 洛克则认为在自然状态下，具有一种约束每个人的法律，而且这一法律教导所有的人们，他们必须记住他们是平等而且独立的，无人可以伤害他人的生命、健康、自由或所有物。但是，霍布斯和洛克都把主权者或国家看成是人民权利的守护者。国家有义务保护任何人的生命、自由和财产权不被他人随意剥夺。霍布斯认为，大自然为人们的生存提供了丰富的营养物质，人类通过劳动就能把这些营养物质变成自己的财富，至于财富数量的多寡则“取决于人类劳动与勤劳的程度”。霍布斯关于劳动确定财富权的思想是朦胧的、模糊的，但是他的理论影响了洛克。洛克明确指出：“劳动使一切东西具有不同的价值”，“劳动在万物之母的自然所已完成的作业上面加上一些东西，这样它们就成为他的私有的权利了”。洛克进而认为自然状态下的理性人会确立私有财产的制度。但洛克所认为的财产私有权是一种消极的权利，这种权利只是保障人民的权利不被他人干涉和侵犯，其中却并不含有国家积极采取措施为人民提供财产权的内容。

（2）社会契约论。卢梭认为，人是生而自由和平等的，国家只能是自由的人民自由协议的产物，如果自由被强权所剥夺，则被剥夺了自由的人民有革命的权利，可以用强力夺回自己的自由；国家的主权在人民，而最好的政体应该是民主共和国。② 因为契约产生的国家是为着实现公意——共同意志、公共幸福、公共利益——而存在的，那么，执政者必须遵守契约。一旦国家破坏公意，损害人民的公共利益时，特别是当人民的生命、自由、财产被暴力夺取的时候，人民就有权取消契约，用暴力将自由和财产再夺回来。卢梭认为，当社会契约赋予国家以生存和生命后，就需要法律来赋予它以行动和意志，没有法律，它就是个没有灵魂的躯壳，不能行动。法律是治国的根本依据，主权者只能根据法律行为，以法治为转移。一个国家如果不依法律为治，就不是正当的国家，就没有政治自由和平等，就必然导致凭一己的意志为所欲为的专制统治。③ 这样的国家违背了人民订立国家契约的初衷，人民因而有权对它采取否定的态度。

（三）人权的实践

本教材似乎将“人权实践”和“人权观念”对立起来了。我们认为，在某种

---

① ［英］霍布斯：《利维坦》，黎思复、黎廷弼译，商务印书馆，1986年，第241页。

② ［法］卢梭：《社会契约论》（译者前言），何兆武译，商务印书馆，1980年，第1页。

③ 张宏生、谷春德：《西方法律思想史》，北京大学出版社，1990年，第165页。

程度上关于人权的意识活动其实也是人权的一种实践。譬如，古典思想家对人权的理论探索。我们需要说明的是，为了论述的方便，我们把人权的实践限定在法定权利和现实权利这两个人权领域中。

对于人权的法律确证，有学者认为，“仿佛一座座界碑，英国《大宪章》、美国《弗吉尼亚权利宣言》与法国《公民权与人权宣言》等文件使人权进程变得清晰可辨，没有或仅有它们，都无法想象，而增加了德、意、日、瑞士等其他界碑或铺路石，这条道路才会更完整、更平坦”①。第二次世界大战以后，国际共同体开始显示出它通过国际法的中介来促进和保护人权的优越性。在此之前，人权主要是由主权国家国内人权法进行管辖的。联合国成立以后，《联合国宪章》若干条文涉足了人权的平等保护和国际保护，虽未明晰人权清单的具体内容，但它却促使了包括非政府组织和第三世界国家在内的国际社会就“国际人权法案”进行广泛的磋商。其成果是，1948 年 12 月 10 日通过了《世界人权宣言》，1966 年 12 月 6 日又通过了《经济、社会和文化权利国际公约》和《公民权利和政治权利国际公约》。

中国人权观念之革新往往与各种名目的运动联系在一起。有学者总结，1949 年以前中国发生过六次人权运动，即辛亥革命、新文化运动、“省宪运动”、“制定约法、保障人权”运动、民权保障运动、冤狱赔偿运动等。② 无疑，这六次中国近代史上的人权运动都属于人权实践的范畴。

人权的本质就是人权的存在，每个人对此都可以有自己的理解。我们主张，人们应该勇于参与人权的实践。具体包括两个方面，一方面不要把人权作为一个形而上学的概念来看待，人权没有什么高深莫测的本质，人权仅仅是历史观念和历史实践的具体展开。另一方面，在日常生活中，要学会用人权的视角去思考问题，让人权成为我们法律人习惯的思维方法，让人权成为我们经常使用的生活化的语词，让人权和我们的生活无限贴近。

五、人权的思想基础

在上文中提到，人权受到社会经济条件制约的同时还受到社会文化的制约。社会文化好比是人权赖以产生的土壤，文化不同的地域对人权的理解是存在着差异的。一般认为，西方人权理论的文化基础就是自由主义和个人主义。而中国传统文化的代表就是儒家思想，排除儒家的等级观念以及威权主义，儒家对人权也有积极意义的一面。下面对此略加探讨。

---

① 周静：《试论人权的法制度——学说史意义》，载《法律科学》，2003 年第 3 期，第 34 页。

② 徐显明：《法治的真谛是人权》，载《人权研究》第一卷，山东人民出版社，2001 年，代序第 2、3 页。

（一）西方的自由主义与个人主义

一般认为，自由主义是西方社会的主流思想和倾向。但是，什么是自由主义(Liberalism)？即便在西方，对自由主义的理解也是不尽相同，甚至大相径庭的。有学者认为自由主义者斯皮兹（David Spitz）临终前总结的“信条”或许能直观地反映出自由主义的基本原则。这些可以方便我们理解自由主义的基本信条是：①尊崇自由甚于其他价值，即使是平等及正义也不例外；②尊重“人”而不是“财产”，但是不要忽视财产在促进人类福祉方面的积极作用；③勿信任权力，即使权力出自多数亦然；④不要相信权威；⑤要宽容；⑥坚信民主政治；⑦尊重真理与理性；⑧承认社会必然发生变迁的事实；⑨勿耻于妥协；⑩最重要的是保持批判精神。[①] 自由主义和个人主义是紧密地联系在一起的。它们之间的关系是，个人主义是自由主义理论的出发点。个人主义将个人作为社会分析的最小和基本单位。自由主义者并不排斥集体、社会乃至国家的价值，只是认为集体和社会的自由应该由个人的自由体现出来，否则便是虚幻。在西方国家普遍人权原则的主要阐释者当中，自由主义思想家占了多数。譬如，古典思想家洛克关于公民基本权利有经典表述，而洛克所主张的自由是一种消极自由。消极自由是相对积极自由而言的。当代关于人权的自由主义论争主要集中在消极自由和积极自由这两者之间的关系上。这些论争将在本教材第二章中进行讨论。

（二）中国的儒家学说

人权的概念源于西方，我们却要对中国儒家学说进行考察，这是为什么呢？理由是，中国传统文化中也有很多优秀的人权思想，尽管并未冠以“人权”之名。中国儒家学说中所体现的对人的尊重是世界人权思想的重要组成部分。有学者对中国儒家的人权意识进行了概括，我们从中选择了两个方面，简介如下：

(1) 人与人的关系。儒家认为，“人之初，性本善”。有善端者为人，无善端者为禽兽。这集中表现在孟子的四端说。孟子曰：“恻隐之心，人皆有之；羞恶之心，人皆有之；恭敬之心，人皆有之；是非之心，人皆有之。恻隐之心，仁也；羞恶之心，义也；恭敬之心，礼也；是非之心，智也。”孟子认为，尽管仁义礼智这四端是天赋，但要发展这些善端仍需后天培养，即存心养性。倘若人人存养并培养这些善端，则人与人之间的关系乐行伦清，自然和谐。

(2) 人与社会的关系。儒家倡导“民本”和“仁政”思想。孟子曰：“民为贵，社稷次之，君为轻。是故得乎丘民而为天子，得乎天子而为诸侯，得乎诸侯而为大夫。”孟子又曰：“保民而王，莫之能御也。”民本思想贯穿中国古代社会

---

① 顾肃：《自由主义基本理念》，中央编译出版社，2003年，第4页。

的政治生活便是普遍施行“仁政”。孔子主张，“君使臣以礼，臣事君以忠”。孟子也倡导“君臣有义”，并极力主张“以德行仁”、“以德服人者”的治国方针。孟子认为，“以力服人者，非心服也”，而“以德服人者，中心悦而诚服也”。孟子曾对梁惠王说：“东方百里，可以为王。王如施仁政于民，省刑罚，薄税敛，深耕易耨，壮者以暇日修其孝悌忠信，入以事其义兄，出则事其长上……仁者无敌，王请勿疑。”孟子认为，君王和贤能在位，主动施仁者于民，便能使“士”、“商”、“农”、“民”各行各业人伦关系和谐，国家便能长治久安，便能达到“天下为公”的境界。①

第二节　人权的属性

在本章第一节中，我们已经对人权的概念进行了界定。人权作为人所应当享有的权利，有着区别于其他权利的许多特征。下面我们就对人权的属性进行讨论。

一、人权的普遍性与特殊性

人权具有普遍性和特殊性。有学者认为，“一般来讲，所谓人权的普遍性是指人权和基本自由是一种应当被普遍尊重和遵行的价值，这种价值的存在和实现对于任何国家、种族和民族的任何人是没有区别的，因而它具有普遍性的属性”。而人权的相对性是指，“人权和基本自由是与特定的文化传统、政治制度、经济制度相关联的价值标准，它的存在和实现是有条件的、相对的，在不同的国家、不同的文化、不同的种群当中存在着不同的人权价值和行为准则。历史和现实的差异决定了人权只具有相对的属性”。② 本教材认同该学者对人权普遍性和特殊性所作的表述。

人权具有普遍性，在这一点上，全世界范围内都应当达成共识。为什么要达成共识呢？这是因为人权在某种意义上是政治法律制度合法性（合理性）的证明方式。这一点在下文论及人权的超越法律性时也会谈到。在世界范围内，存在许多政治法律制度，其中哪些政治法律制度是良好的制度，人权可以起到一种衡量标准的作用。对于这个标准，当然应该像标尺一样，在任何国家或任何地域，都

① 杨成铭：《中国历史上的人权意识和人权思想》，载《武汉大学学报》（哲学社会科学版），1999年第2期。与此相关的文章，有兴趣的读者还可参阅［美］成中英：《道德自我与民主自由：人权的哲学基础》，载《东岳论坛》，2000年第6期，第91～95页；李存山：《儒家的民本与人权》，载《孔子研究》，2001年第6期，第4～12页；陈来：《儒家伦理与“人权”价值》，载《北京大学学报》（哲学社会科学版），1998年第5期，第59～61页；陈弘毅：《中国文化传统与现代人权观念》，载《法学》，1999年第5期，第8～11页。

② 李林：《跨文化的普遍人权》，载《市场社会与公共秩序》，三联书店，1996年，第84页。

应该能够获得承认。那么，对于人权的普遍性，人们又如何达成共识呢？有学者认为，达成对人权的普遍共识，是尊重与保障人权的前提，而达成对人权的普遍共识，则有赖于人权文化的形成。人权文化是人道主义文化与权利文化的结合，是世界范围内对人权的普遍认同、普遍尊重和普遍保障的文化，是人类文化发展的更高形态。人权文化将既不是西方的，也不是东方的，既不是印度的，也不是伊斯兰的，它不以任何既定的文化为中心，而将是人类所有优秀文化的和谐融通，它属于全人类。[①]

人权为什么具有普遍性？我们可以梳理一下现有的两种解释。

（1）立论的角度。[②] 恩格斯在《反杜林论》中指出过："一切人，作为人来说，都有某些共同点，在这些共同点所及的范围内他们是平等的，这样的观念是非常古老的。但是现代平等要求是与此完全不同的，这种平等要求更应当是，从人的这种共同特性中，就他们是人而言的这种平等中，引申出这样的要求：一切人，或至少是一个国家的一切公民，或一个社会的一切成员，都应当有平等的政治地位和社会地位。"[③] 恩格斯还指出："一旦社会的经济进步，把摆脱封建桎梏和通过消除封建不平等来确立权利平等的要求提到日程上来，这种要求就必定迅速地获得更大的规模。……这种要求就很自然地获得了普遍的、超出个别国家范围的性质，而自由和平等也很自然地被宣布为人权。"[④] 按照恩格斯的观点，人权显然应当具有普遍性。人权具有普遍的、超越国家的性质，国际人权条约的签署正体现了这一点。

（2）驳论的方法。[⑤] 有学者总结了反对人权普遍性的几种论点，即人权不科学论、宗教原教旨主义、文化相对主义论、亚洲价值论等，该学者从捍卫人权普遍性的角度对这些观点进行了回应。他认为：①普遍人权的正当性不需要有科学依据，人们对人权的偏好好比孩童爱喝牛奶，他们只是喜欢就足够了，科学论证在此总是落后的和无力的；②人权和宗教信仰是能够相容的，不同的宗教对一些基本的价值，如正义、人道、仁爱等的追求是共同的，差异只是体现在价值解释的多样性上；③传统文化不能构成不尊重普遍人权的充分理由，一切文化都在变化，无论是东方的还是西方的，普遍人权是保护文化多样性的最有效的工具；④亚洲价值观强调社群利益优先于个人自由，实践表明，与此恰恰相反的是，只有把个人权利提升到重要的地位，国家才会得到长久的稳定和发展。

人权为什么具有相对性？我们认为，不同地域、不同国家的历史文化传统与

---

① 徐显明：《对人权的普遍性与人权文化之解析》，载《法学评论》，1999年第6期，第16～22页。

② 罗玉中等：《人权与法制》，北京大学出版社，2001年，第15页。

③ 《马克思恩格斯选集》，第3卷，人民出版社，1972年，第142、143页。

④ 《马克思恩格斯选集》，第3卷，人民出版社，1972年，第145页。

⑤ 刘军宁：《人权的普遍性及其反调》，载《开放时代》，1998年第6期，第5～12页。

现实的政治经济条件存在很大的差异，因此，在人权的法律制度设计、现实保障上也有很大的不同，这是毋庸置疑的。正是人权在其表露阶段和现实阶段的面貌多样，才导致了人权的相对性。人权的普遍性是人在应然层面的主观要求，而人权的相对性是法定权利和现实权利的客观特征，在这个意义上，人权的相对性并不否定人权的普遍性。有学者认为，是否存在无语境的、客观普遍的权利以及是否可以毫无疑问地据此建立一个普适的法律制度来保护这种权利，这是个问题。制度化的、正式的法律运作忽视了关于权利认识与权利保护的“地方性知识”①，而以一种外来的普适的观念来界定权利及权利保护，往往会导致悲剧的发生。②该学者提出了权利保障要和地方性知识相结合，注意到了权利在运行阶段的相对性，这是我们认同的；但是由于该学者忽视了应然权利和实然权利的区别，因此否定了权利的普遍性，这是我们所不能认同的。

二、人权的超越法律性

（一）什么是政治法律制度的合法性（正当性）

德国著名思想家哈贝马斯概括了人类社会迄今为止出现的三种关于合法性基础的证明水平。第一种水平是神话的叙述；第二种证明水平是本体论的证明，即以宇宙论为基础的伦理学、高级宗教和哲学来证明；第三种证明方式是理性的形式原则在实践询问中取代了诸如自然或上帝一类的物质原则，终极基础不再被认为是合理的，证明的形式条件自身就获得了合法化力量。理性协议本身的程序和假设前提变成了原则。哈贝马斯认为无论如何，对于现时的合法化问题来说，具有决定意义的是证明水平已经成为反思性的，某种协议——这种协议乃是在作为自由的平等的全体涉及者中间产生——的观念决定着现代合法性的程序类型。哈贝马斯最后把证明水平定义为使合法性产生效力并使它成为取得共识和形成意向的力量的理智可接受的形式条件。③ 哈贝马斯从他自己的语用学出发，认为可行性的合法性证明的哲学基础是主体间性的，是一种在交往中由对话而达成的共识性规范。这就是著名的“商谈理论”，它既非经验主义者认为的合法性只不过是强者的利益，也不是规范主义者认为的一种实体化的价值。重建的合法性不在于结果是什么，而仅在于对达成结果的过程及结果的达成本身。在自由平等的对话

---

① 地方性知识，是西方后现代学者所使用的一个语词，意在反对普适的标准和统一的意识形态，主张任何概念只有在特定的时空里才有意义。参见［美］吉尔兹：《地方性知识》，载梁治平：《法律的文化解释》，三联书店，1994年。

② 苏力：《秋菊的困惑与山杠爷的悲剧》，载《法治及其本土资源》，中国政法大学出版社，1996年，第25～27页。

③ ［德］哈贝马斯：《交往与社会进化》，张博树译，重庆出版社，1989年，第190、191页。

中达成共识，这种程序的结果导致了“公共领域”的出现，即理论与实践并不直接相联系，批判的武器通过公共领域的交往—对话—共识而成为武器的批判，理念（证明水平）和制度两个层面就实现了合法化。[①] 在我们所处的这个时代，人权渐已成为政治法律制度合法性的标尺。正如《世界人权宣言》指出的那样，人权是“所有人民和所有国家努力实现的共同标准”。

（二）人权的超越法律性

有学者为，人权是一种特殊的权利。一个人之所以拥有这种权利，仅仅因为他是人。因此人权是最高等级的道德要求。只有在法律方法或者其他方法看来不能发挥作用或者已经失效的地方，一个人才会特定地求助于人权要求。因为一切其他手段都已尝试过并遭到了失败，一个人已别无他法，在这个意义上，人权要求相当于一种“最终诉求”，而且只有当权利遭到威胁或否定时，人权才会被要求。如果法律权利对应的人权在现实生活中能够得以顺利的实现，那么人权就是多余。人权使用的场合是事物发展遭遇挫折之际。因此，人权的目标在于自我消除，即力图保证或推动更为有效的法律权利的实施或确立，这种法律权利与人权相比较，它是“低位”的。当所有的人权都可以借助于低位的法律权利实现时，人们仍然拥有人权，但是已经没有必要或机会去运用它们了。一个人在运用人权时，蕴含的一种潜在的希望就是，最终建立一个没有必要要求人权的社会。但是，这只能是一个理想的状况。因此，人权的存在本质上是超法律的，它的主要目的是向现存的制度、实际活动或者规范，尤其是法律制度挑战，甚至改变它们。[②]

法律权利维护有政治法律制度的稳定，而政治法律制度的合法性却由人权来确证。这就是人权的超越法律性的一面。对于超越法律的人权，即还没有法律权利相对应的人权，其实现的力量来源于道德。但并不意味着这是人权的弱点，相反，道德力量常常更加强大。

三、人权的权利本位属性

（一）什么是权利本位

有学者认为，“权利本位”是一个语义丰富的概念组合。它是一个概括的、表征的、关系性的、体现平向利益关系和有价值定向的概念。

(1)“权利本位”是一个派生的、概括的概念。权利本位是在讨论“法的本

---

① ［德］哈贝马斯：《公共领域的结构转型》，曹卫东等译，学林出版社，1999 年，第 170～255 页。

② ［美］唐纳利：《普遍人权的理论与实践》，王浦劬等译，中国社会科学出版社，2001 年，第 7～12 页。

位”时引发和派生出来的。“法的本位”是关于在法这一规范化、制度化的权利和义务体系中，权利和义务何者为主导地位的问题。“权利本位”概括地表达了“法是或应当是以权利为本位”的观念，是“法是或应当是以权利为本位”这一命题的简明格言。权利本位和义务本位相对称。

(2)“权利本位”是一个表征性的概念。凡以权利为本位的法律制度都具有如下两个特征。首先，在权利主体问题上，都表现出个性化与普遍化的特征。权利的个体化意味着权利落实到具体的个体，法定的权利因此不再是虚设的。权利的普遍化意味着权利的平等性，即权利普施于所有人，人人在权利和义务面前平等，没有人因为性别、种族、肤色、语言、信仰等特殊情况而被剥夺权利主体的资格，也没有人在基本的权利的分配上被歧视，或在基本义务的分配上被随意加重。普遍化还意味着权利的国际化、人类化、自然化——权利超越社会与自然的界限，权利的主体从人类拓展到某些自然体。其次，在权利和义务的关系上，权利是目的，义务是手段，法律设定义务的目的在于保障权利的实现；权利是第一性的因素，义务是第二性的因素，权利是义务存在的依据和意义。

(3)“权利本位”是一个关联性的概念。第一，权利本位体现了权利和义务的相关性。权利的主导地位和作用存在于权利和义务的关系之中，离开义务，权利就成为一个绝对的、单纯的“异己”，也就不存在、不发生权利的本位问题。第二，权利本位表明，权利和义务是互为参照系的，只有义务作为权利的参照，才能把握权利的内容和界限。第三，义务不是孤立的存在物，而是权利的对象化：义务一方面通过权利而表现自己的价值，另一方面又通过权利而实现自己的价值，如果没有请求履行义务的权利以及关心其权利的主体，义务也就失去了它存在的社会价值。

(4)“权利本位”是一个系统性的概念。权利本位揭示了在某种社会的法律规范整体中，即在法定权利和义务的系统中，权利和义务何者为起点、重心、主导，而不是关于在一个具体的法律规范或法律关系中的权利和义务的关系。

(5)“权利本位”是一个体现平向利益关系的概念。权利相对人之所以自觉地、忠实地履行义务是因为他相信与之相对的权利主体已经或以后会履行同样的义务，而且确信从该法律关系的另一关系项看或在另一法律关系中，他同样是权利主体。在这种意义上，权利本位是对抗以纵向绝对支配为标志的“权力本位”(例如，“君权至上”、“官本位”、“家长制”)的一面旗帜。

(6)“权利本位”是一个有价值定向的概念。权利本位表达的价值主张是，权利应该是平等的。不仅权利主体的资格要普及于全体社会成员，而且所有的公民在法律权利和义务分配面前一律平等。①

① 张文显：《法哲学范畴研究》，中国政法大学出版社，2001年，第346～349页。

（二）人权以权利为本位的属性

有学者认为，“作为一个法治原则，人权意味着国家法律和政府行为应该以确认、保护和实现人民大众的基本权利作为目标，更不得妨碍和侵犯人民大众的权利，否则，便不具有合法性。也就是说，人权原则要求法治以个人权利为核心价值，并通过对权利的确立和保护来确立和实现法律的权威，只有这样，法治才有别于工具主义的规则之治，有别于像中国古代那样的无视个人权利，只讲严刑峻法的所谓‘法治’”①。从这段话中，我们不难看出，人权无疑是坚持权利本位的。

第三节　人权的分类

有学者认为人权的分类指的是人权体系在内容上的逻辑构成。研究人权分类的理论意义在于明确主体在多大范围内可以享有和主张人权。② 本教材认为，人权分类的意义还在于使研究本身变得更为方便。在总结了其他学者研究成果的基础上，我们将人权作下列划分。

一、个人人权与集体人权

本章第一节在讨论人权主体时已经涉及了个人人权以及集体人权的问题。我们认为按照人权主体的不同，可以将人权划分为个人人权以及集体人权。个人人权就是指普遍的、所有的自然人都享有的权利，包括人身权、政治权利、生存权三类。集体人权包括民族自决权、民族发展权等。我们不赞同把法人也纳入集体

---

① 夏勇：《人权概念起源：权利的历史哲学》，中国政法大学出版社，2001年，第178页。

② 徐显明：《人权的体系与分类》，载《中国社会科学》，2000年第6期，第95～104页。徐教授在该文中还认为，从人权的理论产生至今，对人权的分类大致有理论形态的划分与人权宣言形态的划分两类。理论上的分类，起自于自然法理论的产生，现今以法哲学对其研究为盛。宣言形态的分类，是立法上的分类，不同的人权立法就有不同的分类方式。徐教授总结了六种理论形态的人权分类：a. 自然法对人权所做的先于国家的人权与基于国家的人权的二分法直接影响了法国《人权宣言》，自然法理论是最早对人权进行分类的理论。b. 中国法哲学研究中对人权进行的划分，这种划分的依据是从道德到法律再到事实的三种形态，由此人权可分为应有的人权、法律上的人权和现实中的人权三类。c. 人权的历史划分，即把人权的发展演变大致分为两个历史时期，一是自由权本位时期，二是现在仍在注重的生存权本位时期。d. 依主体的标准将归附于主体的权利分为私性质权利与公性质权利两类。e. 把人权分为规定的人权和推定的人权两类。f. 依解释学的方法把人权分为“作为语言的人权”、“作为思想的人权”和“作为制度的人权”三种。而对被宣告的人权进行的分类就属“人权宣言的分类”，它实际上是对一国法律上使人享有的人权所作的分类。徐教授认为，现代各国的人权体系，大致把人权分为五大类，即自由权的人权、参政权的人权、生存权的人权、请求权的人权和平等权的人权，其中平等权的人权中包含着在基本权享有上的平等原则。

人权的范围。法人作为拟制人是从法律中派生而来的，法人的活动范围必须得受实在法的约束，法人权利和人权的超越法律属性相去甚远，法人不享有人权主体资格。有学者还认为存在一种“类人权”，即妇女、儿童、老人、母亲、罪犯、战俘、难民、无国籍人、残疾人等某一类人作为一个集合的权利。[①] 我们认为，类人权只不过是个人人权的物理组合，而且“类人权”的说法不甚符合汉语习惯，所以本教材不把“类人权”作为与个人人权和集体人权相并列的一个单独类别。

二、应有人权、法定人权和现实人权

按照人权的存在形态，可以将人权划分为应有人权、法定人权和现实人权三种。应有人权是人权的最初形态，它是特定社会的人们基于一定的社会物质生活条件和文化传统而产生出来的权利需要和权利要求，是人作为人应当享有的权利。法定人权是通过实证法律明确规定或通过立法纲领、法律原则加以宣布的、以规范和观念形态存在的权利。现实人权是通过主体的主观努力而实现的权利。在本章第一节中，对该类划分方式的介绍已经比较详细，在此不再赘述。

三、基本人权与非基本人权

按照人权的内容不同，把人权划分为基本人权和非基本人权。基本人权，在国内一般都体现在宪法中，在国际上，则为国际社会广泛承认的并由国际人权文件加以规定的部分人权。有学者认为基本人权包括生存权、政治权利（主要是平等权、自由权、生命权、人格权、参政权、反抗压迫权、诉讼权等）和经济社会文化发展权利（主要包括劳动就业权、受益权、休息权、财产权、受社会保障权、受教育权、文化娱乐权等）两大类。[②] 这些基本人权和人的生存、发展密切相关。除了基本人权之外的其他人权就是非基本人权。需要注意的是，基本人权和非基本人权可能会在不同的历史时期有不同的内容，并且随着人们社会物质生活水平的提高，非基本人权还可能演变为基本人权。

四、“消极权利”与“积极权利”

“消极自由”（negative liberty）和“积极自由”（positive liberty）是英国政治学家伯林所作的区分。前者指个人不受他人控制独立地作出选择和活动的范围问题，也就是不受别人的干预，意即“免于……的自由”（be free from …）；后

① 罗玉中等：《人权与法制》，北京大学出版社，2001 年，第 15 页。
② 罗玉中等：《人权与法制》，北京大学出版社，2001 年，第 21 页。

者是指自己依赖自己，自己决定自己，意即“从事……的自由”（be free to do …）。[①] 伯林的这种划分得到了西语学界的普遍认同。美国的范伯格教授对伯林的两种自由的陈述加以了完整的说明，他采用了下列的图示来表示：

__________摆脱__________

去做（或不做、或存在、或具有）__________

用人名填在第一个空白栏里（一个人或一些人），他是承担自由的主体；第二个空白栏是用以说明某一强迫（或约束）；第三个空白栏则用以说明某种行动或不采取某种行动，也可以用来说明某种存在状态，主体或说话者实际拥有或假定想拥有的某种东西。[②] 用上面的这个图示我们可以得出对于人权主体的两个方面的自由：一方面是消极自由，即人权主体有摆脱强迫或约束的自由；另一方面是积极自由，即人权主体有按照自己意愿去行为的自由。当然，这两个方面不是截然对立或者根本不同的，用范伯格的话说，此二者好比硬币之两面，每一面都与另一面相关。典型的情况是，我们使用“失去约束”的措词时，也表明我们想做的或者可能想做的事情，而某种约束却妨碍我们这么去做，那么从该约束中摆脱出来而获得的自由就是能去做那件事。国家非法定程序不得干涉、不得强制人权主体的权利属于人权的消极自由方面。消极权利要求国家对人权主体有所不能为。除此之外，人权还包括积极自由的方面。从经济弱势人权主体的角度来说，他们有权利要求国家的保护与帮助，甚至要求国家提供诉讼救济，这些都可以归纳为积极权利。有学者认为积极权利不是自由权，而应纳入社会权的范畴。例如，日本法学家大须贺明就认为社会权是明显区别于自由权的。首先，他认为二者成立的时期不同。自由权是在1776年美国《弗吉尼亚州宪法》的人权宣言中受到保障的，接着是《美国宪法》，进而是1789年的法国《人权宣言》把此继承了下来，并且在自由主义和个人主义基础上发育成熟。社会权是在1919年的《魏玛宪法》中首次得到保障，可以说是资本主义垄断阶段的产物。其次，二者内容不同。自由权是在国民自由的范围中要求国家的不作为的权利，而社会权则主要是在社会上对经济的弱者进行保护与帮助时要求国家作为的权利。[③] 甚至有些自由主义者对积极权利也持保留的态度。如莫里斯·克兰斯顿就强烈地反对把积极权利也提升为普遍人权。他认为真正的普遍人权是传统的消极权利，而积极权利只能属于理想的范畴。[④] 但我们认为，广义的自由权既包括消极权利，也包括积极权利。只是在人权的衡量标准和实现方式上，消极自由比积极自由更为明确而已。

---

① 张文显：《当代西方法哲学》，吉林大学出版社，1987年，第210～217页。

② ［美］范伯格：《自由、权利和社会正义》，王守昌等译，贵州人民出版社，1998年，第11页。

③ ［日］大须贺明：《生存权论》，林浩译，法律出版社，2001年，第11、12页。

④ 顾肃：《自由主义基本理念》，中央编译出版社，2003年，第116页。

五、第一代人权（自由权利）、第二代人权（平等权利）和第三代人权（社会连带权利）

提出三代人权论的是瓦萨克（Karel Vasak）教授，他认为，由于世界经历了三次大的革命运动，就相应地产生了三代人权。第一次是1789年的法国大革命，其革命的口号“自由、平等、博爱”为第一代人权奠定了基础；第二代人权（经济、社会和文化权利），是在俄国十月革命后产生的；第三次革命是20世纪五六十年代殖民地和被压迫人民的解放运动。自决权、发展权等第三代人权即在这次运动中产生。瓦萨克教授把这三代人权分别叫做：“自由权利”、“平等权利”和“社会连带权利”。有学者认为，在某种程度上，“三代人权论”概括了人权学说与实践的发展历史，虽然简明却不够全面，即忽略了人权的萌芽时期。同时这种划分还忽视了人权的意识形态。[①] 我们认为，“三代人权论”的划分比较清晰，是人权划分领域里创造性学说的典范。为什么瓦萨克教授能作出这样新颖的划分？除了瓦萨克教授对人权理论和实践的娴熟掌握外，他能从一个很长的时段去分析和思考人权问题，这也是一个重要原因。有位历史学家叫黄仁宇，他就提倡一种所谓的“大历史观”，即以“长时间、远距离、宽视野”的条件重新检索历史。黄仁宇认为，中国正处于从传统社会转为现代社会的一个过渡。这个过渡被黄仁宇喻之为一个“长隧道”。他说，进入这长隧道，不是我们公众之志愿，而瞻望隧道前面的光明乃是我们公众之志愿。[②] 在学习人权法的时候，我们要从这种“大历史观”中汲取对我们人权知识增长有益的养分。

六、公权利（公民权利和政治权利）与私权利（经济、社会和文化权利）

所谓公权利是与公共事务有关的权利，而私权利是指限于个人私域的权利。公权利与私权利的划分标准是：①以公民行使权利是否涉及公权力为标准，如果公民行使权利涉及了公权力，那么该公民所行使的人权就是公权利；若相反，则为私权利。②公权利的收益指向不特定的多数人，而且这种收益是外在性的。而私权利的收益所指向的是特定的公民，并且是内在性的。譬如，公民享有言论自由的权利。言论自由最重要的作用是保护公民批评政治的权利，而公民批评政治的收益是外在性的，即如果公民指责政府的言辞正确，并且政府因此而改变了自己的行为，那么其他的公民都可以从中获得利益。因此，言论自由就属于公权利。又如，对于公民的经济权利，如果政府为公民提供经济自由，那么只是意味着公民可以免受政府不正当的经济干预或者从政府那里得到某种基于人权的福

---

① 罗玉中等：《人权与法制》，北京大学出版社，2001年，第28、29页。

② 黄仁宇：《放宽历史的视界》，三联书店，2001年。

利。某公民行使这种经济权利的收益也只限于该公民自身。③从权利保障的角度来考量，在国内法上，公权利往往由公法来保障，如宪法、行政法、刑事诉讼法等；而私权利往往由私法来保障，如民法、商法等。但是，应该注意的是，这样的标准只是相对的，例外的情形也是存在的。譬如，作为私权利的财产权也会得到宪法、刑法等公法的保障。

我们以为，公权利和私权利的划分，其最重要的意义在于强调在任何一个国家，公权利和私权利应当同时得到发展。此二者相辅相成，任何一方都不可偏废。在发展中国家，生存权利、经济权利、社会权利等方面的人权建设其急迫性、重要性可想而知，但是国家不能因此而忽略了建设公权利的艰巨任务。2001年哈贝马斯来华所作的讲演中曾提到，西方批评新加坡、马来西亚、中国内地和中国台湾地区等违反了法律的基本权利和政治的公民权利；而这些地方的政府则强调社会的基本权利和文化的基本权利具有“优先性”，以此来为自己辩解。他们认为，应当强调“经济的发展权利”，而这种权利显然具有集体主义色彩，为此，在经济发展还没有达到充分满足民众物质需要程度之前，有必要暂时搁置自由主义的自由权利和政治的参与权利。民众如果处于贫困状态，他们更加关心的是改善自己的生活状态，而不是权利平等和意见自由。但是，功能性的论证不能就这样随便地转变为规范性的证明。当然，在普及人权的漫长过程中，的确要做到注意轻重缓急。但这并不说明，社会的基本权利和文化的基本权利值得“优先”考虑。因为这些基本权利只是平等的自由基本权利和政治基本权利的现实条件。[①] 对于哈氏的话，我们有必要进行深刻的反思。

应该说，公权利的建设对于国家的发展有着相当的促进作用。也就是说公权利和私权利一样有着工具性价值。下面以2003年中国SARS疫情防治为例对此作简要的说明。

(1) 在SARS疫情的处理过程中，公民享有知悉公共卫生信息的公权利，政府公开公共卫生信息的责任与义务因此受到了考量。譬如，政府应该及时公开全国各省SARS疫情的蔓延情况，因为这些情况对于公民消除恐慌以及预防SARS有着重大的意义。遗憾的是，不仅全国性的官方媒体未能及时报道SARS疫情，相反，SARS传播期间某些官员甚至还在宣布“在中国工作、生活、旅游都是安全的”。后来的事实是，政府很快地纠正了错误，在全国各大媒体上每日及时公开SARS疫情，并且免去了两位防治SARS不力的高级官员的职务。在公开疫情的起始阶段，并非一帆风顺。[②]

---

① 中国社会科学院哲学研究所：《哈贝马斯在华讲演集》，人民出版社，2002年，第8、9页。

② 在2003年4月3日召开的国务院新闻发布会上，时任卫生部部长宣布：中国局部地区发生的非典型肺炎已得到有效控制，在中国工作、生活、旅游都是安全的。参见《人民日报》2003年4月4日第2版。

（2）中国国务院总理于2003年5月9日签署了国务院第376号令，公布施行《突发公共卫生事件应急条例》。该条例是维护紧急状态下公民权利的典范。首先，作为行政法规，条例在涉及一些可能影响公民基本权利的紧急措施方面，都在宪法和法律（包括传染病防治法和其他法律）的授权范围以内，旨在严格、准确履行宪法和法律规定的职责。其次，条例把政府的责任放在第一位，条例的一个突出特点是，与以往一些法律笼统规定行政机关及其工作人员违反本法应给予行政处分不同，条例非常具体、明确地逐一规定了各级政府、主管部门及其工作人员在违反条例、有关规定时，应该承担的法律责任。

第二章　人权的历史和发展

第一节　人权思想与理论的启蒙

一、人权思想的启蒙——古代朴素的自由、平等与人权思想

人权的思想或者说广义上的人权观应该说是非常古老的，可以追溯到公元前5世纪的古希腊文明。公元前5世纪，一批被称为“智者”的思想家最早开始提倡自由和平等。智者安提芬认为，希腊人把所有外来的居民看做“野蛮人”是没有道理的，因为野蛮人与希腊人都同样具有人类的特征。最早使用人权字眼的希腊悲剧作家欧里庇德斯（前480～前407）也认为，根据自然法则，奴隶和自由民应该是一样的，奴隶之所以成为奴隶，不是因为他们愚笨，而是社会制度和城邦法律造成的。① 这种古代朴素的平等思想，后被斯多葛学派进一步发扬光大。公元前3世纪初斯多葛学派信徒就宣称：“按照自然法，人类生而平等，所以奴隶制违反自然，应予消灭。”他们明确主张，任何人，包括希腊人和野蛮人、上等人和下等人、城邦公民与外来人、奴隶和自由民、富人和穷人，都是平等的。人与人之间的唯一本质区别，就是有智慧的人与愚蠢的人之间的区别，也就是所谓上帝可以引导的人和上帝必须拉着走的人之间的区别。斯多葛学派的思想已大体具备人权概念的某些重要特征，即整个人类，不分种族、肤色、信仰、国籍、门第、财产、身份等，应一律平等、一视同仁。所以，许多西方学者把斯多葛学派的世界主义誉为“胸怀全球的人道主义”，并把它看做是人权理论的思想来源。罗马帝国时期，一些思想家提出了关于理性、正义、自由、自然法则的思想。古罗马的政治家和杰出的法律思想家西塞罗（前106～前43）以永恒的、普遍的自然法则为前提推导出人类自然平等的法律观。在其《法律篇》中，他认为只要在“世界国家”的大家庭中，共同服从“自然法”的人，不论其原来的国别、种族、社会地位如何不同，即便是奴隶，也都是“与上帝共同享有‘理性’这一最大的财富”。他甚至提出过解放奴隶的主张。罗马帝国后期，基督教开始流行。基督教把人的自然平等上升到生命创造意义上的平等。每个人的生命都来自人类共同的造物主——上帝，他们都是上帝所眷爱的儿女，每个人在生命的价值和尊严上，都是绝对平等的。基督教进一步发展了人人平等的思想，强调生命的价值和

---

①　张宏生、谷春德：《西方法律思想史》，北京大学出版社，1990年，第4页。

尊严。但是，承认人与人的自然平等，甚至在上帝创世造物意义上的平等，并不意味着每个人应该或能够享有同等的权利。事实上，在古希腊、古罗马、中世纪时期，自然法原理常常被用来教导义务，每个人在上帝面前有平等的义务，而不是教导“人”权的。尽管如此，这种古代朴素的人人平等的思想为后世人权观念与理论奠定了基础。

应该指出的是，古代朴素的平等、自由观念，并不是近现代意义上的人权观或者说狭义上的人权观。广义上的人权，自有人类社会以来就存在，而狭义上的人权的产生，则有赖于人类的一种觉醒，只有当人类不是朦胧地、自发地享受权利，而是自觉地认识到自己基于“人”这一抽象身份而享有权利时，才有了狭义上的人权。在漫长的古代奴隶制社会及封建社会，虽然人们能享有一定的权利，但都是零散的，且权利与义务几乎完全分离，几乎一切权利都属于一个阶级，而一切义务都属于另一个阶级，人们还无法认识到“人权”的真正含义。因此，在资本主义出现以前的漫长社会发展史中，还没有形成现代意义上的人权概念。

二、近代资产阶级人权观与理论产生的背景

（一）社会经济背景

人权是一个社会历史现象，它是历史发展到一定阶段的产物。在近代历史上，首先提出“人权”（英语是 human right，拉丁语是 derechohumano）的，是欧洲文艺复兴运动先驱、意大利伟大的诗人和思想家但丁（1265—1321 年）。他指出：“人类的目的是要建立统一的世界帝国来实现普天下的幸福，而‘帝国的基石是人权’。”① 中世纪欧洲的经济是农奴制封建经济。封建制国家极力维护封建主对土地的封建垄断，维护封建主阶级的统治和特权，公开确认封建等级制度，并且等级森严，教士、贵族和平民的地位与身份是世袭且不可逾越的，教士与贵族享有特权，而平民则处于无权地位。随着资本主义生产关系的发展与壮大，随着城市的兴起和工商业的发展，在欧洲形成了中世纪的市民阶层。“市民阶级最不可少的需要就是个人自由。没有自由，那就是说没有行动、营业与销售货物的权利，这是奴隶所不能享有的权利，没有自由，贸易就无法进行。”② 资本主义经济的发展，迫切地要求摆脱封建桎梏，消除封建等级和特权。“一旦社会的经济进步，把摆脱封建桎梏和通过消除封建不平等来确立权利平等的要求提到日程上来，这种要求是为了工业和商业的利益而提出来的，可是也必须为广大农民要求同样的平等权利。……由于人们不再生活在像罗马帝国那样的世界帝国

① ［意］但丁：《论世界帝国》，朱虹译，商务印书馆，1985 年，第 76 页。

② ［比］亨利·皮朗：《中世纪欧洲经济社会史》，乐文译，上海人民出版社，1964 年，第 46 页。

中，而是生活在那些相互平等地交往并且处于差不多相同的资本主义发展阶段的独立国家所组成的体系中，所以这种要求很自然地获得普遍的，超出个别国家范围的性质，而自由和平等也就自然地被宣布为人权。”①

（二）社会意识背景

1. 文艺复兴运动

在中世纪意识形态领域里，教会占绝对统治地位。14～15世纪伴随资本主义工商业的兴起和发展，新兴资产阶级为维护其政治经济利益，在意识形态领域里掀起了一场打破封建神学束缚的资产阶级文化运动——文艺复兴运动。意大利是欧洲资本主义萌芽最早出现的国家，拥有丰厚的文化遗产（古希腊、罗马文化）和聚集了众多博学之才，文艺复兴运动发源于意大利。文艺复兴的先驱——但丁，反对教权，主张君主制，歌颂自由。他认为人类有天赋的理性和自由意志，不像禽兽那样冥顽无知，人的生活目的就是在于追求真理和至善。欧洲文艺复兴运动提出“争人权”，他们的口号是“上帝面前人人平等”，反对主教、教士的特权，反对教会对人性的压制和摧残。他们以科学反对蒙昧，以人权抗衡神权，启迪民众智慧，倡导对人的深切关注与同情，将人的自由、人的价值、人的尊严、人的解放提到了首要地位。文艺复兴的指导思想是人文主义，又称人本主义或人道主义。人文主义者主张以人为中心，赞扬人的价值和尊严。文艺复兴的本质特征就是人文主义，是人权向神权的挑战，是重申古希腊哲学家普罗泰戈拉关于“人是万物的尺度”这一原则。它强调人的幸福、人的尊严、人的欲望、人的意志。它把人作为目的，而不是把上帝或其他更高尚的事物作为目的。文艺复兴在很大程度上开启了从以神为中心向以人为中心的世界观的转变。人文主义者提倡人权，主张人应当有做人的权利至少应有生命权和自由权，反对来世主义、禁欲主义。经过长达三个多世纪的文艺复兴运动，以“人”为本的人道主义思想广为传播。道德的复兴使神权让位于人权，肯定了人是世界的中心。科学的复兴以理性的力量否定宗教教义和中古时期的经院哲学，反对蒙昧主义。文艺复兴运动使得个人本位的人文主义精神在欧洲得到了充分的恢复与发扬，抽象的“individual”得到了充分的重视。这一时期，“天赋人权”、“自由、平等、博爱”等人道主义思潮已主导了欧洲社会。

2. 宗教改革

欧洲的宗教改革为资产阶级提出人权理论作了思想上的准备。宗教改革的倡导者马丁·路德（1483—1546年）提出了“信仰得救”的口号，并发表了《九十五条提纲》，否认教皇权力，认为没有教皇教会同样存在，主张《圣经》是人

① 《马克思恩格斯选集》，第3卷，人民出版社，1972年，第145页。

们信仰的最高准绳，人们只要依据《圣经》，产生对基督的真正信仰，就能够成为义人，为上帝所承认的人，得救的人。他认为人靠信仰可以直接与上帝交往，不必经过以教皇为首的各级神职人员，从而搬掉了人与神之间的阻隔，降低了教会组织在个人得救中的作用，个人可以直接与上帝沟通，实际上抬高了个人的地位。上帝无形，人有形。马丁·路德所发起的这场宗教改革运动通过托马斯·闵采尔的接力，最后以路德派新教的确立而完成。宗教改革后，基督教在西方分裂为新教和旧教两大派。在很长的时期内，新教（Protestantism）称为基督教，代表资产阶级的利益；旧教称为天主教（Catholicism），代表统治阶级的利益。宗教改革中，新教徒声称教会的权力不是绝对的，每个人在上帝面前都是平等而且存在着联系，每个人都有思想和信仰自由。

3. 启蒙运动

17～18 世纪的启蒙运动对近代人权观的形成起了推波助澜的作用。17～18 世纪，随着西欧大陆手工工场的广泛发展，资产阶级的力量不断壮大，资本主义与封建专制主义矛盾不断深化。资本主义商品经济的特征是自由，从而滋生出对人的自由权利的要求和愿望。于是一些新兴资产阶级在意识形态领域中，展开了反对封建统治与教会特权的斗争，出现了全欧的政治思想运动——启蒙运动。启蒙运动是继文艺复兴后，在欧洲历史上出现的第二次伟大的思想解放运动。启蒙运动从兴起到发展长达一个世纪之久，启蒙思想涉及宗教、哲学、伦理学、政治学、经济学、文学艺术、史学、美学和教育等各个领域，出现了各种学说体系和大批著名人物。到 18 世纪中叶，启蒙运动进入高潮，群星灿烂、人才辈出，大批思想界巨人纷纷涌现，其中最主要的启蒙思想家有伏尔泰、孟德斯鸠、卢梭、孔多塞和以狄德罗为首的百科全书派。启蒙思想家的锋芒所向十分明确，即反对王权、神权和特权，努力改变旧制度，建立新体制，积极宣传“理性”与科学，始终把主攻目标对准专制王朝与天主教会。他们强调只有科学才能使人正确认识自然，破除宗教迷信，从而增进人类的福利，实现美好的自由、平等、民主的新社会。他们从各个方面向封建势力和教权势力发起勇敢的冲击，不辞辛劳地传播进步思想，开启人们的头脑，唤醒沉睡中的人们投入反封建反特权的斗争。启蒙运动作为成熟的反封建、反教会的进步思潮登上了历史舞台，不仅为未来的政治革命制造了舆论，而且为法国创建了高度的精神文明。

启蒙运动是文艺复兴运动在新的历史条件下的继续和发展，但是，这两次运动的性质则不尽相同。“如果说文艺复兴几百年，主要是将已经异化了的人和神进行了重新的定位，当时所探索的人仅仅是一种抽象的人的话，那么，启蒙运动主要展示的是一个具体的和活生生的人。”① 文艺复兴反对天主教神权，追求现

① 张永和：《权利的由来》，中国检察出版社，2001 年，第 282 页。

世的幸福；启蒙运动则反对封建专制统治，追求自由与平等。在启蒙运动时期，“理性”被看成是衡量一切的尺度。恩格斯说：启蒙运动的思想家们“本身都是非常革命的。他们不承认任何外界的权威，不管这种权威是什么样的。宗教、自然观、社会、国家制度，一切都受到了最无情的批判，一切都必须在理性的法庭面前为自己的存在作辩护或者放弃存在的权利”①。他们将过去一切不合乎“理性”的东西全部扔掉，重新建立起一个符合“永恒的真理”、“永恒的正义”的“理性的王国”。启蒙是现代民主的基础。每一个“启蒙了的”人都能够独立地运用理性来掌握自己的命运。每一个人都是自己的“主权者”，任何国家机关都不能强制个人接受一种与他或她认为正确的理性形式不同的理性。这一人性观后来成了 18 世纪和 19 世纪革命和民主运动的基础。②

第二节　近代资产阶级人权理论的确立

进入资本主义时代后，近代意义的人权观才得以产生。以洛克、卢梭、潘恩为代表的资产阶级思想家们首先唤起了对“人权”的觉醒，提出了人权理论并推动其迅速发展。“资本主义的商品经济是近代人权产生的经济基础，资本主义民主政治是近代人权产生的政治基础，18 世纪的资产阶级革命则充当了近代人权降世的助产婆。”③ 资产阶级把“人权”引入政治领域，提出“法律面前人人平等”的口号和要求。以美国的《独立宣言》、法国的《人权宣言》为标志，近现代意义上的人权观得以确立。与此同时，人权实践也得到发展。资本主义发展的历史，同时也就是人权发展的历史。

一、资产阶级启蒙思想家以自由、平等理念激发人性的复苏

英国启蒙思想家洛克（1632—1704 年）提出人的自由只受法的约束，不可剥夺。“处在社会中的人的自由，就是除经人们同意在国家内所建立的立法权以外，不受其他任何立法权的支配；除了立法机关根据对它的委托所制定的法律以外，不受任何意志的统辖或任何法律的约束。”④ 他还认为人有反抗奴役的权利以及享受生存和私有财产的权利。法国启蒙思想家卢梭在其著名的《社会契约论》中提出：“人人共有的自由是天赋的，是人的本性的结果。放弃自己的自由，就是放弃自由做人的资格。”⑤ 首先提出主权在民的思想。德国哲学革命的开创

---

① 《马克思恩格斯选集》，第 3 卷，人民出版社，1972 年，第 56 页。
② ［瑞士］托马斯·弗莱纳：《人权是什么》，谢鹏程译，中国社会科学出版社，2000 年，第 5 页。
③ 李步云：《人权制度与理论的历史发展》，载《走向法治》，湖南人民出版社，1998 年，第 419 页。
④ ［英］洛克：《政府论》（下篇），叶启芳等译，商务印书馆，1964 年，第 16 页。
⑤ 转引自黄枬森、沈宗灵：《西方人权学说》（上），四川人民出版社，1994 年，第 115 页。

者康德（1724—1804 年）在其《权利科学导言》中指出：“天赋的权利只有一项，就是那与生俱来的自由。”自由、平等、独立是最基本的人权。美国资产阶级启蒙思想家潘恩（1737—1809 年）在其《人权论》一书中，系统地阐述了天赋人权的理论。他认为：“所有的人生来就是平等的，并且具有平等的天赋权利。”① 他坚决反对社会不平等，认为社会不平等的根源是私有财产。从天赋人权的理论出发，论证了“人民主权”和“民主共和”的思想。各国启蒙思想家的人权思想，对各国资产阶级民主革命与民主政治产生了巨大的影响。

二、资产阶级以自由、平等为旗帜发动民众，推翻封建专制，建立资产阶级共和国

在资产阶级革命胜利后，各资本主义国家厉行宪政以确保人权。英国的资产阶级革命是在资产阶级和新贵族联合的基础上进行的，最终妥协以建立君主立宪政体而告终。英国 1689 年的《权利法案》成了后来所有人权宣言的基础，从 1776 年的美国《独立宣言》，法国革命的《人权宣言》，美国宪法的《人权法案》，到现代的联合国《世界人权宣言》和欧洲委员会的《人权宣言》。

英国是世界上最早进行人权立法的国家，早在封建统治时期就已开始。1215 年，英国的封建贵族在骑士和市民的支持下掀起了反对国王的暴动。大贵族联合骑士和市民于 1215 年 6 月迫使国王签署了《自由大宪章》。大宪章首先在一定程度上限制了国王的权利。第 12 条规定：“朕除下列三项税金外，不得征收代役税或贡金，但全国公意所许可者，不在此限。”即未经“全国公意”，不得征税。第 39 条规定：“任何自由人，如未经其同级贵族之依法裁判，或经国法判决，皆不得被逮捕、监禁、没收财产、剥夺法律保护权、流放，或加以任何其他损害。”宪章还规定自由民的其他权利和自由，如财产权、通行自由、到国外旅行的自由、遵守习惯的自由、宗教自由等。尽管大宪章的大部分内容是保护与重申贵族和僧侣的权利，而并非保护广大人民的，其中只有少数条文是关于城市居民的权利，但我们仍可以把大宪章作为英国人权立法的开端。它所确立的一些法律原则后来被资产阶级用来作为反封建斗争的武器。资产阶级革命取得胜利后，大宪章被确定为英国重要的宪法性文件之一。《自由大宪章》在英国人权立法史上，乃至世界人权立法史上都具有重要的作用。英国资产阶级革命后，又相继制定与颁布了 1679 年《人身保护法》，1689 年《权利法案》和 1701 年《王位继承法》。其关于人权的规定散见于这些宪法性的文件、惯例及习惯中。《权利法案》是其中最重要的一部保障个人自由权利的法律。但由于它沿袭了《自由大宪章》以来的经验式权利推定方式，尽管有重大影响，却不如《独立宣言》和《人权宣言》

---

① ［英］潘恩：《潘恩选集》，马清槐译，商务印书馆，1981 年，第 141 页。

影响那么大。

1776 年美国《独立宣言》和 1789 年法国《人权宣言》成为人权理论形成的标志。它们以政治宣言的形式，分别体现了美国人民推翻英国殖民统治，建立民族独立和民主的资本主义国家的胜利成果，以及法国人民推翻反动封建王朝，建立资产阶级共和国的胜利成果。这两个宣言的思想基础是 17～18 世纪启蒙思想家们提出的“天赋人权”、“主权在民”的理论。美国《独立宣言》声称：“人人生而平等。他们被其创造者赋予了一些不可剥夺的权利，包括生命、自由和追求幸福的权利。”这反映了文艺复兴时期的观点。《独立宣言》是美国及整个人类历史发展的一个里程碑。马克思盛赞它是世界上的“第一个人权宣言”。[①]

三、法国的《人权宣言》对人权理论的贡献

法国大革命期间法国国民议会于 1789 年通过并公布了《人权宣言》。人权是《人权宣言》的核心内容。宣言强调人权是自然的、天赋的、人人平等具有的、不可剥夺的东西。宣言在序言中写道：“不知人权、忽视人权或轻蔑人权，是造成公众不幸和政府腐败的唯一原因，所以，决定把自然的、不可剥夺的和神圣的人权阐明于庄严的宣言之中。”[②] 它宣告“人们生来并且始终是自由的，在权利上是平等的”（第 1 条），“一切政治结合的目的都在于保存自然的、不可消灭的人权，这些权利是自由、财产权、安全和反抗压迫”（第 2 条）。“自由交流思想和意见是最尊贵的人权之一，除了在法律规定的情况下滥用自由应负责外，都可以自由地发表言论、写作和出版”（第 11 条）。“除非在法律规定的情况下并且依照法律已经规定的程序之外，任何人都不受控告、逮捕或者拘留”（第 7 条）。《人权宣言》最后宣布，“财产权是不可侵犯的，神圣的权利”。《人权宣言》的发表，是法国乃至欧洲历史上的一件大事，它对法国以至世界的人权、公民权、权力分立等观念和法治的发展都具有重大的影响。

四、从《五月花号公约》、《独立宣言》到《权利法案》看美国人权观的确立

美国的人权意识从欧洲移民来到北美大陆的第一天起就在这块土地上生根发芽了。1520 年 11 月 11 日，102 名在旧大陆饱受迫害、为追求信仰自由和自我奋斗的独立派清教徒在前往北美大陆的途中，由 41 名家长和成年男性自愿签署，制定了一份后来被称为《五月花号公约》的契约文件。“在上帝面前共同庄严立誓签约，自愿结为一民众自治团体。为使上述目的得以顺利进行、维持并发展，

---

① 《马克思恩格斯全集》第 16 卷，人民出版社，1971 年，第 20 页。

② 赵宝云：《西方五国宪法通论》，中国人民公安大学出版社，1994 年，第 205 页。

亦为将来能随时制定和实施有益于本殖民地总体利益的一应公正法律、法规、条令、宪章及公职，吾等全体保证遵守和服从。”[①] 公约虽没有人权的字样，但其中表现出浓厚的自然法的思想，宗教契约思想，以及主权在民、保障自治以维护人们的利益和权利的内涵。正是这份文件奠定了美国人权传统的第一块里程碑。后来美国的《独立宣言》，就明显受到公约传统的影响。1776 年 7 月 4 日，北美 13 个殖民地在第二届大陆会议上通过了托马斯·杰弗逊起草的《独立宣言》，从而在美国人权发展史上树立起了一块史无前例的丰碑。宣言宣布了“天赋人权”的三个基本原则：第一，人人生而平等，造物主赋予他们若干不可剥夺的权利，其中包括生命权、自由权和追求幸福的权利；第二，为了保障这些权利，人们成立政府；第三，政府之正当权力，是人们赋予的。当政府违背人们成立政府的目标与作用时，人民便有权力改变或废除它，以建立一个新政府。《独立宣言》是美国人权主张中革命性因素的最高体现。因为，此后在联邦党人主持制定的宪法中，没有任何一条条文直接规定对人权的保障。这与《独立宣言》相比，是人权精神的重大倒退。美国 1787 年宪法中并没有关于公民基本权利的条款，因而遭到各州人民和民主派的普遍反对。1789 年 3 月 4 日，第一届联邦国会召开之际，麦迪逊提出，“宪法条文有必要说明美国政府不能剥夺公民个人的政治权利和财产”，在此基础上，他提交了以《弗吉尼亚权利法案》为蓝本的 12 条宪法修正案。1791 年 12 月 15 日，第一届国会召开，其中 10 条得到通过和批准，正式成为以《权利法案》著称的宪法前 10 条修正案。其主要内容是：国会不得限制公民宗教信仰自由、言论、出版自由，或剥夺公民和平集会和请愿的权利；公民的人身、住宅、文件和财产不受无理搜查和扣押的权利；凡私有财产非有恰当的补偿，不得收为公有；无论何人不得因同一犯罪行为而两次遭受生命或身体的危害，不得在任何刑事案件中被迫自证其罪；不经正当法律程序，不得被剥夺生命、自由和财产。值得指出的是，“在美国，人权并不是宪法权利，尽管它们是由宪法加以保护的。在形式上，主要是采取宪法修正案来保障人权，同时，法院也通过判例来扩充对人权的保护”[②]。这是由美国判例法传统决定的，这些没有明文规定的权利有相当的伸缩性。当然这符合美国宪法修正案第 9 条、第 10 条关于人民权利保留之规定。从《五月花号公约》、《独立宣言》、到《权利法案》，美国式的人权观念经历了一个从萌芽、兴起、传播、高涨到曲折、反复，最终以法律形式得到确认的过程。

从英国的《自由大宪章》、美国的《独立宣言》和法国的《人权宣言》到美国的《人权法案》，西方国家宪法的一个基本目的就是限制国家和政府的权力并

---

① 赵一凡：《美国的历史文献》，三联书店，1989 年，第 2 页。

② 罗玉中等：《人权与法制》，北京大学出版社，2001 年，第 275 页。

为人民保留某些权利即人权和自由，政府不能侵犯这些权利。

五、资产阶级人权理论的内容

资产阶级的人权理论是以“天赋人权”、“主权在民”理论为基础的。从英国的《自由大宪章》、美国的《独立宣言》和法国的《人权宣言》到美国的《人权法案》，无不体现着人权的内容。其中主要有：①生命权。生命是造物主创造与赋予每个人的不可剥夺的权利。任何人包括其自己无权剥夺他人或放弃自己生命的权利。这是人权最基本的权利，没有生命权，人权无从谈起。②自由权。自由权是天赋人权的核心。法国《人权宣言》第1条、第2条、第11条直接而明确地宣告人的自由权，且这种自由权是与生俱有的，平等的；自由交流思想和意见是最尊贵的人权之一，除了在法律规定的情况下滥用自由应负责外，都可以自由地发表言论、写作和出版。美国《独立宣言》宣布了“天赋人权”包括生命权、自由权和追求幸福的权利。③平等权。美国《独立宣言》宣称：“所有的人生而平等。”法国《人权宣言》第1条宣布：“在权利方面，人们生来是而且始终是自由平等的。”没有人人平等，也不可能有人人自由。④财产权。财产权在人权体系中处于基础地位。卢梭认为财产是政治社会的真正基础，是公民订约的真正保障。美国“宪法之父”麦迪逊指出：“私有财产是天经地义、合乎自然的，同时财产占有的不平等也是不可避免的。”⑤反抗权。美国《独立宣言》的起草人杰斐逊认为，反抗权是自然法赋予人类的，行使反抗权，既可保护人民的权利，也可促使政府克服弊病。在共和政体下，偶尔发生一次的反抗是一件好事，这是政府健康所必需的良药。同时还可使人民养成关心国家大事的习惯。《独立宣言》宣布，政府之正当权力，是人们赋予的。当政府违背人们成立政府的目标与作用时，人民便有权力改变或废除它，以建立一个新政府。⑥追求幸福的权利。追求幸福是每个人的愿望，也是人权的一个重要方面。上述这些权利紧密相连，不可分离，共同构成了近代资产阶级人权体系的内容。

六、资产阶级人权理论的实践

以美国的《独立宣言》、法国的《人权宣言》为标志的近现代意义上的人权观虽然得以确立了，然而实现政治自由和基本人权的过程却并没有因为《人权宣言》的颁布而变得容易，即使在发生了多次革命并通过了确立人民主权的宪法之后，西方国家还是用了很长的时间才在事实上实现了政治权利、平等以及思想自由等人权。[①] 男性的普遍选举权是19世纪开始实现的，但是妇女的普遍选举权却是1919年才在美国、1928年才在英国、1944年才在法国实现的。在美国，

---

① 王家福、刘海年、李林：《人权与21世纪》，中国法制出版社，2000年，第14页。

《独立宣言》在宣布“人人生而平等”的同时，却并未将黑人列入其中。后世学者莫里森评价道：“一方面为了自己要求生存、自由和幸福，而同时却否认黑人的这些‘天赋人权’。”[①] 奴隶制在独立战争之后仍然存在了 80 年之久，直到南北战争之后才被废除。而种族歧视政策直到 19 世纪 60 年代才最终被废除，但至今社会生活中的种族歧视仍然无所不在，黑人权利至今尚未真正解决。对印第安人的屠杀则是美国人权实践的一大嘲讽。据保守估计，1492 年哥伦布踏上美洲大陆时，北美的印第安人约 3000 万人，而到了 19 世纪末，仅剩下 7.3 万人。如果说黑人和妇女仅仅没有享受到平等的公民权的话，那么印第安人则连生存的权利都失去了。[②] 在西欧，宗教改革之后的几个世纪中一直存在着宗教上的不容忍和强迫遵从教规的制度，并且直到最近亵渎神祇还是一种应该受到刑事惩罚的犯罪。[③]《人权宣言》所确立的人权思想与原则曾因法国革命的副产物而被蒙上了灰尘。法国革命中以平民专政代替贵族专政以及在平民专政中由于一部分民众表现出不负责任的乱民情绪所招致的社会恐怖，本质上与法国革命提出的“自由、平等、博爱”的价值追求、与《人权宣言》的基本精神相违背，因为这种副产物给人们留下的深刻印象而与《人权宣言》同被视为法国革命的标志，致使许多人不适当地把二者联系在一起。《独立宣言》、《人权宣言》所确立的人权思想与原则因上述种种原因而被蒙上了阴影。因而，人权思想在 19 世纪受到冷落。

第三节　人权与人权保障的国际化

一、人权走向国际化的背景

欧洲是人权思想的发源地。然而，就是在这块诞生人权思想的土地上，于 20 世纪先后爆发了残酷践踏千百万人的生命和自由的两次世界大战。德、意、日法西斯军国主义发动的第二次世界大战，严重地践踏了人类尊严和人类的生存与自由。法西斯主义基本理论的前提与出发点就是对人的生命与自由权利的蔑视。希特勒在其政治纲领中提出“种族优越”和“生存优越”的两大主张，公开宣称德意志人是优等种族，犹太人、斯拉夫人等则是劣等种族，作为优等种族的德意志人有权奴役和消灭千百万其他种族，要想建立一个德意志民族至高无上的“新世界”，就必须牺牲与消灭劣等种族。为了高贵的德意志民族的“生存空间”，必须向外去夺取领土，以满足德意志民族的需要。法西斯主义者对许多民族，特别是对犹太民族实行种族灭绝政策，公开践踏人权。在亚洲，日本军国主义不仅

① ［美］莫里森等：《美利坚共和国的成长》（上卷），天津人民出版社，1980 年，第 278 页。

② 刘杰：《美国与国际人权法》，上海社会科学院出版社，1996 年，第 24 页。

③ 王家福、刘海年、李林：《人权与 21 世纪》，中国法制出版社，2000 年，第 15 页。

对中国、朝鲜以及东南亚各国发动侵略战争，而且在其所到之处肆意残酷迫害和屠杀人民，烧杀奸淫，无恶不作，人民的生命安全和人格尊严得不到最起码的保证，财产被剥夺、抢劫，5000万生命无辜牺牲，这是人类历史上空前的浩劫。第二次世界大战历时8年多，波及60多个国家和世界五分之四的人口。这场大规模地侵犯人权，并给人类带来巨大不幸的战争是有史以来对人类生存和权利的空前严峻的挑战。人权问题的重要性以及它所具有的跨文化的普遍性在灾难中充分显露出来。这使得国际社会认识到，仅仅依靠国内法还不足以保护人权，国际人权保护问题开始引起世界人民的普遍关注。为了确保自己的生存，各国、各民族不约而同地举起了争取独立、解放和民族自由的人权旗帜，将保障人权视为反法西斯战争的重要目标。英国首相丘吉尔从欧洲战争一开始，就把这场战争的目的宣布为："在磐石上确立个人权利"。斯大林指出：这是一场保卫我们祖国的自由和欧洲人民为争取他们的独立、民主、自由的战争。毛泽东则指出："目前共产党人在全世界的任务是保卫一切民族的自由和独立。"① 反对法西斯侵略战争，捍卫民族独立和自由的要求，使保障人权成为世界各国人民的共同主张，并形成了强大的历史潮流。至此，人权思想不仅得到复兴，而且超越欧洲、北美范围而被全世界广泛意识到。

二、人权国际化的初期立法尝试

针对各国国内人权立法尤其是人权实践的不足，人权立法与实践日渐国际化。19世纪末20世纪初，国际人权实践的最大成就在于禁止贩奴、废除奴隶制、国际劳工保护和人道主义的国际立法活动。1885年，由英、法、德、比、美、俄等14个国家参加的柏林会议上，通过《柏林会议关于非洲的总协定书》中规定禁止奴隶买卖。1890年各国签订的《布鲁塞尔议定书》中，不仅谴责了奴隶贸易、制定反对维持奴隶制的具体措施，而且还成立了协调反对贩运奴隶的国际海事办公室和国际局。1919年《国际联盟盟约》规定禁止奴隶的贩卖。1926年，国际联盟在日内瓦签署了专门的《禁奴公约》。劳工人权立法是早期人权国际立法关注的另一方面。1906年第二届伯尔尼世界会议上通过了《禁止在工业企业中雇佣妇女上夜班国际公约》和《关于使用白（黄）磷制造火柴的国际公约》。这是国际上劳工保护方面最早的公约。第一次世界大战后，国际劳工组织先后通过了数十份有关劳工权利的国际性文件，将劳工权利的保障问题推向了高潮。对武装冲突中的平民权利及伤员与战俘的待遇问题也是早期人权国际立法关注的重要方面。1856年《巴黎宣言》，1864年《日内瓦公约》，1868年《圣彼得堡宣言》，1899年和1907年《海牙公约》，1925年《日内瓦毒气与细菌战协定

---

① 《毛泽东选集》第三卷，人民出版社，1953年，第807页。

书》都是这方面重要的成果。总之，19 世纪至 20 世纪上半叶的国际人权立法与实践的尝试为第二次世界大战后人权的全面国际化提供了有益的经验。

三、人权保护与实践全方位的国际化

（一）《联合国宪章》、《世界人权宣言》的制定

1.《联合国宪章》的制定与意义

1945 年 4 月 25 日至 6 月 26 日，50 个反法西斯同盟国在美国旧金山召开联合国制宪会议，一致通过了《联合国宪章》。《联合国宪章》的制定，标志着人权保障扩展到国际政治和国际法领域，并逐渐成为世界性的潮流。虽然《联合国宪章》不是一份严格意义上的国际人权法文件，人权保障也只是其中一部分内容，但它表达了丰富的人权精神，将人权提高到联合国宗旨的高度。《联合国宪章》在序言中开宗明义地宣布："我联合国人民同兹决心，欲免后世再遭今代人类两度身历惨遭不堪言之战祸，重申基本人权和人格尊严与价值，以及男女大小各国平等之权利。"《联合国宪章》将尊重人权和基本自由确立为联合国的宗旨之一。《联合国宪章》共六处直接涉及人权。第 1 条第 3 款："增进并激励对于全体人类之权利及基本自由的尊重"；第 13 条第 4 款："大会应发动研究，并作成建议……以促进经济、社会、文化、教育及卫生各部门之国际合作，且不分种族、性别、语言或宗教，助成全体人类之人权及基本自由之实现"；第 55 条："为造成国际间以尊重公民平等权利及自决原则为根据之和平友好关系所必要安定和福利条件起见，联合国应促进……全体人类之人权及基本自由之普遍尊重与遵守，不分种族、性别、语言或宗教"；第 62 条第 2 款：经济及社会理事会"为增进全体人类之人权及基本自由之尊重及维护起见，得作成建议案"；第 68 条："经济及社会理事会应设立经济与社会部门及提倡人权为目的之各种委员会，并得设立于行使职务所需之其他委员会"；第 76 条寅款："不论种族、性别、语言或宗教，提倡全体人类之人权基本自由之尊重，并激发世界人民互相维系之意识"。

《联合国宪章》虽没有给人权下一个明确的定义，在具体的人权内涵、保障方式和途径等方面也没有加以严格的规范，但它仍不失为一座里程碑，它象征着国际合作在人权领域内真正地开始发挥效力，标志着人权规定开始朝着法典化的方向发展。

2.《世界人权宣言》的制定及对人权国际保障的贡献

根据《联合国宪章》宗旨，制定一份专门的国际人权法案的事务也就被提上了重要议事日程。《世界人权宣言》从 1947 年初人权委员会首次会议后即开始起草。最初的起草小组由首任人权委员会主席、美国代表埃莉诺·罗斯福，人权委员会副主席、中国代表张彭春和报告员、黎巴嫩代表查尔斯·马立克三人组成，

后经苏联代表提议起草委员会扩大为由美、苏、英、法、中、澳、黎和智利 8 国代表组成。但宣言初稿的起草工作主要由联合国人权司司长约翰·汉弗莱完成。经过激烈的反复辩论，联合国大会终于在 1948 年 12 月 10 日以 40 票赞成、0 票反对、8 票弃权的绝对优势正式通过了《世界人权宣言》。尽管《世界人权宣言》的制定工作并不是一帆风顺，其间充满了矛盾和分歧，但在当时以美国为首的西方阵营在联合国中占据多数地位的情况下，宣言还是很快得到了通过。《世界人权宣言》包括序言和 30 项条款。该宣言开宗明义，把承认每个人的“固有尊严及其平等和不移的权利”视为世界自由、正义与和平的基础，把信仰自由、言论自由和不虞恐惧、不虞匮乏的权利正式确立为基本人权，把以法治来保护人权确立为全人类的共同任务。宣言第 1 条和第 2 条规定了人权保障的两条基本原则：“人人生而自由，在尊严和权利上一律平等”；“人人有资格享受本宣言所载的一切权利和自由，不分种族、肤色、性别、语言、宗教、政治或其他见解、国籍或社会出身、财产、出生或其他身份等任何区别”。宣言第 3 条至第 21 条中，规定了人人应享有的公民权利和政治权利。这些权利主要包括：生命、自由和人身安全权；不被使为奴隶或奴役；不受酷刑或非人道待遇；法律面前的人格平等权；司法救济权，不受任意逮捕权；公正审判权；辩护权；自由迁徙权；避难权；国籍权；个人财产权；信仰、言论、集会和结社自由；选举和参加公务权等。第 22 条至第 28 条规定了人人应享有的经济、社会和文化权利。这些权利主要包括：社会保障权、工作权、休息权、维持基本生活水准权、受教育权、参加社会的文化生活和享受艺术权、要求一种权利和自由得以实现的社会和国际秩序权等。在第 29 条和第 30 条中，宣言还规定了人们在行使权利时应承担的义务和对宣言解释的限制。

《世界人权宣言》的制定，是联合国首次对人权所作的全面阐述，将人权从西方国家的观念范畴扩展成为全世界各国共同追求的目标。它首次详细列举了人权的具体内容，将《联合国宪章》规定的尊重人权的原则具体化。《世界人权宣言》是人类历史上第一个超越国别的，具有普遍意义的国际人权文件，是联合国准备制定的《世界人权宪章》以及整个国际人权公约体系的第一份系统的纲领性文献。尽管有不尽如人意之处，但它仍对日后的国际人权立法乃至国际社会产生了重大影响。《世界人权宣言》为后来联合国制定的众多人权公约提供了指导思路和主要方向。许多地区性的国际组织在制定本地区的国际人权公约时，也都援用了《世界人权宣言》的原则和条款。如《欧洲人权公约》、《美洲人权公约》、《非洲人权和民族权宪章》等，在许多方面都重复了《世界人权宣言》的内容。不仅如此，《世界人权宣言》对战后各国宪法的制定和修正都产生了重大影响。在国际社会中，《世界人权宣言》在保障人权的实践中也起了重要的作用。

（二）两大国际人权公约的制定及影响

1952年，第六届联合国大会通过了由印度和黎巴嫩提出的起草两个公约，分别对公民和政治权利以及经济、社会和文化权利予以保障的倡议，决定由人权委员会起草两个人权公约，一个包括公民和政治权利，另一个包括经济、社会和文化权利。1954年，人权委员会将《经济、社会和文化权利国际公约草案》（A草案）连同《公民权利和政治权利国际公约草案》（B草案）一起，提交第九届联合国大会审议。联合国大会在1954～1966年的十余年间，由第三委员会（社会、人道和文化事务委员会）对《经济、社会和文化权利国际公约草案》进行了逐条审议。直到1966年12月26日，第二十一届联合国大会才正式批准了公约。此后，又花了9年多时间，《公民权利和政治权利国际公约》和《经济、社会和文化权利国际公约》才于1976年先后获得了35国的批准而生效。从起草到生效整整历时29年，足见国际人权公约起草与通过的艰难程度。尽管公约在制定过程中经历了漫长的曲折，其中许多政治与法律问题尚未得到妥善解决，但它的意义仍是十分重大的，它是战后国际人权法发展史上一座重要的里程碑。两大人权公约与《世界人权宣言》一起被国际社会称为“世界人权宪章”，构成当代国际人权法体系的核心。

在两大国际人权公约起草过程中，由于“公约”与“宣言”不同，公约一旦批准即在法律上对成员国具有较强的约束力，直接关系到各成员国的政治、经济、社会和法律等各方面的利益。而制定公约时各国之间的矛盾与分歧也远比制定“宣言”时大，因此，在两大人权公约起草过程中，东西方国家之间、美苏之间、美国与新兴民族独立国家之间，乃至西方各国之间基于各自不同的利益和人权观念标准对公约展开了激烈的辩论。各国主要围绕着经济权利和政治权利在公约中的地位及其相互关系问题、个人财产是否神圣问题、民族自决权问题、表达自由的问题以及关于禁止战争和种族仇恨宣传等问题展开激烈争论。围绕着这些问题展开激烈的争论，实质上是各国的利益及人权标准与观念冲突的结果。各国均从自己国家的利益出发，按照自己的人权标准来衡量国际人权公约，其中以美国表现得最为突出。值得指出的是：从本国的利益出发决定本国的立场本无可非议，但绝不能以一国的标准作为普遍的标准，要求公约只能接受自己的标准。这本身就违反了国际人权保护的原则。

两大国际人权公约自1976年正式生效以来，在国际社会得到了越来越多国家的支持。到1998年底，签署和加入《公民权利和政治权利国际公约》的国家已达130个。截至1997年1月1日，《经济、社会和文化权利国际公约》的缔约国为135个。中国政府于1997年10月签署了《经济、社会和文化权利国际公约》，1998年10月又签署了《公民权利和政治权利国际公约》。两公约已成为迄今最重要的国际法规之一和全球性的文明国家和文明人民的行为准则，成为一系列国际人权公约、决议等文书的重要根据，因而理所当然得到了所有国家的承认和尊重，进而对战后兴起的人权的国际保护和区域性人权保障机制的建立产生了深远的影响。

（三）区域性与专项性人权立法的兴起

1. 美洲人权立法

1948年4月，在波哥大召开的美洲国家第九次国际会议上通过的《美洲人权利和义务宣言》是战后第一份区域性的国际人权立法文件。它主要包括序言、权利、义务三个部分，共38项条款。序言宣布“在尊严和权利方面，所有人生而自由平等，他们被自然赋予了理性和良心，彼此理应以兄弟相待”的基本天赋人权观；但同时也提出：“每一个体对义务的履行是一切权利的先决条件。权利与义务在人类的每一社会和政治活动中是相互关联的”。宣言规定了28种权利，包括生命、自由和人身安全权，法律面前人人平等，信仰、表达自由，法律保护权，家庭权，定居权，通信权，健康权，教育权，文化生活权，工作权，休息权，社会保障权，国籍权，选举权，集会权，结社权，拥有财产权，请愿权，庇护权，等等。在义务方面包括每个人都能全面地形成和发展其人格，保护未成年儿童，获得初等教育，参加普选，服从法律，服兵役，为社会安全与福利出力，支付赋税，尽能力参加工作，外国人回避所在国政治活动等10个方面。该宣言比《世界人权宣言》还早7个月公布，较多地体现了美洲地区的人权观念特点。严格地说更多地表明了拉美而非北美的人权观念。最明显地表现在它对权利义务相结合的主张上，与美国和欧洲的人权强调权利而忽视义务的传统是完全不同的。正因为如此，美国在制定《世界人权宣言》时不同意以此文件为蓝本。《美洲人权利和义务宣言》是作为不具有约束力的会议决议通过的，就连参与起草的人都不认为它具有法律效力。然而，今天，“它已被公认为规范性的文件，含有对《美洲国家组织宪章》第3条第10款所宣布的‘个人基本权利’的权威解释。这个结论在美洲国家组织及其成员国的人权实践中获得了强有力的支持”①。

2. 欧洲人权立法

欧洲人权立法包括《欧洲人权公约》和《欧洲社会宪章》。在欧洲，欧洲理事会成员国于1950年11月3日在罗马签订了《欧洲人权公约》（或称《保护人权与基本自由公约》），该公约于1953年11月3日正式生效。《欧洲人权公约》正文5章共66条。公约现有缔约国40个，基本上包括了欧洲理事会全体成员

① ［美］托马斯·伯根索尔：《国际人权法概论》，潘维煌译，中国社会科学出版社，1995年，第79页。

国。《欧洲人权公约》是在《世界人权宣言》鼓舞下诞生的第一个区域性人权公约，尽管它存在一定的局限性，它生效时的内容也很不全面，但它仍反映了《世界人权宣言》所宣示的人权与自由的基本内涵，其内容也在适用过程中通过议定书的形式逐步得到完善，可以说公约是《世界人权宣言》在欧洲地区的延伸和运用。但它与《世界人权宣言》及《美洲人权利与义务宣言》相比更多体现欧洲传统的天赋人权主张，该公约仅针对个人的公民和政治权利的规范，是典型的欧洲式人权观的表现。《欧洲社会宪章》是欧洲理事会于 1961 年 10 月 18 日在都灵制定的，于 1965 年 2 月 26 日生效。制定《欧洲社会宪章》的目的是保障经济、社会权利。因为《欧洲人权公约》主要是保障公民权利和政治权利，而未涉及经济、社会权利。《欧洲社会宪章》包括序言、正文 5 部分共 38 条，广泛地规定了经济、社会权利。

3. 非洲人权立法

非洲人权立法主要包括《非洲统一组织宪章》、《非洲人权和民族权宪章》以及《突尼斯宣言》。《非洲统一组织宪章》是 1963 年 5 月 25 日在埃塞俄比亚首都亚的斯亚贝巴通过的，于同年 9 月 13 日生效。宪章涉及体制、宗旨、原则、成员国资格等共 33 条。《非洲人权和民族权宪章》是非洲统一组织于 1981 年 6 月 28 日在肯尼亚首府内罗毕通过的，于 1986 年 10 月 21 日生效。该宪章是根据《非洲统一组织宪章》所规定的基本宗旨而制定的。包括序言、3 部分 4 章共 68 条。宪章强调了非洲人民根除殖民主义、种族隔离和种族歧视的决心，尊重非洲传统的道德观和价值观。宪章不仅规定了个人权利，还规定了民族权利（人民权利），不仅规定了公民权利和政治权利，还规定了经济、社会和文化权利；不仅规定了权利，也规定了义务。同时，宪章规定的民族自决权、对自然资源的充分利用权、发展权、环境权等均为联合国及其机构所采纳。《突尼斯宣言》是世界人权会议非洲区域筹备会议于 1992 年 11 月 9 日在突尼斯通过的。宣言指出："非洲国家坚持《世界人权宣言》及《非洲人权和民族权宪章》阐述的各项原则的立场不可逆转。"

4. 亚洲人权立法

在亚洲，尚未形成区域性的人权保护体制。《亚非会议最后公报》和《曼谷宣言》是亚洲主要的人权文件。《亚非会议最后公报》又称《万隆宣言》，是 1955 年 3 月 18 日至 4 月 24 日，亚洲和非洲国家在印度尼西亚的万隆召开的会议上通过的。《亚非会议最后公报》是亚洲和非洲国家就重大国际问题达成的第一个国际性文件，反映亚非国家对人权的基本立场，也是亚洲对世界人权的一个贡献。它明确了"民族自决权"和"发展权"等为基本人权。《曼谷宣言》是世界人权会议亚洲区域筹备会议 1993 年 4 月 2 日在泰国的曼谷通过的。该宣言包括序言和正文 30 个条款。它重申了《联合国宪章》和《世界人权宣言》所载的原则。宣言阐述了对待人权的正确态度、各项人权之间的关系、促进人权的方式等。总之，宣言集中反映了亚洲国家在冷战结束后对人权问题的基本的、共同的立场，是亚洲国家对世界人权大会和世界人权事业的贡献。《曼谷宣言》对亚洲国家的人权立法，意义十分深远。

5. 专项性的国际人权立法

这时期专项性的国际人权立法文件主要有五大类：第一类是呼吁要求和平的文件：1949年4月由72国代表签署的《世界保卫和平大会宣言》、《世界和平大会宣言》；第二类是惩治战犯的文件：《欧洲国际军事法庭宪章》、《关于控诉和惩处欧洲轴心国主要战犯的协定》、《远东国际军事法庭宪章》、《纽伦堡法庭组织法及判决书》；第三类是防止及惩治种族灭绝行为的文件：《防止及惩治灭绝种族罪公约》、《危害人类和平与安全治罪草案》；第四类是规定战争期间对伤病员、俘虏和平民的人道主义待遇的文件：1949年通过的《日内瓦红十字公约》，对战争中保护平民的规定是战后国际人道主义法的一大发展；第五类是保障公民和政治权利不受侵犯的文件：1952年通过的《妇女政治权利公约》、1948年通过的《关于结社自由和保护组织权公约》、1949年通过的《关于适用组织权和集体交涉权原则的公约》等。

总之，这一阶段的特点是人权由国内保护进入国际保护，其内容包括民族自决权、发展权、和平权、环境权、自然资源权、人道主义援助权等国际集体人权。这类人权内容已为一系列国际人权文书所确认。到1994年底，联合国已制定国际人权宣言与公约71个，其中《世界人权宣言》同《公民权利和政治权利国际公约》、《经济、社会和文化权利国际公约》是三个基本的国际人权文件。至此，国际人权法体系已初步形成。表现为：建立了保护与传播国际人权的良好的国际环境，联合国的成立和《联合国宪章》的制定为国际人权法律体系奠定了坚实的基础，《世界人权宣言》的通过和国际人权公约构成了国际人权法体系的核心，大量的专项国际人权法案的制定使这一体系更加丰富和完善。

第三章　人权的保护与法律救济

第一节　人权保护的必要性

“奥斯维辛大屠杀是人类历史上最惨烈的一页。在希特勒的纳粹德国就‘最终解决办法’作出决定之前，没有任何一个国家曾通过一项全面灭绝无自卫能力的民族群体的法律。在我们人类的历史上，先前从来没有过哪个国家如此不人道地、野蛮地决定，要宣告一个从来没有威胁过国家安全的少数民族为毫无价值的人并且要全部消灭掉。这些法律的后果是人类历史上迄今所见过的最为惊心动魄的侵犯人权的行为。”①

这样的事何以可能？它会重演吗？这使我们不得不讨论人权保护必要性的问题。

一、人权是人作为人的基本要求

人权是人区别于动物的基本条件。它关涉到“人何以成其为人”这一原初性的问题。人与动物的区别不仅反映在自然属性上，而且体现在社会属性上。没有人权，不具备做人的起码条件，人就不成其为完整意义上的具有社会属性的人。奴隶社会中，奴隶不享有人权，他们尚不是完整的人。正是几百年来，人类为争取人权而进行的不懈斗争，才有了今天的妇女选举权，黑人、有色人种与白人的平等权，人类才有了言论自由权、人格尊严权、财产权、法律面前的平等权、宗教自由权及儿童的受教育权等基本人权。也正是人类对人权的蔑视与侵犯，才会发生希特勒纳粹分子惨无人道进行灭绝犹太人的行动，以及震惊世界的南京大屠杀。没有人权的保护，屠杀婴儿，用小孩做可怕的、痛苦的实验，挑选人送进煤气杀人室，用人作活靶取乐的野蛮行为将会重演。没有人权的保护，妇女、儿童、老人、身体障碍者、有色人种、难民、无国籍人、少数民族等弱势群体在各种利益的冲突中，将首当其冲地成为受害者。就当前世界范围来说，现代社会还远远没有能使人们达到享有充分的人权这一崇高的目标，这也是无数仁人志士仍矢志不渝地为保护人权而努力奋斗的原因。

二、人性的脆弱

如果所有的人都是天使，我们就不需要人权。如果所有的人都是魔鬼，任何

---

①　[瑞士] 托马斯·弗莱纳：《人权是什么》，谢鹏程译，中国社会科学出版社，2000 年，第 10 页。

关于人权的讨论都将同样无意义。“正因为人类既不是天使，也不是魔鬼，所以我们才有期望那些统治者、控制着毫无防卫的人的官员会从监督、批评和坏经验中学习。我们才有资格指望他们采取所有必要的步骤，以免受到复审机构的合理批评，并且遵守上级机关规定的行动方针和指示。如果他们动不动就受到其他机构的复审，那么，他们显然就能够限制他们夸耀和积聚权力的倾向。”① 英国历史学家阿克顿爵士（1834～1902）曾经说过一句极富智慧和人生经验的话：“权力容易腐败，绝对的权力绝对会腐败。”对人性真相的这一洞见，无疑是理解为什么要把人权保护托付给制度而非个人以及人权保护必要性的基础。历史证明，不管是谁，只要他拥有一点统治别人的权力，如果这种权力不受监控的话，他就会在某些时候滥用权力。而为了获得对权力的垄断，他会不择手段地清除可能的竞争者或潜在的障碍者，哪怕是微不足道的。希特勒、艾迪·阿明（乌干达前总统），甚至波尔布特（柬埔寨红色高棉领导人）就是历史给我们提供的无所顾忌的、被权力迷住心窍的统治者的可怕实例。人性的这种特征，正如同自由、独立、发展和满足愿望一样，是与生俱来的。相信一个好的政治家会利用手中的权力来保护人权，这是天真的想法，同时也忽视了人们对权力的永恒渴望与追求。只有当一个国家的制度设计使得行使权力的人保持相互监督，以便把人犯错误的可能性降低到最低限度的时候，人权才能在一个国家得到最好的保护。

三、人权保护是当今世界时代发展的主流要求

当今世界，人权的保护范围已从传统领域——人格权、自由权、生存权、财产权、宗教信仰自由权、平等权、教育权等发展到人权的各个领域，包括发展权、民族自决权、和平权、环境权、自然资源权、人道主义援助权等国际集体人权。人权保护已成为人类文明进步最显著的标尺之一。人权问题在今天俨然占据了国家及国内事务的中心地带，已成为当今国际事务和国内事务的主题。“人权问题第一次不再是一个国家或一个地区范围内的问题，不再是一个少数人集团或阶级范围内的问题，不再是某一个人权原则的问题，而是世界范围内的，所有人的问题。”《世界人权宣言》成为所有国家制定国内人权规范和人权行为的指针。保障所有人的人权、促进所有人人权的发展成为人类政治活动的核心。一个国家以何种态度对待人权，以何种行动促进人权的发展已经成为衡量其道德性和合法性的重要尺度，体现了一国以何种精神面貌面对世界，也决定了其在世界各国中的地位与作用。尊重并促进基本人权、人格尊严和自由价值，已成为 21 世纪人类活动的旗帜和活动的主场域。保障人权是一项伟大而庄严的事业，是一项尚未完成的事业，也是一项永远没有止境的事业。

---

① ［瑞士］托马斯·弗莱纳：《人权是什么》，谢鹏程译，中国社会科学出版社，2000 年，第 12 页。

第二节　人权保障遵循的原则

“人权、民主与法治是人类政治文明的三大要素，是近现代文明社会得以建构的三大支柱。”① 在人权、民主与法治中，人权为灵魂，民主与法治皆为手段。“法治的真谛是人权。人权加法治等于民主。”② 在人权实现过程中，应遵循一定的原则，以促进与保障人权。

一、法治原则

“人类社会组织国家，创设政府，并非为了给自己套上一副权力的枷锁，而是为了更自由、更安全、更健康、更有尊严地生活，因而政府的唯一正当的，合乎道德的目的，就是保护人民的权利，即保护人的生命权、自由权和财产权。然而，权力具有无限扩张的本性和它自身所拥有的超过任何个别公民或公众团体的强制性力量，如果对国家职能机构的权限不加以严格的限定，就极易造成权力的滥用，使其触角伸向社会生活和私人生活的各个领域，甚至企图控制人们的思想和内心生活，把人变为集权国家、专制政府任意宰割、奴役的对象。”③ 因此，一方面，政府的一切行动应该体现人民的意愿，这是人民组成政府的目的。满足人权要求是政府的主要责任和义务，国家必须建立各种制度和程序，采取必要的措施和手段，积极地促进和保障人权的实现。另一方面，国家权力机关和政府必须自觉地抑制其权力的扩张，防止其对人权可能构成的威胁。自 18 世纪以来，人类在激烈地要求、争取保障人权的同时，就迫切地需要法治。这是因为，法治与人权保障之要求，同样是为了预防国家权力滥用以及限制国家权力过度扩张。正因为如此，以限政为精神核心的法治，很快就成为资产阶级革命后保障人权的最基本最重要的手段。“争人权的人，先争法治；争法治的人，先争宪法。”近现代民主国家诞生后，无不制定宪法来保障其革命的成果，同时用宪法限制政府与国家的权力。然而，仅有宪法条文，并不必然成为保障人权的屏障，也就是说，写在宪法上的权利要变成现实中的权利，离不开法治原则的支撑。亚里士多德就曾明确提出“法治应当优于一人之治”。④ 他对法治的注解是：“法治应包含两重意义：已制定的法律应获得普遍的服从；而人们所遵从的法律本身应该是成文的和良好的。”⑤ 现代的宪政民主是以法治的精神为基础的，因而特别强调宪法和

---

① 齐延平：《人权与法治》，山东人民出版社，2003 年，第 13 页。
② 徐显明：《人权研究》第一卷，山东人民出版社，2001 年，第 4 页。
③ 徐显明：《人权研究》第二卷，山东人民出版社，2001 年，第 148 页。
④ ［古希腊］亚里士多德：《政治学》，吴寿彭译，商务印书馆，1983 年，第 167 页。
⑤ ［古希腊］亚里士多德：《政治学》，吴寿彭译，商务印书馆，1983 年，第 199 页。

法律的权威性与至上性。从广义上说，法治意味着人民应当服从法律，接受法律的统治。但是在宪政理论中，法治的含义较为狭窄，它主要是指政府应受法律的统治，遵从法律。19世纪的英国法学家戴雪认为：构成宪法基本原则的所谓“法治”有三层含义：首先，法律具有超越包括政府的广泛自由裁量权在内的任何专制权力的至高无上的绝对权威；其次，法治意味着法律面前的平等；最后，宪法不是个人权利的来源，而是其结果，并且由法院来界定与实施。即“权力不是建立在抽象的宪法文件上，而是建立在法院作出的实际判决上”。现代社会法治理论是内涵十分丰富的知识体系，既要反映人类追求的法治理论，同时也要反映人权保障的实践要求。法治概念，随着时代的变迁不断被赋予新的内涵。但无论社会的发展发生什么样的变化，法治所体现的限制国家权力、保障人权的基本价值是不变的。对人权的尊重与保护，必须在法治的各个环节中得以体现，并切实贯彻执行，只有这样才能真正促进和保障人权，同时也实现真正的法治。

二、分权与制衡原则

“分权制衡”理论，就是指将国家权力分为立法、行政、司法三部分，三种权力分别由不同的机关掌握行使，各机关相互独立行使职权而又相互牵制均衡。分权思想由来已久，最早可溯源于古希腊亚里士多德（前384年～前322年）。亚里士多德在其所著的《政治学》中将国家权力划分为审议、管理和司法三要素。近代资产阶级思想家、政治家在前人学说的基础上，发展了分权理论，其典型代表为英国的洛克和法国的孟德斯鸠。洛克从维护资产阶级的政治权力、防止封建贵族专制统治出发，提出将国家权力分成三种：立法权、行政权和联盟权(外交权)。法国大革命的思想先驱孟德斯鸠，最终将洛克的分权思想加以完善，形成西方完整的分权学说。其将国家权力分为立法、行政、司法三种典型形式，认为立法权应由贵族院和平民院行使，行政权由国王行使，司法权从行政权中分离出来，由法院和陪审官行使，并强调司法独立。要防止滥用权力就必须以权力约束权力。随着资产阶级革命的胜利，各资本主义国家宪法均以不同形式确立了三权分立和权力限制原则。尽管在分权的具体形式上，英、法、美等主要资本主义国家存在较大的差异，但是，在对最合理的政府结构应是公民权利的最佳保障的认识上，近代资本主义国家的立宪者们却有着一致的看法。他们认为，权力越是集中于某一个部门就越难形成与之抗衡的社会力量，普通人民的权利遭到侵犯的可能性就越大，权力分立因而成为必要。同时，如果各种权力之间没有牵制和协调，权力发展的趋势仍然将集中于某一个部门，暴政因而也会不可避免地发生，即使这一部门由民选产生，仍然可能产生多数人的暴政。尽管20世纪30年代以来，在以美国为代表的总统制共和国中，行政权力出现扩张的趋势，使三权分立、互相制衡的理论受到挑战。但是，分权与制衡的原理在现代宪政民主国家仍受到普遍信奉与遵循，发挥着其难以替代的有效功能。

三、人权与主权并存原则

人权与主权的关系是人权问题中一个重要的理论问题。中外学者对此存在观点分歧，冲突较为激烈。西方学者大多主张人权高于主权，中国学者针锋相对，大多主张主权高于人权。树立正确的人权与主权观对保护人权，维护国家主权均具有重要的意义。事实上，人权与主权并不是一对相互冲突甚至相互对立的概念。恰恰相反，它们之间存在着内在的同一性和统一性。在当代的国际人权保护制度中，人权与主权是并存的，而且各自都拥有应有的地位，共同为世界和平和正常的国际秩序，为增进人权的正义事业发挥着积极作用。

主权的概念主要在国内法与国际法两个领域使用。在国内法上主权是指国家权力是最高的，“是不受法律限制地统治公民和臣民的最高权力”①。在国际法上，主权是指一国相对于他国来讲是独立的。“主权是最高的权威，这在国际上并非意味着高于其他国家的法律权威。因此，依照最严格和最狭隘的意义，主权含有全面独立的意思，无论在国土以内或在国土外都是独立的。”② 可见，最高性和独立性两者共同构成了主权的概念。“主权是国家具有独立自主地处理自己的对内和对外事务的最高权力。”③ 但在主权与人权的关系上，主权主要是指一国对于其他国家而言，是独立与自由的。即主要作为国际法上的概念被使用。当然，主权的概念并不是一成不变的，而是随着国际关系的发展而发展与变化的，主权观念已从近代国际法上的“绝对主权”发展到现代的“相对主权”。现代社会，国家主权已不再是绝对的，而是受到多方面的限制。任何一国都不能否认他国的主权，对他国进行干涉与侵略，各国都要受到国际公约与国际惯例的约束。人权，通常主要是指国际法和国内法规定的，个人为维护其尊严所必要的基本权利和自由，包括经济、社会和文化权利，以及公民和政治权利。个人的这些权利和自由有赖于他们所属国家的承认和尊重，需要国家利用其掌握的资源去实现。当这些权利和自由遭到侵犯时，需要国家采取立法、司法和行政措施加以救济。当这些人权尤其是人们的生存权和发展权遭到外来的侵犯或威胁时，还需要国家团聚全国人民的力量去加以保卫。主权是为了保护个人权利而从个人人权中推导出来的，国家主权只是一种手段性的权力，国家主权的行使，真正的受益者是组成国家的个人。个人的人权状况与国家的地位是有着密切联系的。旧中国自鸦片战争以后，一步一步地沦为半殖民地国家，受西方列强的侵略与欺凌、剥削，主

① 慕亚平：《当代国际法论》，法律出版社，1998 年，第 79 页。
② 《奥本海国际法》(第九次修订版)，王铁崖等译，中国大百科全书出版社，1995 年，第 92 页。
③ 周鲠生：《国际法》，商务印书馆，1981 年，第 75 页。

权沦丧，中国人民的个人人权被肆意践踏，国家根本没有条件与能力去实现和保护个人人权。很明显，如果没有以享有主权为其本质属性的国家，无论在国内还是在国际上，个人的人权都不能得到应有的保障。同时，个人的人权也包含了对国家主权的要求。主权独立是个人人权得以保障的内在要求之一。因此，人权不是削弱而是巩固了国家主权。可见，人权的实现与国家主权的存在是紧密相关的。否定了主权就等于否定了人权。

人权与主权的这种关系说明，那种将它们对立起来，主张“人权高于主权”或“主权高于人权”的观点在理论与实践上都是危险的。那种以人权为借口侵犯别国主权，干涉别国内政，推行世界霸权的行为以及以主权为借口，推行反人权的国内政策都是我们应反对的。这种观点也是与当代的国际人权保护制度不相容的。国际人权保护制度的出现和发展表明，人权的保护如果没有国家主权的独立是不可能实现的。同时，人权仅仅依靠个别国家也是不够的，还需要有各个国家在国际层次上的合作。为了进行这种合作，各国都必定要承担一定的国际义务，在这一意义上，各国处理其人权事务的主权权利是不能不受到某种限制的。

四、多数裁定原则与少数人权利保障原则

任何形式的民主制度均是公民根据多数裁定原则自由地作出政治决策，无一例外。但是，多数裁定并不就是民主。例如，容许百分之五十一的人口以多数的名义压迫余下百分之四十九的人口的制度，没有人会称之为公平合理的制度。在一个民主社会里，多数裁定原则必须同对个人的人权保障相结合，这样做才能实现真正的民主。“少数人权利问题不仅是一个时尚问题，也是一个基本问题，不仅是关于法律性质问题，更是一个关于如何处理个人、集体、社会与其他人，其他不同的人，其他有差别的人之间的关系问题。我们的文明程度将根据我们如何对待少数人来判断。”① 这里所说的少数人包括种族、宗教、政治方面占少数的人，甚至还包括在对有争议的法规所进行的辩论中失败的人。

民主和自由是连体双胞胎。缺少一方，另一方就必然消亡。只有在一个民主地组织起来的国家里，公民才拥有可据以有效监督政府的权力滥用行为的制度。如果民主只是支持同一个多数派，而该多数派反过来又滥用其权利以歧视少数派，那么，自由就会被民主削弱。少数人的权利不取决于多数人的良好愿望，也不能被多数票所扼杀。少数人的权利之所以受到保护，是因为民主的法律和制度保护全体公民的权利。少数人与多数人共同作为人类大家庭的成员，应平等地享有权利，平等地受到保护。但现实中少数人常被拒于工作、教育、住房和其他社会福利的大门之外，享受不到其他公民能够享受的权利以及不同于其他公民的生

---

① Philip Alston, *Peoples' Rights*, Oxford University Press Inc. 2001, p. 111.

活方式，少数人是社会中的弱势群体，其权利受到侵犯时就不可能像社会中的强者那样自身有足够的力量去矫正这种状况。因此，只能更多地依靠国家机器进行公力救济，对少数人权利的保护，一方面应不干涉并尊重少数人的权利，另一方面，政府应采取积极措施保障少数人与多数人享有平等的权利、公平的机会或者平等的资源。

然而，并不是所有的人都认识到并赞成少数人应该享有特殊的保护。即便赞成对少数人权利进行保护的人也大多停留在消极保护的层面上，即不得或禁止对少数人歧视。禁止歧视只是保护少数人权利的第一步，只有采取积极的特别措施才有现实意义。然而，这种对少数人的特殊的积极保护，对于多数人来说可能就是一种歧视，称为积极的歧视（positive discrimination），这种体现特殊保护原则的"肯定性行为"或称"积极行为"又面临着另一问题——"反向歧视"。"传统的机会平等原则要求国家对所有的人一视同仁，而不论其民族、种族、性别等有何不同，要求个人通过自己的奋斗来缩小与他人之间的不平等，而不应依靠国家的福利政策和特殊照顾。人人在法律面前一律平等没有少数人和多数人之分。"[①] 传统上的形式平等理论已受到了巨大的挑战。现代意义上的平等原则要求对同一类型的事情同样处理，对不同类型的事情区别对待。我们应当注意到，少数人在传统的机会平等原则下虽然表面上拥有和多数人同样的机会和同等的法律保障，但这只是一种形式上的机会均等。他们和多数人一样可以在公共机关发表其意见，但是过少的政治席位使其意见无足轻重。他们和多数人一样有加入经济生活、参与经济竞争的机会和权利，但是长期受到的歧视和偏见使其资金、技术、受教育程度等都处于较低的水平，与多数人根本不处于同一起跑线上，不大可能享有与多数人平等的权利。因此，对少数人的照顾将减少不同群体之间存在的财产和权利上的差别，使社会全体更为平等。诚然，如果我们对少数人采取特殊保护政策而不注意限度，确实可能存在对多数人"反向歧视"的负面效应。为此，为避免形成"反向歧视"，对少数人采取积极保护措施时应注意满足一定的条件，如在积极保护的对象上，应仅限于历史上受到偏见、歧视或在现实生活中因数量、地位等原因而处于不利地位，其权利正在被剥夺或受到严重威胁的少数人群；保护的范围应限于少数人的特殊属性所及的范围；在保护的程度上应建立在客观合理的基础上。总之，在少数人与多数人之间寻求一个保护的平衡点是至关重要的。对少数人权利的保护通过法律制度化的形式将是可取之道。

综上所述，在多数人与少数人关系问题上，各国政府应当在避免"反向歧视"的前提下，采取积极措施，让少数人有更多机会参与社会竞争，实现社会整体的平等和更公正意义上的平等。针对中国传统社会过分强调集体忽视个体，强

---

① 李常青、冯小琴：《少数人权利及其保护的平等性》，载《现代法学》，2001 年第 5 期。

调大家忽视小家的习惯，导致个体、少数人、弱者权益被堂而皇之的以多数人利益为由随意牺牲的现象，应该树立限制公共权力、多数人权利、强者权利，保护个体权利、少数人权利、弱者权利的思路，只有每个个体的权利真正受到保护，整体的权利才能得到最大的保全。

五、公正审判原则

审判是国家权力为避免当事人间以武力解决争端，通过法律适用的形式解决社会纠纷的活动。在法治国家中，社会成员间的任何冲突在其他方式难以解决的情形下均可诉请法院通过审判裁决。法治社会要求审判必须公正。“公正、独立和对事实的细致调查，这些就是为保证审判经得起人权检验而施加给法律的要求。”① 公正审判是各国审判制度的最佳价值选择。

公正审判，包括实体公正和程序公正。正当程序作为一项基本原则是美国联邦宪法所确立的。根据美国《布莱克法律辞典》的解释，正当程序的中心含义是指：“任何权益受判决结果影响的当事人都有权获得法庭审判的机会，并且应被告知控诉的性质和理由……合理的告知、获得庭审的机会以及提出主张和辩护等都体现在‘程序性正当程序’之中。”② 美国学者认为，正当程序不仅体现了公平、正义、合理等基本理念，而且更是正义对法律程序的要求。因此，正当程序其实质就是以公正为价值取向的。

产生和发展于英美法系中以审判程序公正为主要内容的正当程序原则，到了20世纪逐步扩展为世界多数国家所公认的基本人权保障标准，并且为联合国的法律文件所确立。从1948年12月10日联合国大会通过并宣布的《世界人权宣言》，到1966年12月16日联合国大会颁布的《公民权利和政治权利国际公约》，再到1984年12月10日联合国大会第39/46号决议通过的《禁止酷刑和其他残忍、不人道或有辱人格的待遇或处罚公约》等一系列法律文件，基本上已经形成了一整套公正审判的国际性准则。《公民权利和政治权利国际公约》第14条第1项规定：“在判定对任何人提出的任何刑事指控或确定他在一件诉讼案中的权利和义务时，人人有资格由一个依法设立的合格的、独立的和无偏倚的法庭进行公正的和公开的审讯。”这一规定所涉及的问题比较广泛，它包括所有的人在法院面前一律平等，司法独立，庭审中控、辩、审的法律关系，审判公开进行，以及在审判程序上做到公正等。审判公开是世界各国公认的公正审判标准。《世界人权宣言》第10条规定：“人人完全平等地有权由一个独立而无偏倚的法庭进行公正的和公开的审讯，以确定他的权利和义务并判定对他提出的任何刑事指控。”

---

① ［瑞士］托马斯·弗莱纳：《人权是什么》，谢鹏程译，中国社会科学出版社，2000年，第120页。
② 《布莱克法律辞典》第五版，“正当法律程序条”。

《公民权利和政治权利国际公约》第 14 条也同样规定，对任何人提出的任何刑事指控，均必须公正的审讯。而且公开审判的原则更为各国确定为宪法原则。我国《宪法》第 125 条也明确规定："人民法院审理案件，除法律规定的特别情况外，一律公开进行。"我国刑事诉讼法把公开审判作为基本原则加以规定。因此，坚持公开原则，在我国历来都是和公正审判的国际标准完全一致的，这是因为受刑事追究者享有获得法院公开审判的权利。公正审判的基本准则，不仅是刑事被告人的一项诉讼权利，也是普通社会公众的一项民主权利，它是社会主义民主在刑事审判中的具体体现，也是人民群众当家做主，监督审判，保证审判公正进行的一项重要措施。

六、人权的普遍性与特殊性原则

人权的普遍性是指人权和基本自由是一种应当被普遍尊重和遵循的价值，这种价值的存在和实现对于任何国家、种族和民族的任何人是没有区别的《维也纳宣言和行动纲领》第 2 部分第 1 段规定："世界大会重申所有国家庄严承诺依照《联合国宪章》、有关人权的其他国际文书和国际法履行其促进普遍尊重、遵守和保护所有人的一切人权和基本自由的义务。这些权利和自由的普遍性质是不容置疑的。""所有人权都是普遍的，不可分割的和相互依赖、相互联系的。"[①] 马克思主义历来主张人权具有普遍性。"一切人，作为人来说，都有某些共同点，在这些共同点所及范围内，他们是平等的。"在现代社会，这种平等要求应当是，"从人的这种共同特性中，从人就他们是人而言的这种平等中，引申出这样的要求：一切人，或至少是一个国家的一切公民，或一个社会的一切成员，都应当有平等的政治地位和社会地位"[②]。恩格斯明确地阐述了人权的普遍性原则。然而，对于人权的普遍性的观点，不仅受到置疑，而且面临挑战。这种置疑与挑战不仅来自非西方国家，也来自西方国家。这就是关于人权具有特殊性的问题。中国政府虽强调要关注人权的特殊性，但并未否认人权的普遍性。1991 年国务院新闻办公室发表的《中国的人权状况》（白皮书）曾申明"联合国通过的有关人权的宣言和一些公约，受到了许多国家的拥护和尊重。中国政府对《世界人权宣言》也给予了高度评价，认为它作为第一个人权问题的国际文件，为国际人权领域的实践奠定了基础"。我国反复重申人权具有普遍性。但同时，也强调人权具有特殊性。从哲学的角度来说，普遍性与特殊性（相对性）是相互依存、密不可分的，普遍性要通过特殊性来表现。人权的含义取决于特定的文化背景。确如马克思所指出的："权利永远不能超出社会经济结构以及由经济结构所制约的社会的

---

① 联大文件 A/CONF. 157/23，1993 年 7 月 12 日，《维也纳宣言和行动纲领》，第 5 段。

② 《马克思恩格斯选集》，第 3 卷，人民出版社，1972 年，第 142、143 页。

文化发展。"[1] 即人权的实践与人权的实现不应该也不可能超越特定的历史条件的限制。

综上所述，人权普遍性原则必须与各国具体情况相结合。只有把人权普遍性与特殊性结合起来，才真正有利于保护和促进人权普遍性原则的实现。中国一直主张，在人权问题上，各国之间应该遵循相互尊重、互不干涉内政、不搞对抗、加强对话的原则。这样，各国通过平等的对话与交流，就可以共同促进人权事业的繁荣和发展。中国的这一原则立场，已经得到国际社会的积极响应和广泛支持。通过对话与合作，促进人权的国际保护，并促进各国人民充分享有和实现人权，这是完全符合世界各国人民的愿望和要求的。

第三节 人权保护的方式

一、人权的国内保护

（一）政治保护

人权的政治保护就是指一国通过其政权组织形式与宪政制度确立其对公民人权保护的方式与范围。人权问题实质上就是国家权力与个人权利的关系问题。一国政权对人权所持的态度往往决定了一国的人权状况。国家对人权的政治保护是人权国内保护的重要方面。主要体现在以下几方面。

1. 确立人民主权原则与民主制度原则

人民主权原则是资产阶级启蒙思想家为反对封建专制统治，反对"君权神授"的君主主权观而提出的。它以"自然权利论"和"社会契约论"为理论前提，认为国家是人民根据自由意志缔结契约的产物。所以，国家的最高权力应该属于人民，而不属于君主。不管是国王还是政府的权力，都是由人民授予的，如果不按照人民的授权办事，则人民有权将其推翻。主权在民要求立法权必须属于人民。法律是国家意志的体现，"是公意的行为"，所以，主权主要是通过立法权来实现的。立法权是属于人民的，而且只能属于人民。人民不仅有权创制法律，而且永远有权改变法律。人民主权是不可转让的和不可分割的。可以说，人民主权学说奠定了美国《独立宣言》和法国《人权宣言》的理论基础。当代大多数国家的宪法都规定："主权来自人民"，"权力由国民代表行使"。我国现行宪法也规定："中华人民共和国的一切权力属于人民。"人民主权的原则确是从根本上保护人权。民主政治是国家在政治上尊崇人权的根本保障。民主制度是人民主权原则的具体化。现代以来，随着民主理论与民主实践的不断发展，民主原则的内涵也

---

① 《马克思恩格斯选集》，第 3 卷，人民出版社，1972 年，第 12 页。

在不断充实。概括地讲，有以下几点值得注意：①民主不仅是多数人的统治，还必须保护少数人的权利；②民主应与自由相结合，民主政体应该以保护个人自由为首要任务；③民主政体应该保障和扩大公民的民主、自由、平等权利；④为了防止多数人的暴政或少数人的暴政，应当实现政治多元化和建立多元化的社会；⑤代议制民主是现代民主政体的主要形式；⑥为了捍卫民主，必须废除人治，实行法治；⑦为了保障人权与人的自由，必须把民主与宪政结合起来，实行宪政民主。

2. 确立法治原则

法治是宪政民主的又一原则，其实质是真正确立宪法和法律至高无上的地位，在社会生活中奉行法律统治。在法治社会里，只有法才最有权威，一切机构和个人都要受法律约束，没有任何人或集团能够凌驾于法律之上。政府必须依照宪法和法律进行统治，所有国家机关和政党都必须严格地在法律规定的范围内活动，不能有超越法律之上或法律以外的任何特权。政府对社会生活各个方面的管理，包括经济、政治、文化、教育、科学、技术、国防、环境以及对外关系，都要依据法治精神和法律规定去做。对于违反法律的行为，必须依法追究，给予惩处。同时，法治原则不仅确认个人的公民权利和政治权利，而且要求建立使人格得以充分发展的社会、经济、教育和文化条件；不仅要求依法制止行政权的滥用，而且要使政府有效地维护法律秩序，借以保证人们具有充分的社会和经济的生活条件；不仅要确保司法独立，而且要努力实现司法公正，执法公平，严格依法办事；法治不仅要具有形式的合理性，而且要具有价值的合理性即体现在宪法和法律之中的价值观念应该符合社会正义的准则。自近代资产阶级革命以来，自由、平等、安全、财产权利等个人权利一直是人们追求的价值目标。所以，价值的合理性就是指法治必须要把上述权利作为终极保护对象。也就是说，对公民人权的维护是法律的终极追求。

3. 确立分权与制衡原则，建立有限政府

历史早已证明：对人权最大的威胁不是来自私人，而是来自政府。为防止权力的专断与滥用，资产阶级启蒙思想家主张实行权力分立与制衡。孟德斯鸠把国家权力划分为立法、行政和司法三权，并分别由三个不同的国家机关行使，使三权互相平衡相互制约，建立有限政府。1789 年法国《人权宣言》第 16 条规定："凡权利无保障和分权未确立的社会，就没有宪法。""三权分立"和"相互制衡与平衡"（check and balance）的观点在美国 1787 年制定的联邦宪法中也得到了充分体现。西方资本主义国家无一例外地都建立了分权制衡的政权体系。正是人权为国家权力设置了局限，只有建立有限的政府，人权才能得到保护。

（二）立法保护

“人权具有三种存在形态：应有人权、法定人权、实有人权。应有人权是人之作为人而应当享有的在道德上为正当的权利，它不是法律和政治权威可以任意增损取缔的，是法定人权和实有人权的逻辑前提，是确证和评价法定人权和实有人权的依据，是独立于政治权威之外的客观存在。法定人权是为法律所确认和保护的人权。法律不能创制也不能消灭人权，而只能承认或不承认、保护或不保护人权。实有人权是人们现实地享受到的人权，应有人权再神圣，法定人权再完备，如果不能变成实有人权，都是毫无意义的。”[①] 应有人权是人权最初的存在形态，在自然法学看来，人权是天赋的，不可剥夺的。应有的人权虽然可以通过乡规民俗、社会道德舆论以及规章制度等社会规范来加以保护，但是，这种保护缺乏国家的强制力，缺乏明确性与具体性，因而难以得到贯彻执行。通过国家的法律，将应有人权在法律上确立下来，把应有的人权转化为法定人权，通过国家强制力的保护，在现实中贯彻落实，将应有权利最终转化为实有的人权，这是人权立法的目的与宗旨。法律所保障的人权是应然权利与实然权利的结合。因此，人权立法是人权保障体系中首要的最基本的方面，它直接影响着一国人权的享有程度和实现程度。通过人权立法，可以促进人权标准的制度化，可以确立法定人权的范围，明确哪些人权属于法律保护之范围；通过立法还能够确定法定人权的保护机制，即保护的方式、途径与法律措施，并可以对侵犯法定人权的行为进行法律救济。

宪法是人权立法中最主要也是一国确立人权的首要法律文件。从人权的历史渊源来说，近现代西方资产阶级正是借用了宪法这一国家根本法的形式，将他们反封建专制统治与反封建神权斗争的成果，其中最主要是他们所争取到的人权在法律上确认与巩固下来。英国 1679 年的《人身保护法》、1689 年的《权利法案》和 1701 年的《王位继承法》，美国 1776 年的《独立宣言》、1789 年宪法和法国 1789 年的《人权宣言》等宪法性文件在资本主义国家最早确立了公民的权利和自由。虽然各国生产力发展水平不同，历史文化传统不同，经济文化条件不同，各国宪法所确认的人权范围也不同，但保障人权成为各国立宪的基本价值目标。尤其是第二次世界大战以后，伴随着世界民主化的浪潮，人权观念深入人心，人权实践与运动蓬勃发展，各国在推动宪政与改善宪法中不断充实人权的内容，最典型的是，不仅强调公民的政治权利与自由，如人格尊严权、知情权，而且强调公民的经济权利和社会文化权利，如劳动权、休息权、受教育权，而且还引申出其他权利，如隐私权、环境权、发展权、和平权、民族自决权、资源利用权等。

---

① 李步云：《论人权的三种存在形态》，载《法学研究》，1991 年第 4 期。

人权保护的形式也从国内保护发展到国际保护，国内法律与国际法律相结合，《联合国宪章》与《世界人权宣言》的内容也被引入本国之宪法中。各国通过宪政立法与宪政活动，将人权保护推向新高潮。首先，宪法确认保障人权是宪法的基本原则。保障人权已成为各国宪法的普遍原则。其次，宪法确认人权保护的范围。人权的内容范围随着各国国内民主宪政运动的深入与经济、社会和文化的发展以及世界人权运动的蓬勃发展而不断增加与发展。最后，宪法确立违宪审查制度。违宪审查制度是现代宪政国家保障人权不可缺少的基本制度，实践证明它是实现宪法对人权保障的重要途径。我国宪法规定，全国人大及其常委会承担宪法的监督与审查职责。但事实上，我国对西方国家的违宪审查制度一直存在着偏见。我国的违宪审查制度自始没有建立起来，现实生活中大量的违反宪法、侵犯公民人权的案件得不到法律的救济，得不到查处与解决。这不仅影响了我国民主宪政的建设，也制约着宪法对现有人权保障作用的发挥。我们建议通过立法形式将违宪审查制度确立为我国的宪法制度，借鉴西方国家关于司法审查制度的成功经验，结合我国的实际情况，使宪法直接进入司法领域，充分发挥宪法在人权保障中的作用。

由于宪法具有原则性、纲领性的特点，因此，人权的立法保护，除宪法规定外，更重要的是由其他法律法规来具体落实宪法所倡导与保护的人权内容与保护措施。具体的法律法规分散于各个部门立法之中，如选举法、组织法、民法（财产法或物权法）、合同法、劳动法等各个部门。例如，美国，1968 年颁布《公平住宅法》，规定在住宅的买卖、租赁、抵押贷款等各个方面禁止因为性别、种族、国籍、宗教、婚姻状况等而受到歧视。各州各地方纷纷制定《公平雇佣与住宅法》，在雇佣以及住宅方面，其范围扩大到禁止歧视未婚、儿童、同性恋者以及残疾人。澳大利亚于 1986 年制定《联邦人权与平等机会委员会法》，英国于 1975 年颁布《反性别歧视法》，1976 年颁布《反种族歧视法》，1995 年颁布《反残疾人歧视法》。英国的一些反歧视法是由英国公平机会委员会以及种族平等和残疾人权利委员会负责监督与执行的。美国大多州，1971 年纽约州，1981 年威斯康星州，1992 年加利福尼亚州，1993 年明尼苏达州，1999 年内华达等州也分别制定《性倾向反歧视法》。遗憾的是，我国除宪法规定公民在法律面前一律平等以及男女平等外，到目前为止，在我国的法律法规中，尚未有一部法律有关于禁止歧视的规定。为提高我国全民族的人权观念，使我国与世界更好地接轨，不仅是在经济方面，而且在精神文明方面，有必要对我国的所有法律法规进行一个全面的审查与清理，对立法中存在的违反人权的规定应坚决予以清除。

（三）司法保护

“有救济才有权利”，公民只有在受到侵害后得到救济，才谈得上享有权利。

为了保障必要的救济，现代国家的法律和国际人权公约在规定若干权利的同时，把诉诸司法的权利规定为一项公民权利或人权。按照人权公约的要求，在裁定针对任何人的指控或确定他在法律讼案中的权利与义务时，人人皆有接受法庭审判的平等权利。这意味着，由法庭而不是由其他任何机构和实体来判定涉讼的权利与义务，是出自公民权利的一项硬性的要求。公民能否以及在多大程度上诉诸司法，诉诸司法之后能够受到什么样的保护，一方面，取决于现行制度尤其是司法制度，另一方面，取决于公民的实际能力和条件。不仅如此，在公法领域，由于国家和政府总是处在强势的地位，公民在受到政府和国家的侵害或以政府和国家的名义实施的侵害时，寻求有效的救济就更为困难。为此，公法救济应给予特殊关注，并逐渐朝着制度化方向发展。人权的司法保护与救济主要由法院根据当事人的请求，依据法定诉讼程序对受害者进行救济。司法救济是国内人权保护与救济的主要途径。司法救济对绝大多数侵犯人权的行为给予法律上的救助。法院可根据不同的侵权行为主体，采取不同的诉讼程序予以救济。对私人侵权行为，可通过民事或刑事诉讼程序予以救济；对行政机关的侵权行为，可通过行政诉讼程序救济；对公安机关或检察机关的侵权行为，可通过审理判决程序救济；对来自法院自身的人权侵害，可通过上诉审程序进行救济；在许多国家，对来自立法机关的人权侵害，也可以通过司法审查制度予以救济。

在我国，虽然确立了依法治国的方略，但司法独立仍然得不到有效的保障。“法院的权力无法凌驾于其他国家机关之上，它对行政当局的专断行为几乎没有任何约束力。”[①] 这种状况严重制约了司法对人权的保护。为此，司法改革的实质是要合理确立司法权在国家权力结构中的配置，核心是要在整个国家权力结构中确保法院的独立地位，价值趋向应该是控制行政权的滥用，保障公民的权利。

（四）行政保护

行政权对人权的保护，具有积极与主动的特点。行政权是宪法和法律赋予国家行政机关管理政治、经济和社会事务的最重要的国家权力。立法对人权的保护尚需要具体的部门去落实与实现。由于行政权具有管理领域广、自由裁量度大、以国家强制力保证行使等特点，因而在人权的保障方面具有立法与司法所不能起到的作用。更为重要的是，一方面，现代国家的职责与角色已发生了重大变化，已从过去的“守夜人”转变为主动地为社会提供公共服务的福利国家，人权的保护方式也发生了相应的变化，从传统的消极保护方式如对侵权行为加以行政制裁，对人权侵害行为的受害者给予行政救济等，到积极主动地通过促进经济发展、降低失业率、发展教育事业、提供社会保障等方式向人权主体提供实现人权

---

① 《中国法律面临入世挑战》，载《参考消息》，2001年3月30日，第8版。

的条件和清除人权实现的障碍。国家的这一职能是由行政机关来承担的。另一方面，现代行政权在性质、内容、主体等方面与传统行政权相比，已发生了重大变化。现代行政权的变化，使其在对人权保护方面具有积极的不可或缺的作用。现代行政机关的依法行政、行政职能的多元化以及行政主体的非专属性对防止行政机关滥用职权，以及行政垄断具有重要的意义。行政保护在完善与促进人权的发展，丰富人权的内容等方面具有特别重要的意义。

行政保护或行政救济是行政机关在权利主体的权利受到侵犯后，根据申请人的申请依职权，按法定程序给予救济的行为。在各种侵犯人权的行为中，国家行政机关的违法、不当职权行为或滥用职权行为对人权侵犯的危害性更大，面对强大的国家机关，受害人是无法与之抗衡的。因此，对受行政侵权行为侵害的受害人的救济是行政救济的重点。各国大多建立了较为完备的行政救济机制，如美国的行政听证制度，日本的行政不服审查制度。我国也建立了行政复议制度、行政申诉制度、国家赔偿制度。行政机关对其他公民个人行为所致的侵害行为的救济，主要是那些侵权行为尚未达到犯罪程度的一般违法行为。如我国公安机关的治安管理与处罚，交通事故处理与处罚等。

（五）社会舆论保护

现代社会，公民在相当程度上是通过报刊、广播、电视等传媒，以“公众舆论”的形式与代表政治国家的官方进行沟通、对话，进而实现公民社会与政治国家之间良性的互动关系。由于广大公民享有充分发表自己意见和观点的言论自由和出版自由，可以对国家公职人员的职务行为进行评议和监督，对国家机关及其工作人员（包括领导干部）的腐败现象进行揭露、谴责和控诉，因而公众的舆论监督可以形成一种无形而又巨大的舆论压力，督促国家机关切实履行其为公民服务、尊重和保障人权的承诺和职责，同时对有被滥用危险的公共权力进行有力的制约，对关涉国计民生的公共政策的制定和实施进行有效的监督。形成强大的社会舆论的最终目的是保护公民的人权。

如果说立法、司法、行政等公权力构成了国家这一政治实体的力量源泉，那么公众舆论这一民间性质的权力监督资源实际上几乎是公民社会唯一能够与公权力相抗衡的力量源泉。以宪法赋予的言论、出版、集会等表达自由以及对国家机关和国家工作人员的批评、建议、申诉、控告或检举的权利为基石的舆论监督，其广度和力度实际上是衡量和检验公民社会人格独立及意思自治程度的重要尺度。如果说“以权力制约权力”是现代法治国家笃守的一种法治信条，那么“以舆论监督权力”则堪称现代公民社会弘扬的一种民主理念和高擎的一面民主旗帜。由于公权力具有先天的扩张性，在国家的侵权面前，脆弱的个人往往是无能为力的，因而让处于相对强势的执政者承受一定的舆论压力是完全必要的，执政者应当有一种如履薄冰的责任感。舆论监督的威力正在于通过媒体曝光将政治生活、经济生活及社会生活中的各种问题公之于众，让舆论的阳光驱散恣意阴霾，让滋生腐败现象的霉菌难觅藏身之地，从而在全社会形成一种共鸣：乾坤朗朗，岂容腐败和司法不公！舆论监督利剑的铸就及其功能的充分发挥不可能一蹴而就，它是一个与政治体制改革和依法治国进程相适应的渐进的过程。从一定意义上讲，民主、法治和人权是铸就舆论监督这把利剑的“熔炉”。或者说，民主政治、依法治国、人权保障三位一体才赋予舆论监督无限活力的宽松环境。因此，为保障与促进人权的发展，需要进一步拓宽舆论的传播渠道，完善舆论监督的方式和手段。另外，舆论监督应当尽快纳入法治轨道，依法加以保障、引导和规范，使其真正成为一种制度化和法律化的民间监督与人权保护机制。在我国应尽快出台《新闻法》、《出版法》等重要法律。

二、人权的国际保护

（一）人权国际保护的必要性

人权国内保护的不足是人权国际保护产生的主要原因。由于各国的政治民主程度、法律完善程度以及经济、文化发展水平等参差不齐，各国人权保护的范围、程度也很不相同。没有各国与国际社会的交流合作，甚至国际社会施加的压力，仅靠一国自己的力量是很难为人权保障创造一个良好的环境的。

（二）国际人权保护机构

国际人权保护机构主要有五大类：

(1) 联合国人权机构。联合国负责人权事务的机构主要有联合国大会第三委员会、联合国经济及社会理事会（以下简称“经社理事会”）和联合国人权委员会，其中联合国人权委员会为主要负责机构，人权小组委员会是人权委员会下属的专家机构。①人权委员会（Commission on Human Rights）是根据经社理事会决议于1946年2月成立，是经社理事会的一个职司委员会，成员国由经社理事会按地区分配原则选举产生。人权委员会任期3年。人权委员会每年春季在日内瓦举行为期6周的全体会议。除53个成员国外，联合国其他成员国、非成员国、各专门机构、区域组织和为联合国所承认的民族解放运动以及在经社理事会具有咨商地位的非政府组织可派团以观察员身份与会。②人权小组委员会是1947年根据经社理事会1946年6月21日第9（II）号决议设立，是人权委员会最主要的下属机构。原全称为“防止歧视和保护少数小组委员会”，1999年根据经社理事会有关决议，改名为“促进和保护人权小组委员会”。小组委员会的主要职能是对有关促进人权的重要问题进行研究并向人权委员会提出报告。根据经社理事会 1986 年第 1986/35 号决议，每 2 年改选小组委员会中的半数成员，人选由各国政府提名，由人权委员会秘密投票选举产生，当选者于当选的次年 1 月 1 日起任期 4 年。

（2）根据联合国大会决议设立的一系列特别人权机构。主要是给予殖民地国家和人民独立宣言执行情况特别人权委员会、反对种族隔离特别委员会。1994 年 1 月，联合国人权事务高级专员（简称“人权高专”）设立，它是根据联合国大会第 48 届会议于 1993 年 12 月通过的第 48/141 号决议设立。该决议规定人权事务高级专员的职权是，在联合国秘书长授权下，负责协调联合国人权领域的活动。1997 年 10 月，第 52 届联合国大会通过联合国秘书长安南提出的对联合国人权秘书处进行改组的方案，将原联合国人权中心与联合国人权事务高级专员办公室合并，称为“联合国人权事务高级专员办公室”负责处理联合国人权事务，总部设在日内瓦，并在纽约联合国总部设办事处。

（3）与人权有关的其他专门机构。如国际法委员会、国际法院、国际劳工组织及教科文组织等。

（4）区域性人权保护机构。如欧洲人权保护机构，由欧洲人权委员会、欧洲人权法院、部长委员会组成；美洲人权保护机构、非洲人权保护机构。

（5）根据联合国多边条约设立的执行机构。如人权事务委员会，经济、社会和文化权利委员会，消除种族歧视委员会，禁止酷刑委员会，消除对妇女一切歧视委员会，儿童权利委员会等。

第二编　人权的基本内容

第四章 人身人格权

第一节 生 存 权

一、生存权的提出

当资本主义的经济由自由竞争的经济进入到垄断资本主义经济阶段之后，“自由之手”开始失灵，经济危机频繁爆发，社会矛盾日益激化。表现在分配领域内就是：一方面财富无限地积聚在某些人手中，而另一些人手中却连最基本的生存的资料都没有；另一方面由于贫富的两极分化，在资本家的利益得到满足的同时，工人却丧失了工作自由与生存自由。在此情况下，国家不得不伸出“干预之手”，以确保工人的最基本的生存权。应该说，“生存权”就是在这种历史大背景下提出的。

生存权作为明确的法律上的概念，最早是由奥地利具有空想社会主义思想的法学家门格尔（A. Menger）提出的。他在1886年写成的《全部劳动权史论》一书中提到了生存权一词。他指出：劳动权、劳动收益权、生存权是造成新一代人的经济基本权的基础。[①] 在其书中，生存权被揭示为：在人的所有欲望中，生存的欲望具有优先地位。

生存权作为明确的法律规范最早见于1919年的德国《魏玛宪法》，这部宪法的第151条规定：“经济生活秩序必须与公平原则及维持人类生活目的相适应。”第二次世界大战以后，生存权的概念被各国普遍接受。

二、生存权的含义及保障

生存权作为一个法律上的概念，不仅仅是指一个人的生命不受非法侵犯的权利，而且还指一个人要求社会创造条件以使其生命得以延续的权利。这个概念说明以下几个问题：首先，生存权是一种最基本的人权。人们如果想要享有其他的政治、经济、文化上的权利，首先必须保障自己的生存权。一个人如果失去了他最基本的生存条件或者一个人的生存事实处在危险之中，那么他的其他权利也就只能是一句空话而已。其次，生存权是生命权和生命延续权的统一，在生存权中，生命延续权是主要的，因为人首先要活下来，才可能有尊严地活着。事实

---

① 王启富、刘金国：《人权问题的法理学研究》，中国政法大学出版社，2003年，第186页。

上，作为生命权利的生存权在各国已经普遍地得到保护。

生存权既然是生命权与生命延续权的统一，从理论上讲，生命权应当包括两方面内容：第一，生命安全权。即人的生命非经法定的程序不得受到任何的伤害与剥夺；人的生命既不因人数多寡而不同，也不因人的贵贱而异。西方学者认为生存权主要是指人的生命不受非法剥夺，即人人都在政治上享有“生命安全”的权利。第二，生命的存续权。即人作为人应当具备基本的生存条件，如衣、食、住、行等方面的物质生活保障。对于一个国家和民族来说，基本人权首先应该是生存权，没有生存权，其他一切人权都无从谈起。

关于生存权的第一项内容，即生命安全权，各国在法律上已经作了充分的保障，无论是宪法，还是民法、婚姻家庭法等，甚至刑法。但是对于生存权的第二项内容即生命延续权，却因各国经济发展的不平衡以及政治、文化、伦理、道德的不同标准而不能得到充分的保障。在发达国家，由于社会经济水平的普遍提高，国家建立了完善的社会保障制度，保证人们的生命得以延续的物质条件已经充裕，维持人们生存的物质条件已不是什么问题。但在发展中国家，经济发展水平落后，社会保障制度不完善，有一些人的生存还面临着危机。尤其是在一些贫穷国家，粮食生产、医疗卫生等都是一个社会问题，人们时时生活在生存的危机之中，如何保障这些人的生存条件是这些国家所面临的一个十分严峻的问题。

要充分保障国民的生存权，大力发展国民经济是当前的主要任务，西方发达资本主义国家已经超越了这一步，而发展中国家和贫穷国家必须在发展经济方面下工夫。但是这并不是说，在首先发展经济的同时，就不重视人的生存权。从人权概念发展的历史来看，即使在西方的欧美社会，生存权等社会经济的权利也是在公民的、政治的权利之后才出现的，属于第二代人权。社会经济权利观之所以发展滞后，归根结底是因为为了能够持续保障一切贫困者都享有配给生活资料的权利，社会经济必须发展到政府能够掌握足够的财源的程度。有些人认为，发展中国家必须先有经济的生存保障，而后才有政治的自由保障。这种主张是不能成立的，是本末倒置的。如果说有的权利是一种只有在发达国家才能实现的奢侈品，那么这种权利正是社会的、经济的权利，而不是公民的、政治的权利。就权利的成本而言，公民的、政治的权利对于发展中国家是更容易获得的。

充分保障公民的生存权，还必须允许公民行使其他的政治权利与自由。人之所以为人，就在于人不像动物那样简单地、消极地、被动地适应自然界，而是可以能动地，利用自己的思维能力去分析、思考、研究当时当地的环境，能够采取一定的手段、方法较好地解决自己的生存问题。因此，人的生存权同人的思想、言论等政治权利一并存在，不可分离。从一定的意义上说，人只有首先有思想权利，然后才能获得生存权利。人生存在这个世界上，就必须与他人交流，与他人交流就必须要说话，而说话必须受自己思想的支配，同理，人在社会上进行的每一个行动也必须是在自己思想的支配下进行的。而且，言论、出版、报道的自由以及向民众的诉求开放的民主参与的渠道，对于有效地保障人的生存权是绝对必不可少的。所以，充分地保障人的政治权利与言论自由，必能更充分地保障人的生存权。对于人的生存权利的现实实现，是不可或缺的。

三、生存权的限制

生存权是人的生命拥有权和生命延续权的统一。在当今世界中，除了生命延续权受制于经济的发展、民族的信念、伦理道德等诸多因素外，就生命拥有权而言，每个人的生存权在这个世界上都应该是平等的。所以，一个人，甚至一个种族在实现自己生存权的时候，一定要尊重另一个人或者另一个种族的生存权，不能以经济的先进与落后、种族的优劣，甚至于种族进化的先后以及环境的适合与否作为理由，去侵略另一个国家与民族，甚至妄图消灭另一个种族，以使自己的种族与国家更好地生存。历史的教训告诉我们，任何妄想独霸世界的野心和企图都是违背人类生存和发展规律的。相反，世界各个国家、民族与种族应该联合起来，互相取长补短，为世界的发展以及人的更好的生存而奋斗。

第二节　生　命　权

从生物学的角度看，生命是生物体所具有的活动能力。① 或者是由高分子的核酸蛋白体和其他物质组成的生物体所具有的特有现象。② 详而言之，生命是生物体所具有的利用外界的物质形成自己的身体和繁殖后代，按照遗传的特点生长、发育、运动，在环境变化时能够适应环境的活动能力。③ 法律学上的生命，并不是泛指一切生命，而是仅指自然人的生命。生命对于人来说，具有最高的人生价值。因为，生命具有不可代替性，因而生命没有什么法律的替换品或代替物。人的生命一旦丧失，就不可逆转地消灭，没有任何办法可以挽回。生命不仅对人本身具有价值，而且对整个社会具有价值。人之所以能够制造工具改造自然，创造物质财富与精神财富，皆以其具有生命为前提。另外，从民法学上讲，生命是人具有民事权利能力的基础，人之所以具有民事权利能力，就是因为其具有生命，因而法律规定，公民的民事权利能力始于出生终于死亡，也就是说，只有在以生命的形式存在时，主体才享有民事权利能力。

与自然人的生命相对应，人的生命权是最基本的人权，是一种独立的人格

---

① 《现代汉语词典》，商务印书馆，1979 年，第 1016 页。

② 《辞海》，上海辞书出版社，1979 年，第 1727 页。

③ 王利明、杨立新、姚辉：《人格权法》，法律出版社，1997 年，第 48 页。

权。人只有自己的生命权在法律上得到充分的保护，才能更充分地享受其他的权利，如果一个人连自己的生命权都得不到保护或者保障，其他的诸如健康权、人身安全权、政治权利与自由、劳动权、受教育权等权利就更无从谈起了。

一、生命权的含义与基本内容

（一）生命权的含义

一言以蔽之，生命权是以公民的生命安全的利益为内容的权利。

生命权是以人的生命安全为客体，即维护生命的正常活动，保障生命不受非法剥夺的人格利益。虽然生命权与身体权同为两大相互支撑的人格权，但两者的客体却迥然有异。生命权与身体权是两种不同的人格权利。身体权的客体是人体的整体构造以及维护该种构造的完整性利益。“身体权因创伤而受伤害，生命权则非有死亡发生，不能认为受伤害，故二者应分别视之。”① 生命权的基本内容是维护人体生命活动的延续，防止人为地将其终止。这一点有别于健康权。健康权维护的是人体机能的完善性，保持其正常运作。违法行为侵害健康权，通过医学治疗，可以完全恢复健康或者部分恢复健康，即使是受到破坏的健康状况不能恢复，但没有生命丧失之危险。而违法行为侵害了生命权，则使人的生命活动不能延续，最终的结果就是死亡。生命权的保护对象是人的生命活动能力。生命活动能力与人的劳动能力不同，劳动能力是人创造物质财富与精神财富活动的体力和脑力劳动的总和，它是人的健康权的基本内容之一。总而言之，生命权是法律所规定的人的一种独立的人格权。

生命权是国际社会公认的基本人权，是个人一切权利的载体，生命不存，其他权利焉附？保护生命权，尊重生命权，限制和废除死刑，一直是联合国文件和国际社会致力追求的目标。纵观联合国及其人权委员会的文件，可以看出，国际社会对人权的保护规定，是一个不断重复与强化，从一般性的、原则性的保护到具体性的、细则性的保护的持续渐进的过程。

首先，生命权是固有的、至上的、第一位的人权。②《公民权利和政治权利国际公约》第 6 条规定，“人人有固有的生命权。这个权利应受到法律保护。不得任意剥夺任何人的生命”。本书认为，“固有的”就相当于“天赋的”，所以，生命权是天赋的、第一位的人权。《公民权利和政治权利国际公约》将生命权视为至上的人权，是任何其他权利都不能与之比肩的权利，以及不容许任何其他人权和公共权力能够凌驾于之上的权利。

---

① 龙显铭：《私法上人格权之保护》，中华书局，1948 年，第 42 页。

② 王家福、刘海年、李林：《人权与 21 世纪》，中国法制出版社，2000 年，第 296 页。

其次，生命权是目的性人权，而不是手段性人权。在联合国关于反对种族歧视和种族隔离的诸多文件里就规定，一部分人不得将另一部分人沦为奴隶而任意予以歧视、买卖和杀害。在自然资源和社会资源有限的地区，不得为了使一部分人更充分地享有自然资源而剥夺另一部分人的生存权利。联合国及其人权委员会在死刑问题上所持的立场，就突出地表明了国家和地区不能为了维护国家利益和社会秩序，而任意剥夺犯罪分子的生命，即不能将剥夺少数人的生命作为维护国家利益和社会秩序的手段。因此，生命权是一种目的性人权。所谓生命权的目的性，就是指保护生命本身就是目的，一部分人的生命，不能成为保护另一部分人的生命的手段，不能为了一部分人的生存，而影响和牺牲另一部分人的生命权。

最后，生命权是平等的不可剥夺的人权。所有的人的生命权都平等地受到法律保护。《世界人权宣言》第 3 条规定："人人享有生命、自由与安全。"《种族与种族偏见问题宣言》第 1 条第 1 项明确宣布："全人类属同一种类，均为同一祖先之后代。在尊严及权利上，人人生而平等，所有人均为人类整体的组成部分。"这就从种族及生物学的角度，表达了生命权的平等性。"不论是男人和女人，成年人和未成年人，健康人和残疾人，守法人和犯罪人，有色人和无色人，合法婚姻出生的人和非法婚姻出生的人，有宗教信仰的人和无宗教信仰的人，居民和难民，他们的生命价值是平等的，其生存的权利也是平等的，作为人的人格和属性也是平等的，都必须平等地加以保护，不得有任何形式的歧视。"① 同时，在联合国及其人权委员会的文件中，人的生命权被规定为不可剥夺、不可克减的人权。一切形式的以剥夺人的生命权为内容的种族灭绝和战争行为，都被认为是最严重的反人类犯罪。1948 年的《防止及惩治灭绝种族罪公约》就将蓄意全部或者部分消灭某一民族、人种、种族和宗教团体的行为，规定为灭绝种族罪。

（二）生命权的基本内容

生命权的第一项内容，也是生命权的主要内容，是禁止他人非法剥夺生命，而使人的生命按照自然界的客观规律进行延续。法律保护人的生命延续，不是通过提高健康程度来延长人的生命，而是保护人的生命不受外来的非法侵害而丧失，保护的是人的生命安全利益。

生命权的第二项内容是防止生命危害的发生。当生命权的权利主体面临危及生命安全的危险和行为时，有权采取相应的措施，保护自己，排除危害。不仅生命权人有权进行正当防卫，其他人也有权进行正当防卫，以保护生命权人的生命免受正在进行的不法侵害。

生命权的另外一项重要内容是改变生命环境，即当人的周围的环境对生命构

---

① 王家福、刘海年、李林：《人权与 21 世纪》，中国法制出版社，2000 年，第 297 页。

成危险，但危险尚未发生时，生命权人有权要求改变环境，消除危险。改变危及生命的周围环境，可以由权利人自行改变，也可以要求危险环境的管理人和占有人改变。

二、生命权的保障

生命权是其他人权得以存在和实现的基础和前提，所以，对生命权的法律保护，既有其一般的一面，也有其特殊的一面。

人是社会的基本构成要素，也是创造世界的原动力，因此，在联合国及其人权委员会的文件中，无不强调对生命权的保护。《世界人权宣言》第 3 条就明确规定："人人有权享有生命、自由和人身安全。"《危害人类和平及安全治罪法草案》第 2 条规定，任何人对实施灭种罪、战争罪、危害人类罪、危害联合国和有关人员罪等危及人的生命的犯罪负责任。另外，《防止及惩治灭绝种族罪公约》、《禁止并惩治种族隔离罪行国际公约》等一系列国际刑事法规范中都对侵害人的生命权的行为规定了责任条款。

世界各国都将生命权视为人的生存与生活的基本权利，并都通过法律首先保护人的生命权。在民法、经济法和行政法方面，各国法律基本上均规定，由于民事行为、经济行为或者行政行为对人的生命权造成损害，生命权人可以就此获得赔偿或者其他法律上的救济。在公法方面，各国在刑事法上基本上均规定了故意杀人罪和过失致人死亡罪的条款，对那些基于故意或者过失而剥夺他人的生命权的犯罪行为人，规定其应承担相应的刑事责任。

我国宪法明文规定，中华人民共和国公民的生命权不可侵犯，从而从根本上确立了对生命权的保障。我国刑法第 232 条和 233 条分别规定了故意杀人罪和过失致人死亡罪。我国刑法的其他条款中，如交通肇事罪、医疗事故罪、重大责任事故罪等，都有对人的生命权的保护的规定。在民法中，我国规定，对于损害他人的生命权的违法行为，生命权人可以请求司法救济。在众多的经济法规里，我国亦规定了对人的生命权造成侵害的行为的违法责任。

三、死刑的限制

死刑是根据法院的判决，通过一定的程序，剥夺犯罪分子生命的一种刑罚方法。其实质在于根据报应刑主义的理论，让犯罪分子基于自己的严重危害社会秩序的行为付出生命的代价。

从国际社会来讲，联合国在其人权文件中，对于死刑的态度，基本上经历了一个由肯定、限制直至最终废除的发展历程。1948 年的《世界人权宣言》没有对死刑提出任何非难。同时，当时废除死刑的国家也寥寥无几，安理会的五个常任理事国中也没有一个废除死刑。进入 20 世纪 50 年代以来，废除死刑的国家越来越多，反对死刑的势力已经形成比较庞大的阵营，所以，剥夺人的生命的死刑便成为人权领域的一个比较突出的问题。1966 年的《公民权利和政治权利国际公约》第 6 条规定："在未废除死刑的国家，判处死刑只能是作为对最严重的罪行的惩罚，判处应按照犯罪时有效并且不违反本公约规定和《防止及惩治灭绝种族罪公约》的法律。这种刑罚，非经合格法庭最后判决，不得执行。""任何被判处死刑的人应有权要求赦免或减刑。对一切判处死刑的案件均得给予大赦、特赦或减刑。""对十八岁以下的人所犯的罪，不得判处死刑；对孕妇不得判处死刑。""本公约的任何缔约国不得援引本条的任何部分来推迟或者阻止死刑的废除。"由此可见，《公民权利和政治权利国际公约》对于死刑基本上是采取一种赞成并限制适用的态度。进入 20 世纪 80 年代，随着废除死刑和不执行死刑的国家越来越多，人道主义思想的广泛传播和保障人权活动的广泛发展，联合国文件对于死刑的态度发生了根本性的变化。1989 年的旨在废除死刑的《公民权利和政治权利国际公约第二任意议定书》就要求各个缔约国在其管辖范围内，对任何人不得判处死刑，每一个缔约国应采取一切必要措施在其管辖范围内废除死刑。另外，1997 年和 1998 年，联合国人权委员会两次通过了废除死刑的决议，敦促各国无条件立即废除死刑。

我国 1997 年刑法对于死刑采取的是赞成并限制适用的态度。具体的限制主要表现在以下几个方面：

第一，在犯罪性质上加以限制。我国刑法规定只对危害国家安全罪和其他严重危害社会的刑事犯罪适用死刑。

第二，在适用对象上加以限制。我国刑法规定，死刑只适用于罪行极其严重的犯罪分子。

第三，在犯罪主体上加以限制。对于犯罪时不满 18 周岁的未成年人以及审判时怀孕的妇女不得适用死刑。

第四，在程序上加以限制。我国刑法对于死刑的辩护程序、复核程序、执行程序都作了限制性的规定。例如，对于可能被判处死刑的犯罪分子，审判时必须有辩护律师到场；除最高人民法院判处死刑的案件之外，其他法院判处的死刑案件，应该逐级上报最高人民法院复核；对正在执行死刑的罪犯，如果发现有异议应立即停止死刑的执行等。

另外，我国刑法还规定了死缓制度，即对于罪该处死但又不必立即执行的罪犯，可以判处死刑缓期二年执行，给犯罪分子一定的考验期，以给犯罪分子悔过自新的机会。

最后，我国刑事诉讼法还对死刑的执行方法给予了限制，规定执行死刑只能用注射和枪决两种方式。

第三节　人身安全权

人身安全是一个人在社会上得以生存的保障，是一个人参与社会生活的基本条件。一个人能否在社会上健康地生存与生活，能否参与社会交往，能否为社会创造物质财富和精神财富，除取决于他是否享有生命权之外，还取决于他能否享有充分的人身安全。

人身安全权是指国际社会以法律所保护的自然人的身体完整和身体健康不受非法侵犯的权利。人身安全权是一个人生活于社会的基本条件，所以，国际社会和每个国家在一定的程度上都赋予人以充分的人身安全权。《世界人权宣言》在其第 3 条就明文规定："人人享有生命、自由和人身安全。"

一、人身安全权的含义和地位

从《世界人权宣言》的规定看，人身安全权是一项单独的权利，之所以这样说，是因为有些人在理解人身安全权的时候，将人身安全权和人身自由权连为一体或者干脆将两者作为同一个概念等同看待。《欧洲人权公约》第 5 条在序言中将人身自由与人身安全作为一个整体加以规定，但在后面的具体规定中仅涉及人身自由权。针对这一差异，欧洲人权委员会认为，与人身自由权相比，人身安全权是绝对的，因此，公约第 18 条的规定不能受到违反[①]，因为对该项权利的任何限制都是不允许的。[②] 然而，欧洲的人权机构在处理申诉时往往将人身自由权和人身安全权视二为一。我们认为，《欧洲人权公约》第 5 条的规定涉及从程序到实体的诸多问题，欧洲人权机构在适用该条保护个人的人身自由与人身安全时往往引起对公约的解释问题，而上述问题又会因不同案例而变得更加复杂。[③]《公民权利和政治权利国际公约》同样存在这样一个问题。《公民权利和政治权利国际公约》第 9 条规定："人人享有人身自由与安全。任何人不得加以任意逮捕或拘禁。除非依照法律所确定的根据和程序，任何人不得被剥夺自由。"这样的规定往往会使人们在理解人身安全权的时候将其同人身自由权混为一谈。

我们认为，人身安全权和人身自由权是两个不同的概念。人身自由权是指人不受非法拘禁和逮捕的权利，而人身安全权却是指人的身体组织的完整性与健康不受非法侵害的权利。具体地说，人身安全权包括两项内容，即人的身体不受非

---

① 《欧洲人权公约》第 18 条规定："根据本公约许可的对上述权利和自由的限制，不应适应于已经规定的目的以外的任何目的。"

② See the report of 14 July 1974，Kamma，YearbookXVII（1975），p. 300～316.

③ See the *European System for the Protection of Human Rights* by R. St. Macdonald，F. Matscher，H. Petzold，Kluver Academic Publishes（1995），p. 278.

法侵犯以及人的健康不受非法侵犯。

人身安全权是一项基本人权。它不仅是一项独立存在的人权，而且是实现其他权利的基础，宗教信仰自由、言论自由、集会自由、出版自由、家庭生活权、迁徙自由权以及财产权等权利的充分行使必须以人身安全权作为保证。

二、人身安全权的内容

（一）人身不受侵犯权利（身体权）

1. 身体权的含义和性质

法律意义上的身体，专指自然人的身体，是指自然人的生理组织的整体，即人的躯体。身体虽然是由头颅、肢体、器官、其他组织以及附属部分组成，但它是一个完整的整体，具有完整性和完全性的基本特征。破坏了身体的完整性和完全性，也就破坏了整个身体的构成。

身体权是指公民维护其身体完全并支配其躯体、器官和其他身体组织的具体人格权。首先，身体权是以公民的身体及其利益为客体。生命权虽然是人的第一位的重要人格权，但是，生命的物质载体是身体，没有了身体，生命也就失去了存在的形式。身体权以身体为客体，最重要的就是保护公民身体的完整性和完全性。任何人破坏公民的身体的完整性和完全性，就构成了对公民身体权的伤害。其次，身体权还表现在公民对于自己身体组成部分的肢体、器官和其他组织的支配权。传统的理论只承认公民身体不得破坏，不得将身体的组成部分予以转让，并不承认公民对于自己身体的支配权。但是随着科学技术的发展，现代的法律及伦理允许公民将自己身体的一部分，包括血液、皮肤甚至是自己的某个器官转让给他人。这就表明，对于公民的上述器官或者组织，只有公民本人享有支配的权利，任何人都无权将其转让，如果违背了公民本人的意志，将其身体组织或者器官擅自地转让给他人，就是侵害了公民本人对于自己身体组成部分的支配权。最后，身体权是公民的基本人格权。身体权是一种人格权，而不是所有权。虽然人格权和所有权同为支配权，但其支配的客体并不相同。所有权支配的是物，而人格权支配的却是自身的物质性人格要素，其客体仍然是公民的人格。

身体权是否是一种独立的人格权，在法学理论上素有争议。有人主张人身安全权不是一项独立的权利，既然人身安全权不是一项独立的权利，那么作为人身安全权主要组成部分的身体权的独立性遭到否定，也是理所当然的了。正因为如此，在司法实践中，对于侵害身体权的行为，处理时往往区别对待，将其分别归于生命权或者健康权中进行处理。对伤害他人身体，但没有造成他人死亡的，作为侵害健康权处理；如果造成被伤害人死亡，则作为侵害生命权进行处理；如果既没有造成伤害后果，又没有造成死亡后果的，在实务中则没有办法进行处理。[①] 然而，在司法实务中，伤害他人身体权的行为大量存在，如果不承认身体权是一项独立的权利，就会使被害人在很多情况下得不到法律的救济。

其实，确认公民的身体权，世界上早有先例，早在《德国民法典》问世之时，就明确宣告身体权是公民的基本民事权利。尽管《世界人权宣言》和《公民权利和政治权利国际公约》将人身安全权和人身自由权规定在一起，但并不能就此否定人身安全权的独立性，当然也就更不能否定身体权的独立性。所以，身体权不仅是一项独立的权利，而且是一项独立的人格权。

2. 身体权的内容

身体权的第一项内容是维护身体组织的完整。任何公民均有权维护自己身体组织的完整性和完全性，身体权权利主体以外的任何人非依有效的法律规定或者权利者本人的意愿，不得随意破坏其身体组织的完整和完全。任何人的基于故意或者过失侵害他人身体完整和完全的行为，都要承担相应的法律责任，当然主要是承担民事责任，但是如果伤害他人身体的行为超过了民事法律所调整的限度，依民事制裁措施不足以救济时，致害人应当承担相应的刑事责任，依刑罚方法予以救济。

身体权的第二项内容是身体利益支配权。器官的捐献和器官的移植是当今医学发展和进步的成果及表现，但是它也给当今的法学和人权保护提出了一系列新的问题。如上所述，身体权是一种支配权，只有身体权人才可以基于自己的意愿处分自己身体的组织或者某个器官，如果不经过身体权人的同意，擅自将其身体的组织或某个器官移植给他人，其实就是对公民身体权的一种侵害。

身体权的第三项内容就是司法保护请求权。身体是生命的物质载体，也是生命的物质存在形式，所以，当一个人的身体受到侵害的时候，往往会危及人的生命的存在。因此，当一个人的身体受到不法侵害的时候，可以请求法律给予救济，或者当一个人的身体正在面临侵害的危险时，可以请求法律改变危及人的身体的生存、生活或者工作环境。

3. 身体权的法律保障与限制

身体权是一项基本人权，是人的生命存在和人生存的基本保障。因此，国际社会应采取一切可能采取的措施来保护人的身体不受非法的侵害。

首先，联合国及其人权委员会应制定国际性规范文件以确保人的身体权的实现。其次，联合国及其人权委员会所规定的公约的基本原则和基本精神必须内化为各个国家的国内法上的原则和精神，并在此原则和精神的指导下，制定相应的法律，以确保人的身体权在各个国家的实现。最后，就我国而言，很多法律规范

---

① 王利明、杨立新、姚辉：《人格权法》，法律出版社，1997 年，第 75 页。

都有保护人的身体权利的条款。刑法中的故意伤害罪，过失致人重伤罪以及强奸罪，非法拘禁罪，拐卖妇女、儿童罪，侮辱罪，抢劫罪等都规定了行为人基于故意或者过失致人身体伤害的刑事责任，从而为身体权实现提供了强有力的后盾。《治安管理处罚法》中也规定了行为人的故意或者过失伤害他人身体的行政责任。另外，在许多的经济法规中，也都有关于伤害他人身体的责任的规定。

身体权尽管是一种支配权，身体权人有权对自己的身体组织和器官进行处分，但法律在某些情况下应该对这种支配加以限制。对于行为人一般情况下的自伤行为，如果不违背社会整体的利益，不给他人的生命、身体以及健康造成损害，法律就不应该去追究这种自伤行为的责任；如果行为人是为了整个社会的利益或者是为了挽救他人的生命与身体健康而自己主动损害身体组织或者器官的完整和完全性，法律就应该鼓励与表扬。但是行为人的自伤身体的行为如果是为了逃避某些社会义务或者自己应负的某种特定义务，法律就应该对这种自伤行为进行谴责，必要时可以追究自伤者的法律责任。

（二）健康不受侵犯权（健康权）

1. 健康权的含义

从法律学角度来讲，作为健康权客体的健康，是指维持人体生命活动的生理机能的正常运作和功能的完善发挥。[①] 健康权是一项独立的具体的人格权，它是指公民以其机体生理机能正常运作和功能完善发挥，以维持人体生命活动的利益为内容的人格权。

健康权是以人的生理机能正常运作和功能的完善发挥作为内容的，而不是以人体的整体构造作为其内容，这一特点使其区别于身体权；健康权是以维护人体的正常生命活动为根本利益，而不是以人的生命安全和生命价值为客体，这一特点使其区别于生命权；健康权保护的是公民身体功能的正常发挥，使其运作、运动自主，而不是保护身体、意志不受外界约束，这一特点使其有别于自由权。

2. 健康权的主要内容

（1）身体健康维护权。身体健康维护权主要是指公民有权维护自己的身体健康。保持自己的身体健康，就是使自己的健康状况保持完好的状态，通过各种体育活动提高自己的健康水平；在健康状况下降的时候，有请求医疗、接受医治的权利，以使健康状况达到完好的状态或者恢复到原来的状态。另外，健康维护权还指当一个人的健康权受到不法侵害的时候，权利人享有请求法律保护或者救济的权利。

（2）劳动能力保持权。劳动能力，是健康权的一项重要内容。劳动能力是指

---

① 王利明、杨立新、姚辉：《人格权法》，法律出版社，1998年，第61页。

公民创造物质财富和精神财富的能力，它是公民脑力劳动和体力劳动的总和。劳动能力不是一种独立的人格权，而是一种人格利益。

（3）健康利益支配权。健康权是一种支配权，公民可以支配自己的健康权利。不过，公民只能在合理的范围内，基于合理的理由支配自己的健康。

3. 健康权的保障和限制

首先，国际社会和世界各国应该大力发展体育运动，增强世界各国人民的身体素质，保证各国人民的身体健康。其次，国际社会和世界各国要大力发展公共医疗卫生事业，以预防公民的健康受到疾病的困扰，并使公民在健康受到损害的时候可以得到及时的治疗以恢复健康。最后，国际社会和世界各国应充分运用法律的手段保障公民的健康权。

我国在新中国以来就十分重视对人的健康权的保护。从《宪法》到《民法通则》，从《消费者权益保护法》、《产品质量法》等经济法规到《治安管理处罚法》、《医疗事故处理办法》等行政法规，直至《刑法》中规定的故意伤害罪、医疗事故罪、交通肇事罪以及诸多的危害人体健康的犯罪，都在各个领域充分地保障了公民的身体健康权。

健康权虽然是一种支配权，公民有权就自己的身体健康以及健康所带来的利益进行支配，但是这种支配必须要在某些方面加以限制。为了保护公共秩序，维护社会利益，弘扬传统道德，某些情况下对于健康权加以限制是十分必要的。

第四节　人身自由权

人身自由权是除人的生命权、身体权、健康权之外的又一项基本人权，同时也应该是人的生存权的当然的基本内容之一。人身自由权是其他诸如发展权、自由权、劳动权等人权实现的基本保障。

人身自由权首先是指一个人非经法定的根据与程序不受非法拘禁与逮捕的权利。个人住宅生活安宁权和通信自由权本应该属于一个人的隐私权的一部分，但是国际社会在法律规范文件中总是将该两者与私生活、家庭、荣誉与名誉放在一起予以规定。这样的规定显然是将住宅自由权和通信自由权排除在隐私权之外而和隐私权并列。所以，我们将住宅自由权、通信自由权与人的不受非法拘禁的权利一起，统称为人身自由权。

一、不受非法逮捕或拘禁权

（一）不受非法逮捕或拘禁权的历史发展与地位

不受非法逮捕或拘禁权是一项基本人权，其历史非常久远。1215 年英国的

《自由大宪章》、1789年法国的《人权宣言》、1791年美国的《人权法案》、1948年的《世界人权宣言》以及《公民权利和政治权利国际公约》都曾对该权利作过具体规定。

（二）不受非法逮捕或拘禁权的内容

不受非法逮捕或拘禁权作为人身自由权的基本内容，根据国际社会有关法律文件的规定，它应该包括两个方面的内容：第一，不受非法逮捕权。不受非法逮捕是指一个人在没有合法的根据或理由，或者在主管当局没有遵守合法程序的情况下不得任意被逮捕。第二，不受非法拘禁权。不受非法拘禁是指在任何情况下，如果没有合法的理由与根据，或者在刑事诉讼中，主管当局没有遵守法定的程序，任何人不得任意被剥夺或者限制人身自由。

不受非法逮捕或拘禁权，在一般的意义上说，是指在刑事司法的过程中，不受非法剥夺人身自由的权利，但仅作这样的理解是远远不够的。人权意义上的不受非法逮捕或拘禁权还应该包括其他一切形式的剥夺人身自由的行为。如对精神病人、流浪者、吸毒者、被教养者的非法的人身自由的控制。

非法逮捕或拘禁（联合国文件中用“任意逮捕和拘禁”）是指不符合法律程序的逮捕或拘禁，但是，如果是在国内法律不健全或者本身不符合国际准则的情况下所发生的逮捕或拘禁，也可能被认为是非法的逮捕或拘禁。

（三）不受非法逮捕或拘禁权的保障与限制

不受非法逮捕或拘禁权不是一种绝对的权利，任何时候任何国家都有必要为了国家或者社会安全的目的对违法者进行逮捕或者拘禁。另一方面，各个国家还有义务保障个人不受官方以外的其他非法拘禁。另外，联合国及其人权委员会的法律文件并没有说国家不可以对一个人进行逮捕或者拘禁，只是说国家不得任意地逮捕或者拘禁一个人，亦即逮捕或者拘禁必须具有合法性。只有当逮捕或者拘禁是依照法律所确定的根据和程序时，它们才是被许可的。这里的法律必须是国家立法机关制定或者在普通法国家通过案例所确定的各种规则。没有法律依据的行政法规是不合格的。行政行为对于人身自由的限制只有在有明确的法律规定时，才是合法的。

二、住宅自由权

（一）住宅自由权的性质与地位

《公民权利和政治权利国际公约》第17条规定：“任何人的私生活、家庭、住宅或通信不得加以任意或者非法干涉，他的荣誉和名誉不得加以非法进攻。”

"人人有权享受法律保护，以免受这种干涉和攻击。"该条规定几乎是完全吸收了《世界人权宣言》第12条的规定，未作任何实质性的修改。

一般认为，上述公约和宣言的规定包含着两个方面的权利：其一是隐私权、住宅自由权和通信自由权；其二是名誉权和荣誉权。住宅自由权和通信自由权本来都应该属于隐私权的一部分内容，应该放在隐私权里面来规定。但是《公民权利和政治权利国际公约》和《世界人权宣言》都不约而同地将住宅自由权、通信自由权与隐私权并列地规定在一起，由此可见国际社会对于住宅自由权的重视程度。

住宅自由权是一个人的生活住所不受他人非法侵入或者非法限制的权利。从公约的规定来看，住所乃是指一个人所住或者做事的地方，它不仅涉及严格意义上的居所，还包括各种类型的房子，而不管其法律地位，即不管该房屋是有所有权的，还是租赁的，是合法居住的，还是非法占有的；也不管其使用性质，如是长期居住，还是偶尔居住，甚至一个临时住处都应该属于"住宅"的范围。①

（二）住宅自由权的内容

住宅自由权是指一个人的住宅不受他人非法侵入或者非法限制的权利。从内容上说，住宅自由权应该包括两个方面的内容：第一，一个人的住宅不受非法侵入。这里的"非法"，既是指实体上的非法，也是指程序上的非法。实体上的非法，是指没有任何合法的理由而进入他人的住宅；程序上的非法，是指虽然有合法的根据与理由，但是没有遵守正当的法定的程序而进入他人的住宅。第二，一个人的住宅不受非法限制，即一个人在自己住宅的一切活动都是自己真实意愿的表现，任何人不得加以限制；另外，任何人没有法定的根据与理由，不得任意地对他人的住宅进行监视以干扰他人的生活。

（三）住宅自由权的保障与限制

住宅自由权也不是一项绝对的权利，在某些特殊的情势下，为了国家、社会或者公共的利益，侵入一个人的住宅应该认为是合法的亦即合乎情理的。其一，合理的搜查。对于进行违法犯罪活动的场所，即便是属于一个人的住宅，国家有关机关也可以对其进行突击搜查。在检查的过程中，可以不出示任何证件（指在没有时间办理任何手续的情况下），待检查以后补全手续，应该认为是合乎情理的。其二，在对犯罪嫌疑人的监视居住、取保候审期间，以及对犯罪分子的管制、缓刑期间和假释考验期内对犯罪嫌疑人或者犯罪分子的住宅的监视，不得认

---

① 杨宇冠：《人权法——〈公民权利和政治权利国际公约〉研究》，中国人民公安大学出版社，2003年，第336页。

为是违法的，不得认为是侵犯住宅自由权。

三、通信自由权

（一）通信自由权的性质与地位

《公民权利和政治权利国际公约》第 17 条规定：“任何人的私生活、家庭、住宅或通信不得加以任意或者非法干涉，他的荣誉和名誉不得加以非法攻击。”“人人有权享受法律保护，以免受这种干涉和攻击。”从一定的意义上说，通信自由权和住宅自由权一样，都是属于广义的隐私权的一部分内容，而且，从另外的一个角度来看，通信自由权又是言论自由权的一个保障，所以，通信自由权事关一个人其他的相关权利，在人权当中占有相当重要的地位。

（二）通信自由权的内容

从《公民权利和政治权利国际公约》规定的精神来看，人的通信自由权应当包括两方面的内容：第一，通信完整权。这是最起码的通信自由权。一个人的通信，无论是书写、电信还是电子邮件，未经权利人允许，其他任何人都不能擅自截留、隐匿或者毁弃。第二，通信秘密权。这是通信自由权的最重要内容。一个人的通信，未经权利人同意，其他任何人不得擅自私拆其信件，更不能将其信件的内容公之于众。

（三）通信自由权的保障与限制

在强调法律对公民的通信自由权加以保护的同时，我们也应当看到，公民的通信自由权的行使与保护都是有限制的。在某些特定的时间与场合，为了某种特定的目的，应当允许特定的人对公民的通信自由加以干涉与限制。其一，因国家安全的需要而对通信自由加以干涉。对于危害国家安全的犯罪分子，其一切的通信的手段和内容，都应该在国家安全机关的监视之下。其二，为了追究刑事犯罪。为了追究一般的刑事犯罪，国家的公安机关也可以对刑事犯罪人的信件和其他通信加以监视或者限制。不过，国家的有关机关必须要按照法律所规定的程序办事，否则就可能造成对犯罪嫌疑人的通信自由权的侵害。

第五节　人格尊严权

从法学的角度来讲，人格尊严是指公民基于自己所处的社会环境、地位、声望、工作环境、家庭关系等各种客观条件而对自己或者他人的人格价值或者社会价值的认识和尊重。人格尊严权是指公民维护自己的人格尊严并保证其不受非法侵害的权利。人格尊严权是具有伦理性品质的权利。斯多葛学派在哲学上将人格定义为“具备理性的独立实体”。这种道德伦理意义上的人格的出现是法律人格确立的哲学基础。人格尊严权的确定是基于对个人价值的主观和客观评价的结合。在判断主体的人格尊严权是否受到侵害并对其予以保护时，不能仅以自我感觉为评判标准，而应以主客观评价的结合为依据。

人格作为一个人所具备的道德属性，是一个抽象的概念，但特定法律制度中的法律人格的不同状态是法律对人的关注程度的显现。因此，人格尊严权的享有是一个人享有其他权利的最基本的前提，一旦人格尊严权丧失或者不受法律保护，法律上的其他的一切权利将对其没有任何意义。

从道德伦理的角度来说，人人都享有人格尊严，而且是生而平等的。但从法律上的人格保护来看，人类社会对于人格尊严的保护却走过了一段坎坷而漫长的历史过程。从一定的意义上说，因身份的不同而导致的法律上人格尊严的不平等的现象普遍存在于人类古代社会。而当社会进入现代社会以后，人格尊严权为每一个公民所拥有，人格权的统一与平等已经成为不证自明的法律理念。

我国宪法规定了公民在法律面前人人平等，并且规定了公民的人格尊严不可侵犯。我国的民法规定了公民从出生时起到死亡时止，依法享有民事权利能力，而且规定公民的民事权利能力在法律上是平等的。

一、姓名权、肖像权

（一）姓名权

姓名是自然人之间相互区别的由文字和符号所组成的特定系统的总称。姓名权是自然人依法享有的决定、使用、变更自己的姓名并排除他人非法干涉或者非法使用的权利。姓名权的主体是对某一姓名享有决定、使用、变更的权利并承担相应义务的自然人；姓名权的客体是某一特定的姓名以及与该姓名相关的精神利益；姓名权的内容是基于该特定的姓名所产生的权利义务关系。

姓名权的内容主要包括以下几个方面：第一，姓名的决定权。任何自然人都有权决定自己的姓名，即决定自己姓什么、叫什么；决定自己是随父姓还是随母姓；决定自己的别名、笔名或者艺名；等等。不过，值得指出的是，姓名的决定权的行使应该以行为人具有意思表示能力为前提。第二，姓名的使用权。自然人有权使用自己的姓名，以求在社会上与他人相区别，自然人也有权使用自己的姓名进行某些社会活动，设定某种权利义务。姓名权的行使应该包括辩证的两方面，即一方面自然人有权在某些场合使用自己的姓名，以标示自己、介绍自己，另一方面自然人也有权在某些情况下不使用自己的姓名，不标示自己、不介绍自己。第三，姓名的变更权。姓名的变更权从一定程度上说也是姓名的决定权，它是指自然人有权改变自己原来的姓名而决定使用新的姓名。自然人无论基于何种原因变更自己的姓名，法律都应当允许而不能随意地加以干涉，除非自然人变更自己的姓名是基于一种非法的目的。

为了保护自然人对自己的姓名所享有的利益，进而维护正常的社会秩序，各国都在法律上明确规定自然人的姓名权，并对其加以保护。不过公民在行使自己姓名权的过程中，必须有所限制，不能违背自己的相应义务，进而侵害他人的合法利益或者正常的社会管理秩序。其一，自然人不得滥用自己的姓名权。即自然人行使自己的姓名权时不得违背公序良俗、不得损害民族的感情、不得有损国家的尊严等。其二，自然人行使自己的姓名权时必须遵守相关的法律。比如在变更自己的姓名时不得违反相关的程序，不得随意地更改自己的姓名，以免造成某些不应有的混乱；自然人在某些正式的场合必须使用自己的本名，而不得用别名、艺名或者笔名；尤其是自然人不得基于非法的目的而使用与他人相同的姓名从而对他人的合法利益造成侵害；等等。

（二）肖像权

从法律角度说，肖像是自然人基于自己的形象以及形象的内在精神活动而产生的利益。肖像权，是自然人对自己的肖像享有利益并排斥他人侵害的权利。肖像权是自然人基于自己的肖像所产生的利益而享有的权利，所以，它是一项重要的人格权，而且，与姓名权、隐私权等其他人格权相比，肖像权具有更多的财产利益的内容。肖像中所蕴涵的艺术价值可以直接体现为一种财产利益，但是这种财产利益的来源最终是肖像的人格利益，因此，肖像权是一种人格权，而不是一种财产权。另外，肖像权，就其主体而言，只能由特定的自然人所享有，因为肖像是特定的自然人的外部形象的再现。

肖像权既是一种人格权，但又能直接表现出一定的财产利益，所以，肖像权的内容十分丰富，具体应该表现为以下几个方面：第一，肖像的专有制作权。肖像权人对自己的肖像享有专有的制作权。这种专有的制作权，既可以表现为肖像权人根据自己或者他人的需要以任何合法的方式由自己或者他人制作自己的肖像，也可以表现为肖像权人有权禁止他人非法制作自己的肖像。第二，肖像的专有使用权。肖像权人有权以任何合法的方式使用自己的肖像并通过自己肖像的使用而获得精神上的满足和财产上的利益。肖像的专有使用权既包括自己使用，也包括以法律规定的方式转让给他人使用。第三，肖像保护请求权。肖像权的义务主体是不特定的，除肖像权人之外，其他的任何人都不得恶意地非法毁损、玷污、丑化肖像权人的肖像。当自己的肖像遭到非法侵害时，肖像权人有权要求侵权人承担民事责任，赔偿相关的损失。

为了维护和保障自然人的肖像权，世界各国的法律都有相关的规定，以确保自然人肖像权的实现。不过，尽管肖像权是不可侵犯的，但在某些特定的场合，即便不经过肖像权人的同意使用其肖像，也认为是合理合法的。比如使用具有新闻价值的肖像，国家机关为了执行公务而强制使用公民的肖像等。

二、名誉权、荣誉权

《公民权利和政治权利国际公约》第 17 条规定："任何人的私生活、家庭、住宅或通讯不得加以任意或非法干涉，他的荣誉和名誉不得加以非法攻击。""人人享受这种法律保护，以免受这种干涉和攻击。"该条的规定，充分地显示了国际社会对人的名誉权和荣誉权的重视。在这个国际条约的基本精神指导下，世界各国都已经在各自的法律里规定了对自然人的名誉权和荣誉权的保护。

（一）名誉权

所谓名誉权是指自然人对其名誉所享有的不受他人侵害的权利。它是人格权中内容最为丰富也是最为复杂的一种权利。从法律的角度来讲，名誉权的内容是名誉权人所享有的权利以及其他的相关义务人所负的义务。名誉权是一种绝对权，其义务主体是不特定的。除名誉权人以外的所有的人都不得损害其名誉权。对于名誉权人来说，其名誉权的内容包括：第一，有权维护其名誉，要求社会给予其一个客观公正的社会评价。名誉权更重要的在于对名誉的维护和保护，保护名誉权不受侵害，使名誉权人在社会上获得应有的尊重和良好的评价。第二，名誉权人有权排除他人对其名誉的侵害。当名誉权人的名誉有受到侵害的危险或者已经受到现实侵害的时候，名誉权人有权采取措施或者要求侵权人停止侵害，或者要求侵权人恢复名誉、赔礼道歉、赔偿损失等，名誉权人也可以在自己的名誉权受到侵害的时候，向国家的有关机关请求行政或者司法上的救济。

国际社会，包括联合国及其人权委员会，也包括世界各个国家，无不重视对名誉权人的名誉的保护，有的将该权利规定在国家的根本大法当中，有的则规定在相关的民事法当中，并且最终又确定由刑法作为最后的最有力的保护屏障。

名誉权人虽然享有维护其名誉并排除他人侵害的权利，但名誉权的行使在某些特殊的场合要受到一定的限制。因为名誉权是由法律规定的，所以，法律从维护社会公共利益和社会公共秩序出发，在某些情况下对名誉权的行使作出限制是应该的。

（二）荣誉权

荣誉权是公民的一项重要的权利，它是自然人对自己的荣誉称号所享有的不受他人非法侵害的权利。从一国的民事法角度来讲，荣誉权与名誉权不是同一性质的权利，名誉权是属于自然人的一项重要的人格权，而荣誉权因为不是自然人终身拥有的或者固有的权利，所以，它只能算是自然人的一种重要的身份权。但从人权的角度来说，我们不将两者作太细的区分，因为两者都更多地属于一种体现精神利益的权利。尤其是在实践中，两者的关系甚是密切，对一个人的荣誉权的非法侵害往往导致对其名誉权的侵害。

荣誉权作为一种身份权，并不是自然人所固有的，其取得必须要经过行政机关或者社会团体的一定的程序的授予，而且其剥夺也需要经过相同的程序方能实现。

荣誉权作为一种重要的身份权，它的内容主要有以下几个方面：第一，荣誉权人有权维护自己的荣誉。在任何情况下，在任何场合，权利人都有权维护自己的荣誉，有权要求他人尊重自己的荣誉，不得随意地亵渎；第二，当荣誉权人的荣誉受到不法侵害的时候，权利人可以请求救济。也就是说，当权利人的荣誉面临不法侵害的危险时，权利人有权自己采取措施或者请求国家有关机关阻止侵害人的不法侵害，排除妨碍；当权利人的荣誉受到现实的不法侵害的时候，如有关机关没有合法、正当的理由就将权利人的荣誉予以剥夺，权利人可以向有关机关提出申诉或者提起法律上的诉讼，以实现某些救济，恢复自己的荣誉。

三、隐私权

隐私权无论是在英美法系国家还是在大陆法系国家的法律中出现都是比较晚的。据说，最早提出“隐私权”一词的，是两位美国人，一位是布兰戴斯，另一位就是沃伦。1890 年，布兰戴斯和沃伦两人在《哈佛法学评论》上发表了《论隐私权》一文，首次提出了“隐私权”的概念和理论。直到 1903 年，纽约州才通过立法的方式，承认了隐私权的部分内容。20 世纪 60 年代以后，随着民权运动的兴起、电脑的应用和通信事业的发展，隐私权概念才在几乎美国各个州取得宪法和私法上的地位。几乎同时，大陆法系国家在理论上与实践上借鉴和吸收了美国的做法，开始注重隐私权的保护。这在《德国民法典》和法国的有关法律中得到充分地体现。1948 年的《世界人权宣言》中作出了对个人的私生活、家庭、住宅与通信不得加以任意或者非法干涉的规定；1966 年的《公民权利和政治权利国际公约》也规定：“任何人的私生活、家庭、住宅或通信不得加以任意或非法干涉，他的荣誉和名誉不得加以非法攻击。”“人人有权享受这种法律保护，以免受这种干涉或攻击。”

隐私权是指自然人就自己的个人私事、个人信息等个人生活领域内的情势不为他人知悉、禁止他人干涉的权利。隐私的内容，按照我国著名民法学家王利明和杨立新教授的观点，应该包括以下几个方面：第一，个人的生活安宁权。即隐私权主体可以按照自己的意志决定从事或者不从事某种与社会公共利益无关或者无害的活动，不受他人的干涉、破坏或者支配。第二，个人生活情报保密权。即权利主体有权禁止他人利用自己的个人情报资料，对于权利人的身体隐秘部分、日记、财产状况、社会关系等个人生活的秘密，未经权利人本人同意，不得为了非法的目的而予以披露、公开、传播或者赢利。第三，个人通信秘密权。权利主体有权对个人的信件、电话、电报、传真机谈话的内容加以保密，禁止他人非法窃听或者窃取。第四，个人隐私利用权。即权利主体有权按照自己的意志利用其隐私，以从事各种满足自身需要的活动，对于这些活动，他人乃至整个社会都不能任意加以干涉。

不过，应当指出，他人不能任意干涉隐私权人对于自己隐私权的利用，但是作为权利人本身，对自己的隐私权也不能无限制地使用，最起码不能违背社会公德和公序良俗，否则就可能会因为利用不当而承担一定的责任。另外，他人对于权利人的隐私并不是在任何情况下都不能利用的，在某些特殊的时间和场合，为了某种特定的目的，使用他人的隐私，并不构成对他人的隐私权的侵害。其一，为社会公共利益或者国家政治利益的需要而公开他人的隐私；其二，为维护自身或者他人的权利的需要而在必要的范围内了解或者公开他人的隐私；等等。

在我国，宪法是将隐私权包含于人格尊严权当中而笼统地加以规定的。我国的《民法通则》至今没有将隐私权规定为一种具体的人格权，而是将隐私权和名誉权混在一起规定下来。最高人民法院《关于贯彻执行〈中华人民共和国民法通则〉若干问题的意见》（试行）第140条规定：“以书面、口头形式宣扬他人的隐私，或者捏造事实公然丑化他人人格，以及用侮辱、诽谤等方式损害他人名誉，造成一定影响的，应当认定为侵害公民名誉权的行为。”我国刑法当中严格地说也没有对于隐私权的特别保护，都是将侵害他人隐私权的犯罪和别的犯罪放在一起规定并加以处罚的，如侮辱罪、诽谤罪、侵犯公民通信自由罪等。

第五章　自　由　权

“生命诚可贵，爱情价更高；若为自由故，二者皆可抛。”历史的长河流淌到今天，自由更显珍贵。这不仅仅是因为给个人以行动自由是每个人追求幸福的权利得以实现的不可缺少的条件，而且也因为如果他按自己的意愿而非我们给予他的命令行事，将能更好地为我们中的其他人服务。

自由可以分为四类：一是公民的自由，即民权（civil rights），是指人民的身体以及财产不受限制。二是信仰的自由，即宗教的思想及信仰的形式不受限制。三是政治的自由，即人民参与政治的权利。四是个人的自由，即个人行为如果对公共利益产生影响，没有限制或制裁必要的，则不受制裁。所有的自由都是相互联系、相互依存和不可分割的。“自由的一种形式制约着另一种形式，正像身体的这一部分制约着另一部分一样。只要某一部分成问题，那么，整个部分都成问题。”[①] 日本学者将自由权区分为精神自由、经济自由与人身自由三大类。其中，精神自由包括思想、良心自由，宗教信仰自由，集会、结社、言论等表达自由，学术自由等；经济自由包括居住、迁徙、选择职业自由，财产权的不可侵犯等；人身自由包括不受奴役性的拘束及不服苦役的自由、受法定程序保障、不得非法逮捕的权利等。[②]

本章所讲的自由权主要是指除政治自由、人身自由以外的自由权，主要包括财产权与经济活动的自由、思想良心和宗教信仰自由、表达自由。

第一节　财产权与经济活动的自由

我国现行宪法第15条明确规定，“国家实行社会主义市场经济”，而市场经济存在和发展的前提条件是个人的财产权有保障而不会受到政府的随意侵犯，以及每个市场主体都有选择自己偏好、价值以及使用自己的财产或其他资源而不受政府的随意干涉的自由。从这一意义上讲，财产权与经济自由都属于应由公民享有的消极的基本权利。

---

① 《马克思恩格斯全集》（第1卷），人民出版社，1956年，第94页。

② ［日］三浦隆：《实践宪法学》，李力、白云海译，中国人民公安大学出版社，2002年，第113页。

一、财产权

（一）财产权的含义及保障

财产权也称财产自由，是指公民对其财产可自由拥有、使用、收益或处分，不受政府或其他人非法干涉或侵犯。财产权既具有自由权的性质，也属于经济权利之最重要的内容：一方面，财产权是确保相当的生活水准的权利的基础，另一方面，财产权又是独立和自由的基础。不管是物权、债权、著作权等，还是一切具有财产价值的权利，都受到我国宪法第 13 条规定的保障。首先，公民有权自由使用、收益、处分其财产，排除他人的干涉；其次，国家征收、征用公民财产须为公共利益，且给予公平补偿；再次，国家机关及其工作人员违法侵犯公民财产权的，应负赔偿责任；最后，私人不得非法侵害他人财产权，否则应负相应的法律责任。

［前沿探讨］坟主子孙后代对坟山的权利是一种什么性质的权利？

目前，我国农村坟山纠纷比较多，且在很多地方问题还相当严重，而由坟山纠纷引发的土地权争议甚至是流血冲突事件已不在少数。其原因在于坟主的子孙后代可能都已迁徙到外地，而根据现行法律之规定，农村集体土地归集体经济组织所有并进行承包。一旦坟山的土地被承包或出租给坟主子孙后代之外的第三人，坟主的子孙后代则可能基于风水或传统、风俗、宗教等原因而与第三人之间发生冲突。例如，第三人在坟台前面盖房，或者在坟台周围耕作、葬坟等，都可能引起这种冲突。对于这类纠纷，目前层级较高的法律、法规还没有任何规定，因此，这种纠纷一旦诉至法院，法院通常会不予受理。尽管目前坟主子孙后代对坟山的权利并未得到法律的明确认可，但是它对于保障坟主子孙后代的人格尊严则是必要的，因而应当得到法律的确认。这种权利应以保护坟主子孙后代基于当地风俗习惯而享有的人格利益所必要的范围为限，并在此范围内对集体土地所有权施加限制。另一方面，因为坟主死亡之时，坟主或其子女必然对该坟山享有财产权利，因此，不管朝代是否更迭，也不管其子孙后代是否迁徙到外地，这种财产权都是可以由其子孙后代代代相传的。因此，可以认为，这种权利是一种具有人格性质的财产权利。

（二）宪法保障财产权之目的

有关宪法确认和保障公民财产权之目的，可概括如下：

首先，要限制政府的专横意志，促进经济繁荣，就必须保障财产权。在市场经济条件下，不保障个人财产权，个人就不再有利用自己有限的资源去追求利润最大化的动机或欲望，社会的经济也就不可能出现繁荣。更为严重的是，“当一个人的财产受到、尤其是受到官家的侵害时，他无法、甚至放弃用权利来捍卫自己的财产，而是变着法、用另一种方式来补偿自己的财产损失。一个农民会在上午乖乖地把钱交给来摊派的村干部。然后在夜晚，去盗割一段电线去收买某些政府官员以换取商业上的利益；另一方面，他们又成为这些政府官员摊派索贿的对象”[①]。财产如没有保障，那就意味着人们可以通过政府权力来对现有的财富进行转移以实现自身利益的需要，理所当然人们就不愿意再通过生产性的劳动来创造财富，其结果必然是导致社会经济的发展出现停滞甚至倒退。而且国家权力总是指向财产的，如果不承认私人财产权，国家权力就缺少物化的制约力量，腐败就将横行无忌。米塞斯曾经说过：财产权为个人创造了一个不受国家控制的领域，限制了政府的行动范围及统治者的专横意志。财产权是抵制统治权力扩张的最牢固的屏障，是市民社会和民间政治力量赖以植根和获取养料的土壤，它对人类的一切精神和物质文明的巨大进步产生了深远的影响。[②]

其次，从财产权与其他基本权利和自由的关系看，财产权是实现生命权、自由权的主要工具。它与生命权、自由权一道，构成公民最基本的三项权利。财产权意味着个人在社会范围内自治的正当性，意味着个人有权支配在私人领域内属于个人的物品，意味着个人能够通过自己的劳动成果来维持自己的生存，意味着个人不得被强迫为他人提供生活必需品。个人财产权作为个人在社会中实现自我发展的前提条件，界定了个人与个人之间权利义务的界限，从而避免了人类不再过如同动物世界里的动物那样野蛮的、不道德的生活。在现代社会里，维持和繁衍自己的生命，改进生存的质量首先是自己的事，这就如同人的尊严只能属于自己一样。无数事实证明，窒息个人自由的最有效途径是剥夺个人的自由。当个人的财产权得不到保障时，个人不仅不可能对自己的行为承担责任，更不可能具有通过自己生产性的劳动来创造新的财富的动机，整个社会中人与人之间的关系就将处于混乱无序的状态。基于人类欲望的无限性与财富生产能力的有限性之间的矛盾，财产就成为人们生活所关注或争夺的焦点，财产权自然就成为生存权的基石，它不仅是人对物的静态的权利，更是个人自主采取行动追求自由与幸福的权利。没有财产权的生存权，只是意味着做奴隶的权利，因为人对物的依赖必然转化为人对控制该物的人的依赖。没有财产权作为依托的其他权利和自由只是空洞的权利和自由，不仅个人的生存失去了动力和条件，而且个人的自由也失去了保障。

再次，财产权是人类文明的推进器。财产权不仅是促进个人进取心和社会公

---

① 刘军宁：《市场经济与有限政府》，载《学问中国》，江西人民出版社，1998 年，第 66、67 页。

② ［德］米塞斯：《自由与繁荣的国度》，韩光明等译，中国社会科学出版社，1994 年，第 104、105 页。

益的强大力量，更是道德与善行的催化剂，是野蛮与文明的分水岭，是人类文明的推进器和标志，是迄今为止人类所发现的维持文明的最根本、最有效的手段之一。个人一旦没有了财产权，其创造力、勤奋、积极和趋善的倾向就会严重“搁浅”；没有财产权的保障，有钱人就会更加纸醉金迷、醉生梦死，以免自己辛辛苦苦积攒下来的财富遭到不测；没有财产权的保障，人们就会陷入永无休止地以盗窃、抢劫和强权来争夺财产的斗争之中，文明将不复存在。换句话说，哪里没有了财产权，哪里强权就压倒正义，哪里野蛮就压倒多数文明。

最后，“确立私有财产权的保障制度，也有利于加强保护公共财产”①，维护社会正义。几十年来，尽管公有财产按照不同于私人财产的规则运作，取得了不少成绩，但公有财产权利主体的虚位，使公有财产流失现象极其严重，“公共财产神圣不可侵犯”在某种程度上变成“公共财产谁都可以侵犯而不需承担太大的责任”。因此，在市场经济条件下如何更好地保护公有财产，就成为当前的一个严峻课题。事实上，公有财产中的经营性国有资产（包括国有企业的财产以及一些石油、天然气等部分自然资源）完全可以采取私人财产的形态进入市场，从而使私人财产权保障的条款同样适用于许多公有财产，使公有财产的宪法保护得到加强。而对于公有财产中直接供公众使用的公共财产而言，同样可以将公民使用公共财产的权利作为个人的非排他性财产权而获得类似于私人财产权一样的保护。

依大多数学者之理解，与民法保障的财产权不同，由宪法确认财产权，系划定我们免于压迫的私人领域的第一步，目的是为了防范来自国家公权力对人民财产权的侵害。宪法确认并保障财产权产生了两种法律效果：一是立法机关在建立人民财产权的制度时，应遵循基本权利的有关原则，注意保障个人的私有财产，不致使个人的财产名存实亡。二是既然宪法财产权属于防御权，那么在个案中，个人自然可以根据这一权利来防止来自国家的非法侵犯。例如，根据我国的《国家赔偿法》的规定，国家机关及其工作人员违法行使职权给公民的合法财产权益造成损害的，国家将承担赔偿责任。但由于国家只赔偿直接损失，不赔偿间接损失，且在财产权征收方面，有关补偿的标准还很低，因此，包括《国家赔偿法》在内的保障公民财产权的法律还有待完善。

（三）财产权的限制

任何财产都负有一定的社会义务，即公民应忍受因为公共利益而对其财产所施加的限制。例如，国家为排除对公共利益（如公共安全、公共社会安宁与秩序）有害的私人行为，可以对公民财产权加以普遍的限制（这种限制对公民财产

---

① 林来梵：《从宪法规范到规范宪法》，法律出版社，2001年，第190页。

权的影响是轻微的，且这种限制不针对特定人，而是普遍的社会公众)，而不给予任何补偿。又如，财产权因过度集中而必然增加其被滥用的可能性，换句话说，“一旦生产资料归于单一的占有者之手，奴役就近在眼前”[①]，因此，为了整个社会的进步，财产权必须实行分权，不允许过度集中。为达此目的，法律就有必要对这种过度集中的财产权施加适当的限制，甚至可以通过法律对过度集中在私人手中的财产重新进行分配。

除了财产权应负有社会义务，其使用应有助于公共利益，以及不经劳动而增值的私产要受到限制外，因为公共利益需要，财产权还可能受到以下几个方面的限制：①纳税。纳税是我国宪法所规定的一项基本义务，是公民获得国家保护所必须付出的对价。②罚款、没收、罚金等制裁性措施。为维护社会公共秩序，对于通过违法或犯罪方式获得的财产，国家可以也应当加以剥夺，对实施违法或犯罪行为的人施加罚款或罚金等制裁性措施。③公益征收与征用。公益征收是指国家基于特定的公共利益需要，在不得已的情况下，在给予公平补偿之后，强制剥夺特定公民所享有的具有财产价值的权利的行为。公益征用是指国家基于公共利益需要暂时性地限制或剥夺特定公民的财产权，使用完毕应予以归还的行为。④国有化。在我国没有明确国有化措施的合宪性及相应的条件，但宪法本身曾经采取过国有化的措施，那就是通过“城市的土地属于国家所有”的规定将城市里过去曾经属于私人所有的土地收归国家所有。另外，中国人民银行通过迅速增发纸币，引起纸币贬值的方式，也可以达到类似国有化的效果。

(四) 财产权与公共利益之间的平衡

尽管财产权要受到国家征收权的限制，但是，为了实现公共利益需要和个人财产权保障之间的平衡，就必须对政府征收私有财产的权力施加必要的限制。因此，我国宪法第13条特别规定：“国家为了公共利益的需要，可以依照法律规定对公民的私有财产实行征收或者征用并给予补偿。”这一征收条款制定的目的有三：

一是公平。莫尔顿勋爵曾经说过：因国家利益所带来的负担，应在整个国家分配，而不应允许其落在特定个人的身上，这种公平的感觉，已经发展成为一种国家情感。这些变化的效果体现在一系列的法律之中……它准确无误地表明负担不应落在个人身上而应由集体承担……正是成立国家的目的。[②] 为了消除传统征收（perse taking）给公民财产权带来的威胁，各国宪法一般都在征收条款中规

---

① Michael Oakeshott：*Rationalism in Politics*，Metheun，1962，p. 46.

② ［英］卡罗尔·哈洛、理查德·罗林斯：《法律与行政》（下），杨伟东等译，商务印书馆，2004年，第1111、1112页。

定公平补偿，因为公平补偿规定最能预防政府过度使用征收（taking）权力①，最能限制政府剥削政治上的弱势群体和个人的倾向，同时限制政府机关的灵活性和自由度，防止把个人变成政府的工具，避免政府的武断。征收条款的实质乃在于禁止政府强迫特定人来承受本应由公众整体承担的公共负担。

二是效率。中国宪法之所以规定征收补偿条款，另一个考虑是要实现资源的有效配置，就必须通过将政府实现公共目的的成本内在化，允许在公共利益大于私人利益的情况下，将私有财产的用途变更为公共用途。前几年美国联邦最高法院在有关征收案件的判决中，将促进地方经济的发展也理解为公共利益，其实质就是基于征收条款背后的效率考虑。

三是通过充分保障财产权人的合法预期，鼓励投资，促进经济发展（因为这对整个社会是有益的），以避免人们为达到自己的不正当目的，而热衷于将资源投资于政治，借助政治人物行使规制权力来影响人民本应从经济活动中获得的利益。

从征收条款的规定来看，征收或者征用权力受到以下几方面的限制：①公共利益的限制。这里的公共利益一般是指不特定的多数人的利益，但是公共利益作为一个不确定法律概念，和个人利益之间的区分是相对的，因为个人的基本权利可以通过民主的程序而上升为公共利益。一般而言，作为征收或者征用理由的“公共利益”应当是特定的、明显的、经过慎重选择的公共利益。②法律的限制。这里的法律应当仅限于狭义的法律，即全国人大及其常委会制定的法律或者其授权制定的行政法规。③补偿的限制。这里的补偿应当是依据法律进行的“公平补偿”，其依据是来自“公民在法律面前一律平等”的“公用负担平等”原则、“国家实行社会主义市场经济”以及“公民的合法的私有财产不受侵犯”的规定。由于“公共利益”存在解释和认定上的困难，因此，公平补偿对征收权力所施加的限制被认为是最有效的限制。

二、经济自由

（一）经济自由的含义与保障

由人的多样性所决定，不同的人眼中的幸福是不同的。每个人的自由发展是一切人的自由发展的条件。让国家来统一配置有限的资源以确保每个公民的幸福是不可能的，公民的幸福必须且只能凭借其自己的自由和不懈追求方可能实现。确认和保障公民的经济自由的目的就在于通过公民利用自己的有限资源在对他人

---

① ［美］理查德·A. 波斯纳：《法律的经济分析》（上），蒋兆康译，中国大百科全书出版社，1997年，第71页。

无害的条件下对自身福利最大化的追求，使得各种资源得到最有效的配置，进而促进整个社会福利的增长。经济自由的含义十分广泛，不仅意味着经济人的偏好自由、价值自由、使用自己的资源的自由，而且包括自由交易和自由定价等。较广义的经济自由权包括职业选择自由、契约自由、经济体结成协会的自由，竞争自由及兼职自由等。宪法确认的经济自由产生两种效果：①要求政府控制自己的行为，不能对生产者（包括劳动者）、消费者以及他们之间的交易实施任何强制或变相的强制；②政府必须保护公民的经济自由免受社会势力的强制。正是从第一种意义而言，经济自由属于消极权利即防御权的范畴，就第二种意义而言，经济自由又属于经济、社会、文化方面的权利即积极的权利范畴。

经济自由作为市场经济存在的前提条件之一，必须受到以下几个方面的保障：①包括政府在内的任何力量都不得限制消费者的身份，除非某种消费被公认为不良消费。②不得限制消费者的任何偏好，除非该偏好被公认为是不良的偏好或者具有不良的外部效应。③禁止限制任何生产者的生产偏好，除非该种生产偏好被公认为是不良的偏好，如生产毒品等。④不允许任何力量干预经济人的自由交易和自由定价，除非这种交易本身带有强制或不正当性。⑤禁止限制劳动者的职业选择自由与兼职自由，除非该种职业对特定群体来说属于不良职业。⑥在经济活动中，为使经济人能够有效维护自己的权益，国家保障经济人享有相应的经济结社自由，如劳动者有组织工会的自由。

（二）经济自由的限制

经济自由不是不受限制的自由。这种自由的界限是，经济人的偏好不得为公认的不良偏好，且其行为不得损害他人利益或社会公共利益。如果经济人企图利用损人利己的手段来经营经济，如生产、销售假冒伪劣产品，那么就应该对其加以限制。此外，如果给予生产者和消费者同样的选择自由，则双方竞争的结果往往是生产者利用其信息优势损害消费者的利益，甚至损害消费者的健康和生命，因此，基于人权保障上弱者优先的原理，不宜在生产者与消费者之间主张平等的经济自由，而必须对生产者的经济自由施加一定的限制，对消费者进行适度倾斜保护。在法律上向消费者进行倾斜（也称消费者主权），对于促进生产者努力改善技术，抑制生产者通过损害消费者权利来牟利的倾向，根除潜在的损害消费者利益的可能性具有很重要的意义，因而可以以其作为指导思想，制定有关对消费者经济自由加以保障以及对生产者经济自由加以限制的补充性规定。

第二节 思想良心和宗教信仰自由

《世界人权宣言》规定：“人人有思想、良心与宗教信仰之权。”这实际上指的是每个人都享有精神自由。

一、思想、良心自由

思想是指人内心所思考的内容。霍姆斯法官曾说过："因为有与我们相同的意见，所以并非是思想自由；因为是我们应该憎恶的思想，所以这才是自由。"[①]思想自由就是人在内心进行思考、判断、选择而不受国家拘束或干涉以及其思想不得被强迫公开的权利。广义的思想自由，也称为精神自由，是指公民进行精神活动的自由。它除狭义的思想自由外，还包括不受干涉地接受或持有某种见解或主张的自由，如宗教信仰自由。从某种意义上讲，表达自由也可以纳入到精神自由的范畴中加以研究，因为有思想而不能表达，与人性的要求相悖；取缔表达自由，所取缔的实际上不只是言论、出版等自由，而是思想自由，是人的个性与人格的发展。这里所说的思想自由是指狭义的思想自由。

由于思维活动深藏于人的大脑中，是一种看不见、摸不着的活动，因此，思想自由是一种绝对的自由，不可放弃、不可剥夺、不可限制，也无法被剥夺和限制。正如约翰·密尔所说："意识的内向境地，要求着最广义的良心自由；要求着思想和感情的自由；要求着不论是实践的或思考的，是科学的、道德的绝对自由。""这个自由若得不到承认，或者若无人不顾禁令而加以力主，那么在人的智性方面并从而也在人的德性方面便有毁灭性的后果。"[②]

思想自由是人们进行交流与讨论、发现真理的前提和基础。没有了思想自由，就不可能有智力活跃的人民，真理就不可能被发现，科学技术就难以有大的发展，人类文明就难以进入一个新水平。因此，为保障思想自由，促进科学的发展与民主政治制度的建设，各国宪法无不明文规定思想自由。例如，土耳其宪法第25条规定："每个人都有思想和意见的自由。不论出于何种理由和意见，任何人都不得强迫公开其思想和意见；不得因其思想和意见而受到谴责或起诉。"

良心是指人在内心分辨是非善恶的意识。良心自由是指每个人选择、接受、持有何种分辨善恶的标准或观念不受政府拘束和干预以及这种内心分辨是非善恶的意识不被强迫公开的权利。良心自由是包含在思想自由之中，还是与思想自由并列或等同，不仅理论上存在不同的认识，各国宪法的规定也很不一致。例如，日本宪法将良心自由与思想自由并列规定，而韩国宪法则专门规定良心自由，即"任何国民有凭良心处事之自由"。良心作为高度伦理性的东西，对于个人处理一切社会事务具有指引和评判作用，按个人良心做事是培养公民独立个性、实现自我发展的必由之路。因此，尽管良心自由属于思想自由的范畴，但将其突出出来

---

① ［日］三浦隆：《实践宪法学》，李力、白云海译，中国人民公安大学出版社，2002年，第116页。

② ［英］约翰·密尔：《论自由》，程崇华译，商务印书馆，1982年，第12、59页。

单独加以规定，也有其必要性。

二、宗教信仰自由

宗教信仰是指信奉某种特定宗教的人们对所信仰的神圣对象，因崇拜认同而产生的坚定不移的信念及全身心的皈依。这种思想信念和全身心的皈依通常表现和贯穿于特定的宗教仪式和宗教活动中，并用来指引和规范自己在世俗社会中的行为。

（一）宗教信仰自由的含义与保障

根据《公民权利和政治权利国际公约》第 18 条的规定，宗教信仰自由一般包含三层含义：一是选择信仰或不信仰某种宗教的自由。二是礼拜自由，即公民有参加或不参加宗教礼拜仪式的自由，任何人包括政府都不得强迫。三是传教自由，即任何教派都有自由宣传其教义的自由。由于礼拜自由和传教自由属于宗教活动，与社会关系密切，国家基于公共利益需要可以加以适当限制。我国宪法第 36 条对公民的宗教信仰自由以及国家的宗教政策作出了规定。

宗教信仰自由之所以值得尊重，并不是凭借其内容，而是因为它是自由与自愿选择的产物。中国尚处于社会主义初级阶段，宗教产生和发展的自然根源、社会根源和认识根源将长期存在，因而宗教信仰、宗教感情，以及同这种信仰和感情相适应的宗教仪式和宗教组织，作为一部分人民群众的精神需要，作为社会历史文化现象也将随之长期存在。因此，既不能用行政力量去消灭宗教，也不能用行政力量去发展宗教，而应尊重和保护宗教信仰自由，把信教和不信教的人，信不同宗教的人都团结起来，使大家和睦相处，彼此尊重，全心投入到实现共同富裕的道路上来。

为保障宗教信仰自由，防止不同宗教之间的冲突，世界各国大多实行“政教分离”和“各宗教平等”的原则，使政府处于超然的中立地位，以公平处理各种宗教问题。因此，根据《公民权利和政治权利国际公约》第 18 条规定的关于“任何人不得遭受足以损害他维持或改变他的宗教或信仰自由的强迫”的要求，为保障公民宗教信仰自由的实现，国家不能设立国教，既不能强迫公民信仰某教，也不得承认某教为国教而给予特殊的优惠与保护，国家也不得用财政资金来资助任何一种宗教或全部宗教，国家对于信仰宗教的人们和不信仰宗教的人们应当同等对待，国家尊重父母或法定监护人保证他们的孩子能按照他们自己的信仰接受宗教和道德教育的自由，禁止所有学校强迫学生接受任何形式的宗教教育。

（二）宗教信仰自由的限制

宗教信仰自由也不是没有限制的。根据《公民权利和政治权利国际公约》第

18条的规定，这种限制也只能限于“法律所规定的以及为保障公共安全、秩序、卫生或道德、或他人的基本权利和自由所必需的限制”。

我国宪法在第36条第3款、第4款对宗教活动主要规定了两个方面的限制：一是任何人不得利用宗教进行破坏社会秩序、损害公民身体健康、妨害国家教育制度的活动；二是不允许宗教团体和宗教事务受到外国势力的支配。这里存在一个允不允许外国人到中国来传教的问题，因为如果允许外国人到华传教，那么在中国所组建的新的宗教团体及其事务就必然受到外国人的支配，这与我国宪法的规定有矛盾。而绝对的不允许外国人来华传教，根据《公民权利和政治权利国际公约》的规定，又根本找不到合理的理由。所以，为协调两者的冲突，应有条件地允许外国人到华传教并对其加以严格监督管理。

第三节 表达自由

一般认为，表达自由指的是言论自由、出版自由以及与之相联系的利用电影、戏剧、音乐、广播、电视、网络等形式表现思想的自由。而广义的表达自由则包括了集会、结社、游行、示威自由等在内。这些自由都是将人内心中的精神表现于外部的自由。缺少了这些自由，人们就不能按照人的本性表达自己的思想并与他人交流，人的个性和人的创造力就因此被压制和扼杀，社会的多样性就会因此而被湮灭。因此，保障表达自由对于一个国家政治、经济、文化、科技、道德的发展具有基础性作用。

表达自由在宪法权利属性上属于自由权，具有个体意义上“自我实现的价值”，常常被认为是公民参与国家政治意志的形成与决定的必要前提，因而被置于政治权利或民主权利中加以研究[①]，而只有少数学者将表达自由放入精神自由的范畴中加以研究[②]。

一、言论自由

（一）言论自由的含义与保障

言论自由，是指公民有权通过各种语言形式公开或不公开发表自己的思想和观点的自由。这种自由包括四层含义：一是说错误言论甚至违反主流言论或与宪法与法律不一致的言论的自由；二是对违法或有害的言论，除事关国家安全和军事秘密者外，应实行事后追惩制，不作事先的约束和禁止，以防压制言论自由的

① 李步云：《宪法比较研究》，法律出版社，1998年，第492页。

② 林来梵：《从宪法规范到规范宪法》，法律出版社，2001年，第151页。

权力滥用而无法公开让公众监督；三是有不说话或不表态的自由，即沉默的自由；四是要求政府信息公开（即知情权）和公民自由传播信息的自由，否则就不会有自由言论。①

从个人的角度而言，言论自由是精神活动的基础，而从国家与社会的角度看，保障人民自由且公开发表意见，可凝聚公意，形成舆论，从而有利于监督国家机关权力的行使，保护民主制度免受僭权的政府官员的侵害，确保政府的清廉与尽职尽责和民主制的正常运作。正如英国 19 世纪初期的著名诗人、政论家雪莱在其《人权宣言》中所宣告的："任何不能表示意见的现象本身意味着，在政府方面是赤裸裸的暴政，在被统治者方面则是无知的奴性。"② "如果政治讨论是自由而放纵和无限制的，那么政治运作就更可能会发现真理并排除错误或产生善良的而非邪恶的政策；或者是因为麦迪逊所强调过的原因，即言论自由有助于保护人民自我统治的权利；或者因为更常识性的理由，即如果政府对批评意见的力量采取温和的惩罚措施，那这个政府就比较可能免于沦入腐败。"③ 相反，"当政府颁布命令，声明它不能放任它的公民听从危险而大逆不道的蛊惑之言时，那么政府是在侮辱公民，并否认他们的道德责任"④。正是由于言论自由攸关人类思想的启发、科技的发展、民主政治与文化的进步，所以不仅《公民权利和政治权利国际公约》在第 19 条对言论自由作了规定，而且各国宪法也皆对言论自由予以明文保障。

[学理探讨] 公言论与私言论的区分

一般认为，美国宪法第五修正案⑤中言论的"自由"权利与公民的"生命"和"财产"相联系，是私人的权利，可以通过正当法律程序加以适当限制；而美国宪法第一修正案⑥中保障的是公言论的自由，即针对公共事务、针对政府及其官员的行为发表意见的自由，这种自由与信仰、出版、和平集会、结社、请愿申冤的自由等有着相同的意义，只要这些活动有利于自治事业，就不可限制其自由。它们是处在立法限制的范围甚至正当程序的调整范围之外，是应当受到绝对保障的自由。正是基于同样的理由，中国宪法第 75 条给予人大代表以公言论自由绝对不受侵犯的权利。正如这些代理人在行使代理权的过程中必须是自由的一

---

① 郭道晖：《政治人权理论疑点探讨》，人权法教学研讨班讲课提纲，第 8 页。

② 《雪莱政治论文选》，杨熙龄译，商务印书馆，1982 年，第 66 页。

③ [美] 罗纳德·德沃金：《自由的法：对美国宪法的道德解读》，刘丽君译，上海人民出版社，2001 年，第 282 页。

④ [美] 罗纳德·德沃金：《自由的法：对美国宪法的道德解读》，刘丽君译，上海人民出版社，2001 年，第 283 页。

⑤ 美国宪法第五修正案规定："未经正当法律程序，不得被剥夺生命、自由或财产。"

⑥ 美国宪法第一修正案规定："国会不得制定关于下列事项的法律：确立国教或削减信仰自由；削减言论自由或出版自由；或削减人民和平集会和向政府请愿申冤的权利。"

样，人民在行使他们的统治权力（尤其是选举权）的过程中也必须是自由的，任何政治代理人或者政府机构既不得施加压力，告诉公民如何投票或者要求公民汇报是如何投票的，也不得采取强制措施调查公民的政治信念和政治关系。与对公言论的绝对保障不同，对于有关私人的言论，就要受到法律所施加的更多的限制。

[案例分析] 表达自由与“名誉权”的冲突

根据《工人日报》1998 年 7 月 12 日报道，1996 年深圳市福田区法院向深圳市中级人民法院控告《民主与法制》杂志社关于该院在《工人日报》社“侵犯”某企业官员名誉一案中审判不公的情况报道，侵犯了该院的“名誉权”，结果深圳市中级人民法院竟判决该杂志社败诉，赔偿 5000 元。重庆彭水县普通职员秦中飞有一次因百无聊赖而填了一阕《沁园春·彭水》，内容是：“马儿跑远，伟哥滋阴，华仔脓胞。看今日彭水，满眼瘴气，官民冲突，不可开交……”暗喻传言已被逮捕的原彭水县委书记马某和现任县委书记蓝庆华、县长周伟，并通过手机短信把他的得意之作“发给了 10～15 个朋友”，又通过 QQ“传给了 4～6 名网友”，该县公安局因此以涉嫌诽谤罪将秦中飞刑事拘留，关押进看守所，而县检察院也批准逮捕秦中飞，并没收了他的两个 QQ 号码、手机和电脑。公民为监督政府而行使言论自由权和舆论监督权的时候，公民与政府机构及其官员之间已经不是一种私法上的关系，而是监督与被监督的公法关系。国家工作人员作为“公众人物”，作为人民的仆人，因为职业上的特殊需要，其享有的个人权利也必须比一般公民受更多的限制，这在法国《公务员总章程》中被称为“克制保留义务”[①]。美国联邦最高法院在 1964 年“纽约时报诉沙利文”一案的判决更是取消了政府官员对报纸上某些错误的陈述取得赔偿的权利，除非他不仅能证明有关他的新闻报道的某些部分失实并损害其声誉，而且能证明新闻界的这一报道是出于“实际恶意”，是不顾真伪而蓄意损害他人的利益。法院判决的意思非常明了，即当新闻自由与官员的人格权发生冲突时，优先保护新闻自由，即对报刊比对官员提供更多的保护。这种保护主要体现在将收集证据的法律责任强加于政府官员身上，不仅要求政府官员证明新闻记者们在收集资料写故事时粗心大意或者忽视了故事的真实性，而且要证明其在报道时已经知道故事不符事实，或者“疏忽大意而不予重视”故事的真实性。[②] 法院在判决理由中援引了国家的一项承诺：“有关公共事务的争论应当是放任的、直爽的以及向大众敞开的……它们应当允许对

---

① 郭道晖：《建构我国行政立法体系策议》，载《法商研究》，2001 年第 3 期。

② [美] 罗纳德·德沃金：《自由的法：对美国宪法的道德解读》，刘丽君译，上海人民出版社，2001 年，第 276、277 页。

政府和公职人员进行激烈的、苛刻的甚至有时是令人气恼的尖锐的抨击。”[①] 如果没有上述规则的确立，水门事件的调查、克林顿绯闻事件的调查以及类似的揭露丑闻的报道是否会问世，那就非常值得怀疑。在美国，甚至还有一种比较强的呼声，主张绝对保护新闻机构免受政府官员提出的诽谤起诉。也就是说，即使一个政府官员可以证明新闻机构的真实恶意，该官员也不得起诉。[②]

（二）言论自由的限制

就大多数国家对言论自由的态度而言，与其他自由权利一样，言论自由也是有限的，必须以不侵犯他人自由为限，不得损害国家和社会公共利益。即使在对言论自由和出版自由实行绝对保障（一般认为是准绝对保障），不允许法律加以任何限制的美国，也通过法院判例（1919 年 Schenck v. U. S. 案例）确立了国会在特殊情况下有权干预言论自由的规则。霍姆斯大法官认为这种特殊情况必须满足四个条件：①对言论发表时所处的环境有潜在的危险；②该言论所导致的结果将极端严重；③必须有适当的理由确信如果不加以限制，严重的危害就会发生；④危害已达到立即发生的程度。[③] 霍姆斯法官还认为：“一种言论无论令我们多么厌恶和反感，如果它没有给法律的适当和重大的目的造成迫在眉睫的危险以致必须立即采取限制措施以拯救国家，那么我们就应当坚决反对针对这种言论的限制措施。”布兰戴斯法官也持同样的意见：“一种言论可能导致暴力或破坏财产的行为，这一点并不足以证明可以采取压制措施……甚至是迫在眉睫的危险也不能证明可以压制对于有效的民主制度至关重要的言论表达活动，除非它所包含的危险是相当严重的。”在这里，“即刻”的含义是指没有“时间通过讨论来揭穿谎言和谬误，得以用教育的方式来防止祸患”的情况。如果没有出现这种紧急情况，即使言论会给公共安全带来重大危险，补救的办法也应当是通过更多的言论来消除，而不是强制下的缄默。[④] 此后，美国法院不同时期的判例还发展了诸如个别利益平衡原则、优先适用原则等原则。这些原则都构成了对限制言论自由权力的限制。美国过去的判决一再显示，有关诽谤性言论、造谣生事的言论、泄露国家机密、危害公共安全、妨害交通、猥亵性言论、损害公共利益的欺骗性或误导性的商业性言论等，均不在言论自由保障范围之内。

---

① ［美］路易斯·亨金、阿尔伯特·J. 罗森塔尔：《宪政与权利》，郑戈等译，生活·读书·新知三联书店，1996 年，第 83 页；［美］托马斯·戴伊、哈蒙·齐格勒：《民主的嘲讽》，孙占平等译，世界知识出版社，1991 年，第 168 页。

② ［美］罗纳德·德沃金：《自由的法：对美国宪法的道德解读》，刘丽君译，上海人民出版社，2001 年，第 301 页。

③ Joseph J. Hemmer Jr., *Communication Under Law*, vol. 1 “Free Speech” (Londen, 1979) p. 6.

④ 亚历山大·米克尔约翰：《表达自由的法律限度》，侯健译，贵州人民出版社，2003 年，第 37 页。

除了言论的内容依法应受适当限制以外，公民在行使言论自由权利时，还应在“人”、“地”、“时”、“方法”、“用语”等方面施加适当限制。例如，在“人”的限制上，某些人例如从事特定职业的公务员、法官、医生、律师等因身份、事业或职务的关系，自然不能随便表达意见，而致泄露其所知悉之国家或他人之秘密。

二、出版自由

出版自由是指公民可以通过公开发行的出版物，包括报纸、期刊、图书、音像制品、电子出版物等，自由地表达自己对国家事务、经济和文化事业、社会事务的见解和看法。出版自由既包括编印、制作出版物等行为自由，也包括出版物的内容免受非法干预的自由。出版自由的主要特征是固形性，即将表达自己思想的文字、图画、乐谱、音像、电子网络信息等视听材料印刷、复制、制作成可以保存的固体形态。出版物是个人表现其精神存在的最普遍的方法。它不知道尊重个别人，它只知道尊重理性。

无论是“宁要报纸，不要面包”的呼号，还是“宁活在有报纸而无法律的国家，不愿活在有法律而无报纸的国家”[①]，“杀人只是杀死了一个理性的动物”，“而禁止好书则是扼杀了理性本身”[②] 等呐喊，都表达了保障公民出版自由的意义。“出版自由本身就是思想的体现，自由的体现，就是肯定的善”。“没有出版自由，其他一切自由都是泡影。”[③] 在谈到出版自由的重要意义时，马克思还指出：“自由的出版物是人民精神的慧眼，是人民自我信任的体现，是把个人同国家和整个世界联系起来的有声的纽带；自由的出版物是变物质斗争为精神斗争，而且是把斗争的粗糙物质形式理想化的获得体现的文化。自由的出版物是人民在自己面前的公开忏悔，而真诚的坦白，大家知道是可以得救的。自由的出版物是人民用来观察自己的一面精神上的镜子，而自我认识又是聪明的首要条件。它是国家精神，这种精神家家户户都要只消付出比用煤气灯还少的花费就可以取得。它无处不及，无处不在，无所不知。它是从真正的现实中不断涌现出而又以累增的精神财富汹涌澎湃地流回现实去的世界。”[④] 马克思恩格斯的著作之所以得以发表，其思想之所以得以传播，并对人类社会的进步产生如此深远的影响，都是因为他们所处的时代和社会允许一定的出版自由。如果没有出版自由，一切理性的东西都难以在人民中间得以广泛传播。

---

① 胡经明：《宪法司法论文集》，三民出版有限公司，1987 年，第 67 页。

② ［英］约翰·弥尔顿：《为英国人民声辩》，何宁译，商务印书馆，1982 年，第 3 页。

③ 《马克思恩格斯全集》（第 1 卷），人民出版社，1956 年，第 62、94 页。

④ 《马克思恩格斯全集》（第 1 卷），人民出版社，1956 年，第 74、75 页。

三、集会、游行、示威自由

（一）集会、游行、示威自由的含义与保障

从广义表达自由的角度来理解，集会、游行、示威自由指的都应当是对政府以及社会公共事务发表意见、表达意愿的活动。

集会是指聚集于露天公共场所，发表意见、表达意愿的活动。保障集会权往往是保障其他基本权利得以实现的手段。集会自由有两层含义：首先，集会自由是非强制性的个人权利，任何人不得强迫、威胁他人举办或参加某一集会，以保障公民的人身自由；其次，集会自由是不受干涉性的个人权利，任何人不得干涉或禁止他人举办或参加某一集会的自由。因此，集会自由可产生两种法律效果：一是消极意义上国家不得干涉公民集会自由权利的行使；二是当公民的集会自由权利受到任何妨害时，国家负有排除义务。

游行是指在公共道路、露天公共场所列队行进、表达共同意愿的活动。示威是指在露天公共场所或者公共道路上通过集会、游行、静坐等方式，表达要求、抗议或者支持、声援等共同意愿的活动。它们与集会存在以下区别：①状态不同。集会是静态的，一般有固定场所或场地；游行是动态的，示威一般属动态的，在列队行进或蜂拥中行进。②表示意愿的强弱程度不同。一般而言，示威最强，游行次之，集会更次。③表示意愿的粗细、深浅不同。示威表示的意愿较粗、内容较浅但多壮烈；游行则是在列队中表达意愿，其粗浅程度次之；集会的表达意愿相比前两者均细而深。④表达方式不同。集会者大多集中于一地或几个地方表达意愿，游行则在沿线路行进中表达，示威则可作动态示威，也可静坐、绝食示威。⑤表达意愿的内容不同。集会表达的可以是共同的倡议，可以是交流思想或针锋相对，也可纯属感情联系；游行则多表达喜庆、愤怒或者声援；示威则多为反对某种政治决定或提出抗议。

各国宪法和法律对集会、游行、示威自由的保障，目前可以概括为三个方面的原则：一是和平进行原则；二是遵守宪法和法律的原则；三是协商解决问题的原则。

（二）集会、游行、示威自由的限制

与言论、出版自由类似，国家只能为了维护公共秩序和社会安定，才能对集会、游行、示威自由加以限制，但是不能剥夺。我国《集会游行示威法》对公民进行集会、游行、示威活动施加了多方面的限制，如举行集会、游行、示威活动依法必须事先经过公安机关许可，不得违反治安管理法规，不得进行犯罪活动或者煽动犯罪，禁止采取暴力、胁迫或者其他非法手段进行集会、游行、示威等。

另外，公民在集会、游行、示威中表达意愿时也要受到“人”、“地”、“时”、“方法”、“用语”等的限制。

四、结社自由

（一）结社自由的含义与保障

结社自由是指公民为达到某一共同目的，依照法定程序结成某种持续的社会团体的自由。从积极的意义而言，结社自由意味着个人有结成社团并加入及自主管理的自由；任何社团，除非依照宪法和法律予以取缔，否则都有继续存在并进行活动的自由，公权力都不得压制和干涉。就消极意义而言，结社自由意味着公民有不加入或脱离社团的自由，不受公权力侵害。

结社可以分为营利性结社与非营利性结社。在非营利性结社中，结成政治团体的自由又叫政治结社自由，而结成其他团体的自由则称为一般结社自由。

在民主国家里，公民虽然是独立的，但往往也是软弱无力的。而公民一旦结成一种社团，利用报纸等媒介将自己与他人联合起来采取共同的行动，就会变得非常有力量。因此，结社自由对于民主国家的每个公民都是至关重要的一项权利。公民（尤其是弱者）一旦享有结社自由权，就可以通过自己选择参加的组织来维护自己的权益，因此，各国宪法皆明确规定，任何组织和个人都不得非法限制和剥夺这种结社自由。

[探索与思考] 关于在农村设立农会的必要性

权力制约除了国家机关之间的权力制约、政党对国家机关的制约外，还离不开社会组织的制约。然而在传统的一些政治社团里，代表工人利益的工会，代表青年利益的共青团，代表妇女利益的妇女联合会等社团依然存在，唯有代表广大农民利益的农会销声匿迹，这似乎有点不可思议。那么，在农村建立农会有没有必要？农民利益的实现在很大程度上要求农民组织起来。其中一个很好的方法就是让农民组成农会。毛泽东同志早就指出，正是因为获得了农民的支持，中国革命才能取得成功，新中国成立后的社会主义建设才能取得举世瞩目的成就。在新的历史条件下，社会重大利益尤其是城市利益与农村利益之间的不平衡，已经制约着整个中国政治、经济和文化的发展。为平衡好农民利益与其他群体的利益，调动农民的积极性，我们有必要在农村建立农会组织，并通过农会组织的参政、议政活动来维护农民利益。

（二）结社自由的限制

由于结社与国家安全和社会秩序的关系甚为密切，因此各国宪法皆对结社尤其是政治结社有适当的限制，限制方法或采行预防制（主要有报告制和许可制两种限制方式)，或采行事后追惩制，但是对结社自由的限制也不得违反比例原则。根据国务院 1998 年通过的《社会团体登记管理条例》的规定，该条例仅仅适用于非营利性结社，且已经存在的民主党派也不属于该条例登记的范围（因而已经构成歧视)。根据该条例的规定，社会团体必须遵守宪法、法律、法规和国家政策，不得反对宪法确定的基本原则，不得危害国家的统一、安全和民族的团结，不得损害国家利益、社会公共利益以及其他组织和公民的合法权益，不得违背社会道德风尚。社会团体不得从事营利性经营活动。

第六章　平　等　权

第一节　平等权概述

一、平等权的含义

平等历来是人类社会孜孜以求的崇高目标，平等权的产生是人类社会文明进步的产物和标志。平等权最初是平等观念、平等原则，随着宪法在宪政国家被有效地实施，其最终发展成为具体权利。今天，平等权作为一项宪法权利已被人们认知与运用，并为世界各国宪法所承认和保护。关于其含义，不同时代不同的学者有不同的阐述。资产阶级启蒙思想家们对平等权的精辟论述是：平等权是一种自然权利，是人们与生俱来的，人人生而平等，即天赋平等，自然平等。其代表人物卢梭认为："平等，这个名词绝不是指权力与财富的程度应当绝对平等；而是说，就权力而言，则它应该不能成为任何暴力并且只有凭职位与法律才能加以行使；就财富而言，则没有一个公民可以富得足以购买另一人，也没有一个公民穷得不得不出卖自身。"[①] 洛克认为，自然状态是一种平等状态，同种和同等的人们生来就无差别的享有自然的一切同样有利的条件。[②]《牛津法律大词典》对"平等"一词的解释是"人或事物的地位处于同一标准或水平；都被同等对待"。[③]《现代汉语词典》解释"平等"的含义是：①指人们在社会、政治、经济、法律等方面享有相等待遇。②泛指地位相等。[④]

我国学术界对于平等权的含义有各种不同的表述。有学者认为："公民的平等权是指所有公民根据法律规定，享有同等的权利和承担同等的义务。"在法律上表现为如下几个方面：①所有公民平等的享有宪法和法律规定的权利。②所有公民都平等的履行宪法和法律规定的义务。③国家机关在适用法律时，对于所有的公民的保护或者惩罚，都是平等的，不得因人而异。④任何组织和个人都不得有超越宪法和法律的特权。此外，我国公民的平等权，除了公民在法律面前一律平等，还包括民族平等，男女平等等内容。[⑤] 有学者认为："所谓平等权是指公

---

① ［法］卢梭：《社会契约论》，何兆武译，商务印书馆，1987年，第69、70页。

② 李步云主编：《宪法比较研究》，法律出版社，1998年，第513页。

③ 《牛津法律大词典》，光明日报出版社，1988年，第303页。

④ 《现代汉语词典》（修订本），商务印书馆，1996年，第977页。

⑤ 徐显明：《公民权利义务通论》，群众出版社，1991年，第140～142页。

民平等的享有权利，不受任何差别对待，要求国家同等保护的权利和原则。”同时指出这一概念的具体特点是：①平等权的主体是公民，他表明公民地位的平等；②从公民与国家的关系看，公民有权要求国家平等的保护，不因公民性别、年龄、职业、出身等原因给予差别对待；国家有义务无差别的保护每一个公民的平等地位；③平等权概念意味着公民平等的行使权利，平等的履行义务；④平等权概念意味着它是实现基本权利的方法或手段。[①] 有学者认为：平等的内涵相当丰富，但它的基本含义有两个：无差别和按比例。“无差别”指所有的人都应当受到同样的对待，而不管他们的年龄、健康状况、财产状况、人格、身份、种族、民族等如何，即所谓的平等权。它在世界上几乎所有国家的宪法和人权宣言中都有体现。如法国的《人权和公民权宣言》[②] 第1条就规定：“在权利方面，人们生来是，而且始终是自由平等的。只有在公共利用上面显示出社会上的差别。”我国宪法第33条也规定了公民享有平等权。这种平等，不论人们之间是否存在事实上的差别，只要他是人类的一员，他就应该和其他社会成员一样，平等的无差别地拥有一些最基本的人权，如生命权等。这种无差别地对待是一种绝对平等。“按比例”是指人们应该得到与自己的优点、贡献、需要、身份等相称的待遇。这是一种相对平等。它首先承认人是有差别的，然后通过对有差别的权利主体按照一定的比例给予有差别的权利内容，以达到没有差别的平等结果。[③] 有学者认为：就平等权内涵的实质来说，它的本质是要求消除人的身份在法律上的差异，按人格而不是按照身份享有权利。[④] 学者李忠夏对平等权的内涵作了全面系统的分析考察，他认为平等权的内涵主要存在着以下几个问题：①应否承认合理的差别对待？在法律上是否应绝对的实行无差别对待？②平等是否只是公民在适用法律上的平等，还是包括在法律制定上的平等？③平等是不是兼具权利性和原则性的特点，换言之，即平等是不是既是一项原则，又是一种权利？其结论是：平等既是一项原则，也是一项基本权利，不然，所谓的民族平等和男女平等无法得以实现。同时，平等权也并不意味着无差别对待，应该是在形式平等基础之上规定合理的差别对待，以求达到最为近似的平等。而且，平等也要求在制定法律上的平等，不然适用法律上的平等也会导致一种事实上的不平等。[⑤]

综合上述各种关于平等权内涵的表述，我们注意到：不同的学者从不同的角度对平等权进行的阐述都具有一定的合理性。但无论是“适用法律平等”、“立法

---

① 董和平、韩大元、李树忠：《宪法学》，法律出版社，2000年，第341、342页。

② 作者原文是《人权宣言》，本章统一为《人权和公民权宣言》。

③ 陈驰：《人权概念的法哲学思考》，载《四川师范大学学报（社会科学版）》，1999年第2期。

④ 徐显明：《人权研究》（第二卷），山东人民出版社，2002年，第6、7页。

⑤ 李忠夏：《试论平等权的内涵》，参见 http：//59.67.74.3/tszz/theory/constitution3/constitution32037.doc.html ，2009年1月5日浏览。

上平等”，还是“形式平等”、“实质平等”、“机会平等”、“结果平等”、“绝对平等”、“相对平等”，实际上都是平等权的不同表现形态。这里，拟从下列两个视角阐述平等权内涵：从人人生而平等的思想这一层面理解，平等权是指每个人的人格价值是平等的。在法律面前，任何人不得因性别、出身、民族、宗教、信仰、财产状况等先天的或现实生活中的经济、社会的具体地位与生活状况的不同而受到差别待遇，任何人亦不得享有特权，或受到特别的不利的待遇。但是，从每个人个人的品行、能力等因素的层面理解，平等权并不意味着机会的绝对平等，而只是意味着享有机会的同等自由。人，无论先天与后天，能力等各种个人因素都是有差异的，这种差异的客观存在性决定了绝对平等是不现实的。而法律对平等权利的保护正是使因个人自身差异导致的人与人之间的事实上不平等降低到最低限度，以使其权利基本上趋于衡平。

二、平等权的内容①

平等权作为一项基本人权②，其内容包括平等权的原则、权利主体的平等、具体权利上的平等、平等权的保障等。

（一）平等权的原则

综观联合国、区域性组织若干人权文件的条文，大多规定所有的人在法律面前平等，并有权受法律的平等保护，无所歧视。关于禁止歧视的规定大多数是基于种族、肤色、性别、语言、宗教、政治或其他见解、国籍或社会出身、财产、出生或其他身份等的区别对待。人人平等地、不受歧视地享有各项人权，成为国际人权文件的普遍原则，也成为各国国内人权立法的示范。

（二）权利主体的平等

人权法中的权利主体可从不同角度进行分类，但是各种分类中的个人或由个人组成的各类群体都不受任何歧视地享有各项人权，并承担相应的义务。人权法主体的分类主要有：民族（是指历史上形成的、处于不同社会发展阶段的各种人的共同体，或特指具有共同语言、共同地域、共同经济生活以及表现于共同文化

---

① 本部分内容参阅了富学哲：《从国际法看人权》，新华出版社，1998 年，第 134～142 页。

② 我国有学者从系统结构角度将人权分为三个层次：第一层次是人的基本权利，这些权利是每一个生活在现代文明社会中的人生来就由社会赋予的，是做人的起码条件，是不可剥夺的。它包括：生存权和基本自由权，劳动和劳动所得归劳动者支配和享用，平等权，发展权等。第二层次是公民权，是人作为一个国家的公民才具有的权利。如选举权和被选举权。第三层次是人所具有的或应该具有的一切权利。（参见陈尚志：《从马克思主义看人权的哲学基础》，载白桂梅：《国际人权与发展：中国和加拿大的视角》，法律出版社，1998 年，第 7 页。）在这个人权体系结构中，平等权属于第一层次人权，是人的基本权利。

上的共同心理素质的人的共同体）、种族（即人种）以及按性别划分的男女公民、按年龄划分的弱势群体老人与儿童、按身体功能划分的正常人和残疾人，等等。按这种分类，权利主体的平等，主要包括民族平等，种族平等，男女平等，老年人、儿童和残疾人等主体的平等。

（三）具体权利上的平等

根据国际人权文件，具体权利平等主要可分为两大类：一类是经济、社会和文化权利平等；另一类是公民权利和政治权利平等。这两类具体权利的内容非常广泛复杂，但一般是指经济、社会、文化教育、政治和法律等方面的平等权利。

（四）平等权的保障

凡权利必须有救济，没有救济的权利只是写在纸上的权利。人权主体的各项平等权利能否实现，关键在于国家能否采取一切有效措施予以保障。在涉及平等权的国际人权文件中，都规定了国家对人权主体平等权的实现所应承担的义务。在各国国内平等权保障立法中，基本上都明确了政府的保障职责，同时亦不同程度地规定了侵犯人权主体平等权应承担的法律责任。

三、平等权的地位

关于平等权的地位，概括地说，平等权属于基本人权。其在人权法中的地位，集中表现在：

（一）平等价值理论为人权的制度设计奠定了基础

人权在西方产生之初，西方社会的平等、自由思想奠定了人权的理论基础。古罗马政治家和法律思想家西塞罗以永恒的普遍的自然法则为前提，导出了人类自然平等的人权观念。文艺复兴提倡“人本主义”，以人抗神，声称“天生一切平等”。启蒙运动的思想家们倡导“天赋人权”，主张“人类天生都是自由平等和独立的”等理论，对后世人权理念的发展产生了深远的影响。[①] 我国学者更坦言平等价值理论在人权理论中的重要性，认为给人以平等是人权的基础，是否具有平等意识是检验一种权利理论是否具有人权精神的首要标准。人权理论就是彻底的平权理论，人权主体理论首先是关于人人平等的理论。[②] 第二次世界大战后，从联合国人权宣言、人权公约到各国的人权立法及实践，可以看出人权的核心思想亦充分体现了平等权观念。

---

① 杨成铭：《人权法学》，中国方正出版社，2004 年，第 55、56 页。

② 徐显明：《人权研究》（第一卷），山东人民出版社，2001 年，第 3 页。

（二）平等权是一项基本人权，是现代人权法的支柱性原则

追溯资产阶级启蒙思想家的理论，平等权是“天赋人权”论的重要思想之一，这一思想把争取平等权作为一项基本人权。而西方资产阶级革命的政治纲领，亦把争取平等权作为一项人的最基本权利，并以此作为反封建特权、君权、神权运动的政治口号。如美国《独立宣言》，以资产阶级政治纲领的形式宣布：“人人生而平等”。法国《人权和公民权宣言》第 1 条权利就是“自由平等”。在国际社会，自 1945 年以来，随着《联合国宪章》的生效、大量国际人权文件的出现以及有关国际法文件的制定，平等权亦已发展成为一项基本人权。如 1948 年 12 月 10 日第四届联合国大会通过的国际人权宪章体系的第一个文件——《世界人权宣言》，在开篇即申明：“鉴于对人类家庭所有成员的固有的尊严及其平等的和不移的权利的承认，乃是世界自由、正义与和平的基础。”第 1 条规定：“人人生而自由，在尊严和权利上一律平等。”第 2 条进一步申明：“人人有资格享受本宣言所载的一切权利和自由，不分种族、肤色、性别、语言、宗教、政治或其他见解、国籍或社会出身、财产、出生或其它身份等任何区别。”[①]《公民权利和政治权利国际公约》以及《经济、社会和文化权利国际公约》等亦将平等权作为一项基本人权予以明确。作为一项基本人权，平等权也成了大多数国家宪法权利的重要组成部分，根据马尔赛文在《成文宪法的比较研究》一书中对 1949～1975 年间世界各国 110 部宪法的统计，涉及人的平等权利的宪法有 92 部，占 83.6%，提到保护公民不受歧视的宪法有 89 部，占 80.9%。[②] 可见，“平等与禁止歧视原则是现代人权法的支柱性原则”[③]。

（三）平等权是一项综合性人权

从平等权的内容看，它涉及各项具体人权，既涉及公民权利和政治权利，也涉及经济、社会和文化权利，是一项综合性人权。这些具体人权中深深渗透着平等权内容。换言之，平等权作为一项基本人权，它并没有自身的具体内容，它是通过各项具体人权来体现它的内容的。平等权只在权利主体行使他的权利时才可能体现出它的价值，没有其他具体权利的存在，平等权就无法表现。从某种意义上讲，平等权更体现了一种价值取向、价值追求。

---

① 葛明珍：《〈经济、社会和文化权利国际公约〉及其实施》，中国社会科学出版社，2003 年。

② 常健：《人权的理想·悖论·现实》，四川人民出版社，1992 年，第 202 页。

③ 朱晓青、柳华文：《〈公民权利和政治权利国际公约〉及其实施机制》，中国社会科学出版社，2003 年，第 73 页。

（四）平等权是其他人权实现的基础和保证

这是从平等权与其他各项人权关系的角度考察的。要实现其他各项人权、保护人权，首要的基本前提就是人人平等和无所歧视。[①] 只有人人享有平等权，不受歧视，实现法律人格的平等，其他的权利，如自由权、选举权、工作权等权利才能实现，人权才能成为一个完整的人权。反之，没有平等权，其他的人权就无法实现，人权就不能成为一个完整的人权，就是不平等的人权。当然，法律人格的平等并不否认人的自然状态的不平等，如人在智力、体力上的差别，也不排斥法律的区别对待。但这种对于具体人或某类人的“区别对待”，必须符合平等和正义的标准，其根据只能是人的智力和体力，而不能是阶级、身份、种族等因素，区别对待的目的就在于缩小差别，将自然的不平等降低到最低的程度。有学者在论证平等权与自由权的相互关系时亦阐明了平等权是自由权实现的基本保证。认为自由与平等犹如人类的双翼，共同刻画着人类由野蛮而入文明的方向与轨迹。平等权与自由权是通过思想的互证而确立的。没有人人自由，就不可能有人人平等。反之，没有人人平等，就不可能有人人自由。自由的真正实现有赖于平等的社会构造，平等是自由得以证成和实现的前提条件。[②]

（五）实现平等权是带有普遍性的问题，实属基本人权问题

从世界范围看，无论是发展中国家还是发达国家，平等权都还远未实现，特别是政治上和经济上的平等权，都远未达到《联合国宪章》、《世界人权宣言》和其他国际人权文件的要求。世界范围内存在的政治上和经济上的不平等，不仅影响公民权利和政治权利、经济、社会和文化权利的行使，而且还直接影响人民和民族的生存和发展。故平等权问题是全世界面临的一个带有普遍性的问题，实属基本人权问题。[③]

四、我国平等权实践

我国政府历来重视并保障公民的平等权，早在建国初期的《共同纲领》中就规定了男女平等和民族平等原则。1954 年宪法明确规定：“中华人民共和国

---

① 不歧视和平等是一个问题的两个方面，《公民权利和政治权利国际公约》第 26 条将不歧视与“在法律面前平等”和“法律的平等保护”规定在一起，是对禁止歧视原则的进一步发展。（参见朱晓青、柳华文：《〈公民权利和政治权利国际公约〉及其实施机制》，中国社会科学出版社，2003 年，第 73 页。）

② 徐显明：《人权研究》（第二卷），山东人民出版社，2002 年，第 165、166 页。

③ 富学哲：《从国际法看人权》，新华出版社，1998 年，第 145 页。

公民在法律上一律平等。”虽然1975年和1978年宪法因受当时历史条件的限制，取消了平等权的规定，但是1982年宪法在总结历史经验的基础上重新确定了平等原则。这一原则在序言、总纲及公民基本权利和义务中都作了规定。《宪法》序言中规定了平等、团结、互助的社会主义民族关系。《宪法》第4条规定了中华人民共和国各民族一律平等。国家保障各少数民族的合法的权利和利益，维护和发展各民族的平等、团结、互助关系。禁止对任何民族的歧视和压迫。第5条中规定，任何组织或个人不得有超越宪法和法律的特权。在公民基本权利与义务部分，宪法首先就明确了平等权在公民基本权利体系中的地位，即“中华人民共和国公民在法律面前一律平等”。同时宪法规定国家尊重和保障人权。任何公民享有宪法和法律规定的权利，必须同时履行宪法和法律规定的义务。[①] 在第36、38和48条中，宪法还特别规定了宗教平等原则，公民人格尊严平等和男女平等原则等。这都为我国公民享有平等权提供了宪法基础。

回顾新中国平等权发展的历史，虽有曲折，但还是取得了巨大成就，突出地表现在：我国平等权的实现和发展逐步纳入法制化轨道。众所周知，平等权只有在法律给予保障的前提条件下，才有可能得以实现。从我国平等权发展的总体趋势看，通过建立和完善相应的法律、制度来保障平等权的实现是我国平等权发展的基本方向。我国不仅在根本大法宪法中确认平等权，还在民法、选举法、婚姻法、民族区域自治法、劳动法、教育法等许多法律法规中明确规定公民的各项平等权利。此外，还专门针对老年人、儿童、未成年人、妇女、残疾人等弱势群体的平等权利保护，制定一系列保障法。这便形成我国平等权保障的特点：一方面，保障平等权的全面性和实质上的平等，即把政治和法律上的平等与经济、社会平等结合起来，把形式平等与实质平等结合起来，并以经济平等来保障政治上的平等；另一方面，重视并关注对社会弱势群体平等权利的保障和特殊保护。

近年来，随着《中国的人权状况》、《中国妇女的状况》、《中国的少数民族政策及其实践》等有关平等权的人权文件的发表，随着《消除一切形式种族歧视国际公约》、《消除对妇女一切形式歧视公约》、《男女同工同酬公约》等关于平等权的专门国际人权公约的签署和批准，以及我国参与制定“内罗毕战略”、承办北京世界妇女大会和亚太人权研讨会及广泛开展与各国的人权对话、研讨和磋商等国际交流活动，不仅使国际社会对中国平等权发展和整个人权状况有了较全面的了解，消除了误解、减少了分歧，而且推动了国内平等权的理论研

① 参见《宪法》第33条。

究并增强了国内公众维护平等权的意识[①]。当然，我国公民平等权在发展过程中还存在许多有待完善的地方，与世界先进国家相比在某些方面还存在一定差距。因而，继续促进平等权的发展，实现充分的政治、经济和社会平等，仍是需要长期努力才能实现的崇高目标。但我们有理由相信，随着上述法律制度的不断改革、完善以及新法律制度的建立和发展，我国公民平等权的保障措施将会更为具体完善，平等权维护和发展的法制化水平必将进一步提高。

第二节　民族平等权

一、民族平等权概述

《现代汉语词典》对民族的解释为：①指历史上形成的、处于不同社会发展阶段的各种人的共同体。②特指具有共同语言、共同地域、共同经济生活以及表现于共同文化上的共同心理素质的人的共同体。[②]

民族平等权引申于一般的“平等权”原则，它是指任何民族均与其他民族享有平等的权利，不受任何形式的歧视。众所周知，当今世界，总计有 2000 多个民族，这些大小有别的民族，各以其独特的方式生活在这个世界。在多民族组成的世界里，各种复杂的民族问题也就随之产生，如民族歧视、民族压迫等。在历史的长河中，民族平等权即是伴随着与民族歧视、民族压迫的斗争逐渐发展起来的。在国际社会，民族平等权是与民族独立、民族解放、民族自决权相联系的。而在一国范围内，特别是在一个多民族共存的国家里，民族平等权则是指一个国家内部民族与民族之间的地位问题。在世界各国，除少数几个国家外，绝大多数国家都是由多个民族组成的。在多民族组成的国家里，民族平等权问题，事实上

① 关于公民维护平等权利的典型案例：2001 年 12 月 23 日，蒋韬诉中国人民银行成都分行招录公务员的“身高”歧视案，原告认为中国人民银行成都分行招聘广告中的男性身高 1.68 米要求，侵犯了公民的宪法权利。原告在起诉书中写道：被告招考国家公务员这一具体行政行为违反了《宪法》第 33 条关于中华人民共和国公民在法律面前人人平等的规定，限制了他的报名资格，侵犯了其享有的依法担任国家机关公职的平等权和政治权利，应当承担相应的法律责任。他请求确认“含有身高歧视的”具体行政行为违法，停止发布该内容的广告等。此案 2002 年 1 月 7 日一经成都市武侯区人民法院受理，就立即成为法律界、学界和新闻媒体关注和争论的话题。而 2003 年关于乙肝病毒携带者的就业平等权保护问题，引起了全社会的广泛关注。这一年被我国媒体评价为中国乙肝病毒携带者的“反歧视年”。典型案例有：2003 年 4 月 3 日浙江发生的周一超因乙肝病毒携带者遭受就业歧视杀人案；随后是 2003 年 12 月安徽芜湖市新芜区法院受理的全国首例乙肝病毒携带者张先著状告芜湖市人事局在招收录用公务员时对他的健康歧视案。这两起案件推动了国家公务员体检标准的修改，废除了乙肝病毒携带者考录公务员的限制。2007 年的《就业促进法》禁止一般职业对乙肝病毒携带者的就业歧视。

② 《现代汉语词典》(修订本)，商务印书馆，1996 年，第 884 页。

是关于少数民族[1]权利的保护问题。第二次世界大战后，少数民族权利保护受到国际社会极大的重视，成为国际社会广泛关注的问题。国际人权文书以及联合国的有关决议或文件中涉及不少少数民族权利保护的内容，各个国家亦通过国内立法的形式对少数民族的合法权利给予保护。

二、民族平等权的内容

民族平等权在一国范围内，特别是在一个多民族共存的国家里，是指一个国家内部民族与民族之间的地位问题。在保护少数民族人权方面得到国际承认的法律原则和机制，经历了一个由一般到具体的过程。[2] 就联合国人权文件关于少数民族人权保护的内容看，有两个方面：

（一）确认在享有人权方面，少数民族与其他民族的平等待遇原则

《联合国宪章》开宗明义地宣布其宗旨是："促成国际合作，以解决国际间属于经济、社会、文化、及人类福利性质之国际问题，且不分种族、性别、语言或宗教，增进并激励对于全体人类之人权及基本自由之尊重。"这一规定虽然没有明确提出如何保护少数民族人权，但将少数民族权利的保护纳入整个人权保护体系，确认少数民族在享有各项人权方面与其他民族一样处于平等的地位，不允许任何形式的歧视或减损少数民族人权的情况存在。[3] 这一平等待遇原则，在1948年12月10日联合国大会通过的《世界人权宣言》中被进一步加以具体化。该宣言第2条规定："人人有资格享受本宣言所载的一切权利和自由，不分种族、肤色、性别、语言、宗教、政治或其他见解、国籍或社会出身、财产、出生或其身份等任何区别。"此规定确认了民族平等权是保护少数民族权利的重要内容，也是国际社会承认并保护的人权的组成部分。在联合国大会通过的《少数民族命运》的决议中，强调国际社会对于少数民族的命运不能再继续采取漠然态度。如今，在联合国制定的若干重要的国际人权法律文件以及各区域性国际组织缔结的许多国际条约中，都规定了包括少数民族权利在内的基本人权保护问题，使国际法上少数民族权利保护问题形成了比较完整的、全面的体系。少数民族享有的平等权，包括基本人权，政治权利，经济、社会和文化权利，并不受歧视。这些平等权利源于人的尊严和价值，源于人类人格的属性，具有不可剥夺的特点。

---

① 关于少数民族的定义问题，国际社会虽经多年努力，但始终未能取得共识。然而，国际人权文书以及联合国的有关决议或文件中涉及少数民族权利的内容并不少。

② 刘楠来等：《人权的普遍性和特殊性》，社会科学文献出版社，1996年，第164、165页。

③ 刘楠来等：《人权的普遍性和特殊性》，社会科学文献出版社，1996年，第164、165页。

（二）确立对少数民族权利实行特殊保护原则

对少数民族的权利予以特殊的保护，原因在于少数民族基于语言、地域、经济生活和心理素质等方面的具体情况的因素，在教育、文化、经济环境等方面，客观上与其他发达人群，特别是社会发达程度比较高的地区，存在着一定的差距，形成事实上的不平等的状况。为了改变这种情况，仅仅依靠少数民族自己的努力是不够的，需要国家给予帮助和扶持。对少数民族权利实行特殊保护，既是民族平等原则特有的延伸，也是保障民族平等原则的实际需要。当然，这种特殊保护，一般仅限于那些与维持本民族的特征及其生存与发展有关的权利。国际人权文件中对少数民族权利给予特殊保护的规定如下：

1. 将少数民族的宗教、语言、文化等规定为属于少数民族特有的权利

1966 年联合国大会通过的《公民权利和政治权利国际公约》不仅在第 2 条、第 26 条重申了少数民族与其他民族一样享有平等的人权和自由的原则，对少数民族不得歧视原则，而且在第 27 条特别指出："在那些存在着人种的、宗教的、或语言的少数人的国家中，不得否认这种少数人同他们集团中的其他成员共同享有自己的文化、信奉和实行自己的宗教或使用自己的语言的权利"。这就把少数民族宗教、语言、文化等方面的权利作为"少数民族成员拥有行使保护和发展本民族特征的某些特定的权利"①。

2. 针对种族歧视、种族隔离和种族灭绝等专门问题，规定特别的保护措施

1958 年，国际劳工组织通过的《歧视（就业及职业）公约》，要求缔约国采取措施，以促进就业和职业方面的机会均等，禁止并消除在此方面基于种族、肤色、性别、宗教、血统等歧视，从而为保障少数民族就业和谋生确立了具体的原则和措施。1960 年，联合国教科文组织通过了《取缔教育歧视公约》，要求促进人人在教育上的机会和待遇平等，禁止任何形式的教育歧视。1963 年 11 月，联合国大会通过了《消除一切形式种族歧视宣言》，宣布"人与人之间基于种族、肤色和人种歧视，是对人类尊严的凌辱，应视为否定联合国宪章原则、侵害《世界人权宣言》所宣示的人权与基本自由、妨害国际友好和和平关系及足以扰乱人民间和平与安全的事实，加以谴责"。1965 年 12 月，联合国大会通过了《消除一切形式种族歧视国际公约》，肯定了"消除种族歧视宣言"的基本原则，制定了必要的措施，并具体列举了每个人不受任何种族歧视而应享有的各种权利和基本自由。后来的《德黑兰宣言》（1968 年 5 月通过）、《禁止并惩治种族隔离罪行国际公约》（1973 年 11 月通过）等联合国人权文件皆重申或完善了保护少数民族人权的各项国际法原则和制度。

---

① 刘楠来等：《人权的普遍性和特殊性》，社会科学文献出版社，1996 年，第 167 页。

三、我国民族平等权实践

我国是一个统一的多民族国家，共有 56 个民族。由于汉族以外的 55 个民族相对于汉族人口来说较少[①]，习惯上被称为“少数民族”。关于我国的民族平等问题，国务院新闻办公室在《中国的少数民族政策及其实践》一文中指出：民族平等是指各民族不论人口多少，经济社会发展程度高低，风俗习惯和宗教信仰异同，都是中华民族的一部分，具有同等的地位，在国家和社会生活的一切方面，依法享有相同的权利，履行相同的义务，反对一切形式的民族压迫和民族歧视。[②] 我国民族平等权实践，体现在：

1. 各民族一律平等

我国党和政府十分重视民族平等问题，从法律到政策，充分体现一切民族，不分大小，在一切权利上完全平等原则。各民族不仅在法律上、在国家政治生活领域平等，而且在经济、文化、教育、语言文字、风俗习惯、宗教信仰等一切社会生活领域完全平等。在实现各民族权利平等的同时，一方面禁止任何民族享有任何特权，另一方面又保护少数民族的平等权利，禁止对少数民族的任何压迫和歧视行为。我国《宪法》对此作了明确了规定。[③] 此外，《国籍法》、《选举法》、《劳动法》、《义务教育法》、《人民法院组织法》等法律也对各民族权利平等作了规定。

2. 对少数民族人权实行特殊保护

由于社会历史的、经济的、地理的、文化的等原因，少数民族具有自己的一些特殊情况。而要真正实现各民族一律平等，客观上就需要对少数民族加以特殊保护。在我国，少数民族人民不仅同汉族人民一样平等地享有宪法和法律规定的全部公民权利，而且还依法享有少数民族特有的各项权利。这些权利主要有：

（1）各少数民族享有平等参与管理国家事务的权利。宪法规定，在作为国家最高权力机关的全国人民代表大会中，“各少数民族都应当有适当名额的代表”。历届全国人民代表大会中，少数民族代表占代表总数的百分比，都为少数民族占全国总人口比例的一倍左右。只有几千人的珞巴族、赫哲族、门巴族，在全国人大也都有其代表。少数民族代表同样参加当地的人民代表大会。

我国各民族的人民都可以担任国家机构和政府部门的各种职务，不存在对少数民族的任何歧视。不少少数民族的人士担任了或曾经担任过国家副主席、全国

---

① 据 2000 年 2 月发布的《中国人权发展五十年》统计，55 个少数民族占全国人口的比例为 8.9%。

② 国务院新闻办公室：《中国的少数民族政策及实践》，《人民日报》，1999 年 9 月 28 日。

③ 《宪法》第 4 条规定：中华人民共和国各民族一律平等。国家保障各少数民族的合法的权利和利益，维护和发展各民族的平等、团结、互助关系。禁止对任何民族的歧视和压迫，禁止破坏民族团结和制造民族分裂的行为。

人大常委会副委员长、国务院副总理、最高人民法院院长、全国政协副主席等国家高级领导职务。《民族区域自治法》规定，民族自治地方的人大常委会中，应当由实行区域自治的民族的公民担任主任或者副主任；自治区政府主席、自治州州长、自治县县长全都由自治民族的公民担任；这些民族自治地方人民政府的其他组成人员和所属工作部门的干部中，也要尽量配备实行区域自治的民族和其他少数民族的人员。

（2）在少数民族聚居地区实行民族区域自治制度。我国的《民族区域自治法》把民族区域自治制度提升为国家的一项基本政治制度。在少数民族聚居地区设立自治机关，由当地民族自己管理本民族的内部事务。民族区域自治地方根据《民族区域自治法》行使各种自治权利。

（3）国家对少数民族地区的经济和社会发展实行扶助政策。国家在资金、技术、人才等方面，对少数民族地区提供支持，促进少数民族地区经济的发展。

（4）支持少数民族地区发展教育事业，设立少数民族教育补助经费和各种财政专款。保障少数民族使用和发展本民族语言文字的自由。各民族自治地方的自治机关执行公务和广播、影视、图书、报纸、杂志等都依法使用当地通用的一种或多种语言文字。帮助少数民族地区实行民族语文教学、双语教学。重视保护和发展少数民族的传统文化，尊重少数民族的饮食、婚姻、丧葬、年节等风俗习惯和宗教信仰。

第三节　男女平等权

一、男女平等权的含义

平等权原则作为普遍人权的基本原则，从权利主体上看，自然包括男女平等。联合国在 1975 年国际妇女世界会议上通过的《关于妇女的平等地位和她们对发展与和平的贡献的墨西哥宣言》中指出，男女平等是指“男女的人格尊严和价值的平等以及男女权利、机会和责任的平等”①。在此意义上，男女平等权的含义是指公民不分性别在政治、经济、社会和文化等一切领域内依法享有同等的权利，不因任何外在或内在差别而予以区别对待。

但由于历史的、社会的或是自身素质等原因，男女平等权在现实中很难得以实现，其突出地表现为：轻视、歧视甚至侵害妇女权益。因此，在人权法中研究男女平等权，其核心内容是如何消除在各个领域里对妇女的歧视，保障妇女人权。在这一意义上，男女平等权旨在强调妇女作为人在所应享有的各项权利方面

---

① 1975 年联合国国际妇女世界会议通过的《关于妇女的平等地位和她们对发展与和平的贡献的墨西哥宣言》，参见董云虎：《中国的妇女人权》，四川人民出版社，1995 年，第 11 页。

与男子享有同样的权利，不因性别的差异而受到任何歧视。故有学者指出："男女平等最根本的原则就是不得歧视妇女。"[①]

研究男女平等权的意义，一方面，旨在重申人人生而平等的人权价值理念，所有的人（包括男人与女人）作为人应当享有的权利的平等性，男人与女人并不因其性别的差异而导致其人格尊严和价值不平等性；另一方面，由于历史的、社会的以及妇女自身身体结构和生理机能的特点等因素的影响，使妇女成为社会的弱势群体，导致其事实上劣于男子。所以，在当今妇女人权体系中，男女平等不仅被作为一种最高原则和衡量每一项具体妇女人权实现的标尺，而且成为一种主要目标和奋斗方向。[②] 男女平等是"妇女人权的核心与灵魂"[③]。

二、男女平等权的内容

在人权法中研究男女平等权，其核心内容是：消除在各个领域里对妇女的歧视。

从人类历史发展的脉络来看，当母权制的原始社会消亡后，妇女的地位便一落千丈，恩格斯称为"具有世界历史意义的失败"[④]，在奴隶社会、封建社会，妇女的社会地位非常低下，即使在资本主义社会，无论在政治、经济，还是在文化等方面，无不体现维护父权制的烙印。"妇女的无权地位，严重地束缚着她们的自身发展，使她们成为社会弱者"，"同时也构成了每个妇女所要面临的严酷的现实：只要你是女性，你就是弱者"。[⑤] 不管妇女的体质、才智、能力状况如何，都会被视为不如男子。"这种对于女性的歧视使妇女没有与男子公平竞争的机会，使妇女的各项人权资源匮乏，最终使之成为无力保护自己的人权不受侵害的脆弱群体。"[⑥]

从人权发展的历史看，应当说作为人类整体的一部分，妇女人权与普通人权应该是同时产生与存在的，然而在资产阶级"天赋人权"、"人人生而平等"口号面前，那些最初确立人权思想的经典著作并不包括女性，而仅仅指的是man——

---

① 富学哲：《从国际法看人权》，新华出版社，1998年，第137页。

② 孙萌：《妇女人权实现障碍研究》，载徐显明：《人权研究》（第一卷），山东人民出版社，2001年，第466页。

③ 孙萌：《妇女人权实现障碍研究》，载徐显明：《人权研究》（第一卷），山东人民出版社，2001年，第466页。

④ 《家庭、私有制和国家的起源》，载《马克思恩格斯选集》第4卷，人民出版社，1972年，第52页。

⑤ 《家庭、私有制和国家的起源》，载《马克思恩格斯选集》第4卷，人民出版社，1972年，第465页。

⑥ 孙萌：《妇女人权实现障碍研究》，载徐显明：《人权研究》（第一卷），山东人民出版社，2001年，第465～466页。

男人，最初的人权的英文是 rights of man——男人的权利。美国的《独立宣言》在人权概念里公然将妇女排除，法国《人权和公民权宣言》中所用的“人”是 homme——男人，有财产的白人男子①。后来，随着妇女人权意识的觉醒，妇女解放运动的发展，特别是进入 20 世纪以后，男女平等，禁止和消除对妇女的歧视逐渐被各国宪法及联合国有关人权文件予以确认。

从联合国人权文件及各国立法看，关于男女平等权保护的内容体现在两个方面：

（一）确认在享有人权方面，妇女与男子的平等待遇原则

《联合国宪章》重申了对基本人权、人格尊严与价值以及男女平等权利的信念。《世界人权宣言》申明了不容歧视的原则，在享受该宣言所载权利和自由方面，不得有任何区别。确认了男女平等是保护妇女权利的重要内容，也是国际社会承认并保护的人权的组成部分。1966 年人权两公约均在第 3 条分别规定，缔约各国承担保证男子和妇女在本公约所载一切经济、社会及文化权利方面和本公约所载一切公民和政治权方面享有平等的权利。其他有关国际人权文件中及各国立法也都确认了在一切领域男女平等待遇原则。

（二）确立对妇女权利实行特殊保护原则

男女平等的核心内容是：消除在各个领域里对妇女的歧视。考虑到歧视妇女的现象仍然普遍存在，为保障妇女的权利，联合国主持制定了一系列的专门的国际人权文件，对妇女权利实行特殊保护。这些文件主要有：1949 年《禁止贩卖人口及取缔意图营利使人卖淫的公约》，1952 年《妇女政治权利公约》，1956 年《废止奴隶制、奴隶贩卖及类似奴隶制度与习俗补充公约》，1957 年《已婚妇女国籍公约》，1962 年《关于婚姻的同意、结婚最低年龄及婚姻登记的公约》，1967 年《消除对妇女歧视宣言》和 1979 年全面保障妇女平等权的《消除对妇女一切形式歧视公约》。类似文件还包括 1993 年世界人权大会《维也纳宣言和行动纲领》、1994 年国际人口与发展会议文件及 1995 年联合国第四次世界妇女大会《北京宣言》和《北京行动纲领》等。《北京行动纲领》提出了三大战略目标：通过充分执行所有人权文书，尤其执行《消除对妇女一切形式歧视公约》，促进和保护妇女的人权；确保法律面前和实际上人人平等和不受歧视；普及法律知识。

在上述涉及男女平等和消除歧视妇女的国际人权文件中，最重要的是 1979 年《消除对妇女一切形式歧视公约》和《北京宣言》及《北京行动纲领》。这三个文件较为全面、具体地阐明了妇女的各项权利，并分别详细制定了国际机构、

① 陆镜生：《美国人权政治》，当代世界出版社，1997 年，第 36 页。

国家、非政府组织等在执行公约上的职责。而《消除对妇女一切形式歧视公约》比较全面地规定了妇女的各项权利，还特别规定了各缔约国在执行公约方面的义务和责任。该公约第1条首先界定了“对妇女的歧视”，是只基于性别而作的任何区别、排斥或限制，其影响或其目的均足以妨碍或否认妇女不论已婚未婚在男女平等的基础上认识、享有或行使在政治、经济、社会、文化或任何其他方面的人权和基本自由。该公约一方面要求缔约各国谴责对妇女一切形式的歧视，另一方面要求缔约各国承担在所有领域，特别是在政治、社会、经济、文化领域，采取一切适当措施，消除一切形式对妇女的歧视义务。目前，签署该公约的国家在国内法中都体现了公约的一般原则，当然，不同国家亦存在一定的差异性。

三、我国男女平等权的实践

中华人民共和国成立后，男女平等不仅仅是口号，而且成为事实；不仅仅是一项宪法的基本原则，而且是一项基本国策①。我国政府不仅仅在立法方面，而且在制度建设方面，全面致力于男女平等、保护妇女人权和消除男女差别、反对歧视妇女。

众所周知，旧中国的妇女长期被压在社会的最底层，延续了几千年的封建宗法制度对中国妇女的压迫和摧残特别深重。妇女在政治、经济、文化、社会、家庭等方面，都处于与男子不平等的地位。突出表现在：政治上无权，完全被排斥在社会政治生活之外；经济上依附，没有财产所有权和继承权，没有独立的经济来源；社会上无地位；妇女被要求在家从父、出嫁从夫、夫死从子，没有独立的人格和身份，被剥夺了接受文化教育和参加社会活动的权利；婚姻上不自主，必须听从“父母之命，媒妁之言”，丈夫死了不得再嫁；同时身心上备受摧残。中国共产党领导全国人民掀起了大规模的群众性妇女解放运动，结束了中国妇女千百年来受封建社会压迫的历史。在1949年召开的中国人民政治协商会议第一届全体会议上通过的具有临时宪法性质的《共同纲领》庄严宣布，废除束缚妇女的封建制度，妇女在政治、经济、文化教育和社会生活各个方面均享有与男子平等的权利。1950年的《婚姻法》明确宣布：废除包办强迫、男尊女卑、漠视子女利益的封建主义婚姻制度，实行男女婚姻自由、一夫一妻、男女平等、保护妇女和子女合法利益的新的婚姻制度，使中国社会几千年的婚姻家庭生活发生深刻变

① 关于男女平等作为我国的一项基本国策，首见于1995年9月4日我国国家主席在联合国第四次世界妇女大会欢迎仪式上发表的重要讲话。在这次会议上不但阐明了我国在妇女问题上的一系列重要主张，而且郑重宣布：“我们十分重视妇女问题的发展与进步，把男女平等作为促进我国社会发展的一项基本国策”。在2001年5月22日国务院发布的《中国妇女发展纲要》（2001～2010年）里，在“总目标”部分首先就提出要“贯彻男女平等的基本国策”。2005年修订的《妇女权益保障法》第2条以法的形式确立了男女平等是我国的基本国策。

革。《婚姻法》颁布后，全国开展了大规模的宣传和贯彻《婚姻法》的群众运动，妇女基本实现了婚姻自由。1953 年的《选举法》规定，妇女享有与男子同等的选举权和被选举权，使妇女不仅在法律上而且在事实上开始参与国家和社会事务的管理。随后的土地改革运动，“按人口分配土地”的原则，使广大农村妇女与男子一样分得了土地，成为土地的主人，从根本上改变了男女经济不平等的状态。妇女走出家门，参加社会生产劳动，使妇女有了独立的经济来源。再有扫盲、禁娼运动等。这一切使中国妇女获得了举世瞩目的历史性解放，男女平等原则，消除对妇女的一切歧视理念，在我国妇女人权保障方面得到了贯彻落实，也取得了巨大成就。但不可否认的是：历史上遗留的封建主义思想、文化和道德观念仍然影响着人们的生活，特别是进入 20 世纪 80 年代改革开放时期，社会转型、经济变革使妇女的地位受到冲击，现实生活中种种轻视、歧视甚至侵害妇女权益的现象死灰复燃，如下岗人员中女性比例偏高，失学女童较多，一些不法分子非法从事娼妓活动等等。这些再次提醒我们：消除在各个领域里对妇女的歧视，实现男女平等，保障妇女人权，在现实中仍然是一项长期而艰巨的任务。

当前，我国已经形成以《宪法》为基础，以《妇女权益保障法》为主体，包括《婚姻法》、《选举法》、《继承法》、《劳动法》、《收养法》、《民事诉讼法》、《刑法》、《刑事诉讼法》等各种单行法律法规、地方性法规和行政法规在内的一整套保护妇女权益和促进男女平等的法律体系。而《妇女权益保障法》全面地、系统地规定了妇女在政治、经济、文化、社会和家庭生活等方面享有同男子平等的权利。

我国男女平等权具体内容：

（一）平等的政治权利

妇女政治平等权方面的内容主要包括：国家保障妇女享有与男子平等的政治权利；妇女有权通过各种途径和形式，管理国家和社会事务，并享有平等的选举权和被选举权。为了切实保障妇女的参政权，法律规定，各级人民代表大会的代表中，应当有适当数量的妇女代表，并逐步提高妇女代表的比例；居民委员会、村民委员会成员中，妇女应当有适当的名额；在任用领导人员时，必须坚持男女平等，重视培养、选拔女性担任领导职务。

（二）平等的受教育权利

妇女享有与男子平等的文化教育权利。这种平等的权利包括入学、升学、毕业分配、授予学位、派出留学等各个方面，以及妇女从事科学技术研究和文学艺术创作等文化活动的权利。政府、社会、学校和家庭要保证女童接受义务教育的权利。

(三) 平等的劳动权利

妇女享有与男子平等的劳动权利。这些权利主要有：劳动就业的权利，同工同酬的权利和休息、休假权利，获得劳动安全和卫生保障以及特殊劳动保护的权利，享受社会保险的权利。法律规定，任何单位在录用职工时不得以性别为理由拒绝录用妇女或者提高对妇女的录用标准；不得以结婚、怀孕、产假、哺乳等为由，辞退女职工或单方面解除劳动合同；在晋升、晋级、评定专业技术职务以及分配住房和享受福利待遇等方面，不得歧视妇女；不得安排不适合妇女从事的工作和劳动；妇女在经期、孕期、产期和哺乳期受特殊保护。

(四) 平等的财产权利

妇女享有与男子平等的财产权利。这些权利主要有：妇女在农村划分责任田、口粮田以及批准宅基地等方面享有同男子平等的权利；妇女在婚姻、家庭财产关系中，享有与男子平等的所有权和继承权；丧偶妇女有权处分继承的财产，任何人不得干涉。

(五) 平等的人身权利

妇女享有与男子平等的人身权利。妇女享有生命健康权、人身自由权、肖像权、名誉权等人格权，享有亲属权、监护权、荣誉权等身份权。法律禁止溺、弃、残害女婴；禁止歧视、虐待生女婴的妇女和不育妇女；禁止用迷信暴力手段残害妇女；禁止虐待、遗弃老年妇女；禁止拐卖、绑架妇女；禁止组织、强迫、引诱、容留、介绍妇女卖淫。

(六) 平等的婚姻家庭权利

妇女享有与男子平等的婚姻家庭权利。妇女享有平等的结婚和离婚自由权，在夫妻关系中男女平等。妇女有独立的姓名权，有参加社会生产和社会活动的自由。在离婚问题上妇女受到特殊保护。

我国法律在明确规定妇女的各种具体权益的同时，还强化国家机关在保障妇女权益方面的职责，明确妇联等妇女组织在诉讼中的特殊地位和作用，全面确定了保障妇女权益的法律机制。在《妇女权益保障法》第八章中，专门设立法律责任条款，详细列举了侵权行为的后果和法律责任，为执法工作提供了可供操作的法律依据。

在男女平等权问题上，一个有争议的问题是：对妇女的特殊照顾措施，如在担任公职方面给妇女以预留名额、规定比例等的做法是否形成“反向歧视”？对此，人们，尤其是男人，反响强烈甚至是激烈的批判。“对于特殊照顾措施的非难，总是不断地将立法者置于两难的境地：要实现平等，是让每个人都站在同一条起跑线上呢，还是给予妇女以先跑的资格?”[①] 面对立法者的犹豫不决、妇女的过去和现实，学者孙萌认为，为了实现男女之间的真正平等，尽管对待妇女的某些优待政策或许会造成所谓的“反向歧视”，但这种歧视与对于妇女的传统歧视相比只是小巫见大巫，因而是正义的。这是一种在实现平等的基础上与矫正的平等相结合的正义。它有利于矫正妇女自身遭受的不公平待遇，实现男女平等的理想。[②]

在男女平等权问题上，我们必须正视我国的国情：一方面，深受封建主义传统的影响，另一方面，我国目前尚处于社会主义初级阶段，经济、文化等方面的发展还较为落后，妇女法律权利的某些规定和保障机制还有待于进一步完善，男女平等权的真正实现还有漫长的道路要走。

第四节 政治平等权

一、政治平等权概述

民主与宪政是现代社会的一个重要标志。在民主宪政体制下，公民应享有充分的政治权利。[③] 但何谓政治权利，它有哪些具体内容，不同的学者有不同的表述。日本传统宪法学将政治权利称为“参政权”或“政治参加的权利”[④]。

H. 凯尔森指出：“我们所理解的政治权利就是公民具有参与政府、国家‘意志’之形成的可能性。确切地说，即意味着公民可以参与法秩序的创造。”[⑤] 德沃金认为，政治平等应该从人民主权、政治参与、共同体的政治对话等多个维度来尽量保证每个公民都享有同等的参与机会和发言权。强调政治平等必须是一种实质性的政治平等。国家或政府不仅要保护公民的消极自由，而且还必须促进和保护每个公民的积极自由，国家和政府可以政治积极干预。[⑥]《现代汉语词典》对政治权利的解释是：公民依法在政治上享有的权利，如选举权、被选举权和言论、出版、集会、结社、通信、人身、居住、迁徙、宗教信仰及游行、示威等自

---

① 孙萌：《妇女人权实现障碍研究》，载徐显明：《人权研究》（第一卷），山东人民出版社，2001年，第505、506页。

② 孙萌：《妇女人权实现障碍研究》，载徐显明：《人权研究》（第一卷），山东人民出版社，2001年，第506页。

③ 罗玉中等：《人权与法制》，北京大学出版社，2001年，第309页。

④ 林来梵：《从宪法规范到规范宪法》，法律出版社，2001年，第120页。

⑤ 林来梵：《从宪法规范到规范宪法》，法律出版社，2001年，第119、120页。

⑥ 参见刘宏斌对德沃金的政治平等论的概述。资料来源：刘宏斌：《德沃金的政治平等论》，载《求索》，2003年第6期。

由。[①] 林来梵教授对我国宪法学界较具代表性的政治权利界定[②]质疑后提出：应将政治权利宽泛地界定为“公民在宪法上所享有的一切政治性权利的总称”[③]。他同时明确宪法学上的政治权利的具体类型，主要包括：选举权、被选举权以及政治表达自由。当然还包括其他各种政治参与的权利。如根据我国宪法的规定，公民拥有对国家机关及其工作人员的监督权以及各种形式的管理国家事务，管理经济和文化事业的管理权。[④] 还有学者认为：公民的政治权利主要指的是公民依法享有参与国家政治生活、按照自己的意志参与并影响公共政策以及在政治上表达个人见解和意见的权利。它表现为两种形式：一种是公民参与国家、社会组织与管理的活动，以选举权与被选举权的形式为基础；另一种是公民在国家政治生活中自由地发表意见，表达意愿的自由，通常表现为言论、出版、集会、结社、游行、示威自由，简称政治自由。狭义政治权利仅指选举权与被选举权。广义政治权利包括参与组织管理的权利与表达意见的自由。政治权利侧重于公民具体参与国家权利分配与组织活动，而政治自由则侧重于公民参与政治生活与表达意见的自由。但从国家与公民的相互关系看，参与政治生活与表达意见的自由是内在统一的，是一种交叉型的权利形式，很难具体分开。[⑤]

政治平等权，是平等权在政治权利领域的具体体现。平等权自《联合国宪章》颁布后成为最重要的基本人权，并渗透在联合国、区域性人权文件及各国国内人权文件和人权保障立法中。从人权法的发展历史看，在第二次世界大战前，人权主要限于公民权利和政治权利的范围，强调个人尊严与自由。1948 年《世界人权宣言》通过后，人权概念的内涵发生了变化，其内容更加的丰富，个人的经济、社会和文化等权利被纳入了人权范畴。目前，人权的内容更扩大到人类生存条件面临的各种重大问题，如和平权、环境权、发展权等，以至于一些人权学者将人权分为三代[⑥]，其中，第一代人权为公民权利和政治权利。从当前人权保护的内容看，虽然比较广泛，但是公民权利和政治权利仍然是最重要的基本人权。鉴于公民权利和政治权利在基本人权中的地位，保障国际人权公约所确立的平等、不歧视原则在政治权利中得以实施，已成为现代民主国家的一个重要标志。

---

① 《现代汉语词典》（修订本），商务印书馆，1996 年，第 609 页。

② 我国宪法学界较具代表性的政治权利定义是：“公民管理国家”的一项“极其重要的基本权利”。

③ 林来梵：《从宪法规范到规范宪法》，法律出版社，2001 年，第 120 页。

④ 林来梵：《从宪法规范到规范宪法》，法律出版社，2001 年，第 123 页。

⑤ 杨成铭：《人权法学》，中国方正出版社，2004 年，第 212、213 页。

⑥ 第一代人权形成于美、法两国革命时期，其目的在于保护公民自由，免遭国家专横行为之害。这些权利相当于人权公约中的公民和政治权利；第二代人权形成于俄国革命时期，又受到西方“福利国家”概念的影响。它基本上属于人权公约中的经济、社会和文化权利；第三代人权涉及人类生存条件面临的各种重大问题，如和平权、环境权、发展权等。（参见沈宗灵、黄枬森主编：《西方人权学说》（下），四川人民出版社，1994 年，《导论》部分第 14 页。）

二、政治平等权的内容

在国际人权文件中，政治平等权的内容主要体现在：

(1)《世界人权宣言》第21条规定：①人人有直接或通过自由选择的代表参与治理本国的权利；②人人有平等机会参加本国公务的权利；③人民的意志是政府权力的基础，这一意志应以定期的和真正的选举予以表现，而选举应依据普遍和平等的投票权，并以不记名投票或相当的自由投票程序进行。

(2)《公民权利和政治权利国际公约》在序言中确认，按照《世界人权宣言》，只有在创造了使人人可以享有其公民和政治权利，正如享有其经济、社会和文化权利一样的条件的情况下，才能实现自由人类享有公民及政治自由和免于恐惧和匮乏的自由的理想。该公约第25条规定：每个公民应有下列权利和机会，不受第2条所述的区分和不受不合理的限制：①直接或通过自由选择的代表参与公共事务；②在真正的定期的选举中选举和被选举，这种选举应是普遍的和平等的并以无记名投票方式进行，以保证选举人的意志的自由表达；③在一般的平等的条件下，参加本国公务。

该公约所规定的“不受第2条所述的区分和不受不合理的限制”的政治权利，即是平等、不歧视原则。在此基础上确认的公民的政治权利为：参与公共事务管理权、选举权和被选举权、平等担任公职权利。有学者认为，这是狭义的政治权利，并且这些政治权利是赋予个人的[①]，即非为集体政治权利。

在我国，公民的政治平等权利，主要体现在《宪法》和《选举法》中。我国宪法规定公民享有广泛的政治权利，如《宪法》在总纲中规定：中华人民共和国的一切权力属于人民。人民行使国家权力的机关是全国人民代表大会和地方各级人民代表大会。人民依照法律规定，通过各种途径和形式，管理国家事务，管理经济和文化事业，管理社会事务。[②] 这是一种广泛的政治参与权利。在公民基本权利和义务中，则明确规定了公民的选举权、被选举权、政治表达自由及对国家机关及其工作人员的监督权。[③]《选举法》则详细地规定了公民的选举权、被选举权。

三、我国对政治平等权的保障

选举权和被选举权是指宪法中确认和保障的作为公民基本人权的选举权和被选举权。因此，选举权是指公民根据宪法和选举法的规定，享有选举国家代表机

① 朱晓青、柳华文：《〈公民权利和政治权利国际公约〉及其实施机制》，中国社会科学出版社，2003年，第100页。

② 《宪法》第2条。

③ 分别参见《宪法》第34、35、41条。

关代表和国家公职人员的权利。被选举权是指公民依法享有被选举为国家代表机关代表和国家公职人员的权利。选举权和被选举权是公民最基本的民主政治权利，是公民参加国家管理、行使国家权力的基本形式。但并不是每一个公民都可以直接行使国家权力，参与国家的重大决策和日常事务的管理。现代民主国家，大多数是通过代议制来传承民意的，即经过人民民选的代表，组成代议机关，代表选民的利益行使国家权力，管理国家政治、经济和文化等事务。

选举权的平等，构成选举权自身一项不可或缺的内容。① 选举权的平等亦即意味着每个选民不分种族、肤色、性别、语言、宗教、政治或其他见解、国籍或社会出身、财产、出生或其他身份等，在每次选举中都享有一个投票权。而选民的资格，大多数国家的宪法或选举法都规定，除依照法律规定被剥夺政治权利的人以外，只要是达到一定年龄（一般为年满 18 周岁，如中、美、法、英等国）的公民都有选举权和被选举权。对选民的年龄作出限制，目的是为了保障选民的真实选举意愿的自由表达，防止欺骗。这种只承认成年人享有普遍的平等的选举权的规定，并不违反平等权原则，相反，它是根据选举权的特殊需要因“年龄上的差异所采取的责任、权利等方面上的合理差别”②，体现了实质上的平等原则。此外，为保障选举权的平等性，还应使各选区的人口、每一代表所代表的人口数大体平等，不得给予某些地区、政党或利益集团以不成比例的优待。

我国宪法规定法律面前人人平等，这是公民享有平等的选举权和被选举权的一般保障。《宪法》第 34 条对公民平等的选举权和被选举权作了具体规定，即凡中华人民共和国年满 18 周岁的公民，不分民族、种族、性别、职业、家庭出身、宗教信仰、教育程度、财产状况、居住期限，都有选举权和被选举权；但是依照法律被剥夺政治权利的人除外。根据宪法的这一规定，我国公民除未满 18 周岁和被剥夺政治权利的外，在选举权上不存在不合理的差别。但是，为保证当选者具有相应的履职能力，享有被选举权的年龄要件一般要比享有选举权的年龄要件更为严格。如我国一般的法定选举年龄要件和被选举年龄要件相同，均为年满 18 岁，但对于特殊职位如国家主席、香港和澳门特别行政区的行政首长等的候选人则有更严格的要求，如国家主席候选人必须年满 45 岁。

为充分保障公民的选举权和被选举权，我国还专门制定了《选举法》。《选举法》除重申了宪法的上述规定外，还明确规定，“每一选民在一次选举中只有一个投票权”，即一人一票制。国家对选举权的行使提供物质上的保障，即“全国人民代表大会和地方各级人民代表大会的选举经费，由国库开支”。此外，《选举法》还对选举的程序、监督以及破坏选举的制裁措施等作出了规定，以充分保障

① 林来梵：《从宪法规范到规范宪法》，法律出版社，2001 年，第 130 页。

② 林来梵：《从宪法规范到规范宪法》，法律出版社，2001 年，第 117 页。

公民的选举权和被选举权的平等性。

从我国宪法的宣言性规定上看，中华人民共和国的公民平等地享有基本人权。但是在选举权方面，农民的选举权利与城镇居民的选举权利的不平等问题，一直是我国学界讨论的热点。我国《选举法》第13条规定："直辖市、市、市辖区的农村每一代表所代表的人口数，应多于市区每一代表所代表的人口数。"第14条规定："省、自治区的人民代表大会代表的名额，由本级人民代表大会常务委员会按照农村每一代表所代表的人口数四倍于城市每一代表所代表的人口数的原则分配。"第16条规定："省、自治区、直辖市应选全国人民代表大会代表的名额，由全国人民代表大会常务委员会按照农村每一代表所代表的人口数四倍于城市每一代表所代表的人口数的原则分配。"这种选举名额分配上因人的城乡社会身份而受到的区别待遇，从本质上说是违反我国《宪法》第34条"中华人民共和国年满18周岁的公民，不分民族、种族、性别、职业、家庭出身、宗教信仰、教育程度、财产状况、居住期限，都有选举权和被选举权"规定的，也不符合国际人权法的要求。所以，有学者指出：中国人权建设的根本问题是农民的人权建设问题。如果不能尽快革除人权主体上的二元结构，我们的人权制度建设就极有可能在畸形发展的道路上越走越远。①

① 徐显明：《人权研究》（第二卷），山东人民出版社，2002年，第167页。

第七章　民主权利

“自由在一般人看来，首先是指‘政治自由’，即人民选择政府、参与立法和控制行政的权利”[①]。这里的政治自由，实际上就是政治权利，是采取行动的自由”[②]，一种需要集体共同行使的自由。《刑法》第 54 条更是将选举权和被选举权，言论、出版、集会、结社、游行、示威自由，担任国家机关职务的权利以及担任国有公司、企业、事业单位和人民团体领导职务的权利统称为政治权利。

由于人类进入现代社会后，人民单纯享有政治上的民主权利不足以维护社会的公正，因而还应享有经济民主权利。考虑到政治权利本身就是为实现民主的目标而由宪法确认的一揽子基本权利，所以这里特以民主权利来囊括除表达自由以外的政治权利。

民主权利与公民的主动身份相联系。依照耶利内克关于公民四种身份（主动、被动、消极与积极）的理论，公民的主动身份是指国家不能自己发表意见，必须由自然人代为发表，即现代国家的意思得由公民的意思予以改变的资格。公民依此种身份，就产生了参政权（或民主权利）观念，如选举权、罢免权等[③]。

民主权利是“只有同别人一起才能行使的权利”，因而是必须由集体共同行使的权利，是为“公”的权利。这与市民社会中的自然人的个人权利和自由不同，它“并不是建立在人与人结合的基础上，而是建立在人与人分离的基础上”，因而是“狭隘的，封闭在自身的个人权利”[④]。民主权利作为参与和干预国家政治生活的“支配权”，是组成国家的每个公民（即全体公民）对于国家意志的形成发生影响的权利，是公民得以用权利制约权力、实现公民权利与国家权力之间的平衡的主要武器，对于所有的公民来说，应当是平等的。本章所言民主权利仅介绍作为个人应当享有的几种重要民主权利，即选举权、对立法的创制与复决权、平等担任公职的权利和抵抗权、监督权以及批评、建议、检举、控告、申诉与罢免的权利。

---

① ［英］弗雷德里希·奥古斯特·哈耶克：《自由宪章》，杨玉生等译，中国社会科学出版社，1999年，第 32 页。

② ［英］鲍桑葵：《关于国家的哲学理论》，汪淑钧译，商务印书馆，1996 年，第 153 页。

③ 萨孟武：《中国宪法新论》，三民书局，1985 年，第 73～76 页。

④ 《马克思恩格斯全集》第 1 卷，人民出版社，1956 年，第 438 页。

第一节 治人权：选举权与罢免权

根据孙中山先生的理论，选举权事实上是人民积极地控制人大代表与政府官员的权利；罢免权是人民消极地控制人大代表和政府官员的权利，两者都是实现人民主权的集中体现和重要保障，都是针对人行使的权利，因而可称为治人权。

一、选举权

（一）选举权的含义和特点

狭义的选举权是指公民依照宪法和法律的规定，独立自主地根据自己的意愿选择自己认为合适的人选担任国家代议机关代表和其他应由选举产生的国家公职人员的权利。被选举权是指公民按照宪法和法律的规定，享有被选举成为国家代议机关代表和其他应由选举产生的国家公职人员的权利。选举权（狭义的）和被选举权也可统称为选举权（广义的）。

根据《公民权利和政治权利国际公约》的规定，每个公民不分种族、肤色、性别、语言、宗教、政治或其他见解、国籍或社会出身、财产、出生或其他身份等，有权利和机会直接和间接通过自己选举的代表参与公共事务；在真正的定期的选举中选举和被选举，这种选举应是普遍的和平等的并以无记名投票方式进行，以保证选举人的意志的自由表达。国际人权法上规定的此种选举权具有以下几方面的特点：

1. 普遍性

大多数国家的宪法或选举法都规定，除依照法律规定被剥夺政治权利的人以外，只要是达到一定年龄（一般为年满18周岁）的公民都有选举权和被选举权，没有其他任何限制。

2. 平等性

选举权的平等性意味着，每个选民不分种族、肤色、性别、语言、宗教、政治或其他见解、国籍或社会出身、财产、出生或其他身份等，在每次选举中只能在一个地方享有一个投票权。此外，为保障选举权的平等性，还应当使各选区的人口大致平等，不得给予特殊地区、政党和利益集团以不成比例的优惠。从社会的发展趋势来看，我国宪法和选举法目前规定的农村每一代表所代表的人口数是城市每一代表所代表的人口数的四倍，明显与国际人权法所要求的选举权平等原则相违背。

3. 定期性

为使人民的代表在事实上得以参与公共事务的管理，确保选民对官僚的控制，政府机构的大多数决策者就应当经由普选产生并有任职期限限制，相应地选民的选举权也应定期行使。

4. 竞争性

真正的民主就在于竞选一段时期内执政的领导人，因此民主被定义为"一种达到政治决策的规制安排，个人借此通过争取普遍有选举权者的投票的竞争活动而努力赢得政治职位"①。这就是说，民主选举就是要在政治领域内确保充分的竞争，使人民变得强而有力。为防止滥竽充数的竞选人，对于所有应由选举产生的职位，都应当实行公民自由竞选。由于存在充分的竞争，尤其是在候选人实力相当的情况下，民众就具有作出多种选择的机会，分散选民的"神圣"一票或几票往往就能决定候选人能否当选，从而"在大海之中激起千层浪"；如果没有这种选择的机会，人民就会变得软弱无能，因此，民主选举必须是一个优胜劣汰的政治市场机制。

5. 秘密性

即选举权的行使采取秘密投票、不记投票人或选举人姓名的方法进行，目的是为了保障选举人意志的自由表达，不受他人干涉。

6. 自由性

即选举人有权投赞成票、反对票、弃权票，有权推荐自己满意的候选人，有权自由表达自己的意志。为保障自由选举，除确立无记名投票的规则外，还应实行差额选举、保障政治通讯的自由、放开结社自由等。

（二）选举权的地位

在现代社会，所有的公民都直接参与管理已经不可能，唯一的办法是通过选举来表达自己的意志、委托自己的权利。因此，公民若无选举权的自由行使，则不可能有民主。选举对于民主政治具有以下几个方面的作用：一是通过选举赋予政府以合法地位；二是通过选举（而非政策）决定公职人员；三是民众有机会对政府官员以往的政治行为作出评价（但选举并不能使选民拥有决定未来的权力）；四是选民通过选举在一定程度上可以保护自己免遭官方的欺凌；五是通过定期的、真正的选举来反映作为政府权力基础的人民意志。

（三）选举权的性质

选举权是公民的一种权利，还是公民的一种职务、一种权力，一直有不少争论。第一种观点认为选举权是一种个人权利，因而公民有行使或不行使的自由。

---

① ［加］A. 布来顿、［法］P. 赛蒙、［意］G. 卡罗地、［加］R. 温特伯：《理解民主——经济的与政治的视角》，学林出版社，2000年，第45页。

第二种观点认为，选举权是选民的一种社会职务，国家赋予选民以这种选举权，乃为全社会的利益，而不是为了享有选举权者私人的利益。因此，国家授予选举权时，可以根据社会的利益规定相当的资格，而享有选举权者就必须履行这种职务（强制投票），也为理论所允许。第三种观点认为，选举权虽然是选民的一种职务，但更应该是选民的一种权利。本教材认为，第三种观点相对比较合理。选举权应当是一种带有社会职务性的权利或者一种带有权力性质的权利，是一种控制国家权力的权力，因而是权利与权力的混合体。这种权利毕竟与私人的普通权利不同，因为选举权不能转让或买卖，也不因自己宣告抛弃而消灭。在我国，县级以上人大代表的选举实行间接选举制，如果下级人大代表在选举时，不行使选举权，实际上就是没有履行其作为代表的职责。

另外，根据日本存在的二元说观点，被选举权一方面是一种被选举的资格，另一方面是个人享有的作为参选人意义上的被选举权可视为宪法权利。[①] 该学说不仅从消极的意义上解释了被推出的候选人可以拒绝被选民选出或者说即使当选也可拒绝担任公职的问题，也从积极意义上解释了选民为确保自己能当选，有权采取向其他选民公开宣传、推销自己以及参加竞选的非正式候选人应享有与正式候选人同等权利和待遇的问题。

（四）选举权的法律保障

根据我国《选举法》第 34 条和相关法律的规定，我国公民拥有选举权和被选举权的资格条件是：①中华人民共和国公民；②年满 18 周岁；③未被剥夺政治权利。然而，为保障当选者具有必要的履职能力，享有被选举权的年龄要件从理论上讲应比享有选举权的年龄要件更为严格。为了保障选民或者代表自由行使选举权和被选举权，我国《选举法》除了对选举权的行使提供物质和法律保障之外，《选举法》第 53 条和《刑法》第 256 条还对破坏选举的行为作出了给予严厉制裁的规定。

[实例分析] 候选人的确定与选举权的保障——评岳阳市市长选举中候选人的确定

据 2003 年 1 月 4 日《南方都市报》报道，2003 年 1 月 1 日下午，湖南省岳阳市召开第五届人民代表大会第一次会议第三次全体会议。会议选举产生了新一届岳阳市人大常委会主任、副主任，新一届岳阳市人民政府副市长等，而在这一次选举中岳阳市唯一的市长候选人罗碧升，票数未能过半，未能当选。1 月 3 日晚，岳阳市第五届人民代表大会第一次会议再次举行全体会议，会议选举唯一市长候选人罗碧升为岳阳市市长。但据了解，在第二次选举之前，有关组织部门的

---

① 林来梵：《从宪法规范到规范宪法》，法律出版社，2001 年，第 134 页。

同志说："一次选不出，再举行一次选举也要选出来"。于是，通过对岳阳市人大代表作了"耐心"而"细致"的工作，使唯一候选人罗碧升最终得以当选。问题是：对于唯一的市长候选人在第一次选举未获半数的情况下能不能再作为市长候选人参加第二次选举？为什么？

二、罢免权：选举权的展开形态

罢免权是指选民或原选举单位罢免已通过选举产生的特定的代表或官员的权利，是选举权的自然延伸和补充。选民或者原选举单位既然有选举公职人员的权利，也就应有罢免公职人员的权利。选举与罢免作为民主控制官僚的两个相辅相成的关键环节，缺一不可。没有了罢免的环节，在官员的任期内，民主对官僚就失去了控制，官员就可能胡作非为而公然蔑视民意。罢免权的行使是选民或代表对公职人员是否值得信任的检验，是对选举权的逻辑延伸与保护。一个公职人员被罢免，不一定代表他有违法行为，可能是因为多数选民或代表认为其不称职或不能胜任其工作。尽管我国现行宪法确立了两类罢免权，即直接选举中的罢免权与间接选举中的罢免权，但从严格的意义上讲，作为基本权利的罢免权应当仅限于直接选举中作为选举人的公民对代表的罢免权。

（一）罢免权的法律保障

1. 对直接选举的代表的罢免

根据我国《选举法》第 44 条的规定，对于直接选举产生的人大代表（县级和乡级），原选区选民 30 人以上联名，可以向县级的人民代表大会常务委员会书面提出罢免的要求。罢免案必须写明罢免的理由。县级人大常委会在受理罢免申请案后，如审查程序合法，应将罢免案及时转告被提出罢免的代表，让其提出申辩意见。受理罢免案的县级人大常委会应将罢免要求和被提出罢免的代表的书面申辩意见，印发原选区选民，并决定在适当时间召开选民会议，会议由县人大常委会派负责人主持。罢免案经原选区过半数的选民同意方可通过。

2. 罢免权在现实生活中面临的尴尬

在我国，可以说至今为止，因代表的政治责任而由选民罢免代表的情况非常罕见。此种"选举容易罢免难"的现象源于我国现行法律的缺陷。首先，我国现行法律规定对直接选举的代表提出的罢免案必须经过原选区过半数的选民通过，而当选人大代表则只需选区参加选举选民的过半数通过即可，从而使得代表当选容易而被罢免难。其次，政务不公开使得选民的知情权几乎无保障，而选民难以有效组织起来行使权利等原因，也为选民提出罢免案制造了障碍。再次，代表与选民之间的责任关系，没有制度化的措施予以落实，代表应向选民履行哪些义务，以保证选民对代表的一切行为有充分了解，法律上没有规定。最后，对于代表的行为应符合什么样的标准，选民方可以启动怎样的罢免程序，法律没有规定。

（二）罢免权的限制

关于选民与代表之间的关系，目前有强制委托说、非强制委托说、集中代表说之争[①]。我们认为，代表既不完全脱离选民而独立，也不处处依赖于自己的选民，代表在各种会议上的发言和投票，可以根据自己的判断行事，但他在总体上应当受本选区选民的约束，对选民负责。当然，代表作为选民参与国家事务的代言人，在就国家事务进行决策时，不仅应考虑原选举单位的集体利益或地方局部利益，更应该考虑国家利益。正确处理好国家利益和地方利益的关系，防止地方保护主义的出现，是每一位代表的职责。因此，代表应具有相对的独立性，不能因为代表维护国家整体利益而违背本地方选民的意志（维护地方局部利益的要求）而被本选区选民罢免。尤其对于将来可能设立的独立制代表来说，更应当限制本选区选民对独立制代表的罢免权。因此，从理论上讲，对于代表认为自己是因维护国家整体利益而损害到原选举单位选民利益而被罢免的，应当给予其向一个独立的机构申诉的机会。

另外，有些国家和地区为维护政策在一定时期内的稳定性，为了避免当选人尚未产生政绩就被罢免，一方面往往规定就职必须达一定期限后方可罢免之，另一方面对于一届任期内担任同一职务的官吏，其被罢免的次数（例如，在5年任期内，某市市长犹如走马灯，被频繁更换了5次）就应受到限制，而且被罢免人即使因工作不称职而被罢免职务，国家也应当就给其就业造成的损害给予适当补偿。

第二节 治法权：对立法的创制权与复决权

顾准先生在20世纪70年代初就曾指出，实质意义的人民主权（即“人民直接统治”的民主）不可能实现，因为历史上的直接民主只存在于“城邦”之中，即使人民群众改造了历史，建立了新政权，改善了自己的生活处境，但是在政治上当家做主并没有轮到广大的工农群众，因此，他提醒后人不要奢求人民当家做主（指直接民主），而是应当注意防止行政权发展为皇权。[②] 这与我们当时建立人民代表大会制度的认识是一致的。但是随着现代科学技术的发展，人数多、地域广已经不再是不能实行直接民主的根本原因，为对人民代表大会制度本身的运

① 蔡定剑：《中国人民代表大会制度》，法律出版社，1998年，第189～191页。

② 顾准：《顾准文集》，贵州人民出版社，1994年，第367、368页。

作情况进行准确检验和有效的监督，弥补间接民主制度所带来的弊端，承认人民对立法的创制权与复决权具有现实可行性和必要性。

一、作为治法权的创制权与复决权

对立法的创制权，是指对立法主体有权制定的法规范，达到一定数目的公民，有权建议该法规范议案，并由制定机关交由所在行政区域范围内的全体公民来公决。复决权是指人民表达对某一政策或事件之意见，而以投票方式来表示，并主要适用于法规范的制定领域。根据孙中山先生的理论，创制权为人民积极地控制政府法制的权利，复决权为人民消极控制政府法制的权利，两者因为都是针对法所行使的权利，又称为治法权。无论是治人权，还是治法权，都是直接民权。

二、为什么要承认人民的治法权

“凡任何政府，必须有一个最高的权力，能说最后的一句话，其所决断的事，就是最终的判断，不能再上诉。在民治国内，此项权力应属诸人民，唯独人民才能终止一切的争端。”① 因此，我们只有也必须对立法最关心的公民，确认其对立法的创制权和复决权，才能从根本上控制政府行为，落实人民主权原则，全面保证人民当家作主的权利。正如威廉姆斯教授所说：“创制允许公众绕过未能尽职的州议会，并对不得人心的法律效果提供制衡……当立法机构拒绝行动时，创制允许人民采取直接行动。复决则允许人民针对具体立法，而非依赖程序限制的间接抑制作用。”② 可以说，20 世纪初兴起的创制和复决运动，是公众对立法机构表示不满的一种反映。

孙中山先生就曾仿效瑞士宪法的规定，主张在中国行使直接民权，认为人民只有享有选举、罢免、创制、复决四权，才能直接管理国家的政治，才能不怕政府的力量太大，才能称得上国家的主人，才能够任用官吏、役使官吏、驾驭官吏、防范官吏。③ 此外，直接立法制度还能激发人民的爱国心和责任心，有利于培养公民的个性，是对人民进行政治教育的有效方式，它可以使许多普通公民熟悉各项政治问题。

---

① ［英］詹姆斯·布赖斯：《现代民治政体》，张慰慈等译，吉林人民出版社，2001 年，第 397 页。

② 张千帆：《自由的魂魄所在》，中国社会科学出版社，2001 年，第 251 页。

③ 孙中山：《民权主义第六讲》，载《孙中山选集》，人民出版社，1981 年版，第 792～794 页；以及孙中山：《三民主义》，载《孙中山全集》第 5 卷，中华书局，1985 年，第 188～192 页。

第三节　平等担任国家公职的权利与知情权

平等担任国家公职，作为一项重要的民主权利，是平等权与参政权、劳动权的联姻，其性质既可以认为属于民主权利，也可以认为是国家保障公民劳动权的重要内容。

一、平等担任国家公职的权利

平等担任公职的权利主要是指每个公民都有平等地按照法律规定的各种途径担任公职的机会。让最有能力为公众提供服务的人担任国家公职，关涉到公民个人能否通过自己亲自参与国家公共事务的管理来实现维护自己权益目的的问题，它与公共利益的维护以及公民个人的权利保障关联甚大。考试自然也就成为取得国家公务人员任用资格的一种虽不是最好但却是不得已而采取的相对比较合理的方法。因此，任何人，不分男女、宗教、家庭出身、党派、种族等，都应当有参与国家公务人员任用资格考试的权利。

[案例分析] 蒋某状告中国人民银行成都分行侵犯其平等权案

据2003年《中国青年报》报道，中国人民银行成都分行在招录启示中要求报考对象为“男性身高1.68米，女性身高1.55米以上”。四川大学毕业生蒋某除身高未到1.68米外，完全符合该启示规定的其他招录条件，但却因此无法成为招录对象。蒋某于是以成都分行招录公务员的行为侵犯平等权为由提起行政诉讼，要求确认被告被诉的行为违法。法院于2003年7月13日作出裁判，驳回原告的起诉。本案中，被告的行政行为以原告身高没有达到1.68米为由剥夺了原告享有的依法担任国家公职的权利，违反了人权法和宪法规定的法律面前人人平等的规定，应当认定被告侵犯了原告的基本人权——平等权，尤其是担任国家公职的权利，被告应当因此承担相应的法律责任。不管法院裁定驳回原告的起诉是否正确，从本案得出的解读是，对于公民担任国家公职，能不能采取区别对待的方法，适用不同的标准？如果可以，什么情况下的区别对待（即归类）才不构成侵犯公民平等担任国家公职的权利？

二、知情权

知情权亦称“知道权”、“了解权”或信息获得权。知情权有广义和狭义之分。广义的知情权是指公民、法人或者其他组织依法所享有的、要求对方向本方公开一定的信息的权利和在不违法的范围内获得各种信息的自由。狭义的知情权指的是作为被管理者的公民、法人或者其他组织有了解或知道国家机关以及其他履行公共事务管理职能的组织所掌握的信息的权利。事实上，只要承认政治活动属于公共产品，那么该产品的生产进程及工艺与成分，获得产品的人就有权知悉。在信息社会，信息就是人权，就是对其他基本人权的重要保障。知情权作为现代民主制度及信息化社会建立的基础性权利，其核心权利是索取政府信息的权利，属于各国信息自由法所保障的内容。知情权不仅是主权在民的体现，民主监督的前提，也是政府科学决策的条件，市场经济公平竞争、诚实信用的保障，防止国家权力异化、保护公民权利的最有效措施[①]，是社会走向公正的根本保证。俗话说，“阳光是最好的防腐剂”，政府信息的公开是民主监督的前提和基础，一切腐败现象都与公权力的秘密行使有关。为此，我国出台了《政府信息公开条例》，以保障公民的知情权利。

第四节　抵抗权与监督权

公民享有的所有人权都是相互联系、不可分割的。在这些人权中，有一类人权属于程序性人权，是专门为保障实体人权服务的，这就是当公民的基本权利面临公权力威胁或可能威胁时公民依法享有的监督与救济权，以及特定情况下公民享有的自力救济权——抵抗权。

一、抵抗权

在刑法上，公民有正当防卫的权利；在行政法理论上有无效行政行为理论，对于明显严重违法的无效行政行为，公民享有抵抗权，如《行政处罚法》第49条规定：“行政机关及其执法人员当场收缴罚款的，必须向当事人出具省、自治区、直辖市财政部门统一制发的罚款收据；不出具财政部门统一制发的罚款收据的，当事人有权拒绝交纳罚款。”那么，在宪法上公民是否也应享有抵抗权呢？

所谓抵抗权，是指公民拥有权利，在必要时，可以对其由国家法律产生的义务，采取不服从及抵抗的行为。[②] 莫罕达斯·甘地曾经说过：“不在国家的水平上接受非暴力，就不会有一个立宪制或民主的政府。”[③] 由于西方国家一直存在着公民不服从的传统，所以，宪法上的抵抗权制度最先出现在西方一些国家。最早孕育人民抵抗权的是1776年6月17日美国弗吉尼亚州的人权宣言，此后这种

---

① 《公开：沟通政府与人民的渠道》，载《法制日报》，2001年6月第3期。

② 宫泽俊义：《宪法Ⅱ（新版），法律学全集4》，有斐阁，昭和49年，第140页。转引自陈新民：《德国公法学理论基础》，山东人民出版社，2001年，第603页。

③ 何怀宏：《西方公民不服从的传统》，吉林人民出版社，2001年，第51页。

思想传播到法国和德国[①]。例如，1946 年 12 月 1 日，德国黑森邦首开德国抵抗权立法之先河，在其邦宪法关于保障宪法一章节赋予国民抵抗权，以期达到维护宪政体制的目的。[②] 赋予公民抵抗权，其目的不仅是为了维护国家宪政法益（尤其是宪法规定的一个国家的立国精神和基本的立国原则，如主权在民、立法必须依照宪法原则、行政权和司法权必须以法来约束等），也是为了保障个人法益或人权。如果人民不能对于一个剥夺人民参政权（如人大代表选举政府与司法机关的领导人）的做法行使抵抗权，就不可能有效维护宪法秩序，保障公民基本权利。例如：

1985 年 11 月，河南省长葛县县委个别领导人非法撤换县法院领导班子，罢免法院院长职务，遭到法院院长郭秀峰的坚决抵制。他多次找县委及上级有关部门申诉没有结果。1986 年 5 月郭秀峰准备向上级有关部门反映情况时，不幸遇车祸身亡，死亡时身上还带着三份材料。[③] 众所周知，人民法院院长是由本级人大选举产生的，罢免人民法院院长的职务也必须由本级人大作出罢免的决议。如果我国宪法明确规定，公民针对这种明显严重违反宪法的行为（因其公定力已经被突破，就不能赋予其任何效力）有抵抗义务的话，郭秀峰的结局也许不会这样凄惨。从理论上讲，依法产生的人民法院院长应有权抵制此种严重违宪的行为，所有包括国家机关工作人员在内的公民都应不予理睬，并应支持院长继续依法履行职务。我们只有在宪法上承认公民对宪法主体明显严重违反宪法的公权力行使的行为有抵抗的权利（即使这种抵抗权的行使表面上可能威胁公众和谐的生活），我们的宪法尊严才可能真正高于法律的尊严，人民主权原则落实的程度才可能真正得以加强。

赋予公民抵抗权，不仅可能产生一些积极效果，而且可能带来一些负面问题，如抵抗权的行使能不能采用暴力方式，行使抵抗权的后果会不会构成妨碍公务甚至构成犯罪，会不会出现抵抗权的滥用而成为政治、社会团体政治抗争的工具，危及一个国家的正常管理秩序等。这种担心是必要的，不过，我们完全可以专门制定一个抵抗权法，以规定抵抗权行使的条件、方式与法律后果等，从而防止抵抗权行使所能带来的弊端。

二、监督权

人民通过委派自己的代表来行使国家权力，并不意味着国家机关的行为就一

---

① 法国《人权宣言》第 33 条、34 条、35 条规定：“对压迫的抵抗是人的其他各种权利必然产生的结果”；“即使只有一个社会成员受到压迫，即构成对社会的压迫”；“对政府侵害人民的各种权利时，起义不仅是人民的各种权利中最神圣的部分，而且还是义务中难以免除的部分”。

② 陈新民：《德国公法学理论基础》，山东人民出版社，2001 年，第 604～613 页。

③ 文正邦等：《共和国宪政历程》，河南人民出版社，1994 年，第 274～275 页。

定代表自己的利益，就一定是在维护公共利益。人民只有对国家机关的行为进行监督才可能防止国家机关行使职权时背离选民的意志，背离公共利益。人民行使监督权的表现形式主要是通过检举揭发违法失职行为，对国家机关的工作提出批评和建议，罢免不能代表选民利益和公共利益的国家机关工作人员，对国家机关工作人员实施的违法或不当侵犯自己合法权益的行为进行控告或申请复议、提起诉讼等。

（一）批评权、建议权、检举权、控告权

1. 批评权、建议权、检举权、控告权的含义

所谓批评权，是指公民有权对国家机关或其工作人员在工作中的错误、缺点提出谴责性的意见。依法处理。所谓建议权，是指公民有权对国家机关或其工作人员的工作提出建设性意见。所谓检举权，是指公民对国家机关或其工作人员实施的损害他人或社会公共利益的违法失职行为，有权向有关国家机关揭发事实真相，请求所谓控告权，是指公民对于国家机关或其工作人员实施的侵犯自己合法权益的违法失职行为，包括在执行职务以外实施的侵犯自己合法权益的违法行为，都有权向有关国家机关揭发和指控。

2. 批评权、建议权、检举权、控告权的保障

我国《宪法》第 41 条规定："对于公民的申诉、控告或者检举，有关国家机关必须查清事实，负责处理。任何人不得压制和打击报复。"为贯彻这一规定，我国《刑法》第 254 条规定："国家机关工作人员滥用职权、假公济私，对控告人、批评人、举报人实行报复陷害的，处二年以下有期徒刑或者拘役；情节严重的，处二年以上七年以下有期徒刑。"这些规定对于公民行使民主监督权提供了较好的法律保障。但现实中，往往因为接受举报的人员没有对举报人的情况予以严格保密，甚至故意将有关情况透露给被举报人，致使举报人遭到报复的现象还比较普遍，因此，我国法律在保障举报人权益方面还需要作出进一步的规定。

3. 批评权、建议权、检举权、控告权的限制

批评权、建议权、检举权、控告权的行使也不是不受限制的。根据《宪法》第 41 条的规定，公民行使前述权利时，不得捏造或者歪曲事实进行诬告陷害。为保障这一规定的贯彻，《刑法》第 243 条规定："捏造事实诬告陷害他人，意图使他人受刑事追究，情节严重的，处三年以下有期徒刑、拘役或者管制；造成严重后果的，处三年以上十年以下有期徒刑。""国家机关工作人员犯前款罪的，从重处罚。""不是有意诬陷，而是错告，或者检举失实的，不适用前两款的规定。"

（二）权利救济权

权利救济权一般是指请愿权、复议权、诉讼权等事后救济权，属于程序权利

的范畴。由于这类权利同时具有维护公共利益的功能，能够对国家权力形成监督和制约，因而具有民主权利的性质。

1. 请愿权

请愿权，又称陈情权，是指公民对于诸如制定、修改、废除法律命令及规则、损害救济以及罢免公务员等事项，以和平手段向政府主管机关或国家其他机关、首长直接陈述其希望，并要求受理机关诚实地处理的权利。请愿是对政府不当行为进行和平抵抗的一种方式。虽然现代社会的公民已经享有言论、集会、结社、游行、示威等民主自由权利，但不可能让每个人都来直接参与公共事务的决策和管理，公共决策形成的过程与结果可能与民意存在很大差距，为缩短公共决策与民意之间的差距，防止公共权力异化而被用于为部分人谋取利益，就必须赋予公民以请愿权。我国宪法没有直接规定请愿权，只有有关建议、申诉、检举和控告的权利规定隐隐约约包含了保障请愿权的精神。

请愿权尽管具有权利救济权的性质，但作为将公民的希望和期待传达给国家政治和地方政治的手段，又具有参政权的性质，受理机关负有将其处理经过及不采纳的理由答复给请愿人的义务。关于请愿权的内容、请愿权行使的方式及处理程序等，目前我国尚无法律作出规定，只有《国务院信访条例》等少数行政法规可供遵循。

请愿权与诉愿权（主要指复议权）不同：①请愿的当事人在法律上通常无特定限制，而诉愿（复议）的当事人在法律上通常有特定限制，主要限于权利受害人。②请愿的事项范围在法律上通常没有特定限制，而诉愿的事项范围在法律上通常有限制，主要限于违法或不当的影响公民自己“切身利益”的行政行为。③请愿一般没有期限和管辖限制，是在事前还是事后向谁提出请愿，由请愿人自行决定，而诉愿在法律上有严格期限限制，且有管辖等级的限制。[①]

请愿无论是向立法机关、行政机关还是司法机关提出，被提出机关都有义务受理并给予答复，尤其是应当向请愿人通告处理结果并说明理由。这与单纯表达自己意见的游行、示威自由等不同：对于后者，有关机关没有必须处理的义务，除非将此种自由转化为行使请愿权的方式。既然请愿制度要求接受请愿的机关给予请愿人答复，则关于请愿的审理期限、方式等程序问题就必须有明确的法律规定。

现代社会面临众多的诸如环境保护、劳工政策、教育改革、福利发展等社会问题，为保证政府决策的科学化与民主化，国家机关就必须取得公民的配合尤其是需要公民通过积极行使请愿权来表达意见和参与决策。由于通过请愿权的行

---

① 杜钢建：《请愿权的理论和制度比较研究》，载刘海年、李林、托马斯·弗莱纳主编：《人权与宪政》，中国法制出版社，1999年，第177、178页。

使，使得代议制民主的弊端从很大程度上得到弥补，因而请愿也就成为宪政民主的一项重要内容，成为保障公众直接参与国家公共事务管理的一种重要手段。

2. 复议权

相对于请愿权内容漫无边际来说，复议权，则是专门针对行政机关的行政行为而提起救济的权利，是在公民认为行政机关作出的违法或不当的行政行为侵犯其合法权利或利益时，在法定期限内请求有权管辖机关，依照准司法程序审查该行政行为的合法性与适当性，从而解决行政争议的权利。有学者也将其称为诉愿权[①]。与请愿权相比，复议权更属于典型的权利救济权。

为保障公民的复议权，我国专门制定了《行政复议法》。根据该法的规定，公民不仅可以对几乎所有的具体行政行为不服申请行政复议，而且可以对作为具体行政行为依据的“规定”一并申请行政复议。不容否认的是，由于复议程序简单，又不需要交纳复议费用，因此，公民申请复议的成本很低，常常成为公民首选的救济途径。但由于复议强调的是行政机关系统内部上级对下级的审查和监督，其程序并没有法院诉讼程序严格，再加上作出行政行为的行政机关与复议机关之间存在着千丝万缕的联系，复议机关工作人员一旦秉着“官官相护”的立场，复议的公正性就将大打折扣。不过，此种缺陷可以通过行政诉讼制度的公正性获得弥补，因为当公民受侵害的权益不能在行政复议中获得救济时，可以在诉讼中获得公正的救济，从而反过来促进行政复议制度的公正性。

3. 诉讼权：受公正审判权

诉讼权是指任何人的基本权利或自由受到侵害时，均可以平等地要求一个独立于政治权力之外的司法机关（限于法院），以公平、公正、客观、中立的第三者身份，提供救济。该权利要求国家重构司法制度，把司法的功能限定在权利救济上，把司法的价值定位于追求公正上，把司法的性质定位于被动与判断上，以期通过接受公正审判而达到社会正义。根据《公民权利和政治权利国际公约》第14条和《世界人权宣言》第8条的规定，诉讼权实质上是要求受到公正审判的权利。此种审判的公正性要求：①法庭必须是独立的。这种独立性主要是指法庭不应依赖行政部门的处理权，无论是从组织结构，还是财产，甚至法官的工资等都应依赖由立法颁布的法律法规。②法庭必须不偏不倚。即法庭无论是从主观上还是客观上都应平等地对待当事人，保证双方当事人在诉讼中的行为都能同等地影响法官的判决结果。③审讯必须是公开的。公开的目的一方面是保护当事人，另一方面是将审判置于公众的公开监督之下，增强公众对司法制度的信赖。④审讯必须在合理时间内进行。毕竟迟来的公正等于是没有公正，及时的救济对被指控构成刑事犯罪的人以及被指控违反《治安管理处罚法》需要给予行政拘留的人

---

① 李步云：《宪法比较研究》，法律出版社，1998年，第505页。

来说尤其重要，因为权益受侵犯的结果是无法用金钱来弥补的。

4. 获得国家赔偿的权利

获得国家赔偿的权利是指公民的合法权益受到国家机关及其工作人员违法行使职权的行为侵犯时，有依照法律规定要求国家予以公平赔偿的权利。我国《宪法》第41条明确规定："由于国家机关和国家工作人员侵犯公民权利而受到损失的人，有依照法律规定取得赔偿的权利。"国家权力本身是高度危险物，选民将自己的权利让渡给国家，那么因国家权力这种危险物的存在而给特定公民的合法权益造成损失的，就应当用纳税人的钱来支付，而不能让受害人自己来承担这种实际损失。不仅如此，国家给予的赔偿应当是对所有的包括精神损害在内的实际损害给予全额赔偿，否则将违背宪法关于平等权保障的精神。遗憾的是，我国于1994年制定的《国家赔偿法》尽管就国家赔偿受案范围、赔偿义务人、赔偿程序、赔偿标准等作出了具体规定，但由于该法对国家赔偿受案范围上有较多限制，且对于公民造成的损害，国家只赔偿直接损失，不赔偿间接损失，只赔偿财产损失，不赔偿精神损失，因而这是一部与基本人权保障的基本精神不相符合的法，需要尽快予以修改。

第五节　自　治　权

根据托克维尔的观点，一个由各种独立的、自主的社团组成的多元社会，可以对权力构成一种有力的"社会制约"。"独立的社会组织在一个民主制中是非常值得需要的东西，至少在大型的民主制中是如此。一旦民主的过程在诸如民族——国家这样大的范围内被运用，那么自主的社会组织就必定会出现。而且，这种社会组织的出现，不仅仅是民族——国家统治过程民主化的一个直接结果，也是为民主过程本身运作所必需的，其功能在于使政府的强制最小化、保障政治自由、改善人的生活。"① 如果社会团体由于国家的干预而不能自主决定本社团的事务，那么以社会力量制衡国家权力的目的就会落空，社会团体就将沦为政府的附庸。因此，为保障独立的社会组织的存在，为保障市民社会得以与政府处于对峙状态，就必须保障社会团体的自治权。

一、自治权的含义与法律保障

自治的本来含义是自己处理自己的事情。如果从个人结社在先、人民组成国家在后的逻辑来观察，属于不同群体的事务就应当由该群体自己处理，而不是由

---

① Robert A. Dahl, *Dilemmas of Pluralist Democracy: Autonomy vs. Control*, Yale University Press, 1982, p. 1.

国家来处理。只有超出社群范围的事务才由各社群交由国家来处理。这种由自己处理自己事务的权利就叫做自治权。自治权是宪法制定之前就已经存在的对个人和所在群体都有利的权利，是一种不可剥夺的权利。在宪法上确认自治权这项基本权利，对于防止国家权力的自我扩张、实现人民当家做主的愿望具有极其重要的现实意义。

我国宪法所确认的自治权主要有三类：一是依照《宪法》第 4 条以及《宪法》第 112～122 条以及《民族区域自治法》的规定，由民族自治地方行使的自治权；二是依照《宪法》第 31 条和《香港特别行政区基本法》第 12 条、《澳门特别行政区基本法》第 12 条由特别行政区行使的自治权；三是依照《宪法》第 111 条以及《村民委员会组织法》等法律的规定，由基层群众性自治组织行使的自治权。虽然这三类自治权都必须由宪法和法律来保障，其范围必须由宪法和法律来界定，尤其是村民委员会与居民委员会的自治权更是如此。但是三类自治权也存在区别，例如，第一类自治权具有国家权力的性质，公民个人的民主权利对其运行不能产生直接影响，因而不宜纳入基本权利的范畴；第二类自治权来自于全国人大常委会的授权，其存在有期限限制，因而从某种意义上讲，这类自治权更不属于基本权利的范畴；第三类自治权才是真正意义上的按照直接民主的方式来运行的由地方社群享有的自治权，是宪法制定之前就存在的权利，因而属于基本权利的范畴。以下则以村民自治为例，说明基本权利意义上的自治权所受到的保障。

根据《村民委员会组织法》第 2 条的规定，村民委员会是村民自我管理、自我教育、自我服务的基层群众性自治组织，实行民主选举、民主决策、民主管理、民主监督。由此规定可以看出，村民自治包含了直接民主这一核心要素，表明在村民自治制度中村民会议是“权力机关”，而村民委员会只是“执行机关”。根据《村民委员会组织法》的基本精神，自治权包含有以下几层含义：首先，这里的自治权指的是全体村民自己处理自己的事务的权利，是一种集体权利；其次，全体村民行使自治权是按照民主的原则通过设立村民委员会这种组织形式来管理本村的公共事务的，因而这种自治权对本村的每个村民而言具有一定的权力性质；最后，每个村民都有参与四个“民主”的权利，是直接参与权，从而可以使村民对村民委员会行使权力的行为进行有效的制约，使村民委员会永远处在全体村民的直接控制之下（涉及村民的重大事项必须由村民会议决定）。因此，这种自治权又是蕴涵个人权利的集体权利，其服务的最终目的是每个村民的个人权利。目前保障村民自治权的法律主要是我国于 1998 年 11 月 4 日通过的《村民委员会组织法》。

问题是，当自治权受到国家机关的侵犯时，实行自治的基层群众性组织如何获得救济？是村民委员会或居民委员会有权请求救济，还是全体村民或居民有权请求救济（换句话说，谁更应具有法人资格）？这在《村民委员会组织法》上是没有明确的。但是按照基本权利的救济原则，这需要一个公正、有效的救济手段。

[探索与思考] 大学的自治、行业协会的自治是否属于自治权的行使？

大学自治是指大学对其内部的管理和运作，享有一定程度的自主办学权利，不受外部的随意干涉。大学自治的问题，历来是被置于教育权或者进行文化活动的权利中加以探讨的。虽然教育权与进行文化活动的自由属于一般公民都享有的权利，但是在现实生活中，科学研究的自由、文艺创作的自由以及从事教育的权利往往主要由具有一定专业特长的一群人行使。尤其是进入现代社会以后，具有一定专业性的文化活动又主要是围绕大学而展开的，故而对科学研究自由、文艺创作自由、从事教育权利的保障，就必然要保障大学自治。另外，从防止国家对教育内容的控制，保障公民的受教育权来看，也需要对大学自治加以确认。《高等教育法》等法律法规对大学自主办学权的明示或默示认可，已经使我国的大学拥有了一定的自治传统。至于这种自治权的性质，目前尚无定论。我们认为，尽管大学是由国家建立的，其运转有赖于国家财政资金给予支持，其自治权也来源于国家的授予，因而应当将大学的自治归入教育自由的范畴，但从社会力量控制国家的角度而言，从大学自治是一种需要集体行使的权利（即全体教师治校，而非大学校长和党委书记两人说了算）而言，将其放入民主权利中加以研究也是可行的。社会中介组织与大学不同，社会中介组织原则上是由社会成员自发组织建立起来的，它从其产生那一天起，就具有相对较强的独立性。尽管社会中介组织的自治权从表面上看似乎来源于中国政府的权力下放，是政府将那些本来不应该由政府行使的权力交由行业协会或者社会中介组织行使，并实行行业协会和社会中介组织的自治或者自主管理的结果，但从实质来看，社会中介组织的自治权本来就属于社会的，只不过被政府长期侵蚀了而已。离开了社会团体的自治，健全的市民社会将无法形成，政府权力将缺少有效的制约而导致腐败，社会团体就将成为政府的奴才，宪政所要求的政府与社会对峙的状态就会蜕变为行政权驾驭社会的单极局面。

二、自治权的限制

自治权作为一项基本权利，也不是不受限制的。以村民自治权为例，首先，村民自治权必须受到宪法确认的村民个人基本权利的限制，即自治权的行使不得侵犯村民个人享有的基本权利；其次，国家基于公共利益需要可以通过法律对自治权加以适当限制，因此自治权的行使（包括）不得违反合宪的法律的规定；最后，自治权的范围仅仅限于本村的公共事务或公益事业，其行使不得违背宪法确认村民自治权的目的。

[实例分析] 自治权的界限——以村委会开除村民村籍与侵犯少数村民权益为例

据1999年1月27日《中国青年报》报道，湖北省武汉市武昌区沙湖村根据该村在1993年11月30日经村民大会讨论通过、并经街道办事处批准执行的《劳动用工制度（试行）》的规定，先后将易五宪等53名村民开除了村籍。根据该《劳动用工制度（试行）》的规定，本村村民在一年中如有3个月不上班者，做自动离职处理（即开除），如有离职者，村委会一次性发给每人生活费基数1.5万元，工龄补贴一年1000元。凡办完退职手续者不再是本村村民，本人及家属不再享有村里的一切福利待遇。另据报道，1997年12月23日，呼和浩特市发电厂因扩建，与孔家营村民委员会签订了征用土地协议书。然而，孔家营村民委员会在决定将部分安置补助费发给本村村民时，经村民代表会、村党支部扩大会讨论，专门制定了《孔家营村发电厂付占地款发放办法》。该办法第2条规定："凡户籍迁入孔家营村年满30年（含30年）的享受村民待遇。"于是，郭启明等村民被划到了圈外。在呼市郊区政府和西菜园乡政府协调未果的情况下，外来户中的25户89名村民于1999年4月15日将孔家营村民委员会推上了被告席。据悉，这些"外来户"大部分是70年代村里请来落户的技术人员和专业人才，他们中迁入孔家营村最长的已经25年，最短的也十来年，他们大都是在第一轮土地承包前就已参加了集体农业社及村办工厂的生产劳动。但在村民代表会议中，并没有他们的席位。由上述两个实例得出的解读是：村民自治组织自治权的界限在哪里？它能否通过村规民约的形式侵犯少数人的基本人权？沙湖村是否有权对村民作出"开除村籍"的决定？孔家营村制定的《孔家营村发电厂付占地款发放办法》是否违法？为什么？

第八章　劳　动　权

第一节　劳动权概述

一、劳动权的概念

对劳动权的概念有三种不同的理解：

第一种是将劳动权理解为“劳动者的权利”（workers’ rights）[①]，即劳动者所享有的一切权利，既包括法定权利，也包括约定权利；既包括基本权利，也包括附随权利；既包括劳动权利，也包括社会保障权利。这种理解下的劳动权范围最为广泛，故被称为“广义说”。然而，劳动者所享有的权利不一定都是劳动权，因此更准确地说，这种含义的劳动权应当称为“劳动者权利”或“劳工权利”。

第二种是将劳动权等同于“劳动的权利”（right of work），即获得一份适当的工作的权利。如我国《宪法》第42条规定：“中华人民共和国公民有劳动的权利和义务。”这里所指的“劳动的权利”，显然是从就业的角度而言的，准确一点应当称为“劳动权利”或者“工作权”。如有学者认为，劳动权又称“劳动权利”、“工作权”、“工作权利”，是指法律规定公民所享有的获得就业机会的权利。[②] 还有学者认为，劳动权是宪法赋予公民的获得有酬职业劳动的基本权利。[③] 这些观点都是将劳动权等同于工作权。这样的理解范围最为狭窄，故可称之为“狭义说”。

第三种理解，劳动权是指那些具有人权属性的劳动者权利，包括团结权、集体协商权、集体行动权、社会保障权等权利。这样的劳动权本质上仍然是劳动者权利，但是它排除了一切约定权利，而且也不完全等于法定权利，它更多地是一种“应然性权利”，而不一定是“法定权利”或者劳动者“实有的权利”[④]。本章所讲的“劳动权”，采用的就是这种理解。这种理解的劳动权范围最为适中，而

---

① 如杨燕绥认为：“劳动权，即劳动者的权利，劳动者的权利主要是就业权和社会保障权。”参见杨燕绥：《劳动与社会保障立法国际比较研究》，中国劳动社会保障出版社，2001年，第18页。

② 最高人民法院劳动法培训班：《劳动法基本理论与实务讲座》，法律出版社，1995年，第47页。

③ 王全兴：《劳动法学》，法律出版社，1997年，第105页。

④ 冯彦君认为，劳动权分为应然劳动权，法定劳动权和实有劳动权。应然的劳动权是存在于人们脑海中的理想化的劳动权形态，法定的劳动权是为法律规范所明确规定的劳动权形态，实有的劳动权是已为劳动者所现实拥有的获得实现的劳动权形态。参见冯彦君：《劳动法学》，吉林大学出版社，1999年，第59页。

且将劳动权与人权直接挂钩，因此可以称之为“人权说”。

除了上述理解以外，有的学者还以“劳权”取代“劳动权”的概念。[①]虽然“劳权”和“劳动权”外观上很类似，而且范围也有相当多的重合，然而，“劳动权”不等于“劳权”，“劳权”不是一个法学概念，其本身包含有劳资对立的意味，更适用于劳动关系领域。

二、劳动权的性质

劳动权具有人权的属性。正如上面的定义中所指出的，劳动权不是指一般的权利，而是专指劳动者所享有的那些具有人权属性的权利。人权属于人的固有权利，既不是制定法所授予的，也不能由制定法加以剥夺。在各项人权中，生存权是最重要也是最基本的人权。基于生存权又衍生出来一系列的人权，如生命健康权、民族自决权，等等。同样，劳动权也是由生存权概念衍生出来的一类权利。劳动者在社会中处于弱势地位，本身不占有生产资料，完全依靠工资维持生活。这种弱势阶层如果没有国家的特别保护，单纯依靠市场经济中“弱肉强食”的规则进行调整，许多劳动者的工资必然会被压低到难以维生的水平；而劳动安全卫生条件则会被放松到严重威胁劳动者生命健康的程度，这显然是有违社会正义的。每个劳动者都是社会的一个成员，都通过组成社会而为全社会作出了贡献。因此，社会的每一个成员都有权要求社会为其提供最低的生存保障，而社会也应当保障每一个成员在资源分配中获得公正份额。对劳动者而言，就是要保障其获得最低水平的收入。

保障劳动者的最低收入，主要包括两个方面：一方面是在劳动者具有劳动能力的情况下，首先应当保障劳动者获得一份工作。为了保障通过工作能够为劳动者提供足够的收入，劳动法除了规定最低工资等劳动基准以外，更主要是允许劳动者组织工会，以集体的力量与劳动使用者进行谈判，从而保障每一个劳动者都能获得公平的分配。劳动者组织工会和集体协商的权利，就是团结权和集体协商权。团结权和集体协商权是一种劳动关系自治的形式，是劳动者通过自身的力量向劳动使用者争取公平劳动条件的必要条件。为了保证团结权和集体协商权的实现，劳动法还规定了集体行动权，即采取罢工、怠工等集体争议行为的权利。团结权和集体行动权本身不是目的，而是为促使劳动使用者参加集体协商，从而达成公平的劳动条件。另一方面，在劳动者因为年老、患病、工伤、失业、生育等原因造成收入减少甚至完全丧失的情况下，还有权从国家和社会获得必要的物质帮助和补偿，此即劳动者的社会保险权。通过上述两个方面，劳动者的生存权就

---

① 常凯：《劳权论——兼论当代中国劳动关系的法律调整》，北京大学博士研究生学位论文，2001年5月。

获得了比较全面的保护。

劳动权的内涵随着社会的进步而不断深化。例如，对于工作权而言，早期的工作权只是要求为劳动者提供一份维持基本生活的工作。但是，在 1999 年 6 月的第 87 届国际劳工大会上，国际劳工组织提出了“体面劳动”（decent work）的概念。所谓“体面劳动”，是指劳动应当是生产性的，而且劳动者的权利得到保护，有足够的收入和充分的社会保护，也意味着有足够的工作岗位。[①] 又如工作环境权，在早期的劳动法著作中几乎无人提及，在各国劳动立法中也罕见其踪迹。但是到了 20 世纪 70 年代以后，很多国家纷纷制定综合性的劳动安全卫生立法，明确提出工作环境权的概念，才使得工作环境权成为劳动权的一部分。

三、劳动权的体系

所谓劳动权体系，就是各种具体劳动权共同组成的有机整体。劳动权是一个权利束，其中又包含了很多具体的权利，如团结权、集体协商权、工作权，等等。这些权利互相配合，共同组成劳动权体系。劳动权体系主要包括六项具体劳动权，即工作权、团结权、集体协商权、集体行动权、社会保险权以及工作环境权。这六项权利都具有人权的性质，一般而言，各国宪法或者劳动法对这六项权利都作了规定。然而，由于各国社会和经济发展的水平不同，有些具体劳动权并没有写入法律之中。

上述六种劳动权可以分为集体劳动权与个人劳动权两大类。所谓“集体劳动权”，是指劳动者集体所共同享有的劳动权，包括团结权、集体协商权和集体行动权。日本宪法第 28 条规定：“劳动者的团结权、集体协商权及其他集体行动的权利受法律保障。”因此日本学者将团结权、集体协商权和集体行动权称为“劳动三权”，也称“劳动基本权”。集体劳动权乃是确保劳动者生存权的必要手段，本身不是目的，但相互间有目的和手段的关系，即团结权、集体行动权的目的都是为了集体协商，而保障团结权未必保障集体行动权，因此有明示并存的必要。[②] 集体劳动权的特点在于，这些权利并不是由劳动者个人来行使的，而主要是由劳动者集体的组织——工会来行使的，因此有的学者称之为“集体劳权”[③]。集体劳动权比个人劳动权更能体现现代劳动法的特点。所谓“个人劳动权”，是指除集体劳动权以外的其他各项劳动权，包括工作权、工作环境权与社会保险权。与集体劳动权相比，这三项权利的权利主体都是劳动者个人，而且产生的时

---

① 林燕玲：《国际劳动标准》，工人出版社，2002 年，第 17 页。

② ［日］管野和夫：《劳动法》，弘文堂，平成 2 年，二版补正版，第 20 页。转引自黄越钦：《劳动法新论》，中国政法大学出版社，2000 年，第 66 页。

③ 常凯：《论不当劳动行为立法》，载《中国社会科学》，2000 年第 5 期，第 73 页。

间也比集体劳动权为晚，集体劳动权是传统类型的劳动权，是各国工人运动的产物；而个人劳动权则带有更多的现代色彩，主要是人权运动的产物。集体劳动权的基础是生存权，具有集体人权的特征；而个人劳动权的基础是发展权，具有个人人权的特征。集体劳动权是劳动权的基础和保障，而个人劳动权则标志着劳动权的内容与范围正在向纵深发展。

第二节 工 作 权

一、工作权的概念与性质

所谓工作权（right of work)，是指任何具有劳动能力并且愿意工作的人都有获得一份工作的权利。工作权在劳动权体系中居于最重要的地位，是实现其他一切劳动权的前提。我国《宪法》第 42 条规定："中华人民共和国公民有劳动的权利和义务。"这里所谓"劳动的权利"，实际上就是工作权，也即狭义的劳动权。

工作权是保障公民实现其生存权的根本途径，在各项具体劳动权中居于首要地位。因为"工作是人们生活的核心。不仅是因为世界上很多人依靠工作而生存，它还是人们融入社会、实现自我，以及为后代带来希望的手段。这使得工作成为社会和政治稳定的一个关键因素"[①]。工作不仅对劳动者个人重要，而且是解决社会贫困问题的主要手段。根据国际劳工组织发布的《全球就业议程》，全世界 12 亿穷人或占全球 1/5 的人口中的大多数，是由 5.3 亿名就业的家庭成员赡养的。但是，"他们是有工作的穷人。他们从事低劳动生产率、低报酬的工作，这不足以使他们和他们的家庭成员摆脱贫困"。今后 10 年将再有 5 亿人加入到这一行列，其中 97%生活在发展中国家。[②] 因此，如果政府和社会不能为这些穷人提供更多的就业机会，他们的家庭将会不可避免地陷入贫困之中。

二、工作权的内容

工作权的含义容易令人产生误解。特别是宪法规定，公民有劳动的权利和义务，因此很多人就认为政府有义务为每一个劳动者提供一份工作。其实，工作权的基本含义包括两方面：一方面是政府有义务从宏观的角度采取各项促进就业的

---

① 这是国际劳工组织题为《全球就业议程》的报告的开篇语，它所表达的思想在今天无疑特别贴切，可能比过去几个世纪都更为正确。拉纳比·雷·乔德利：《拥有工作：社会和政治稳定的一个关键因素》，载《劳工世界》，中国劳动社会保障出版社与联合国专门机构国际劳工组织合作出版，2002 年第 2 期，第 13 页。

② 同上，第 14 页。

措施，尽可能为全体劳动者提供更多的就业机会，最终实现充分就业的目标；另一方面，在就业岗位不能满足所有劳动者就业需要的情况下，政府应保证每个劳动者都享有平等的就业机会，禁止任何因种族、性别、民族、肤色等原因而进行就业歧视。

按照第一个方面的含义，政府是劳动者实现工作权的义务主体。为了能够尽可能地促进就业，政府一般要制定各种就业促进政策创造更多的就业岗位，实现完全就业。国际劳工组织制定了很多关于促进就业的公约和建议书，其中最重要的是 1964 年《就业政策公约》（第 122 号公约）和同名的建议书（第 122 号建议书）。该公约要求各成员国应宣布并实行一项积极的就业政策，其目的在于促进充分的、自由选择的生产性就业。这对于各国就业政策的制定具有重要的指导意义。我国于 1997 年批准了第 122 号公约，而且我国政府近年来也一直致力于促进就业工作，比如针对进城务工人员以及大学毕业生就业方面出台了很多具体促进就业的政策。

按照工作权第二个方面的含义，政府还应当通过立法等形式，禁止就业过程中的一切歧视行为。我国《宪法》、《劳动法》以及《就业促进法》都明确禁止任何基于民族、种族、性别或宗教信仰的就业歧视。国际劳工组织也一向重视禁止任何形式的就业歧视，并将禁止就业歧视列为基本国际劳工标准。这方面的公约和建议书主要是 1958 年的《就业和职业歧视公约》（第 111 号公约）和同名建议书（第 111 号建议书）。第 111 号公约给就业中的“歧视”下了一个定义。所谓“歧视”，就是“根据种族、肤色、性别、宗教、政治观点、民族血统或社会出身所作出的任何区别、排斥或优惠，其结果是剥夺或损害在就业或职业上的机会或待遇上的平等”。另外，会员国政府在同有代表性的雇主组织和工人组织以及其他的适当机构协商以后也可以把其他形式的区别、排斥或优惠视为歧视，只要这种做法会产生剥夺或者损害就业或职业上的机会或待遇平等。

三、完善我国工作权立法的几点建议

毋庸讳言，在我国劳动者就业过程中存在着较为严重的就业歧视现象。其最突出的问题表现在两个方面：一方面是就业中的户籍和性别歧视，另一方面是对农民（农村剩余劳动力）进入城市就业的限制。前者在大学生毕业择业过程中表现的特别突出，如全国高校每年就有大量的优秀毕业生由于户口限制，即使能找到工作也不能留在一些大城市工作。因为就业机会在当今社会是一种稀缺资源，所以其公平分配就显得格外重要。换句话说，就是应当保护公民的平等就业权利，使每个劳动者都能有平等的机会去竞争工作岗位。所谓“平等就业”，实质上就是要反对就业与职业中的各种歧视行为。平等就业权既是一项基本的劳动权，也是一项基本人权。

虽然我国《劳动法》第12条、第13条对平等就业权利作了明确规定，但是，第12条所禁止的就业歧视只包括民族、种族、性别和宗教信仰四种情况，并不包括第111号国际劳工公约所规定的基于社会出身等原因而进行的歧视。显然，《劳动法》中的就业歧视范围要远远窄于第111号公约规定的范围。而事实上，社会出身歧视在我国比其他任何歧视形式都更为严重。社会出身歧视在过去表现为阶级成分，而现在主要表现为户籍歧视。按照一些部门规章和地方法规的要求，农村劳动力如果想要到外省务工，除了应具备一定条件外，还必须进行一系列登记，领取相关的证件。① 另外，虽然我国法律对于平等就业已经有了较为完善的规定，但是现实中这些法律的实施情况却很不理想，因此，如何贯彻执行现有的法律显得尤为重要。

第三节 团 结 权

一、团结权的概念与性质

团结权是宪法和法律确认的一项基本劳动权。狭义的团结权是指劳动者组织和参加工会并保证工会自主运行的权利。广义的团结权则是指劳动者运用组织的力量对抗劳动使用者以维护自身利益的权利，其具体内容主要包括三个方面：一是团结权，即组织和参加工会的权利；二是集体谈判权或称团体交涉权，即由工会代表劳动者与劳动使用者进行集体谈判签订集体合同的权利；三是集体争议权或称团体行动权，主要是指劳动者通过工会组织罢工的权利，即所谓的“劳动三权”②。本书采用的是狭义上的团结权概念。

团结权为劳动者维持生存所必须，因此具有人权的性质。由于劳动者个人在劳动力市场上处于相对的弱势地位，无法与劳动使用者平等地协商订立劳动合同。因此，劳动者有必要团结起来，依靠集体的力量与劳动使用者进行谈判，维护自身的合法权益。

二、团结权的内容

团结权的基本含义是劳动者有权组织工会。工会是劳动者团结起来与劳动使用者进行博弈的基本组织形式。然而，组织工会本身并不是目的，其基本目的是为了集中力量与劳动使用者进行协商和谈判。要达此目的，还应保证工会不受劳动使用者的操纵，能够专门为维护劳动者权益而工作。因此，团结权的基本内容首先是劳动者有权组织工会，这是一种组织权利；其次，法律还应保障工会的独

---

① 如1994年11月17日原劳动部发布的《农村劳动力跨省流动就业管理暂行规定》。

② 常凯：《论不当劳动行为立法》，载《中国社会科学》，2000年第5期，第73页。

立性，防止劳动使用者操纵工会，导致工会无法实现其目的。

团结权是国际劳工组织核心劳动标准的重要部分，在这方面有两个重要公约，一个是1948年《结社自由和保障组织权公约》（第87号公约）和1949年《团结权和集体谈判权公约》（第98号公约）。在国际人权公约中，《公民权利和政治权利国际公约》第22条规定："人人有权享受与他人结社的自由，包括组织和参加工会以保护他的权益的权利。除法律规定的限制以及在民主社会中为维护国家安全或公共安全、公共秩序，保护公共卫生或道德，或他人的权利和自由所必需的限制以外，对此项权利的行使不得加以限制。"我国已经于1998年10月签署了该公约，但是尚有待全国人民代表大会或其常委会正式批准，《经济、社会和文化权利国际公约》第8条对团结权作了更为全面的规定。我国已经于2001年2月28日第九届全国人民代表大会常务委员会第二十次会议正式批准了《经济、社会和文化权利国际公约》。但是根据全国人大常委会批准该公约的决定，我国对该公约第8条第1款（甲）项关于自由结社权利的规定作了保留。这主要是考虑到我国现行的工会体制与该项规定还有较大的差异，并不意味着我国不承认团结权。

在我国，团结权同样受到宪法和法律的保护。《宪法》第35条明确规定公民具有合法的结社权，组织工会是劳动者行使结社自由的具体形式。我国《劳动法》第7条，《工会法》第3条、第50条都规定了劳动者组织和参加工会的具体规定；而且，在我国不仅《劳动法》上的劳动者有权组织工会，而且国家公务员和事业单位职工等广义上的"劳动者"也都有权组织工会；因此，团结权在我国是一切劳动者都享有的一项基本权利，受宪法和法律的保护。

三、团结权的发展历史

团结权的最终确立是各国工人运动长期斗争的结果。在19世纪以前，各国政府一般都禁止工人组织工会。如英国从18世纪末到19世纪初，一直通过《结社禁止法》（1749～1800）禁止工人结社，将以改善劳动条件为目的的契约视为"限制贸易自由的共谋罪"（conspiracy of restraints of trade）。[①] 1824年的《团结法》及1825年的《结合法》中才承认了工人的团结权，准许工人在一定条件下组织工会。英国全国总工会——职工会便于1868年成立。[②] 但是1825年的法令限制团结的手段，对于威胁（threats）、胁迫（intimidation）、妨碍（molestation）、妨害（obstruction）等罢工手段，认为是特别犯罪。罢工的纠察即使以和平手段进行，也构成胁迫罪。直到1871年颁布了《工会法》（Trade Union Act）

---

① 史尚宽：《劳动法原论》，正大印书馆，1978年，第155页。

② 谢怀栻、陈明俠：《劳动法简论》，中国财政经济出版社，1985年，第97页。

和 1875 年的《共谋及财产保护法》(Conspiracy and Protection of Property Act)制定以后，组织工会才从走出刑法的阴影而进入合法的时期。[①]

美国一直到 1842 年通过英联邦诉亨特案 (Commonwealth v. Hunt) 才将工会活动的责任从刑事责任变为民事责任。1890 年《谢尔曼反托拉斯法》颁布以后，1893 年巡回法院在一次罢工活动中，开始根据该法关于“任何以信托或者其他形式限制州之间或者同外国之间的贸易或者商业的合同或者联合都被宣布为非法”[②] 的规定，宣布限制商业活动的劳动联合与资本的联合一样，都构成了垄断行为。[③] 一直到 1935 年，《全国劳工关系法》(也称《瓦格纳法》，Wagner Act) 的颁布，标志着组织工会和集体谈判开始合法化。该法在关键的第 7 条中规定：“雇员有权自我组织，或者组建、加入或帮助劳工组织，有权通过自己选出的代表来进行集体谈判，并有权为集体谈判或其他互助或互保的目的而采取一致行动 (connected activities)。”但是该法的合宪性受到了雇主的质疑，直到 1937 年美国联邦最高法院宣布《瓦格纳法》符合宪法精神，美国劳动者组织工会的权利才真正受到法律的保护。1947 年，美国国会为了禁止工会的一些“恶劣行为”，通过了《塔伏特一哈特利法》(Taft-Hartley Act)，其核心内容是对工会的行动进行一些限制。该法在一定程度上修正了《瓦格纳法》，对团结权规定了一些限制措施。

其他各国也都经过了一个很长的禁止时期，才准许劳动者组织工会。德国于 1918 年修改法律，并且于 1919 年修改宪法，完全承认劳动者组织工会的权利。法国在 1920 年从法律上正式确认劳动者有组织工会的自由。日本一直到第二次世界大战之后才解除对工会的禁令，在宪法上承认工人的团结权。到了第二次世界大战以后，各国新公布的宪法大体上都承认了工人的团结权。[④]

在我国历史上，劳动者也曾经被禁止组织工会。1912 年 4 月北洋政府制定的《暂行新刑律》第 16 章第 224 条规定：从事同一业务之工人，同盟罢工者，首谋处 4 年以下有期徒刑，拘役或三百元以下罚金。聚众为强暴胁迫或为首者，依第 104 条至 107 条，按骚扰罪之例论断。1914 年颁布的《治安警察条例》也禁止工人的结社与罢工行为。[⑤] 在工人运动的影响下，1921 年 5 月，时任广东政府大元帅的孙中山下令取消《治安警察条例》第 1 条和第 22 条，同时还取消

---

① 史尚宽：《劳动法原论》，正大印书馆，1978 年，第 155 页。

② 英文原文是：Every contract of combination in the form of trust, or otherwise in restraint of trade or commerce among the several States or with foreign nations, is hereby declared to be illegal.

③ US. v. Workingmen's Amalgamated Council, 54 Fed. 994 (1893) p. 996.

④ 谢怀栻、陈明侠：《劳动法简论》，中国财政经济出版社，1985 年，第 97 页。

⑤ 关怀：《劳动法学》，法律出版社，1996 年，第 96、97 页。

《暂行新刑律》第224条，从而明确保障劳动者的组织权利。[①] 1924年国民政府颁布的《工会条例》和1929年颁布施行的《工会法》，都承认劳动者有组织工会的权利。新中国于1950年就颁布了《工会法》，明确宣布保护劳动者的组织工会权利。现行《工会法》是在1992年重新颁布的，并且于2001年进行了全面修订，规定上级工会可以派人协助劳动者组织工会，劳动使用者不得阻挠，否则要承担法律责任。这就进一步完善了对劳动者团结权的保护。

团结权在历史上之所以长期受到压制，除了社会制度原因以外，还因为当时各国的民法都特别强调"私人财产权绝对不可侵犯"和"契约自由"两大基本原则，而组织工会则是劳动者以集体的力量强迫雇主与之订立条件更为优惠的劳动合同，从雇主的角度来看，其财产权与契约自由受到了工会的双重侵犯。但是，随着社会的发展，上述两项民法基本原则已经逐渐从绝对原则发展为相对原则。一方面，国家开始干预企业的雇佣行为，通过限制资本家的财产权来保护工人的人权。这是因为，资本家固然有权自由使用其投资，并由此获得利润，然而，工人也有生存权和发展权，这是他们天赋的不可剥夺的人权。资本家的过度剥削，必然会损害工人的基本人权。另一方面，由于劳资双方经济实力的悬殊，造成雇佣合同中的谈判条件绝对地有利于资方，导致谈判结果的不平等。因此，在雇佣合同方面就不能再适用民法的契约自由原则，而是要适用一种新型的着眼于结果公平的法律原则，即社会正义原则。

第四节　集体协商权

一、集体协商权的概念

集体协商权，又称"集体谈判权"，是指工会或者劳动者选举的代表有权与劳动使用者或者劳动使用者的组织，以签订集体合同为目的进行磋商或谈判。国际劳工公约和西方国家劳动立法中往往不是使用"集体协商"，而是使用"集体谈判"的概念。根据国际劳工组织1981年《促进集体谈判公约》（第154号公约）第2条的规定，集体谈判是以一个雇主或多个雇主、一个或多个雇主组织为一方，一个或多个工会组织为另一方就以下目的所进行的所有谈判：

（1）确定劳动和就业条件，和（或）；

（2）解决雇主和工人间的关系，和（或）；

（3）解决雇主或其组织同一个或多个工会组织之间的关系。

在我国劳动立法中，只使用"集体协商"，而不用"集体谈判"的提法，目

---

① 黄越钦：《劳动法新论》，中国政法大学出版社，2000年，第15页。

的在于尽量避免谈判中的过激行为，努力做到和平协商。集体协商权是一项国际公认的劳动权，国际劳工组织在1949年《组织权与集体谈判权公约》（第98号公约）第4条规定："对于雇主或雇主组织同工人组织之间进行自愿谈判的机制，政府应当采取适合本国国情的措施鼓励，并促进其充分地发展与运用，以使双方通过签订集体协议来规定工人的就业条件。"

二、集体协商权的内容

集体协商权的内容可以从协商的主体、协商的义务、协商的主题三个方面加以讨论。

1. 协商的主体

协商的主体是指参加集体协商的双方当事人。根据我国《劳动法》第33条第2款的规定，集体协商是在企业层次上进行的，参加集体协商的劳动者一方的代表可以是工会，也可以是职工推举的代表。这和其他大多数国家的规定不同。在其他国家，一般只有工会才有权才代表劳动者参加集体协商。集体协商往往是在产业的层次上进行，企业层次的集体协商并不重要。例如，在美国，集体协商主要在产业层次、行业层次、地方层次和企业层次举行，有些地方甚至在车间层次举行。在开始集体协商之前，首先是要确定有代表权的工会。如果一家工会被全国劳工关系委员会（NLRB）授权作为某些雇员的代表，或是雇主私下里承认其代表地位，该工会便享有了代表这些雇员的排他性权利，成为集体协商的劳动者一方的代表。美国《全国劳工关系法》第9条a款以概括性条款阐明了这种排他性原则。排他性原则意味着雇主不能甚至不能抛开工会直接与雇员谈判，即使是雇员首先提议进行谈判也不行。①

在德国，集体协商一般是在产业层次、联邦层次和企业（公司）层次上进行的，其中产业层次的谈判是最主要的形式。集体协商是由三家工会组织的：德国工会联合会、德国职员工会和基督教工会联合会。其中最重要的当数德国工会联合会，其下辖的16个产业工会是集体协商的主力。由于企业没有工会，企业一级的集体协商则是由产业工会派代表参加。②

2. 协商的义务

劳动使用者作为集体协商权的义务主体，负有与合法的工会或者劳动者推举的代表进行协商的义务。根据美国1935年《瓦格纳法》，雇主不得拒绝与有代表权的工会进行集体协商。而且，该法要求雇主应当以诚信态度（good faith）与

---

① ［美］道格拉斯·L. 莱斯利：《劳动法概要》，张强等译，中国社会科学出版社，1997年，第12～14页。

② 余云霞：《市场经济国家的集体谈判制度》，中国经济出版社，1999年，第91、92页。

工会进行协商。按照美国全国劳工关系委员会（NLRB）的解释，所谓诚信态度，就是一方当事人提出一项提议后，对方当事人虽不必一定要提出一项反建议（counterproposal），但是，却必须要作出某些回应。这是检验当事人是否具有诚意的基本标准。同时，根据联邦上诉法院的判决，任何一方当事人，都不得采取所谓“敷衍谈判”（surface bargaining）的态度。[①] 至于最后是否达成协议，并不是检验诚信态度的标准。

在我国，2001 年修改后的《工会法》第 20 条规定，工会代表职工与企业以及实行企业化管理的事业单位进行平等协商，签订集体合同。这说明我国工会有权代表职工与劳动使用者进行集体协商，但是该条并未明确劳动使用者是否有义务与工会进行协商。但是，该法第 53 条第（4）项进一步规定，无正当理由拒绝进行平等协商的，由县级以上人民政府责令改正，依法处理。可见，劳动使用者如果拒绝协商，将会构成违反《工会法》的不法行为，这意味着在我国劳动使用者同样有义务与工会进行集体协商。

3. 协商的主题

集体协商的主题可以分为强制性主题、非强制性主题和非法性主题三种。强制性主题是指集体协商双方有义务进行集体协商的主题。在美国劳动法中，集体协商双方当事人均不得拒绝对强制性主题进行协商，双方必须持续协商，直至陷入僵局为止。任何一方在陷入僵局之前就拒绝协商的行为构成不当劳动行为。美国 1935 年《全国劳工关系法》规定，一方当事人拒绝强制性主题谈判至僵局为止，则属一违法之拒绝谈判交涉之行为。依照美国 1935 年《全国劳工关系法》第 8 条 a 款 5 项及第 8 条 d 款的要求，雇主应就“工资、工时以及其他雇佣条件”同其雇员的工会进行谈判。美国联邦上诉法院第一巡回法庭曾明确指出，谈判主题要具有强制性，必须“与雇佣条件有一直接、极其显然的关系”始可，而不是一种“遥远而附随的关系”[②]。而所谓非强制性主题，是指双方在协商过程中提出的强制性主题之外的任何主题。非强制性主题具有“随意”（permissive）性质，任何一方均可以提出供双方加以讨论。为了防止当事人在谈判桌上提出细枝末节性的主题，故意阻挠协商的顺利进行，依照《全国劳工关系法》的规定，若一方当事人在非强制性主题上坚持到底，而导致协商陷入僵局，则属于拒绝进行集体协商的违法行为。举例而言，某工会组织坚持雇主应参加其举办的年度野餐会，最后导致谈判陷入僵局，则可以根据《全国劳工关系法》的规定，认为该工会组织的要求与雇佣条件并没有太多联系，因此就属于上述以非强制性主题进

① Willam Gould：《美国劳工法入门》，焦兴铠译，“国立编译馆”（台北），1996 年，第 193 页。

② Willam Gould：《美国劳工法入门》，焦兴铠译，“国立编译馆”（台北），1996 年，第 196 页。

行纠缠的违法行为。[①]

三、完善我国集体协商权立法的几点探讨

我国《劳动法》第33条规定，企业职工一方与企业可以签订集体合同。“可以”意味着职工和企业都有签订或不签订集体合同的选择权。本书认为，是否签订集体合同的选择权应该赋予处于弱势地位的劳动者，否则不利于其行使权利。

其实，早在1950年的《工会法》中，就已明确规定了劳动者的集体协商权。然而，1992年重新颁布的《工会法》第18条第2款却规定：“工会可以代表职工与企业、事业单位行政方面签订集体合同。”[②] 这里的用语也是“可以”，同样只表示工会进行集体协商并不是工会必须履行的职责，而是一种任意性权利。这不仅有违组织工会的基本目的，而且一定程度上也降低了工会在集体协商中的地位。2001年修改后的《工会法》第20条规定：“工会代表职工与企业以及实行企业化管理的事业单位进行平等协商，签订集体合同。”这里虽然不再使用“可以”这样带有任意性特征的术语，但是仍然没有强调指出工会有代表职工进行集体协商的权利，同时也没有明确规定劳动使用者有参加协商的义务。依照我国劳动和社会保障部于2000年11月8日发布的《工资集体协商试行办法》规定，只要任何一方提出了进行集体协商的要求，另外一方都应该予以答复并共同进行协商。这实质上意味着职工一方有权提出与企业就工资问题进行集体协商，企业不得拒绝。

要保证劳动者集体协商权利的实现，还必须保护集体协商中的劳动者代表的利益，防止劳动使用者以解除劳动合同等手段对他们进行打击报复。《劳动法》对此没有明确规定，但是依照原劳动部发布的《集体合同规定》，集体协商中劳动者一方的代表自担任代表之日起5年内，除非有个人严重过失，劳动使用者不得与其解除劳动合同。在工资集体协商中，由企业内部产生的协商代表参加集体协商活动的时间应当视为提供了正常劳动，有权享受正常的工资、奖金、津贴、补贴和保险福利等待遇，企业不得对劳动者代表采取歧视性行为，不得违法解除或变更其劳动合同。

第五节　集体行动权

一、集体行动权的概念与法律地位

所谓集体行动，是指劳动者为了争取更好的劳动条件，而采取的协同性斗争

---

① Willam Gould：《美国劳工法入门》，焦兴铠译，“国立编译馆”（台北），1996年，第196、197页。

② 《中华人民共和国工会法》第18条第2款。

手段。如罢工、怠工等行为。各国法律一般都允许工会或者劳动者为了争取更好的劳动条件而采取罢工等集体行动。劳动者采取集体行动的权利，即为集体行动权。

与集体行动相类似的另外一个概念是“产业行动”（industrial action）。产业行动含义比集体行动更广，不仅包括劳动者一方采取的集体行动，而且还包括劳动使用者一方所采取的关厂（lock-out）等对抗行为。产业行动一般是在集体协商过程中，双方无法就集体合同的条件达成一致的情况下而采取的一种施压手段。产业行动是双方谈判的有力武器，因为它会给劳动使用者造成生产停顿和利润损失，而劳动者在罢工期间也会蒙受工资上的损失。因此，产业行动一般是集体谈判中的最后武器，双方都不会轻易使用。大多数工业化国家都允许工会或者雇主采取产业行动，但是一般也规定一些限制条件以维持经济与社会的稳定。例如，各国法律一般都禁止劳动双方在集体合同的有效期里采取产业行动。另外，很多国家都设有专门的劳动关系调解机构，在集体协商失败时，首先由调解机构帮助双方解决谈判中出现的问题，如果还不能奏效的话，才允许采取产业行动。

对劳动者一方而言，集体行动的最主要的措施就是罢工。许多国家的法律规定了罢工这种“杀伤力”比较大的手段，迫使雇主进行认真地谈判。新中国成立以后，罢工权问题的立法经历了一些转折。最早是在1975年宪法第28条规定公民有罢工自由。1978年宪法第45条也沿用了上述规定。但是1982年通过的新宪法出于对“文革”中社会混乱局面的纠正，取消了“罢工自由”的规定。① 从此，劳动者的罢工权就成了一个灰色地带，在法律上既没有明确也没有禁止；而在事实上，近年来各种所有制类型的企业都曾经发生过罢工事件，中央和地方政府也从未宣布过任何一起罢工为非法事件。

1994年7月5日颁布的《劳动法》中，没有规定罢工权问题，而是规定了“拒绝作业权”，即在劳动使用者管理人员违章指挥、强令冒险作业的情形下，劳动者有拒绝执行的权利。② 然而，拒绝作业权的内容仅适用于劳动安全领域，是一种个人权利，而罢工权更多地是指工会为了提高工资福利、改善劳动条件而组织的停工活动，是一种集体的权利。因此，《劳动法》仅仅规定拒绝作业权是远远不够的，《工会法》第25条的规定似乎暗示，罢工在我国仍然是合法的。但是，第25条并没有明确规定职工享有罢工权，它使用“停工”这种含糊其辞的用语，实际上是在回避了承认“罢工”现象在我国的存在。2001年修改后的《工会法》对于罢工问题的态度并没有根本改变，罢工仍然被称为“停工”，而且

---

① 1982年宪法实际上更多地是吸取了1954年宪法的立法模式。据当时的宪法修改委员会副主任彭真指出：“1954年《宪法》是一部好宪法，本《宪法》继承和发展了1954年《宪法》规定的原则。”

② 《中华人民共和国劳动法》第56条。

解决罢工的最终目标在于“尽快恢复生产工作秩序”，而不是满足劳动者的合理要求。但值得注意的是，修改后的法律增加了工会和劳动使用者在罢工事件中的责任与义务。修正案突出了工会的维权职能，增加了工会在罢工中“应当代表职工”、“反映职工的意见和要求并提出解决意见”等规定。[①] 也就是说，在罢工中工会不能站在劳动使用者的立场上强行要求工人复工，而是应当代表工人与劳动使用者协商，反映工人意见并提出解决意见，这是工会作为工人自治组织所应尽的职责。

二、集体行动权的法律限制与行使程序

罢工权并非一项绝对权利，而是要根据社会经济发展状况，以及平衡劳资双方利益的原则，通过立法对罢工权的行使条件和程序加以限定。这已经成为各国的通行做法。我国香港与台湾地区在这方面也有着很好的立法经验。例如，香港法律规定，雇员采取罢工行动是合法的，雇主不能在复工后因雇员采取上述行动而将他解雇；但是如果雇员没有预先通知雇主而停止工作，又没有合理的解释，则是毁约行为；如果预先通知，则在罢工或采取产业行动的时间内也算中止劳动合约，雇主有权按合约规定扣薪、不支薪，甚至以雇员不上班为由将其解雇或要求其离开雇主的地盘。

又如我国台湾地区的“工会法”原则上允许罢工，但是有极其严格的程序、条件等限制。例如，“劳资或雇佣间之争议，非经过调解程序无效后，会员大会以无记名投票经全体会员过半数之同意，不得宣告罢工”。“工会于罢工时，不得妨碍公共秩序之安宁，即加危害于他人之生命财产及身体自由”。“工会不得要求超过标准工资之加薪而宣告罢工”等。[②]

在社会主义市场经济条件下，国家致力于建立一种平等协商基础上的和谐的劳动关系，对于罢工权的具体行使，同样也要进行以下几方面的限制：

1. 罢工目的的限制

罢工应当基于正当的目的而为之，所谓正当目的，是指以增进劳工正当权益、改善劳动条件、提升劳工经济地位为目的。至于政治、宗教或其他非经济之目的为主要目的的罢工，往往是非法的。[③] 根据罢工的目的，罢工可以分为经济性罢工（economic strike）、不当劳动行为罢工（unfair labor practice strike）、同

---

① 《工会法》修正案的核心内容就是突出和强化工会维护职工合法权益的职能。如修正案第 1 条规定：“中华全国总工会及其各工会组织代表职工的利益，依法维护职工的合法权益。”参见全国人大常委会法制工作委员会副主任张春生：《关于〈中华人民共和国工会法修正案（草案）〉的说明》。

② 顾肖荣、杨鹏飞：《劳动法比较研究》（中国大陆与港、澳、台地区法律比较丛书），澳门基金会，1997 年，第 206 页。

③ 黄越钦：《劳动法新论》，中国政法大学出版社，2000 年，第 442、443 页。

情罢工（sympathy strike）、政治性罢工等种类。不同目的的罢工，其法律地位是不同的。

（1）经济性罢工就是劳动者为了获得经济利益和改善劳动条件，或者为了支持工会集体谈判的要求等经济目的而发起的罢工。依照各国法律，经济性罢工是合法的。正是因为这种罢工是一种合法行为，所以美国 1935 年《全国劳工关系法》就规定，雇主不能因为雇员举行经济性罢工而解雇他们。[①] 也就是说，在罢工期间，罢工工人的雇员身份仍然得以保留，并不能将罢工行为视为工人主动解除劳动合同。

（2）不当劳动行为罢工，是指为了反抗雇主施行的不当劳动行为而举行的罢工。不当劳动行为的概念源于美国 1935 年《全国劳工关系法》第 8 条的规定，雇主所施行的不当劳动行为主要包括阻挠或干涉工人组织工会、干涉工会内部事务、歧视工会会员、拒绝与有代表权的工会进行集体谈判等。[②] 由于雇主的不当劳动行为带有一定的社会危害性，损害了劳动法所维护的社会公共秩序，所以不当劳动行为罢工不仅合法，而且法律还赋予罢工工人更多的保护。一旦罢工结束，罢工工人有权要求立即恢复工作，雇主不得雇佣新人替换他们。

（3）同情罢工，就是“对于罢工之援助罢工”[③]。换言之，举行同情罢工的工人本身并没有卷入劳动争议，是为了声援罢工工人而进行的罢工。过去美国法律禁止同情罢工，但是现在只要被声援的罢工本身是合法的，同情罢工也就是合法行为，雇主不能因此解雇罢工工人或者进行任何惩处。[④]

（4）政治性罢工，就是以政治目的为主的罢工。各国法律往往规定，工会不得从事政治活动，因此工会组织的罢工也不能以政治为目的。否则，不仅不能得到法律上的保护，而且雇主有权解雇罢工者。

2. 罢工主体的限制

这包括两个方面的含义。一方面，罢工必须是集体的“协同行为”（concerted activity），而不能是个别人的行为，这是各国法律对“罢工”的普遍要求。例如，美国 1947 年《劳资关系法》规定，“‘罢工’的定义包括任何形式的罢工或者其他形式的雇员一致停止工作（包括因为终止集体谈判协议而停止工作），以及任何共同的怠工或者其他形式的雇员一致中断作业”。从该定义也可以推断出，罢工必须是集体行为而不能是个人行为。只有少数几个人停止工作，绝大多数工

---

① 为了公平起见，该法也允许雇主另外雇佣人员替代罢工工人，以维持生产经营的稳定。如果替代人员是临时性雇佣的，则罢工结束后罢工工人有权要求立即恢复工作。如果替代人员是长期性雇佣的，则罢工工人无权要求恢复工作。

② Douglas L. Leslie：*Labor Law*，West Publishing Co.，1979，p. 5.

③ 史尚宽：《劳动法原论》，正大印书馆，1978 年，第 255 页。

④ The American Bar Association：*Guide to Workplace Law*，Times Books，1997，p. 123.

人都没有参加的罢工通常被称为“野猫罢工”（wildcat strike），是不合法的。雇主可以追究罢工者的违约责任，甚至可以解雇他们。

另一方面，某些行业的劳动者不能罢工，主要是指公务员、教师、公用事业、军工等特殊行业或部门的劳动者。例如，美国法律规定，政府雇员，包括全部为政府所有的公司的雇员，参加任何罢工都是非法的。参加罢工的雇员应立即予以解职，丧失其公务人员的地位，而且 3 年内不得被任何政府机构重新雇佣。[①]

3. 罢工行为的限制

罢工工人不能危害雇主的生命健康和财产安全，不能破坏生产设施，不能强迫其他不愿意罢工的工人参加罢工。另外一些国家如荷兰还规定，纠察人员设置的路障等设施，不能阻碍公共交通，否则要承担法律责任。如果一些罢工工人采取了上述行为，则其罢工行为不受法律保护，雇主可以惩罚他们或者解雇他们。

在符合上述条件的前提下，罢工还应当依照一定的程序进行。这些程序主要包括以下内容：

（1）罢工必须经过工会会员大会多数票同意方能举行。例如，希腊法律规定，罢工应当经过工会总会无记名投票决定。澳大利亚昆兰州（Queen land）的法律规定，非依无记名投票一定多数的决定，不得宣布罢工，而且应将投票的结果通知地方官署。[②] 韩国 1953 年《劳动争议调整法》规定，除非已通过直接、秘密的无记名投票得到会员的大多数的赞同，工会不应采取包括罢工在内的争议行为。不经过工会组织授权的罢工，实际上就是“野猫罢工”，不受法律保护。

（2）劳动争议必须经过仲裁或者调解程序才能罢工。有的国家法律规定，劳动争议未经调解、仲裁或正在调解、仲裁过程之中，劳动者不准罢工，用工单位一方也不准关厂停业或解雇劳动者。也就是说，必须是通过其他救济手段不能解决的情况下才能进行罢工，这叫做“最后手段原则”[③]。

（3）罢工应当在“冷却期”（cooling period）之后才能举行。由于罢工属于比较激烈的劳资对抗行为，因此其权利的行使必须慎重，以免造成无谓的经济和社会动荡。为此，一些国家在法律上规定了罢工前的一个“冷却期”，要求在有关罢工的书面决定送交政府主管部门之后的一定期限内，不得举行罢工。如韩国规定一般为 10 天，美国规定医疗卫生机构罢工要求实行冷却期（不少于 10 天）。[④]

---

① 最高人民法院民事审判庭：《劳动争议审判手册》，法律出版社，1994 年，第 734 页。

② 史尚宽：《劳动法原论》，正大印书馆，1978 年，第 255 页。

③ 黄越钦：《劳动法新论》，中国政法大学出版社，2000 年，第 442 页。

④ 夏积智：《中国劳动法若干重要理论与政策问题研究》，中国劳动社会保障出版社，1999 年，第 48 页。

（4）报告与通知。一些国家法律规定，工会在决定罢工后，应把载明罢工日期和持续期限的书面决定送交劳动行政主管部门和雇主方面。这样有利于相关各方及时采取措施，推动问题的尽快解决，减少罢工造成的社会损失。

三、对我国法律规定集体行动权的思考

对于我国是否要赋予劳动者罢工权，在计划经济背景下曾经存在很大的争议。因为有些人认为公有制体制下劳动者跟国家、集体的利益不存在冲突，所以没有必要赋予劳动者罢工权。但在目前多种所有制经济并存的情况下，应当首先赋予非公有制企业的劳动者罢工权，对于公有制企业的劳动者能否罢工的问题，则可以继续研究。主要理由分述如下：

第一，是由我国非公有制企业与公有制企业的劳动关系性质决定的。公有制企业特别是国有企业有着较为完善的权益保障机制，职工可以对企业行使民主管理的权利；相比之下，非公有制企业以利润最大化为最高经营目标。一方面企业根据自身的效益好坏和劳动力的素质来决定分配的数量，另一方面职工也是为了获得较高的收入到外商投资企业工作。劳资双方的权利意识都很强。① 因此，非公有制企业的劳资双方之间的利益冲突就是经常性的，而且还越来越尖锐。在一定意义上讲，罢工乃非公有制企业劳动者维护自身权利的最终武器，是防止非公有制企业滥用其雇主地位，侵害劳动者合法权益的有效手段。

第二，赋予非公有制企业劳动者以罢工权，还是我国加入联合国《经济、社会和文化权利国际公约》的要求。按照该公约规定，工人“有权罢工，但应按照各个国家的法律行使此项权利”。既然我国已经批准了该公约，那么该公约就当然属于我国法律的一部分。② 因此，我国的劳动者也就理应享有罢工的权利。

第三，赋予非公有制企业劳动者以罢工权，并不会违反加入世界贸易组织的国民待遇（national treatment）原则。按照目前的世界贸易组织协议，劳动问题并不属于世界贸易组织管辖的范围。1996 年世界贸易组织新加坡部长会议中，有些国家提出应当在世贸协议中增加关于劳动问题的所谓“社会条款”，但是被大多数国家拒绝。在会议结束后发表的宣言中，世界贸易组织承认“国际劳工组织（ILO）是设立和处理核心劳动标准的权力机构”，并表示将支持国际劳工组

---

① 徐树理：《外商投资企业劳动关系特点、问题及对策》，载《劳动争议处理与研究》，1994 年第 3 期，第 17、18 页。

② 对于国际人权公约是否能直接适用于我国，目前还有一些不同意见。本教材认为，只要中国批准的公约，就是中国法律的一部分。参见龚刃韧：《关于国际人权条约在中国的适用问题》，载《公法》第一卷，法律出版社，1999 年；朱晓青：《〈公民权利和政治权利国际公约〉的实施机制》，载《法学研究》，2000 年第 2 期，第 102～113 页。

织提高劳动标准方面的工作。[①] 因此，我国制定关于非公有制企业劳动者罢工权的立法，并不违背世界贸易组织国民待遇原则。

第四，赋予非公有制企业的劳动者罢工权，符合市场经济条件下各种市场主体公平竞争的原则。公有制企业自身已经建立了完善的职工民主参与制度、工会制度与劳动争议处理制度，职工权益得到了较好的保障。相反，在非公有制企业，往往通过减少这些制度甚至损害劳动者权益来降低成本，由此构成了对公有制企业的竞争优势。

第五，赋予劳动者罢工权，并且在法律规定的程序和条件下行使，不仅不会造成企业生产秩序的混乱，反而会有利于我国劳动关系的协调发展，实现一种动态平衡。这一点可以从其他工业化国家或地区的成功经验得到证明。例如，日本宪法和法律允许工人进行罢工，但是由于建立了良好的集体谈判机制，因此全国劳动委员会处理的劳动争议案件，近年来呈明显下降的趋势。因工资问题发生的罢工逐年减少，造成企业全停产的情况据说几乎没有。[②] 我国香港地区过去也曾经禁止罢工，现在已经取消了禁止罢工的禁令，但在 1967 年后已经较少出现罢工行为，代之以比较温和的产业行动，如怠工、静坐、召开记者招待会、向当局投诉、请愿游行等举动。[③] 由此可见，罢工权的存在并不必然会像执政者担心的那样造成社会不稳定。

第六节　社会保险权

一、社会保险权的概念

公民社会保险权是指劳动者在年老、患病、工伤、失业、生育等情况下所享有的获得物质帮助和补偿的权利。现代社会是一个高风险的社会，不仅存在着农业社会曾经面临过的各类自然风险，而且还产生了大量的社会风险。工业大生产带来的人口流动和大家族的解体，削弱了基于地域和家族关系而建立的传统互助体系，因此劳动者的养老、医疗等问题不再是纯粹的自然风险，而是在很大程度上具有社会风险的性质。此外，现代化机器大生产给劳动者带来了工伤、职业病等风险，传统的家庭或者家族自助的方式已经无力对这些风险进行防范和补偿。在社会保险制度建立之前，一度造成了广大劳动者和一些知识分子仇视工业化的

---

① 周长征：《WTO 的“社会条款”之争与中国的劳动标准》，载《法商研究》，2001 年第 3 期，第 96 页。

② 中国劳动部国际合作司、中国劳动科学研究院国际劳工研究所：《世界劳动》（第一集），中国劳动出版社，1996 年，第 151～153 页。

③ 顾肖荣、杨鹏飞：《劳动法比较研究》（中国大陆与港、澳、台地区法律比较丛书），澳门基金会，1997 年，第 206 页。

现象，加剧了各类社会矛盾。为了缓解这些矛盾，弥补工业化给社会和家庭带来的冲击，各国相继开始制定社会保险立法，通过社会共济的方式，以全社会的力量共同弥补这些风险给劳动者造成的伤害，从而维护了社会稳定，也体现了社会正义的精神。我国《宪法》和《劳动法》对社会保险权都有着明确的规定，是我国劳动者享有社会保险权的基本依据。

二、社会保险权的性质

社会保险权具有人权的性质。劳动者为了维持其作为人的尊严，必须享有一定的物质生活保障。所谓“衣食足而知荣辱”，对于普通劳动者而言，在饥饿、疲劳和贫困的折磨下往往让其很难保持自己的人格尊严。一些不法劳动使用者正是抓住了劳动者的这一弱点，不仅对劳动者进行经济剥削，而且还肆意地凌辱其人格。正是意识到这个问题，早在 1941 年，美国总统罗斯福在其著名的“四大自由”演说中，提倡建立“一个在四项基本人类自由基础上的世界”，这四项自由是：言论和发表意见、宗教信仰自由、免于匮乏、免于恐惧。[①] 其中“免于匮乏”的自由，实际上就是社会保险权所蕴涵的精神实质。

社会保险权在很多国际人权公约中都作为一项人权加以规定。如联合国 1948 年通过的《世界人权宣言》第 22 条规定：“每个人，作为社会的一员，有权享受社会保障。”第 23 条规定：“人人有权享受为维持他本人和他家属的健康、和福利所需的生活水准，包括食物、衣着、住房、医疗和必要的社会服务；在遭到失业、疾病、残废、守寡、衰老或在其他不能控制的情况下丧失某能力时，有权享受保障。”联合国 1966 年通过的《经济、社会和文化权利国际公约》第 9 条也规定：“本公约缔约各国承认人人有权享受社会保障，包括社会保险。”

三、社会保险权的内容

社会保险权的内容主要包括保险项目、缴费主体、给付对象、给付条件、给付标准、给付期限等。下面分别加以论述。

1. 保险项目

社会保险项目是指劳动者有权获得物质帮助或补偿的风险类型。社会保险项目主要取决于各国的经济发展水平，经济发展水平高的国家，往往社会保险项目也更多，覆盖面更广泛。如一些发达国家在 20 世纪 40 年代就提出了“人人有保险”的口号，实行全民免费医疗等社会福利待遇。而在一些发展中国家，社会保险项目往往较少，而且只覆盖城市中的一部分人口。另外，社会保险项目也受文化和社会政策的影响。例如，一些生育率比较低的国家，往往设立较多的生育方

① 冯林：《中国公民人权读本》，经济日报出版社，1998 年，序言第 2 页。

面的保险，以鼓励生育。在我国，根据《劳动法》第 70 条的规定，社会保险项目主要包括养老保险、医疗保险、工伤保险、失业保险和生育保险五种。2007 年 12 月，国务院提交第十届全国人大常委会进行审议的《社会保险法（草案)》也确认了这五种社会保险项目。

2. 缴费主体

社会保险基金是依靠社会保险主体的缴费而运作的，缴费是劳动者社会保险权得以实现的物质保障。社会保险的缴费主体主要是劳动使用者和劳动者双方，在一定条件下国家财政也会提供一定的补贴。根据我国《劳动法》第 72 条的规定，社会保险基金按照保险类型确定资金来源，逐步实行社会统筹。用人单位和劳动者必须依法参加社会保险，缴纳社会保险费。不同的保险项目的缴费主体也有所区别，在养老保险、医疗保险、失业保险中，都是由劳动使用者和劳动者双方按法定的比例承担缴费责任。而在工伤保险、生育保险中，则完全是由劳动使用者单方承担缴费责任。一般认为，国家应当对社会保险体系承担最后责任，在社会保险基金入不敷出时，国家有义务对其提供财政援助。但是实际上此类情况发生的概率很小，绝大多数社会保险基金都是按照“收支基本平衡”的原则进行运营的。

3. 给付对象

社会保险的给付对象，是指实际领取社会保险待遇的人。社会保险的给付对象包括劳动者及其家属。一般情况下给付对象是劳动者本人，如在劳动者退休、患病、负伤、因工负伤或患职业病、失业、生育等情况下，都应由劳动者本人向社会保险机构申请领取社会保险待遇；特殊情况下也可能是其家属，如在劳动者死亡的情况下，其遗属依法享受遗属津贴。

4. 给付条件

给付条件，是指社会保险待遇申请人领取社会保险待遇所需要符合的条件。不同的社会保险项目规定了不同的给付条件，如养老保险一般要求达到法定的退休年龄，医疗保险则往往规定了保险疾病的范围；失业保险一般要求失业者应当具有求职的愿望，等等。一般而言，基于社会保险的性质，大多数社会保险项目都要求缴费义务人为保险对象的缴费已经达到了一定的缴费年限。例如，养老保险要求缴费年限累计满 15 年。为了确保申请人符合领取社会保险待遇的条件，社会保险机构往往要求申请人提供一定的证明材料。例如，失业保险申请人应提交终止或者解除劳动关系的证明、工伤保险待遇申请人应提交工伤认定决定和劳动能力鉴定结论，等等。在某些情况下，社会保险机构还可以对申请人进行一定的调查，以确认其是否符合法定的给付条件。

5. 给付标准

给付标准，是指社会保险待遇的给付比率。例如，我国目前的医疗保险统筹基金的给付标准包括起付标准和最高支付限额，起付标准原则上控制在当地职工平均工资的10%左右，最高支付限额原则上控制在当地职工年平均工资的4倍左右。又如，我国养老保险的给付标准，基础养老金月标准为省、自治区或地(市)上年度职工月平均工资的20%，个人账户养老金月标准为本人账户储存额除以120。社会保险给付标准具有刚性特征，一旦提高后很难降低，而过高的社会保险给付标准必然会给经济发展带来沉重的压力。因此，社会保险给付标准必须适当，特别是应与社会经济发展水平和社会承受能力相适应。

6. 给付期限

给付期限是指社会保险给付对象可以领取社会保险待遇的最长期限。不同的保险类型具有不同的给付期限。如养老保险，给付期限为职工退休后至其死亡为止。失业保险的给付期限是按照缴费年限确定的，如果缴费年限满1年不足5年，领取失业保险金的最长期限为12个月。给付期限实质上是给付标准的一个特殊方面。给付期限也应当根据社会经济发展的水平确定。

四、社会保险权的司法保障

社会保险权是劳动者的一项重要权利。如果劳动使用者不依法为劳动者办理社会保险手续并且按时缴纳社会保险费，就应当承担一定的法律责任。我国《劳动法》第100条只规定了行政处罚程序，却没有规定必要的诉讼程序。加上目前我国《社会保险法》尚未出台，因此实践中对社会保险权争议的救济程序还存在着诸多争论。

目前最常见的争论就是侵犯社会保险权的案件的性质应当如何认定。各地实务部门对此尚缺乏统一的认识，有的认为应当作为劳动争议案件由民事审判庭受理，有的则认为应当作为行政案件由行政审判庭受理。2007年颁布的《劳动争议调解仲裁法》第2条规定，因工作时间、休息休假、社会保险、福利、培训以及劳动保护发生的争议属于劳动争议，这样社会保险权争议就应当由民事审判庭受理。但是，社会保险权不仅仅涉及劳动关系当事人双方，而且往往还涉及劳动和社会保障行政部门。特别是在劳动使用者不依法为劳动者缴纳社会保险费的争议中，不仅劳动使用者有缴费的义务，而且劳动和社会保障部门也负有征缴的责任。因此在这种情况下如何确定诉讼当事人就存在着疑问。

更进一步，在人民法院依法判决劳动使用者应当为劳动者缴纳社会保险费的情况下，受领社会保险费的主体究竟是劳动者还是社会保险经办机构?有的地方法院判决劳动使用者直接将拖欠的社会保险费支付给劳动者本人，然后由本人再向社会保险经办机构缴纳。这样判决显然是不妥的。因为依照我国的社会保险法规，只有社会保险经办机构才有权受领社会保险费。劳动者虽然是社会保险的受益者，但是却无权直接从劳动使用者手中领取社会保险费，只能在符合条件的情况下向社会保险经办机构申请社会保险待遇。然而，如果法院判决劳动使用者向社会保险经办机构支付社会保险费，这又不符合民事诉讼的性质。因为社会保险经办机构只是一个案外第三人，而且是政府机构，无权受领该诉讼带来的赔付。这样不论是将此类案件作为民事案件受理还是作为行政案件受理都难以从法理上作出令人信服的解释。

本书认为，社会保险权争议本身还可以进一步划分为两种情况：一种是劳动者与劳动使用者之间的社会保险权争议，主要是劳动者因为劳动使用者不依法为其办理社会保险手续并缴纳社会保险费方面的争议；另一种是劳动者或劳动使用者与社会保险经办机构之间的社会保险权争议，如劳动者因为领取社会保险待遇的资格与社会保险经办机构的争议，或者劳动使用者因为社会保险费的征缴与社会保险经办机构之间的争议等。前者应当属于劳动争议，按照现行劳动争议处理机制可以解决；后者属于行政争议案件，由行政审判庭负责审理。诉讼当事人也根据案件的不同性质加以确定。然而，由于社会保险权争议具有私法请求权与公法请求权相竞合的特点，因此无论是按照民事案件审理还是以行政案件审理，在理论上都无法自圆其说。因此，从长远来看，我国应当借鉴德国社会法院的经验，在各级人民法院内部成立专门的社会保险审判庭，专门负责社会保险案件的审理。而且审判组织要遵循三方合作的原则，由专职法院、劳动者代表、劳动使用者代表三方共同组成。这样才能从根本上解决社会保险权争议的受理难题，更好地从司法角度保障劳动者的社会保险权。

第七节　工作环境权

一、工作环境权的概念及其由来

工作环境权是指劳动者应当在能够保障其安全和身体健康的环境中进行工作的权利。所谓的“健康”，比传统意义上的概念含义更为广泛，根据国际劳工组织 1981 年制定的《职业安全卫生与工作环境建议书》（第 164 号建议书）的规定，健康不仅限于没有病痛，还包括在工作时，劳工身体上与心理上是否舒适。国际劳工组织对于健康的定义，是采用了世界卫生组织的观点，即所谓健康是指完全的身心舒适与幸福感，不仅限于没有病痛。[①] 我国《劳动法》没有采用“工作环境权”的提法，但是该法第 3 条明确规定，劳动者享有获得劳动安全卫生保护的权利。这里的“获得劳动安全卫生保护的权利”，实际上与工作环境权是同义的。

---

① 黄越钦：《劳动法新论》，中国政法大学出版社，2000 年，第 627 页。

工作环境权是劳动保护法发展到一定程度之后才产生的。从19世纪以来，各国纷纷制定了大量的劳动保护立法，对劳动安全卫生进行规范。早期的劳动保护立法，一般是针对某一方面的问题或者某一个特定人群进行立法。最初的劳动立法主要是针对特定群体的劳动时间问题，以保护这些劳动者的安全与健康，如对童工的工作时间限制，对女工夜间工作的限制，等等。最早的两个国际劳动公约，即1906年在伯尔尼签订的《关于禁止工厂女工夜间工作的公约》和《关于禁止（在火柴制造中）使用白磷的公约》，内容都是有关劳动保护问题的。前者是以特定人群的劳动保护问题为主要内容，后者是以特定产业的特定材料为规范对象，都只涉及劳动安全与卫生的某一方面的问题。各国这样的立法日积月累，数量十分庞大。然而，这些立法并没有统一的规划或者指导思想，互相之间缺乏配合，因此造成了对劳动者的保护不够周密，也未能很好地起到对安全事故的控制作用。

20世纪70年代以来，随着大量新材料、新设备、新工艺的采用，劳动安全卫生事故呈现出有增无减的趋势，而且出现了很多新型的工作环境危害。据国际劳工局不完全统计，全世界每年死于劳动事故和职业病的产业工人数以10万计，因工负伤的工人估计每年在5000万以上。[①] 而且近二三十年来，由于大规模使用新材料，工作场所和环境的污染问题变得更严重了。很多灾害事故的发生，都是由于多种因素造成的，不仅包括工作场所中生产设备及所使用的有毒有害材料或者物质，而且还包括生产场所的工作环境和厂房设计，以及企业管理人员、现场操作人员的安全教育与培训等方面。因此，对于劳动安全卫生问题，应当从整体工作环境入手，全面地加以整治。为此，一些国家遂产生了进行综合性立法的思想。

我国在2001年以前，也是制定了大量的劳动保护方面的立法，但是其中法律比较少，除了1994年7月颁布的《劳动法》有少量规定外，专门的法律只有1992年11月颁布的《矿山安全法》。此后，我国通过颁布《职业病防治法》，明确了劳动者享有职业卫生保护权利，并系统地规定了企业在职业病防治方面的义务与责任。在2002年6月，又颁布了《安全生产法》，该法的第三章专门规定了“从业人员的权利与义务”。由此可见，我国劳动安全卫生方面的立法也已经从过去的专题立法转变为综合立法的模式，相应地，工作环境权的概念在我国已经基本确立，劳动者的劳动安全与卫生权利得到了更全面地保护。

二、工作环境权立法的意义

在我国，通过立法明确规定劳动者的工作环境权，对于更好地维护劳动者的生命安全与身心健康，促进我国经济的长期稳定发展，并且完善我国的劳动保护

---

① 王家宠：《国际劳动公约概要》，中国劳动出版社，1991年，第150页。

立法都具有十分重要的意义。

首先，明确工作环境权，可以更好地保护劳动者的生命安全与身体健康。发展经济的目的最终也是为了改善人民的生活质量，劳动者的健康与安全应当始终放在经济发展目标之上。工作环境权的本质是保护劳动者的生命健康权，生命健康权是我国宪法所保护的一项公民基本权利，是指公民对于生命安全、身体组织完整和生理机能及心理状态的健康所享有的权利，包括生命权、身体权和健康权。如果劳动者的工作环境权得不到保障，那么势必会损害其生命健康权。因此，劳动者的工作环境权本身也具有人权的属性。

其次，明确工作环境权，可以促进我国经济的长期稳定发展。任何一个国家的经济发展都不能建立在牺牲工人利益的前提之下。劳动力本身也是一个国家的重要人力资源，如果不能有效地对他们加以保护，将会直接给国家的生产力造成难以弥补的损失。另外，危险或者肮脏的工作环境会影响劳动者的生产积极性，影响生产效率的提高。因此，劳动者的安全与卫生和国民经济发展并不矛盾，我们决不能为了节省一时的成本，而损害劳动者的工作环境权利。

最后，明确工作环境权，可以更好地促进我国劳动保护立法的完善。一旦明确了工作环境权，则可以起到纲举目张的效果。围绕工作环境权，过去关于特定行业、特定人群以及特定生产材料或物质的劳动保护立法，都可以统一起来。系统做到以安全卫生事故的预防为重点，通过改善生产环境，完善安全防护设施，加强相关人员的教育与培训，制定相应的事故救助与处理制度，并且加重侵犯劳动者工作环境权的法律责任，从而彻底改变生产场所的安全卫生状况，建立起系统而全面的劳动保护法律制度。

三、工作环境权的主要内容

就总体而言，工作环境权的基本内容就是劳动者有权获得一个安全卫生的工作环境。根据我国目前的立法体系，工作环境权主要分为获得安全生产保障的权利和获得职业卫生保护的权利两个方面。然而这仍嫌粗略，未能将工作环境权的内容具体化和类型化。结合国内外的相关立法，本书认为工作环境权可以细分为以下八项具体的权能：

1. 获得必要的安全卫生条件和防护用品的权利

这是保障劳动者劳动安全与卫生的最基本要求。提供安全卫生条件和发放必要的防护用品，既是劳动者的一项权利，也是法律规定的劳动使用者的一项基本义务。我国《劳动法》第 54 条规定：劳动使用者必须为劳动者提供符合国家规定的劳动安全卫生条件和必要的劳动防护用品。劳动安全卫生条件主要包括工作场所和生产设备两个方面的劳动安全卫生条件。我国《安全生产法》和《职业病防治法》对有关方面作了具体规定。

2. 安全卫生问题方面的决策参与权

根据《劳动法》、《安全生产法》及《职业病防治法》，企业内的安全卫生保障主要是劳动使用者的责任。由于工作环境直接涉及劳动者的切身利益，在企业进行有关安全卫生问题的决策时，劳动者应当有权参与决策过程。这样一方面可以防止企业片面追求经济效益，制定的决策损害劳动者的工作环境权利；另一方面还可以通过劳动者的积极参与，发挥集体智慧的优势，提高决策的科学水平。我国《安全生产法》规定：工会依法组织职工参加本单位安全生产工作的民主管理和民主监督，维护职工在安全生产方面的合法权益。另外，《工会法》也有类似的规定。

3. 知情权

知情权包括两方面的含义。其一是指劳动者个人的知情权。为使劳动者在生产过程中能够尽到充分的注意，切实有效地防止生产事故或者职业危害的发生，有必要让劳动者了解生产过程中存在的危险。其二是企业内职工代表机构的知情权。因为职工代表机构依法享有参与企业内部劳动安全卫生决策过程，并且监督企业执行有关劳动安全卫生法规的权利，企业应当向职工代表机构提供必要的资料或者情报。否则，职工代表机构就不能有效地履行其安全卫生方面的监督权利。由于我国劳动法在职工安全卫生决策参与制度方面尚不够完善，因此这方面的规定也较薄弱。但根据《工会法》第 25 条规定，如果工会要对企业的安全卫生问题进行调查，企业自然应负有提供相应资料的义务。

我国《劳动法》、《劳动合同法》主要规定了劳动者个人的知情权。而且我国《安全生产法》和《职业病防治法》等法律也规定，劳动者有权了解其作业场所和工作岗位存在的危险因素、防范措施及事故应急措施，有权了解工作场所产生或者可能产生的职业病危害因素、危害后果和应当采取的职业病防护措施。劳动使用者与劳动者订立劳动合同时，应当载明有关保障从业人员劳动安全、防止职业危害的事项，以及依法为从业人员办理工伤社会保险的事项；还应当将工作过程中可能产生的职业病危害及其后果、职业病防护措施和待遇等如实告知劳动者，并在劳动合同中写明，不得隐瞒或者欺骗。劳动者在已订立劳动合同期间因工作岗位或者工作内容变更，从事与所订立劳动合同中未告知的存在职业病危害的作业时，劳动使用者也应当向劳动者履行如实告知的义务，并协商变更原劳动合同相关条款。

4. 避险权

避险权是在劳动者认为工作环境对其生命和健康构成现实的危险时，可以自行决定停止工作并且撤离工作环境的权利。避险权具有自我救济的作用，赋予劳动者个人一定的自由裁量权，使其能够根据实际情况灵活地避免事故的发生。避险权的规定体现了人的生命高于一切的人道主义的精神，也符合现代宪法严格保护公民生命健康权的意旨，根据我国《劳动法》的立法精神，劳动使用者在生产场所发生危险的时候，不能要求劳动者冒险去抢救财产。如果劳动者认为工作环境危险，可以自己决定撤离险境，并立即向其上级报告。只要劳动者是基于对危险认识的一般常识而拒绝冒险工作，即使事后证明其判断错误，劳动使用者也不能因其拒绝工作而解除劳动合同或进行纪律处分。《安全生产法》、《职业病防治法》中也规定劳动者有权拒绝违章指挥和强令进行没有职业病防护措施的作业。

5. 受培训权

职场中的一个主要危险源就是现代化的机器设备和各类原材料。为了保障劳动者工作中的生命与健康，劳动使用者有义务对劳动者进行安全生产方面的教育与培训，特别是要对劳动者进行各类操作规程方面的培训。劳动者在生产安全与卫生方面所享有的受培训权，也是工作环境权的一个重要方面。我国《安全生产法》第 21 条至第 23 条，《职业病防治法》第 36 条都规定了劳动者有权获得职业卫生教育和培训。如果作为义务主体的劳动使用者没有尽到适当合理培训的义务，一旦发生各类安全生产事故，劳动使用者不仅要对劳动者在生命与健康方面受到的损害进行赔偿，甚至还可能受到行政处罚或刑事制裁。

6. 投诉权

如果劳动使用者不遵守生产安全与卫生方面的有关法律法规的规定，劳动者有权进行批评与投诉。投诉包括两种渠道：一种是企业内部的投诉，另一种是向政府主管部门的投诉。劳动使用者应当建立起内部的沟通与投诉机制，以处理劳动者对职业安全与健康方面的意见和投诉，只有这样才能使劳动者的工作环境权落到实处。同时，劳动使用者接受劳动者的投诉与意见也有利于其改善内部管理水平，预防生产事故的发生，并提高劳动者的工作积极性。我国《安全生产法》第 46 条，《职业病防治法》都规定，劳动者有权对劳动使用者违反职业病防治法律、法规以及危及生命健康的行为提出批评、检举和控告。

7. 接受救助权

一旦发生安全生产和职业卫生方面的事故，劳动者有权获得政府、社会和劳动使用者等各方面的积极救助。一旦发生职业事故，无论是政府部门还是劳动使用者都应当立即对劳动者实施救援，尽最大可能减少事故对劳动者生命与健康的损害。我国《安全生产法》从救援组织与救援行动两个方面对生产事故的救援工作做了规定；而在职业卫生方面，《职业病防治法》明确规定劳动者享有获得职业健康检查、职业病诊疗、康复等职业病防治服务的权利，该法从疑似病人的救助与职业病病人的救助两个方面规定了劳动者的接受救助权。

8. 损害赔偿请求权

如果劳动使用者违反安全生产与职业卫生方面的法律法规，给劳动者造成了生命或者健康方面的损害时，劳动者或其家属享有获得损害赔偿的请求权。根据

《安全生产法》第 48 条的规定，因生产安全事故受到损害的从业人员，除依法享有工伤社会保险外，依照有关民事法律尚有获得赔偿的权利的，有权向劳动使用者提出赔偿要求。《职业病防治法》第 52 条规定，职业病病人除依法享有工伤社会保险外，依照有关民事法律，尚有获得赔偿的权利的，有权向劳动使用者提出赔偿要求。

第九章　环境权与发展权

第一节　基本原理

环境权与发展权是新兴的人权形态，在国际人权法中它们属于所谓的新一代人权（new human rights）或第三代人权（the third generation human rights）。前联合国人权与和平分委员会主任卡莱尔·瓦萨克首先提出了三代人权理论。他认为，第一代人权是产生于美、法大革命之后的公民权利和政治权利，它是一种免于政府干预的自由；第二代人权是产生于19世纪末20世纪初社会主义运动之后的经济、社会和文化的权利，它是一种要求国家积极干预的权利；第三代人权的产生则与第二次世界大战后反对殖民主义压迫的民族解放运动有密切关系，它是一种社会连带性权利（solidarity rights），包括环境权、发展权、和平权、人类共同继承遗产权、交流和人道主义援助权，而环境权与发展权则是第三代人权的典型代表。瓦萨克在1979年7月人权国际协会第十届研究会议的开幕讲演中说，第三代的新人权“新就新在它们表示了新的渴望；新在从人权的观点来看，它们把人类的范畴输入到它经常被忽视的领域、过去留给国家或国家间的领域……新在它们既可以用来反对国家，又可以要求从国家那里得到权利。但首要的是（这里包含着它们的基本特点），只有通过这个社会舞台上个人、国家、公共的和私人的团体以及国际社会等所有角色的共同努力，这些权利才能实现”[①]。

环境权与发展权作为第三代人权的代表，具有与前两代人权不同的特征：第一，环境权与发展权的权利主体既包括个人，也包括个人的集合（民族、国家），它们既是个人权利，也是集体权利。第二，环境权与发展权既是“消极”权利，具有防御性功能，即免于国家的干预；又是“积极”权利，具有要求国家积极给付的功能，即国家的积极干预。第三，环境权与发展权是社会连带性权利，其实现有赖于个人、国家和国际社会的合作和共同努力。第四，环境权和发展权是“正在出现”的人权，前两代人权业已载入国际人权法律文献和各国国内法之中，而环境权和发展权尚未得到国际人权法的普遍确认，但是它们表明了国际人权法的发展方向。

环境权与发展权等第三代人权的提出，在发达国家和发展中国家之间引起了

---

① ［美］斯蒂芬·P. 马克斯：《正在出现的人权：八十年代的新一代人权?》，赵红野译，载《法学译丛》，1982年第2期。

强烈的争议。发达国家及其学者往往否定环境权与发展权的人权性质。他们的理由主要有[①]：第一，人权是个人因其人性尊严和人格所享有的权利，集体不是人权的主体。各种团体，包括国家在内，能够而且的确也拥有各式各样的权利，但是它们不是通常意义上的人权。第二，环境保护和经济、社会发展能够也应当成为社会政策的目标或政治纲领，但是不能成为法律上可执行的权利。第三，法律权利和道德权利有明显的区别，环境权和发展权等第三代人权可以认为是道德权利，但不是法律上的权利。

围绕着环境权与发展权等第三代人权所产生的争论，反映了不同文明和文化对待人权的不同态度和观念。西方反对第三代人权的学者总是把集体人权与个人人权对立起来，重视公民权利和政治权利，轻视经济、社会和文化权利，认为第三世界国家重视和宣传集体人权是为了取代公民权利和政治权利，甚至担心集体人权可能会成为第三世界国家反对西方民主和人权的借口。西方的人权观念并不必然地具有普适性，我们应该立足于文明的多样性来理解人权。日本学者大沼保昭深刻地指出，在认真认识和议论由欧洲产生、且由欧美为旗手的近代文明的功罪过程中，也就不能不对同样是近代产物的人权、尤其是个人中心主义和自由权中心主义的人权存在形态提出疑问。人权对世界上所有人们来说都具有魅力，也是世界上所有人们应该受到保障的价值，正因为如此，我们就更应该努力克服人权概念中所隐藏的欧美中心主义，立足于多种文明来理解人权。[②] “虽然这些新人权遭到了强烈的反对，但我们不应忘记，以往其他革命之后所宣布的权利，也曾受到许多反对者鼓噪一时的贬毁。”[③] 环境权和发展权等第三代人权虽然基本上还未得到实在法的有力的全面的确证，它们是正在浮现的人权（emerging human rights），但是它们反映了当代人权法的发展方向和趋势。

第二节　环　境　权

一、环境权的提出与发展

在生产力水平低、人口少的条件下，阳光、空气和水等环境构成要素都被认为是无限的，并不具有稀缺性。这些环境要素既可以满足人们的生活需要，又可以满足人们的生产需要，二者之间不构成竞争用途。但是随着生产力的发展和人

---

① Robertson and Merrills, *Human Rights in the World*, Manchester University Press, 1996, pp. 294～296.

② ［日］大沼保昭：《人权、国家与文明——从普遍主义的人权观到文明相容的人权观》，王志安译，生活·读书·新知三联书店，2003 年，第 200 页。

③ ［美］斯蒂芬·P. 马克斯：《正在出现的人权：八十年代的新一代人权?》，赵红野译，载《法学译丛》，1982 年第 2 期。

类文明的提高以及人口的膨胀，自然环境的组成与结构被大规模改变，清洁的水、空气、安宁、阳光等环境要素作为稀缺性资源的特性逐渐显露出来，人类的生存利益和生产利益在对环境的需求上产生了矛盾。为此，社会就有必要对人类的利益作出制度性安排，赋予主体一定的权利，平衡与制约各微观主体之间因利用稀缺性环境资源而发生的关系。这种权利是一种公用资源的共有支配权，也就是"环境权"。由此可见，"稀缺性"是环境权产生的经济原因。而20世纪以来的环境保护运动和人权观念的勃兴，则为环境权理论的形成提供了伦理和法律的基础。

环境权的研究和提出始于20世纪60年代。当时美国密执安大学的萨克斯教授提出"环境公共财产论"、"环境公共委托论"。他认为，空气、水、阳光等人类生活所必需的环境要素，在当时受到严重污染和破坏以致威胁到人类正常生活的情况下，不应再视为"自由财产"而成为所有权的客体，环境资源就其自然属性和对人类社会的极端重要性来说，它应该是全体国民的"公共财产"，任何人不能任意对其进行占有、支配和损害。为了合理支配和保护这种"共有财产"，共有人委托国家来管理。国家对环境的管理是受共有人的委托行使管理权的，因而不能滥用委托权。于是，有人便在"公共财产论"和"公共委托论"的基础上提出了环境权的观点，认为每一个公民都有在良好环境下生活的权利，公民的环境权是公民最基本的权利之一，应该在法律上得到确认和保护。[①]

1970年3月，在东京召开的一次关于公害问题的国际座谈会上发表的《东京宣言》第5项提出："我们请求，把每个人享有的健康和福利等不受侵害的环境权和当代人传给后代的遗产应是一种富有自然美的自然资源的权利，作为一种基本人权，在法律体系中确定下来。"在同年9月召开的日本律师联合会第13届人权拥护大会上，仁藤一、池尾隆良两位律师作了题为《"环境权"的法理》的报告，明确提出了环境权的主张。他们认为，任何人都可以依照（日本国）宪法第25条（生存权）规定的基本权利享受良好的环境和排除环境污染，主张清洁的空气和水以及没有噪声、安静的环境是每一个在该地区居住的国民的共有财产。

自20世纪70年代开始，环境权被载入宪法。根据笔者对各国宪法的统计，目前已有53个国家在宪法中确认了环境权，具体见表9-1。[②] 其中，原南斯拉夫联邦是最早在宪法中确认环境权的国家。1974年《南斯拉夫社会主义联邦共和国宪法》第192条规定："人有得到健康的生活环境的权利。社会共同体为行使

① 陈泉生：《环境法原理》，法律出版社，1997年，第101、102页。
② 吴卫星：《环境权研究——公法学的视角》，法律出版社，2007年，第58页。

这一权利保证条件。”[①] 20世纪90年代以来，各国在制定或者修改宪法时大多增加了环境权条款。

表 9-1　环境权入宪的国家和时间

亚洲	韩国（1987）、蒙古（1992）、阿塞拜疆（1995）、格鲁吉亚（1995）、吉尔吉斯斯坦（1993）、土耳其（1982）、菲律宾（1986）
非洲	埃塞俄比亚（1995）、安哥拉（1992）、贝宁（1990）、布基纳法索（1991）、多哥（1992）、佛得角（1992）、刚果共和国（1992）、喀麦隆（1996）、马里（1992）、莫桑比克（1990）、南非（1993）、尼日尔（1999）、塞舌尔（1993）、圣多美和普林西比（1990）、乌干达（1995）、乍得（1996）
欧洲	俄罗斯（1993）、白俄罗斯（1996）、摩尔多瓦（1994）、乌克兰（1996）、保加利亚（1991）、比利时（1994）、法国（2005）、芬兰（1995）、捷克（1991）、克罗地亚（1990）、拉脱维亚（1998）、马其顿（1991）、挪威（1992）、葡萄牙（1976）、斯洛伐克（1992）、斯洛文尼亚（1991）、西班牙（1978）、匈牙利（1989）、黑山（1992）、塞尔维亚（2006）
拉丁美洲	阿根廷（1994）、巴西（1988）、厄瓜多尔（1983）、哥伦比亚（1991）、委内瑞拉（1999）、智利（1980）、尼加拉瓜（1986）、巴拉圭（1992）、哥斯达黎加（1994）、秘鲁（1993）

二、环境权的含义

所谓环境权，是指每个人在良好环境中享受一定环境品质的基本权利。在现代社会，环境权是一种基本人权，已经得到许多国家宪法和国际法的确认。环境权作为宪法基本权利的一种得以被确认，是当代宪法对社会现实生活的积极回应，是宪法维护人性尊严和人权保障之理念在当今环保时代的具体体现。

环境权的人权属性植根于人之本性的深层需要。人权是普遍性和相对性的统一。但总的发展趋势是，人权相对性的适用范围将逐步缩小，人权普遍性的适用范围将逐步扩大。人权具有普遍性，是因为人权是人作为人所享有的权利，是基于人类有着共同的利益和共同的理想与道德。[②] 例如，保障安全、向往自由、追求幸福，这是世界上任何人都有的愿望和要求，是出自人的本性，这就产生了生命权、自由权等基本人权。人人都有在良好环境下生存的愿望，在20世纪以来生态危机的大背景下自然就产生了环境权的诉求，这也出自人的本性。

美国著名心理学家马斯洛所开创的“人本主义心理学”为我们阐释了关于人类动机和需要的理论，也为我们提供了环境权人权属性的心理学基础。马斯洛系统地提出了需要层次论，指出人类的需要呈现出由低到高五个不同的层次，即生

---

① 姜士林、陈玮：《世界宪法大全》（上），中国广播电视出版社，1989年，第909页。

② 李步云：《人权法学》，高等教育出版社，2005年，第64～70页。

理需要、安全需要、归属和爱的需要、尊重需要、自我实现的需要。所谓生理需要，是维持个体生存和种族发展的需要，也是人的各种需要中最原始、最基本、最需优先满足的一种需要，包括食物、水、性交、排泄和睡眠等。安全需要是个体希望获得稳定、安全、秩序、保障，免受恐吓、焦虑和混乱的折磨等的需要。归属和爱的需要，是个人对友伴、家庭的需要，对受到组织、团体认同的需要。尊重需要是个人对自己尊严和价值的追求，包括两个方面：一是希望得到别人的尊重，如得到关心、承认、赏识、赞许、支持和拥护等，由此产生认可、威信、地位等情感；二是个人对自己的尊重，由此产生胜任、自信、自强、自足等情感。所谓自我实现，可以归入人对于自我发挥和完成的欲望，也就是一种使他的潜力得以实现的倾向。[①]

如果我们将需要层次论与当今的环境时代结合起来的话，就会发现环境人权的确立与马斯洛所言的五种需要均有密切的关系。大自然为人类提供了水、食物、空气等人类生存所必需的物质和能量，生态危机对人类的生理需要构成直接的威胁。严重的生态危机标志着人与自然关系和秩序的失衡，同时会导致大规模的社会冲突和社会秩序的紊乱，导致人们安全的需要无法满足。人既是社会之子，亦是自然之子，生态危机既起因于人与自然关系的割裂和对立，又直接导致人无法安身于饱经污染和破坏的大自然。重新回归自然，享受良好的环境，是作为自然之子的人类的“归属的需要”。生态危机导源于人的异化，环境权的确立将有助于消除人的异化，重塑人的主体性，重新确立人的自尊。大自然与人的自我实现也有密切的关系，马斯洛在 1962 年提出了“高峰体验”（peak experience）这一概念，它是指人在进入自我实现和超越自我状态时所感受到的一种极乐的瞬时体验。马斯洛曾列举了人产生高峰体验的一些情境和时刻，其中包括“与大自然的交融”，如在森林里，在海滩上，在丛山中。[②]

在当今时代，在良好环境下生活的权利诉求是人之本性的体现，它既具有普遍性，又具有相对性。马斯洛需要层次论中的生理需要、安全需要、归属和爱的需要、尊重需要可以合称为基本需要（basic need）。它是指个体不可或缺的普遍的生理和社会需求，它不是某一社会文化所特有的，而是人类共同具有的。[③] 当今世界面临着生态危机全球化的困境，保障每个人在良好环境下生活的权利正是满足人类基本需要的重要条件。无论是发达国家还是发展中国家，这一点是具有普适性的。当然，环境权的实现，要以国家的经济和科技实力作为重要的保障。相对而言，发展中国家的人民对环境利益的要求可能就要低一些，而发达国家的

---

① ［美］马斯洛：《动机与人格》，许金声等译，华夏出版社，1987 年，第 44～54 页。

② 车文博：《人本主义心理学》，浙江教育出版社，2003 年，第 141～148 页。

③ 车文博：《人本主义心理学》，浙江教育出版社，2003 年，第 120 页。

人民在满足其基本需要后就会向更高一层的自我实现需要迈进。

三、环境权的特质

环境权作为一种新兴的基本人权，有一些新的特色，主要表现在权利的主体和内容方面。

（一）环境权具有集体共享的特征

传统的权利可以为权利主体独占性的享有，如财产所有权人可以对其财产行使占有、使用、收益和处分的权利，也即可以对其财产行使独占性的排他性的权利。

环境权虽然是一种个人人权，但是，由于地球环境具有整体性，因此，它具有集体共享的特征，即某一区域的所有人共同享有一定环境质量的环境权，环境质量无法为个人独占性的享有。也正因为如此，环境权若受到侵犯，受害者往往不是一个人，而是某一区域的许多人。

（二）环境权的内容是具有生态性的、审美的、精神的、文化的利益

环境权实质上是一种对一定环境品质的享受权，是实体性的权利。各国法律往往将其称为清洁环境权（right to a clean environment）、健康环境权（right to a healthy environment）或良好环境权（right to a good environment）。例如，1980 年第 8 次修改的《韩国宪法》第 33 条规定："国民有生活于清洁环境之权利，国家及国民，均负有环境保全之义务。" 1993 年通过的《俄罗斯联邦宪法》第 42 条规定："人人有权享有良好环境及有关环境状况之可靠资讯，也有权要求因违反环保法律所造成对其健康或财产损害之赔偿。" 1995 年通过的芬兰宪法修正案第 14a 条规定："每个人都对自然及其生态多样性、环境和文化遗产负有责任；政府部门应当确保公民享有健康环境权，并且有机会影响与其生活环境有关的决策。"

环境权的直接客体是环境以及各种环境要素，其中包括土地、水、森林、草原等各种自然资源。此种环境资源的价值具有多元性。罗尔斯顿指出，自然的价值包括了经济价值、生命支撑价值、消遣价值、科学价值、审美价值、生命价值、多样性与统一性价值、稳定性与自发性价值、辩证的（矛盾斗争的）价值、宗教象征价值。① 他对环境价值的分类虽然烦琐，但却道出了环境价值的多样

① ［美］罗尔斯顿：《哲学走向荒野》，刘耳、叶平译，吉林人民出版社，2000 年，第 119～150 页。

性。而环境保护心理学为我们了解环境价值提供了另外一个向度。[①] 环境保护心理学以及生态心理学家认为，在环境价值中包含着重要的心理成分或心理学价值，以威尔逊在其《生命的未来》以及美国心理学会《心理学导引》中所强调的“荒野”的环境价值为例，其中的心理学意义表现在三个方面：①身心的治疗与治愈。人的身心疾病，具有源自环境失调的起因，包括居住和构建环境、自然环境以及社会环境，同样，和谐自然的环境本身，也具有对人类身心疾病的医治和疗愈的作用。②心理的满足与和谐。环境价值中包含着对人类心灵的慰藉，“原野、森林、草场、河流、蓝天”这些象征人与自然和谐的意象，实际上也是人的内在和谐不可或缺的重要元素。③心性的需要与发展。环境价值与传统的伦理价值和社会价值同样重要，并且将人的道德思考提升于生态和自然的层面，这是人类心性的一种新的境界，这本身便意味着人类心性的发展。[②]

在环境价值多元性的背景下，经济法、物权法注重的是对资源的开发以及对其经济价值的利用，而环境法则是从自然资源的生态价值出发，侧重于对资源的保护。与之相对应的是，环境权本质上是对于环境资源的质量或品质的享受，是对其非经济价值的利用和享受。而对于环境资源经济价值的利用和享受，则是物权的内容。因此，环境权虽是一种实体性的权利，但它不同于传统的物权及其他权利，其客体虽是以物质形态存在的环境及其构成要素，但其内容却是从物质的客体中呈现出来的生态的、文化的、精神的或审美的利益。例如，联合国 1994 年《人权与环境原则草案》第 13 条指出，“任何人皆享有基于文化、生态、教育、健康、生活、娱乐、精神或其他之目的，而公平享受因自然资源之保护及永续利用所生利益之权利。其包括生态上平等接近自然之权利。任何人皆享有保存独特遗址之权利，而与生活于该区域人民或族群之基本权利相合致”[③]。此点正是环境权作为新兴的权利所表现出来的特质，从而区别于传统的其他权利。遗憾的是，许多环境权论者，未能体察出环境权的这种特殊内容，仍然把对环境资源的开发、利用等经济性权利作为环境权的内容，从而混淆了环境权与物权的区别，也使得环境权作为一种独立的权利型态难以获得认同。

环境权是公民对健康、清洁、良好环境的享受。但是，何谓健康、清洁、良

---

① 环境保护心理学（environmental conservation psychology）是 21 世纪的一个新兴学科，2003 年《人类生态观察》（*Human Ecology Review*）第 2 期是“环境保护心理学”的专辑，这可视为环境保护心理学家面对全球生态危机的宣言。2005 年 7 月 7 日，美国心理学会的《心理学导引》（*Monitor on Psychology*）刊登专稿，介绍“环境保护心理学”，题目为《荒野的呼唤》（*The call of the wild*），环保心理学呈现出一种新学科的发展趋势，引起了国际学术界的关注。参见徐锋、申荷永：《环境保护心理学：环保行为与环境价值》，载《学术研究》，2005 年第 12 期。

② 徐锋、申荷永：《环境保护心理学：环保行为与环境价值》，载《学术研究》，2005 年第 12 期。

③ 李建良：《论环境保护与人权保障之关系》，载《东吴大学法律学报》，第 12 卷第 2 期，第 43 页。

好的环境？其判断标准是什么？这常常是对环境权持反对立场的人所要发问的，他们认为，判断标准过于模糊，从而难以承认环境权作为一种具体的权利而存在。本书认为，环境权作为一项具体权利固然因其具有一定模糊性而存在缺憾，但是，这种缺憾并非不可克服。就像可以计算出特定地区和时期的最低生活保障金一样，健康、清洁、良好的环境可以通过一定的环境质量标准和一系列的污染物排放标准而予以具体化。

关于良好环境的界定，俄罗斯生态法学家叶罗费耶夫认为，良好环境应当理解为其各种参数均符合法律规定的保证人的生命和健康、保护植物和动物以及保存遗传基因的各项标准的环境。这些标准包括：有害物质最高容许浓度标准，噪声、振动、磁场和其他有害物理影响最高容许程度标准，辐射影响的最高容许程度标准，自然环境最大容许负荷标准，卫生防护区标准等。[①] 另一位俄罗斯学者布林丘克则认为，良好环境应同时满足三个方面的条件：第一，环境质量应符合俄联邦立法规定的自然环境质量标准的要求。第二，拥有足量的自然资源，且自然资源的再生处于良性循环状态。自然资源按规定的限额使用。第三，能满足人的审美及其他方面的需要，满足保存生物多样性的需要。[②] 我国学者高家伟博士认为，基本环境权利是指公民按照宪法规定享有的得到和享受清洁、健康和美丽的环境的权利。清洁是指符合公共卫生标准，没有污染和环境破坏；健康是指环境本身是一个良性循环的生态系统，具有足够的消化能力和承受能力，能够保持环境构成要素的生态平衡；美丽是指环境的外观和结构符合美学标准，具有赏心悦目的作用。清洁、健康和美丽是三个密切联系在一起的标准，不可割裂。[③]

以上学者都认为环境权的内容可以具体化和数量化，但他们的观点也有差异。按照叶罗费耶夫的观点，良好环境是指符合安全、卫生的标准；而布林丘克和高家伟博士的观点则超越了安全、卫生的标准，还包括符合审美等的需要。本书比较倾向于后两位学者的意见。首先，资源利用、环境污染和破坏应当在环境自净能力和生态系统承载能力范围之内，应当要符合污染物排放标准和环境质量标准，以达到保障生态安全以及人与动植物的身体或物理的健康。这是良好、健康环境的最基本的要求。其次，良好环境应该超越不危害人体及动植物健康的标准，还应该满足人们审美的、文化的、精神的需求。但是，需要注意的是，保障健康的标准可以精确化，而保障人们审美的、文化的、精神的需求的标准就相当地具有弹性（但绝不说就完全没有衡量的标准）。并且，对后者的保障往往受制

---

① 王树义：《俄罗斯生态法》，武汉大学出版社，2001 年，第 186 页。

② 王树义：《俄罗斯生态法》，武汉大学出版社，2001 年，第 186、187 页。

③ 高家伟：《欧洲环境法》，工商出版社，2000 年，第 116、117 页。

于一国的经济和社会的发展程度。对于一个发展中国家或者一个最不发达国家来说，对于健康进行有效的保障是一个最基本的、最重要的任务。而对于发达国家来说，在人之健康已经能够得到有效保障的前提下，则应当努力满足国民精神上的需求。质言之，判断良好环境的标准应该是动态的既具有普遍性又具有特殊性的标准，是一组多层次的而不是单一的标准。

第三节 发 展 权

一、发展权的历史发展

发展权的提出具有深刻的政治、经济背景。第二次世界大战后，世界经历了非殖民化的过程，许多亚、非、拉国家获得了民族和国家的独立，对联合国和整个世界政治力量的对比发生了重大影响。但是，绝大多数发展中国家虽然取得了政治独立，经济上却仍然受西方发达国家的剥削和控制。因此，争取平等的发展机会和发展权利就成为新兴发展中国家的诉求。

最早提出发展权利主张的是阿尔及利亚的正义与和平委员会于1969年发表的关于“不发达国家发展权利”的报告，该报告首次使用了“发展权利”四个字。塞内加尔第一任最高法院院长、人权国际协会副主席凯巴·姆贝耶1972年在斯特拉斯堡人权国际协会开幕式上作了题为《作为一项人权的发展权》的演讲，第一次把发展权作为国际人权进行了系统的阐述。他认为，发展权是一项人权，因为人类没有发展就不能生存。后来，瓦萨克提出第三代人权理论时，将发展权归入了第三代人权之中。

在发展中国家的推动下，1961年第16届联合国大会一致通过决议，制定了第一个国际发展战略，确定了发展中国家国民总收入最低5%的年增长率目标，以便缩小与发达国家的人均收入差距。1969年第24届联合国大会通过的《社会进步和发展宣言》对社会进步与发展的重要原则、目标、方法与手段作了较全面的规定，把促进发展中国家的经济进步的视野从保障其基本经济主权拓展到了寻求新的发展方式和机遇上。该宣言宣布，“各会员国应有责任采取各种旨在促进整个世界社会进步，特别是帮助发展中国家加速其经济成长的对内和对外政策”。宣言虽然没有明确提出发展权的概念，但已经包含了发展权问题的几乎全部内涵。

1977年联合国人权委员会通过了第4号决议，第一次在人权委员会系统内承认发展权是一项人权。1979年联合国人权委员会通过第5号决议，重申发展权利是一项人权。同年11月23日，联合国大会第通过第34/46号决议，即《关于发展权的决议》，明确“强调发展权利是一项人权，平等的发展机会既是各个国家的特权，也是各国国内个人的特权”。

20世纪80年代是联合国确定的第3个发展十年。1981年3月，联合国人权委员会通过决议，成立了发展权问题政府专家工作组，负责研究“发展权的范围与内容以及确保在所有国家实现各种国际文书所规定的经济、社会和文化权利的最有效措施”。1985 年，关于发展权的政府专家工作组向人权委员会提交了一份有关发展权的宣言草案和具体建议。1986 年 12 月 4 日，第 41 届联合国大会以第 41/128 号决议通过了《发展权利宣言》，明确宣布“确认发展权利是一项不可剥夺的人权”。为迎接 1993 年世界人权大会的召开，非洲、拉丁美洲和亚洲分别于 1992 年 10 月、1993 年 2 月和 3 月召开了筹备会议，通过了《突尼斯宣言》、《圣约翰宣言》和《曼谷宣言》，都确认发展权是一项不可剥夺的人权。1993 年世界人权大会通过了《维也纳宣言和行动纲领》，再次重申发展权是一项基本人权。

二、发展权的渊源

发展权的渊源主要包括国际人权公约有关发展权的规定和联合国大会等国际会议通过的一些决议。

《公民权利和政治权利国际公约》与《经济、社会和文化权利国际公约》首次以国际公约的形式肯定了谋求发展的权利。两公约共同在第 1 条第 1 项规定了民族自决权：“所有人民都有自决权。他们凭这种权利自由决定他们的政治地位，并自由谋求他们的经济、社会和文化的发展。”发展权与民族自决权有着密切的关系，“发展权来自民族自决权，与民族自决权有着同样的性质。如果我们在承认民族自决权是一项上位的和神圣不可侵犯的原则的同时却不承认已取得自决权的民族有发展的权利，那么，这种承认就没有多大的意义。发展权是各民族固有的和内在的一种权利，它是民族自决权中不可分割的一部分”①。

1981 年《非洲人权和民族权宪章》是第一个确认发展权的区域性国际人权文件。该宪章第 22 条规定：“（一）一切民族在适当顾及本身的自由和个性并且平等分享人类共同遗产的条件下，均享有经济、社会和文化的发展权；（二）各国有义务单独或集体保证发展权利的行使。”

1986 年《发展权利宣言》明确宣布：“确认发展权利是一项不可剥夺的人权，发展机会均等是各个国家和组成国家的个人的一项特有权利。”

《维也纳宣言和行动纲领》宣布：“世界人权会议重申，《发展权利宣言》所阐明的发展权利是一项普遍的、不可分割的权利，也是基本人权的一个组成部分。……各国应相互合作，确保发展和消除发展障碍。国际社会应促进有效的国际合作，实现发展权利，消除发展障碍。”

---

① 国际人权法教程项目组：《国际人权法教程》（第一卷），中国政法大学出版社，2002 年，第 465 页。

三、发展权的含义

《发展权利宣言》指出，发展权利是一项不可剥夺的人权，由于这种权利，每个人和所有各国人民均有权参与、促进并享受经济、社会、文化和政治发展，在这种发展中，所有人权和基本自由都能获得充分实现。发展权整合了集体权利和个人权利两个层面的内涵：作为国家和民族的集体权利，发展权要求所有国家和人民公平分享世界经济发展带来的经济和社会利益，敦促发达国家与发展中国家进行有效的国际合作，向发展中国家提供促进全面发展的适当手段和便利；作为个人权利，发展权确认人是发展的主体，人应该成为发展权利的积极参与者和受益者，国家有权利和义务制定适当的国家发展政策，在全体人民和所有个人积极、自由和有意义地参与发展及其带来的利益的公平分配的基础上，不断改善全体人民和所有个人的福利。

（一）发展权的主体

关于发展权的主体，国际人权法学界存在三种观点：第一种观点认为，只有个人是发展权的享受者。第二种观点认为，只有社会、集团或集体才是发展权的主体。这是由提出社会连带权即第三代人权的学者瓦萨克等提出的，认为发展权等新型人权的显著特征在于它们是一种集体人权，发展权的享有者是集体而非个人。第三种观点认为，将发展权分解为个体的权利和集体的权利是错误的，因为集体的权利是通过集体的行为实现的个体的权利。发展权在原则上和结论上是一项个人权利，在其实现方式上是一项集体权利。我国学者汪习根教授在分析上述三种观点后，认为发展权的主体既包括个人，也包括集体，主体的双重性正是发展权成为一项独立人权的基本标志。国家和民族在国际社会的发展关系中，是人权的主体；国家内部组成国家的人民是国内法意义上的发展权主体。发展权既是国家主体依据国际人权法所享有的权利，也是国内人民主体依其人权法应享有的一项权利。[①] 本教材认为，集体发展权和个人发展权既有相互依存、相互促进的一面，也有相互冲突的一面。集体的发展往往会有利于个人的发展，但是集体的发展并不必然增进每个人的发展，甚至可能会牺牲一部分人的发展。需注意的是，集体的发展本身不是最高的目的，而是实现个人发展的手段。所有人的全面的自由发展才是社会的最高目标。因此，“发展是一个综合的、深入的、长期的事情，个人权利应该是发展不可分割的部分，发展不应作为蔑视权利的基础。发展——不管是作为一项社会目标还是一项权利——都不允许吞没《世界人权宣

---

① 汪习根：《法治社会的基本人权——发展权法律制度研究》，中国人民公安大学出版社，2002年，第61～83页。

言》所规定的人权”[①]。

（二）发展权的内容[②]

发展权的内容是全面而广泛的，既包括物质方面的，也包括精神方面的。《发展权利宣言》的序言指出：“承认发展是经济、社会、文化和政治的全面进程，其目的是在全体人民和所有个人积极、自由和有意义地参与发展及其带来的利益的公正分配的基础上，不断改善全体人民和所有个人的福利。”据此，发展权的内容可分解为政治发展权、经济发展权、社会发展权和文化发展权。但是，这四个方面又是相互联系、相互依存的。《发展权利宣言》第 9 条第 1 项规定，本宣言规定的发展权利的所有方面都是不可分割和相互依存的，各方面均应从整体上加以解释。

1. 政治发展权

就发展权的集体而言，政治发展权主要是指每个国家和民族都有权在不受任何外来干涉或压迫的情况下自由地选择其社会和经济制度并独立决定自己的发展模式，也即意味着民族自决权的充分实现。就个人而言，政治发展权是指个人的选举权和被选举权等政治权利的不断发展和充分实现。

2. 经济发展权

就集体而言，经济发展权是指国家、民族有权要求建立公正合理的国际经济关系；在国际贸易、金融和生产结构中有平等的机会去发展自己；有权自主地利用和开采本国所有的自然资源；有自主决定并调整本国经济结构和发展政策的权利，包括产业结构、经济发展目标及其具体实施措施的决定权。就个人而言，经济发展权是社会每个成员通过自己的劳动享有的，积极参与本国、本民族及世界范围的经济发展活动并获取经济发展所带来的物质利益的权利，是劳动权利和享受劳动成果权利的统一。[③]

3. 社会发展权

就集体而言，社会发展权是国家和民族享有通过合作和援助，以及组成集体的个体成员的有关促进社会集体发展义务的履行，而取得社会综合发展的权利。就个人而言，它要求社会集体把社会事业和福利事业作为任何社会进步所必需的职责，积极为个人和团体服务，使之可以最好地发展而有所成就。

---

① ［美］L. 亨金：《权利的时代》，信春鹰等译，知识出版社，1997 年，第 258 页。

② 本部分内容参见汪习根：《法治社会的基本人权——发展权法律制度研究》，中国人民公安大学出版社，2002 年，第 83～94 页。

③ 汪习根：《法治社会的基本人权——发展权法律制度研究》，中国人民公安大学出版社，2002 年，第 88、89 页。

4. 文化发展权

就集体而言，它指权利主体通过发扬、强化、吸收等方式发展本国家、本民族特有的文化内蕴和文化形态的权利，包括精神思想文化发展权、教育发展权和科技发展权等。就个人而言，是指权利主体的受教育权和从事文学、艺术、科学等活动的自由能得到切实保障和不断发展。

四、发展权与其他基本人权特别是与环境权的关系

发展权与其他基本人权有着密切的关系。一方面，发展权是实现其他人权特别是经济和社会权利的重要基础，“因为一个社会若没有相当程度的发展，就不可能为其成员实现自己的社会和经济权利提供条件或给予保障，即为社会成员提供积极的公共服务，并保障其达到最低生活标准”①。另一方面，发展权与其他基本人权也存在着一定的紧张关系，一些国家可能因强调国家的集体发展权而忽视或压制个人发展权，也可能强调经济发展权，而忽视或压制公民权利和政治权利，这正是许多发达国家及其学者用来反对发展权的理由之一。美国学者 L. 亨金指出：“某些发展的道路与人权则不是互相支持的关系。在一些国家，对于发展的需要被用来作为权威主义或一党政府的基础；作为不容忍反对派的基础；作为严密控制、强加不同程度的强制劳动、否定选择居住与工作地点的自由的基础；作为为了国家或未来的人们而牺牲现在的个人权利，包括基本的人类需要的基础。”② 加拿大学者波特则注意到，“一些国家把执行社会、经济和政治关系的人权标准放在经济发展的政策目标之后，反映出他们关于经济发展的基础的论断。他们部分地依赖对自由模式的批判，因为这种模式通过建立以私法规则和制度为支柱的自由市场限制国家卷入经济生活，发展权曾一度成为他们不断限制可为有意义的公民和政治权利奠定基础的有效司法制度的理由。《曼谷宣言》通过主张各国有权决定他们自己的政治制度，谋求经济、社会和文化发展，明确地将追求公民和政治权利摆在次要地位”③。

发展权与其他基本人权是相互依存、不可分割的。既不能以发展权作为蔑视其他人权的借口，也不能抬高公民权利和政治权利而否定或贬低发展权。《发展权利宣言》序言指出，所有人权和基本自由都是不可分割和相互依存的，为了促进发展，应当一视同仁地重视和紧急考虑实施、增进和保护公民、政治、经济、社会和文化等权利，因而增进、尊重和享受某些人权和基本自由不能成为剥夺其

---

① 国际人权法教程项目组：《国际人权法教程》（第一卷），中国政法大学出版社，2002 年，第 464 页。

② ［美］L. 亨金：《权利的时代》，信春鹰等译，知识出版社，1997 年，第 257 页。

③ ［加］皮特曼·波特：《发展权：哲学上的分歧和政治上的含义》，载白桂梅：《国际人权与发展：中国和加拿大的视角》，法律出版社，1998 年，第 100 页。

他人权和基本自由的理由。该宣言第 6 条第 2 项规定："所有人权和基本自由都是不可分割和相互依存的，对实施、增进和保护公民、政治、经济、社会和文化权利应予以同等重视和紧急考虑。"

发展权与环境权同属"第三代人权"，但两者之间也存在一定的紧张和冲突关系。虽然贫穷和欠发展是导致环境破坏的原因之一，但另一方面，经济发展特别是传统的忽视环境成本的非可持续发展也是环境污染和退化的主要原因。这种环境和发展的两难境地（environment-development dichotomy）导致了发达国家和发展中国家的分歧。发展中国家经常声称发展是他们的权利，即使这意味着环境破坏。而发达国家已经处于工业化的高峰，他们过往的发展是导致现今全球环境问题的主要原因，他们认识到了发展的环境危险，因而对环境的考量超越了对发展的考虑。可持续发展则为发展权和环境权的冲突提供了解决之道。可持续发展是既满足当代人的需要，又不对后代满足其需要的能力构成损害的发展。可持续发展具有丰富的内涵，就其社会观而言，主张公平分配，既满足当代人又满足后代人的基本需要；就其经济观而言，主张建立在保护地球自然系统基础上的持续经济发展；就其自然观而言，主张人与自然的和谐共处。这些内涵体现了下列基本原则：一是公平性原则。包括同一世代人之间的代内公平（或称横向公平）和不同世代人之间的代际公平（或称纵向公平）。目前这种全球贫富悬殊、两极分化的世界是不可持续的。因此，要把在可持续发展进程中消除贫困作为特别优先的问题提出来加以考虑，要给世世代代以公平的发展权。二是持续性原则。"可持续发展的概念中包含着制约的因素——不是绝对的制约，而是由目前的技术状况和环境资源方面的社会组织造成的制约以及生物圈承受人类活动影响的能力造成的制约。"① 环境与资源是人类社会存在和发展的基础和保障，人类的发展必须要以不损害支持地球生命的大气、水、土壤、生物等自然条件为前提，必须要充分考虑资源的临界性，必须要适应环境与资源的承载能力，以实现生态环境的可持续性和资源的永续利用。三是共同性原则。由于地球的整体性和相互依存性，由于当代环境问题呈现出的全球化特征，环境问题的解决决不是某一个国家单独所能做到的，必须得依靠各国政府和人民本着全球伙伴精神协调一致的联合行动。正如世界环境与发展委员会主席布伦特兰夫人所指出的："进一步发展共同的认识和共同的责任感，这对这个分裂的世界是十分需要的。"②

五、发展权的实现

发展权的实现需要一系列的国际和国内条件，需要个人、国家和国际社会的

① 世界环境与发展委员会：《我们共同的未来》，王之佳等译，吉林人民出版社，1997 年，第 10 页。

② 世界环境与发展委员会：《我们共同的未来》，王之佳等译，吉林人民出版社，1997 年，第 12 页。

努力和合作。在发展权实现的过程中，国家具有权利主体和义务主体的双重身份。就一国内部而言，个人是发展权的享有者，国家则是义务主体；就国际社会而言，国家（特别是发展中国家）则是权利主体，国际社会特别是发达国家则是发展权的义务主体。

（一）发展权实现的国际条件

（1）严格遵守《联合国宪章》和国际法原则，特别是国际法中的主权平等原则和不干涉内政原则，这是一个国家发展的基本的外部条件。

（2）各国有义务在确保发展和消除发展的障碍方面相互合作，单独和集体地采取步骤，制定国际发展政策。特别是应当建立一个新的国际经济秩序，为发展中国家提供公平的贸易条件。《社会进步和发展宣言》第23条规定，扩大基于平等和无歧视的原则的国际贸易，用公平的贸易条件纠正发展中国家的贸易地位，为发展中国家对发达国家的输出建立一种普遍的、非互惠的和无歧视的特惠待遇制度。

（3）和平与安全是发展的必备条件。《发展权利宣言》指出，国际和平与安全是实现发展权利的必不可少的因素。所有国家应促进建立、维护并加强国际和平与安全，并应为此目的竭尽全力实现在有效国际监督下的全面彻底裁军，并确保将有效的裁军措施腾出的资源用于发展，特别是发展中国家的发展。

（二）发展权实现的国内条件

根据《发展权利宣言》的相关规定，发展权实现的国内条件主要包括：

（1）国家有权利和义务制定适当的国家发展政策，其目的是在全体人民和所有个人积极、自由和有意义地参与发展及其带来的利益的公平分配的基础上，不断改善全体人民和所有个人的福利。

（2）各国应采取步骤以扫除由于不遵守公民和政治权利以及经济、社会和文化权利而产生的阻碍发展的障碍。

（3）各国应在国家一级采取一切必要措施实现发展权利，并确保除其他事项外所有人在获得基本资源、教育、保健服务、粮食、住房、就业、收入公平分配等方面机会均等；应采取有效措施确保妇女在发展过程中发挥积极作用；应进行适当的经济和社会改革以根除所有的社会不公正现象。

（4）各国应鼓励民众在各个领域的参与，这是发展和充分实现所有人权的重要因素。

第十章　人　道　权

第一节　老人、妇女、儿童权

一、老人权

（一）概述

在按年龄区分的社会群体中，脆弱的老年人与幼稚的少年儿童最容易因社会震荡而遭受损害。因此，一个不懂得尊老爱幼的社会是非理性、非人权和不文明的社会。目前，人口老龄化已成为全球性现象，老年人权益保障问题也越来越引起国际社会的广泛关注。联合国从20世纪70年代关注老年人问题，1982年7月在维也纳首次召开了老龄问题世界大会，2002年4月在西班牙马德里召开了第二次世界老龄大会。大会通过了《政治宣言》和《2002年国际老龄问题行动计划》。大会不仅关注老年人老有所养问题，而且还关注老年人的发展问题。

关于老年人的界定标准，一般是指60周岁以上的人。如我国1996年通过的《中华人民共和国老年人权益保障法》（以下简称《老年人权益保障法》）第2条规定："老年人"是指60周岁以上的公民。截止到2007年年底，我国60岁以上的老年人人口为1.53亿，占总人口比重11.6%，其中，65岁以上的老年人人口为1.06亿，占总人口比重8.1%。① 按照国际通用标准，我国的人口结构已经进入老年型。有专家预计，到2010年，我国老龄人口总量将突破1.74亿，2026年超过3亿，2041年将达到4亿。②

人的衰老是自然生理规律，是不可抗拒的。人年老后，无论是体力还是精力都不如从前，体弱多病，行动不便，反应缓慢，再加上社会变迁过程中利益关系和分配关系的重新调整等原因，不但使老年人满足自身需求的能力受到限制，而且他们的利益和需求也比较容易被忽视，这使老年人成为社会弱势群体中最容易受到侵害的对象。面对世界范围内人口老年龄化的趋势，国家、社会和家庭应特别关注老年人这一弱势群体的物质、精神生活，使其度过愉快的晚年生活，这

---

① 参见国家统计局2008年2月28日发布的《2007年国民经济和社会发展统计公报》第十一部分"人口、人民生活和社会保障"。网址 http：//www.stats.gov.cn/tjgb/ndtjgb/qgndtjgb/t20080228_402464933.htm。

② 《南方日报》，2008年11月9日。

也是人道主义思想的基本内容之一 。对于中华民族来说，尊重老人、关心老人更是传统美德。我国人口老年化发展趋势，既体现了我国社会的文明进步，也给我国社会经济发展带来一系列的影响，如老年抚养问题、老年人的医疗和护理问题、老年群体的精神文化生活问题以及人口老龄化对国家经济增长、投资、储蓄、消费、产业结构、劳动力市场调整等都产生了较大影响。因此，做好老年群体权益保护工作，不仅是不容轻视的重大社会问题，也是我国人权事业发展的重要课题。

我国党和政府历来关心老年人的生活，重视保障老年人的合法权益。我国《宪法》第 45 条、《婚姻法》第 2 条以及《老年人权益保障法》等法律规范，全面系统地规定了老年人权益保障的内容和措施。1999 年，国务院批准成立了全国老龄工作委员会。2000 年，中共中央、国务院下发了《关于加强老龄工作的决定》，国务院专门召开了老龄工作会议。2001 年，国务院印发了《中国老龄事业发展“十五”计划纲要》。2002 年，明确了“党政主导，社会参与，全民关怀”的老龄工作方针。十六届三中全会通过的《中共中央关于社会主义市场经济体制若干问题的决定》明确要求“重视人口老龄化趋势对社会供求的影响”。这些措施，有力地推动了我国老年人权益保障工作，也使《老年人权益保障法》的贯彻执行取得了明显成效。

（二）老年人权利保障的内容

对老年人应享有的权利，不同国家由于历史背景、社会习俗、文化传统、意识形态等区别，在权利的内容、保障程度等方面都存在差异。我国《老年人权益保障法》第 3 条规定，老年人应享有的权利为“老有所养、老有所医、老有所为、老有所学、老有所乐”。俗称“五有”权利，既包含人身权利与财产权利，也包含政治、经济、社会和文化权利。我国老年人权利保障的具体内容如下。

1. 受养权保障

受养权，即“老有所养”权。其内涵，从《宪法》第 45 条和《老年人权益保障法》第 4 条规定看，包括获得物质帮助权和分享社会发展成果权两个方面，具体涉及养老金的支付、住房安排、生活料理、福利分享等经济性利益。受养权是老年人的基本权益。在我国，传统的养老模式是“家庭式”，绝大多数老年人与子女一起生活，通过家庭实现对老年人的赡养扶助。《宪法》第 49 条规定，成年子女有赡养扶助父母的义务，禁止虐待老人。《老年人权益保障法》第二章专门设置“家庭赡养与扶养”，明确规定：家庭成员应当关心和照料老年人，赡养人应当履行对老年人经济上供养、生活上照料和精神上慰藉的义务，照顾老年人的特殊需要。对患病的老年人赡养人应当提供医疗费用和护理等。赡养人不得以放弃继承权或者其他理由，拒绝履行赡养义务。赡养人如果不履行其赡养义务，老年人有要求赡养人付给赡养费的权利等。

改革开放后，我国家庭结构出现小型化趋势，传统的家庭养老模式受到冲击，家庭养老不再是老年人受养权有效实现的唯一形式，社会养老逐渐成为老年人受养权有效实现的重要形式。我国《劳动法》及《老年人权益保障法》对此作出了规定。《老年人权益保障法》第三章规定：国家建立养老保险制度，保障老年人的基本生活需要。老年人依法享有的养老金和其他待遇应当得到保障。有关组织必须按时足额支付养老金，不得无故拖欠、挪用。国家还应根据经济发展、人民生活水平的提高和职工工资的增长情况增加养老金。在农村，除根据情况建立养老保险制度外，有条件的还可以将未承包的集体所有的部分土地、山林、水面、滩涂等作为养老基地，其收益供老年人养老。此外《婚姻法》也对老年人的受养权作出了规定。我国老年人生活免于经济性贫困有了较系统的法律保障。

目前，我国老年人受养权保障的具体措施有：在城市，推进城镇企业职工基本养老保险制度的实施；普遍实行最低生活保障制度，符合条件的老年人全部纳入了低保范围。在农村，积极推进养老保障体系建立。农村集体经济组织普遍对“三无”老人[①] 实行了“五保”供养制度[②]，保障“五保”老人的基本生活。许多农村地区实行了家庭赡养协议制度，规范和强化家庭养老制度。一些有条件的农村，划拨部分未承包的土地、山林、水面或滩涂等作为养老基地，并将其收益用于补贴老年人养老。此外，各地对城乡贫困老人还实施了多种形式的救助措施。

2. 就医权保障

就医权，即“老有所医”权。从严格意义上讲，属于受养权的组成部分。但老年人由于衰老，机体衰弱多病，需要更多的特殊治疗保健服务，如果没有医疗方面的保障，受养便不能正常、持续地进行。为了强调老年人医疗保障的重要性，《老年人权益保障法》将“老有所医”列为老年人的“五有”权利之一。该法规定：国家建立多种形式的医疗保险制度，保障老年人的基本医疗需要；有关部门制定医疗保险办法，应当对老年人给予照顾。老年人依法享有的医疗待遇必须得到保障。如老年人患病，本人或赡养人无力支付医疗费用的，当地人民政府根据情况可以给予适当帮助，也可向社会要求救助。医疗机构本身也对老年人就医提供方便，对 70 周岁以上的老年人予以优先照顾。国家大力发展对老年医学的研究和人才的培养，提高老年病的预防、治疗、科研水平，开展形式多样的健康教育，普及老年保健知识，增强老年人自我保健意识。

---

① “三无”老人：是指无劳动能力、无生活来源、无赡养人和扶养人，或者其赡养人和扶养人无赡养能力或扶养能力的老年人。

② “五保”供养制度：是指依托集体经济对农村的“三无”老人或弱、孤、残疾人员实施基本生活保障的一种农村生活保障制度。“五保”是指保吃、保穿、保住、保医、保葬。

3. 参与权保障

参与权，即“老有所为”权。参与权是指保障老年人参与社会的政治、经济、文化等活动的权利。《老年人权益保障法》第四章专章规定国家和社会应当重视、珍惜老年人的知识、技能和革命、建设经验，尊重他们的优良品德，发挥老年人的专长和作用。国家应当为老年人参与社会主义物质文明和精神文明建设创造条件。根据社会需要和可能，鼓励老年人在自愿和量力的情况下，对青少年进行社会主义、爱国主义、集体主义和艰苦奋斗等优良传统教育，传授文化科技知识，兴办社会公益事业，参与维护社会治安，协助调解民间纠纷等活动，依法从事经营和生产活动，依法参与科技开发和应用，并明确规定老年人参加劳动的合法收入受法律保护。

4. 受教育权保障

受教育权，即“老有所学”权。通过学习，老年人既增长了知识，又保证他们跟上时代发展与社会进步；此外，也增进了老年人的身心健康。《老年人权益保障法》第 31 条规定：老年人有继续受教育的权利。国家发展老年教育，鼓励社会办好各类老年学校，各级人民政府应为老年人接受教育提供各种方便条件。截至 2005 年底，中国的老年大学（学校）已发展到 2.6 万多所，在校学员 230 多万人，并继续保持着迅猛增长的势头。《中国老龄事业发展“十一五“规划》提出，到 2010 年，中国的老年大学和老年学校将在现有基础上增加 1 万所。[①]

5. 娱乐权保障

娱乐权，即“老有所乐”权。老年人在心理上容易产生失落和孤独感，因此，保障老年人的娱乐权非常重要。《老年人权益保障法》第 32 条规定：国家和社会应采取措施，开展适合老年人的群众性文化、体育、娱乐活动，丰富老年人的精神文化生活。

6. 财产权保障

《老年人权益保障法》第 19 条规定，老年人有权依法处分个人的财产，子女或者其他亲属不得干涉，不得强行索取老年人的财物。老年人有依法继承父母、配偶、子女或者其他亲属遗产的权利，有接受遗赠的权利。

7. 婚姻自由权保障

老年人的婚姻自由权利受法律保护。我国《宪法》、《婚姻法》对此都作了规定。但由于受长期的封建礼教的束缚，老年人丧偶后再婚常常受到子女的干涉和阻挠。《老年人权益保障法》第 18 条重申：“老年人的婚姻自由受法律保护。子女或者其他亲属不得干涉老年人离婚、再婚及婚后的生活。”同时规定“赡养人

---

① 《〈老年人权益保障法〉颁十年 1.43 亿老人过得怎样?》，载新华网，网址：http：//news. xinhuanet. com/newscenter/2006—09/30/content _ 5159260. htm，2009 年 1 月 3 日浏览。

的赡养义务不因老年人婚姻关系变化而消除”。

（三）老年人权利保障的方式

目前，我国对老年人权益保障，已形成以《宪法》为根据，以《老年人权益保障法》为基础，辅之以《婚姻法》、《继承法》等相关法律的较完整的保障体系。其保障的方式，大体可分为如下四种。

1. 国家保障

国家对老年人权益的保障主要通过立法及其实施。我国于1996年8月由全国人大常委会出台了《老年人权益保障法》，并于同年10月开始实施。该法除规定各级人民政府应将老年事业纳入经济和社会发展计划，并设立相应工作机构外[①]，还规定了老年人权益案件民事诉讼保障、法律援助制度及刑法保护制度[②]。

2. 社会保障

之所以强调对老年人权益的社会保障，在于社会保障是以道德伦理规范进行调节，以社会舆论进行褒贬。这种道德规范的力量渗透于人的内心世界，具有无穷的感化性，其影响甚至比法律的实施还要强大。因此，应充分发挥社会保障的特性，在全社会形成尊重、关心、帮助老年人的社会风尚。

3. 家庭保障

家庭是社会的细胞，家庭养老是我国赡养老人的主要方式，《老年人权益保障法》设专章规定家庭成员对老年人权益保障的责任。家庭成员特别是赡养人，不仅要提供老年人的经济来源，还要给予老年人生活照料和精神慰藉。家庭保障是老年人权益保障的基础，国家与社会的保障往往通过家庭保障来落实。

4. 自我保障

老年人权利的实现虽然有国家、社会、家庭的保障，但是老年人自身素质的提高和自我权利维护意识也很重要。老年人既要自觉地学法、知法、懂法，增强用法律维护自己合法权益的主体意识，又要敢于和善于通过斗争取得这些权利，实现这些权利。

我国老年人权益保障虽然取得了一定的成绩，但是受经济、社会条件的制约和认识水平的影响，老年人权益保障仍然存在许多问题，如城镇部分老年人的养老和医疗保障未落实；农村老年人生活保障制度不健全；歧视老年人，侵犯其人身、财产、婚姻自由等合法权益的现象时有发生；老年人的社会照料和服务不能满足需要以及老年贫困等问题。因此重视、关心老年人权益保障工作仍然有很长的路要走。

---

① 《老年人权益保障法》第5条。

② 《老年人权益保障法》第39、43、45、46、47条。

二、妇女权

（一）概述

在按性别区分的社会群体中，妇女相对于男子而言，属于弱势群体。这既有历史的、社会的因素影响，也有妇女自身身体结构和生理机能的特点等特有因素的影响。妇女群体作为社会的弱势群体，与其他弱势群体一样，其人权亦容易被侵犯，在男权社会中尤其如此。从人类发展的历史看，当母权制的原始社会消亡后，妇女的地位便一落千丈，在奴隶社会、封建社会，妇女的地位非常低下，即使在资本主义社会，无论在政治、经济，还是在文化等方面，也都无不体现维护父权制的烙印。妇女的无权地位，严重地束缚着她们的自身发展，使她们成为社会弱者，同时也构成了每个妇女所要面临的严酷的现实：只要你是女性，你就是弱者，不管妇女的体能、智力状况如何，都会被视为不如男子。这种对于女性的歧视使妇女丧失了与男子公平竞争的机会，使妇女的各项人权资源匮乏，最终使之成为无力保护自己的人权不受侵害的脆弱群体。[①] 但是，随着妇女人权意识的觉醒，妇女解放运动的发展，特别是进入 20 世纪以后，妇女人权问题不仅是国际妇女运动的热点问题，而且也成为当今国际人权运动的一个重要组成部分。女权运动和国际人权法的发展，使妇女在许多国家已建立起了与男性平等的地位，并确立了妇女权利保护的基本原则，即不低于男性的平等权利的保障和基于社会的、女性自身身体结构和生理机能等特点享有的特殊权益的保障。

（二）妇女权利保障的内容

妇女人权是整个人权的组成部分。其内容既包含全人类共同享有的或应当共同享有的权利，如生存权、自由权、平等权、发展权、环境权、迁徙自由权、和平权等，也包含只为妇女专享的某些特殊权利，如生育权、特殊劳动保护权等。从人权的具体内容范围看，妇女人权包括政治权利、经济权利、社会权利、文化教育权利和人身权利等诸多方面。

1. 国际人权文件中关于妇女权利的内容

在国际人权文件中关于妇女权利的内容主要是消除一切领域对妇女的歧视，实现男女平等。这些文件有《世界人权宣言》、《公民权利和政治权利国际公约》、《消除对妇女歧视宣言》、《消除对妇女一切形式歧视公约》。其中，《消除对妇女一切形式歧视公约》被视为“国际妇女权利法案”。该公约在阐明妇女的

---

① 孙萌：《妇女人权实现障碍研究》，载徐显明：《人权研究》（第一卷），山东人民出版社，2001年，第 465、466 页。

各项权利时，要求缔约各国应采取适当措施，消除对妇女的歧视，并保证妇女在男女平等的基础上享有下列权利：

（1）政治权利。政治权利是指保障妇女在与男子平等基础上享有选举权和被选举权；享有参加政府政策的制定与执行，并担任各级政府公职，执行一切公务的权利；享有参加有关本国公共和政治生活的非政府组织和协会的权利；享有在国际上代表本国政府和参加各国际组织的工作的权利。

（2）国籍权利。已婚妇女享有与男子平等地取得、改变或保留国籍的权利，与外国人结婚或于婚姻存续期间丈夫改变国籍均不当然改变妻子的国籍，使她成为无国籍人，或把丈夫的国籍强加于她。

（3）受教育权利。妇女在教育方面的权利包括：在各类教育机构、在专业和职业辅导、取得学习机会和文凭等方面享有相同条件及在学前教育、普通教育、技术、专业和高等技术教育、各种职业培训方面享有与男子相同的条件；在课程、考试、师资标准、校舍和设备的质量方面一律相同；鼓励实行男女同校；在领受奖学金和其他研究补助金方面的机会相同；等等。

（4）工作权利。在工作权利方面，首先明确人人享有不可剥夺的工作权利；享有相同的就业机会；享有自由选择专业和职业，获得提升和工作保障，获得福利，接受职业培训和进修的权利；同等价值的工作享有同等报酬的权利；享有同等的健康和安全保障权利；禁止以怀孕或产假为由对妇女予以解雇；对怀孕期间从事确实有害于健康的工种的妇女，给予特殊的保护；实施带薪产假或具有同等社会福利的产假；鼓励提供必要的辅助性社会服务，特别是通过促进建立和发展托儿设施系统，使父母得以兼顾家庭和工作责任并参与公共事务。

（5）经济和社会活动权利。在经济和社会生活的其他方面应消除对妇女的歧视，保证妇女在男女平等基础上有相同权利，特别是：领取家属津贴的权利；银行贷款、抵押和其他形式的金融信贷的权利；参与娱乐生活、运动和文化生活各个方面的权利。对农村妇女，考虑其面临的特殊问题及特殊情况，尤其应保障其获得各项平等的经济机会和社会文化权利。

（6）婚姻家庭权利。妇女享有与男子相同的缔结婚约的权利；有相同的自由选择配偶和非经本人自由表示、完全同意不缔结婚约的权利；在婚姻存续期间以及解除婚姻关系时，有相同的权利义务；此外，在决定子女人数和生育间隔方面，在监护、看管、受托和收养子女方面，在选择姓氏、专业和职业方面，配偶双方在财产的所有、取得、经营、管理、享有、处置等方面，夫妻均享有相同的权利。

2. 中国法律有关妇女人权保障的内容

从立法来看，目前我国已经形成以《宪法》为基础，以《妇女权益保障法》为主体，包括《婚姻法》、《选举法》、《继承法》、《劳动法》、《收养法》、《民事诉讼法》、《刑法》、《刑事诉讼法》等各种单行法律法规、地方性法规和政府各部门行政法规在内的较完整地保护妇女权益的法律体系。这些法律关于妇女权利的规定，既有实体权利，又有程序权利；既有政治权利，又有经济、社会文化等权利。从实体权利保障来看，其内容主要有：

（1）政治权利保障。我国立法保障妇女享有与男子平等的政治权利。《宪法》第 48 条规定："中华人民共和国妇女在政治的、经济的、文化的、社会的和家庭的生活等各方面享有同男子平等的权利。""国家保护妇女的权利和利益，实行男女同工同酬，培养和选拔妇女干部。"《妇女权益保障法》不仅重申了宪法的上述规定，而且特别强调：国家保障妇女享有与男子平等的政治权利。妇女有权通过各种途径和形式，管理国家和社会事务，并享有平等的选举权和被选举权。为了切实保障妇女的参政权，法律规定：各级人民代表大会的代表中，应当有适当数量的妇女代表，并逐步提高妇女代表的比例；国家积极培养和选拔女干部；在任用干部时，必须坚持男女平等原则，重视培养、选拔女干部担任领导成员；国家重视培养和选拔少数民族女干部；各级妇女联合会及其团体会员，可以向国家机关、社会团体、企事业单位推荐女干部。而对于有关保障妇女权益的批评或者合理化建议，有关部门应当听取和采纳；对于有关侵害妇女权益的申诉、控告和检举，有关部门必须查清事实，负责处理，任何组织或个人不得压制或打击报复。

（2）文化教育权利保障。我国立法保障妇女享有与男子平等的受教育权利。《妇女权益保障法》规定："国家保障妇女享有与男子平等的文化教育权利。"妇女的文化教育权利主要包括：在入学、升学、毕业分配、授予学位、派出留学等各个方面享有与男子平等的权利；妇女在从事科学技术研究和文学艺术创作等文化活动的权利方面享有与男子平等的权利。妇女还享有接受义务教育、扫盲教育、职业教育和技术培训等的权利。该法还规定了学校、父母、政府对女童受教育权的保障。

（3）劳动权利保障。《妇女权益保障法》规定："国家保障妇女享有与男子平等的劳动权利。"这些权利涉及劳动就业权、同工同酬权、休息、休假、获得安全卫生保障以及特殊劳动保护的权利、社会保险权利等方面。

（4）财产权利保障。我国《民法通则》规定："妇女享有同男子平等的民事权利。"这一规定表明：在财产权利以及与财产权利相关的民事权利，如债权、知识产权等方面，妇女享有与男子平等的权利。《妇女权益保障法》第 28 条明确规定国家保障妇女享有与男子平等的财产权利。这些权利涉及妇女在婚姻、家庭中共有财产权、农村妇女责任田、口粮田、宅基地权以及财产继承权等方面。

（5）人身权利保障。妇女享有与男子平等的人身权利。人身权利包括生命健康权、人身自由权、肖像权、名誉权等人格权以及亲属权、监护权、著作权、发明权等身份权。《妇女权益保障法》规定国家保障妇女享有与男子平等的人身权利。妇女的人身自由、生命健康权不受侵犯，肖像权、名誉权和人格尊严受法律保护，禁止拐卖、绑架妇女，禁止卖淫、嫖娼。

（6）婚姻家庭权利保障。《妇女权益保障法》第40条规定：国家保障妇女享有与男子平等的婚姻家庭权利。这些权利包括：婚姻自主权、生育自主权、平等地享有夫妻共同财产权利、对未成年子女平等的监护权 。

我国法律除对妇女实体人权保障作了较充分地规定外，还对侵害妇女合法权益的行为规定了救济途径。这种救济途径一是确认公安、劳动、民政、教育、基层人民政府在维护妇女权益中的职责；二是设定妇女权利的救济程序，即当妇女权利受到侵害时，可通过行政、民事、刑事等诉讼途径获得救济。此外，行政申诉，也是我国妇女权利保障的一种形式。

综上，随着妇女权利保障相关法律的实施，我国在妇女权利保障方面取得了一定的成绩。但是，要将人权存在形态中的应有权利转化为法定权利是一项十分艰巨的任务，它不仅要受妇女立法自身发展规定的限制，而且也要受国家政治、经济体制和全社会法制水平的限制。[①] 因此，我国妇女人权保障仍存在一些问题，如全国人大及地方人大中女代表比例的非量化问题，在一定程度上削弱了妇女的参政议政权利；妇女劳动权益的保障，规定得比较笼统、概括，而且法律责任不甚明确；关于农村妇女责任田和口粮田的保障，各地的分配政策与保护妇女权益的法律不统一，《妇女权益保障法》对此规定又比较笼统，而且对侵害妇女该项权利的行为的制裁仅限于行政处分。此外，在违反妇女权益保障法律的法律责任、妇女权益保障机构的设置、救济途径、救济范围[②]等方面都有待于进一步完善。

三、儿童权

（一）概述

联合国1989年11月通过的《儿童权利公约》第1条规定："儿童系指18周岁以下的任何人，除非对其适用之法律规定成年年龄低于18岁。"

儿童权利是人权的重要组成部分，它是指儿童依法享有的与成年人平等的权利。这是将儿童视为权利主体提出来的。回顾历史，儿童曾不被看做是权利的主体，而是法律保护的客体。在私有制社会中，儿童是父母的财产，没有独立的人格，处于无权的地位，绝对服从父母，毫无人权保障可言，父母与子女是统治与

---

① 马忆南：《中国法律与妇女人权保障》，载白桂梅：《国际人权与发展：中国和加拿大的视角》，法律出版社，1998年，第356页。

② 马忆南：《中国法律与妇女人权保障》，载白桂梅：《国际人权与发展：中国和加拿大的视角》，法律出版社，1998年，第356～360页。

被统治的关系，根本不考虑儿童的权利。当“人人生而平等”、“自由”等人权口号用法律的形式固定下来，儿童的地位才得到了一定程度的提升，规定了父母对子女的义务，儿童的人权保障逐渐得到了重视。①

当今，国际社会将儿童问题置于国际人权和社会正义运动的最前列。一方面，“儿童因身心尚未成熟，在其出生以前和以后均需要特殊的保护和照料，包括法律上的适当保护”②。另一方面，“今天的儿童就是明日世界的公民，因而他们的生存、保护与发展是人类未来发展的先决条件。…… 他们的个人发展和社会贡献将塑造世界的未来”③。

就儿童权利国际保护而言，无论是一般性国际公约还是专门性儿童权益保护条约都确立了儿童权利国际保护的基本原则：保护儿童的特殊需要。因为儿童处于成长过程的特殊阶段，生理和心理发育都不完善，所以必须给予其特殊照顾。《联合国宪章》、《世界人权宣言》、《公民权利和政治权利国际公约》规定了儿童权利的一般性保护。如《联合国宪章》申明：对人类家庭所有成员的固有尊严及其平等和不移的权利的承认，乃是世界自由、正义和和平的基础。《世界人权宣言》规定儿童有权享受特别照顾和协助；所有儿童，无论婚生与非婚生，均应享受同等社会保护。《公民权利和政治权利国际公约》规定：在解除婚约的情况下，应为儿童规定必要的保护办法。每一儿童应有权享受家庭、社会和国家为其未成年地位给予的必要保护措施，不因种族、肤色、性别、语言、宗教、国籍或社会出身、财产或出生而受任何歧视。《经济、社会和文化权利国际公约》规定：所有儿童和少年均应受到特殊的保护和协助，不得因出生或其他条件而有任何歧视。雇佣儿童从事对他们道德、健康有害或对生命有危险的工作或足以妨碍他们正常发育的工作，依法均应受惩罚。

专门性儿童权益保护条约主要有：1924 年国际联盟通过的《日内瓦儿童权利宣言》、1959 年联合国大会通过的《儿童权利宣言》、1989 年 11 月 20 日第 44 届联合国大会通过的《儿童权利公约》。《儿童权利公约》对儿童权利作了广泛、全面的规定，涵盖领域包括人权的整个范围，阐述了儿童的公民、政治、经济和文化权利，并确认一种权利的享有与其他权利的享有有着密切关系。1990 年 9 月 30 日，在纽约召开了世界儿童问题首脑会议，这是第一次全球性的高规格的专门研究儿童问题的国际会议。大会通过了《儿童生存、保护和发展世界宣言》（下称《宣言》）和《执行九十年代〈儿童生存、保护和发展世界宣言〉行动计划》（下称《行动计划》）两个重要的国际文件。《宣言》提出了儿童问题所面临

---

① 韩德培、李龙：《人权的理论与实践》，武汉大学出版社，1995 年，第 680 页。

② 1989 年 11 月联合国《儿童权利公约》序言。

③ 1990 年 9 月联合国《执行九十年代〈儿童生存、保护和发展世界宣言〉行动计划》。

的挑战、机会、任务，对解决儿童权利问题作出了承诺，并提出了解决儿童问题的步骤。《行动计划》提出实现儿童权利中存在的各种需要重视和亟待解决的问题，规定了后续行动，包括国家级的行动和国际级的行动。

此外，专门性儿童权利国际文件还有1974年《在非常状态和武装冲突中保护妇女和儿童宣言》、1985年《联合国少年司法最低限度标准规则》（《北京规则》）、1986年《关于保护儿童和儿童福利，特别是国内和国际寄养和收养办法的社会和法律原则宣言》和1999年《关于禁止和立即行动消除最有害的童工形式公约》等 。

跨入21世纪后，儿童权利保护问题进一步受到了包括联合国在内的国际社会更广泛的重视。联合国儿童基金会发布的《世界儿童状况——2000年》一书紧急呼吁各国领导人："要改变国际社会对儿童权利负责任的方式就需要各级机构的政治意愿和对各级社会行为的坚决保证"，"要动员一切有志于人类进步事业的力量…… 既要由下而上也要由上而下地开展工作，其中包括国家首脑、政治、商业、艺术和宗教社团的领导人以及正在为改变他们自身家庭和社区而工作的儿童和青少年。"可见，儿童权利的保护将成为新世纪国际人权活动中引人关注的重要内容。

（二）儿童权利保护的原则

联合国《儿童权利宣言》和《儿童权利公约》确立了儿童权利保护的原则。这些原则主要有：

（1）儿童优先原则。儿童既是社会的未来，同时又是利益极易受损害的脆弱群体。因此，就儿童权利保护而言，儿童在一切情况下均应属于首先受到保护和救济的人群范围。

（2）儿童最大利益原则。关于儿童的一切行为，不论是由公私社会福利机构、法院、行政当局或立法机构执行，均应以儿童的最大利益为一种首要考虑。儿童最大利益的实现应成为对儿童的教育和指导负有责任的人的指导原则。

（3）尊重儿童尊严原则。儿童作为一个活生生的人，享有独立的人格，必须尊重儿童的人格尊严。凡是涉及儿童生存与发展的问题都要以认识儿童、了解儿童、尊重儿童、造福儿童，而不是伤害儿童为前提。

（4）尊重儿童的观点和意见原则。任何事情如果涉及儿童本人，必须认真听取儿童自己的观点和意见，儿童有权发表自己的看法。成年人不要自作主张，更不要压制儿童的观点。

（5）不歧视原则。所有儿童不因其本人或其父母或其他法定监护人的种族、肤色、性别、语言、宗教、政治或其他见解，以及民族、族裔或社会出身、财产、伤残、出生或其他身份而有任何差别，都应当得到平等对待。

（三）儿童权利保护的内容

儿童权利的范围涉及人权的各个领域，包括公民权利、政治权利、经济权利、社会权利和文化权利。联合国《儿童权利公约》将这些权利具体为生存权、受保护权、发展权和参与权，并规定任何儿童，不分性别、国籍、民族、种族、健康状况、文化背景、宗教信仰、居住地区和其他因素的影响，平等地享有这些权利。

1. 生存权

儿童的生存权是指其生命安全能够得到保障和基本生活需要能够得到满足的权利。生存权是其他权利的前提和基础。儿童出生后即获得了生命权，享有生命安全不受侵害、不被剥夺和特殊保护的权利。儿童有获得足够食物、一定住所以及其他生活保障的权利。强调儿童的生存权，就是强调国家、社会对儿童这一弱势群体应承担特殊保护和照顾的责任。

2. 受保护权

受保护权是保障儿童获得国家、社会、家庭保护的权利。这是由儿童自身因素所决定的。儿童是处于身体、心理和智力发展过程中的群体，他们不了解自己的权利，更不懂得怎样维护自己的权利。国家、社会以及成年公民有责任保护并帮助儿童实现自己的权利。当儿童处于特殊困境时，如受歧视、流浪、被犯罪分子控制以及战争环境中的儿童、难民中的儿童、受刑事审判以及受刑罚处罚的儿童等，更需要受到特殊保护。

3. 发展权

发展权是指儿童拥有充分发展其全部体能和智能，保障其健康成长的各种权利。主要包括信息权、受教育权、娱乐权、文化和社会生活参与权、思想和宗教自由、个性发展权等。其主旨是要保障儿童在身体、智力、精神、道德、个性和社会等方面均得到充分的发展。在发展权中，儿童的受教育权和娱乐权最为重要。儿童有接受一切形式教育的权利，包括正规教育和非正规教育。其目的是充分发展儿童的个性、才智和身心能力，培养儿童对父母、文化、语言、价值观、自然环境等方面的尊重。

4. 参与权

参与权是指儿童参与家庭、文化和社会生活的权利。参与各项社会活动，不仅是儿童的基本的权利，而且也是他们成长和发展的基本需要。儿童有自由发表意见的权利，应按照其年龄和成熟程度对其参与权予以适当重视。这就要求成年人应将儿童作为独立的个体对待，尊重儿童的独立人格，无论是在家庭、学校还是在其他社会活动中，应充分听取儿童的意见，反对成年人包办儿童的一切事务。

（四）我国儿童权利法律保障

儿童是人类的未来，维护儿童的合法权益，保护儿童健康成长，为儿童创造良好的生存环境，是党和国家几十年来关注和为之努力的目标。中国的立法、司法、政府各有关部门以及社会团体都建立了相应的机制，以监督、实施和促进儿童保护工作的健康发展。我国《宪法》明确规定："国家培养青年、少年、儿童在品德、智力、体质等方面全面发展"，"儿童受国家的保护"，"禁止虐待儿童"。《刑法》、《民法通则》、《婚姻法》、《教育法》、《义务教育法》、《残疾人保障法》、《未成年人保护法》、《妇女权益保障法》、《母婴保健法》、《传染病防治法》、《收养法》、《劳动法》、《刑事诉讼法》、《民事诉讼法》等部门法都对儿童的权利作了保护性规定。1990 年 9 月，中国政府签署了联合国《儿童权利公约》，1991 年 3 月签署了《儿童生存、保护和发展世界宣言》、《执行九十年代〈儿童生存、保护和发展世界宣言〉行动计划》，表明了我国政府重视儿童人权保护的基本立场。随后，为实践对儿童权利保护的承诺，1991 年 9 月专门通过《未成年人保护法》，并于 2006 年 12 月对该法进行了全面的修订；1999 年 6 月，我国通过《预防未成年人犯罪法》。这两部法律对未成年人身心健康的保护、合法权益的保障以及促进未成年人在品德、智力、体质等方面的全面发展，对预防未成年人犯罪等作了较系统的规定。我国立法关于未成年人权益保障的基本内容主要有：

1. 生存权保护

生存权对每一个人来说，都是珍贵和重要的，但对儿童来说，尤为重要。我国立法对儿童生存权保护作了特别规定。

（1）降低儿童死亡率，确保儿童的生命权。《母婴保健法》和《九十年代儿童发展规划纲要》对婚前保健、计划生育、孕产期保健、儿童营养、计划免疫、卫生饮水等方面作了规定，以提高儿童的存活率和改善儿童的生存环境。20 世纪 90 年代以来，中国的婴儿死亡率、5 岁以下儿童死亡率的年平均下降速率分别为 6.50％和 5.85％。目前，没有一个人均年收入和中国相近的国家达到如此水平。①

（2）强化父母的抚育义务，以保障儿童受抚育的权利。我国《民法通则》规定父母是儿童的法定监护人。《婚姻法》规定父母对子女有抚养的义务，儿童的父母无力抚养或死亡的，有负担能力的祖父母、外祖父母有抚养义务，有负担能力的兄、姐也有抚养的义务。《未成年人保护法》规定，父母或者其他监护人应当创造良好、和睦的家庭环境，依法履行对未成年人的监护职责和抚养义务。禁止对未成年人实施家庭暴力，禁止虐待、遗弃未成年人，禁止溺婴和其他残害婴

① 以上统计数字参见国务院新闻办公室：《中国的儿童状况》（1996 年 4 月）。

儿的行为，不得歧视女性未成年人或者有残疾的未成年人。父母因外出务工或者其他原因不能履行对未成年人监护职责的，应当委托有监护能力的其他成年人代为监护。

（3）对流浪乞讨或离家出走的儿童的保护。《未成年人保护法》规定，县级以上人民政府及其民政部门应当根据需要设立救助场所，对流浪乞讨等生活无着未成年人实施救助，承担临时监护责任；公安部门或者其他有关部门应当护送流浪乞讨或者离家出走的未成年人到救助场所，由救助场所予以救助和妥善照顾，并及时通知其父母或者其他监护人领回。对孤儿、无法查明其父母或者其他监护人的以及其他生活无着的未成年人，由民政部门设立的儿童福利机构收留抚养。未成年人救助机构、儿童福利机构及其工作人员应当依法履行职责，不得虐待、歧视未成年人，不得在办理收留抚养工作中牟取利益。

2. 健康权保护

保障儿童的健康权是实现儿童发展权的一项重要基础性工作。儿童健康权保障既包括身体健康，也包括心理、精神健康。

（1）保障儿童的身体健康。《未成年人保护法》规定父母、学校老师应当以正确的方法教育、管理未成年人，不得实施体罚或变相体罚的行为。学校和幼儿园安排未成年学生和儿童参加集会、文化娱乐、社会实践等集体活动应有利于未成年人的健康成长，并应防止发生人身安全事故。儿童食品、玩具、用具和游乐设施不得有害于儿童的安全和健康。任何组织和单位，除国家规定的外，不得招收未满16周岁的未成年人。

（2）保障儿童具有健康的心理、精神和健全的人格。《未成年人保护法》规定了父母应当引导未成年人进行有益身心健康的活动，预防和制止未成年人吸烟、酗酒、流浪、聚赌、吸毒、卖淫等不良违法行为的发生。禁止任何组织、个人制作或者向未成年人出售、出租或者以其他方式传播淫秽、暴力、凶杀、恐怖、赌博等毒害未成年人的图书、报刊、音像制品、电子出版物以及网络信息等。

3. 受教育权保护

儿童受教育权是儿童发展权的重要组成部分，它能够使儿童具备与社会发展相适应基本素质和社会活动能力。我国宪法明确规定了儿童的受教育权利。《义务教育法》规定：国家实行九年制义务教育。凡年满6周岁的儿童，不分性别、民族、种族应当入学接受规定年限的义务教育。条件不具备的地区，可以推迟到7周岁入学。《未成年人保护法》规定：学校应当全面贯彻国家的教育方针，实施素质教育，提高教育质量，注重培养未成年学生的独立思考能力、创新能力和实践能力，促进未成年学生全面发展。尊重未成年学生受教育的权利，关心、爱护学生，对品行有缺点、学习有困难的学生，应当耐心教育、帮助，不得歧视，不得违反法律和国家规定开除未成年学生。

4. 儿童权利的司法保护

我国对儿童权利的保护，除了通过一系列实体法保障外，在司法程序中也十分重视保护未成年人的合法权益，许多重要的法律对此都有专门规定。如《预防未成年人犯罪法》规定：对违法犯罪的未成年人，实行教育、感化、挽救的方针，并坚持教育为主、惩罚为辅的原则。公安机关、人民检察院、人民法院在办理未成年人犯罪的案件时，应充分考虑未成年人的身心特点，尊重违法犯罪的未成年人的人格尊严，保障他们的合法权益。公安机关、人民检察院、人民法院和司法行政机关对审前羁押的未成年人，采取与羁押的成年人分别看管的办法，对经人民法院判决服刑的未成年人，也采取与服刑的成年人分别关押、管理的办法。《未成年人保护法》规定：对 14 周岁以上不满 16 周岁的未成年人犯罪案件，一律不公开审理。对 16 周岁以上不满 18 周岁的未成年人犯罪案件，一般也不公开审理。对未成年人犯罪案件，在判决前，新闻报道、影视节目、公开出版物不得披露该未成年人的姓名、住所、照片以及可能推断出该未成年人身份的资料。

此外，我国儿童权利还有组织上的保障。全国人民代表大会的内务司法委员会负责妇女儿童权益保障的立法和执法监督检查，设立了妇女、儿童专门小组，并配有专职人员。中国人民政治协商会议设有社会与法制委员会，其职责之一是监督和促进国家有关妇女、青年、儿童等方面的法律、法规的实施，并就这方面的问题和情况向国家的立法、行政部门提出建议。国务院成立了妇女儿童工作委员会，该委员会由有关的政府职能部门和社会团体的负责人组成，并由一名国务委员担任主任。中央和地方政府教育、卫生、文化、公安、体育、民政等部门，也设立了负责儿童工作的职能机构。各省、自治区、直辖市组建了妇女儿童工作委员会或未成年人保护委员会 。一些群众性团体和组织也承担了大量的保障儿童事业发展的任务。我国政府还积极参与有关儿童生存、保护和发展的全球性和区域性国际合作与交流活动。多年来，我国与联合国儿童基金会、联合国教科文组织和世界卫生组织在有关儿童保护领域进行了卓有成效的合作，得到了有关国际组织和权威人士的好评。

我国儿童权利保护，虽然取得了一定的成绩，但是由于封建家长制思想的长期影响，家庭中父母至高无上、子女被动从属现象依然存在；应试教育片面追求升学率，影响了儿童身心健康、个性品质及道德情操；另外，社会上一些部门和人员的法律意识淡薄，这些都使儿童权利不同程度地受到侵犯。因此我国仍需不断地努力，以改进和完善儿童权利保护机制，切实让每一个儿童都拥有更加灿烂美好的未来。

第二节　残疾人权

一、概述

《中华人民共和国残疾人保障法》（以下简称《残疾人保障法》）规定：残疾人是指在心理、生理、人体结构上，某种组织、功能丧失或者不正常，全部或者部分丧失以正常方式从事某种活动能力的人。残疾人包括视力残疾、听力残疾、言语残疾、肢体残疾、智力残疾、精神残疾、多重残疾和其他残疾的人。从残疾产生的原因看，既有先天性的身心缺陷，也有非先天性的身心缺陷。无论何种原因造成身心缺陷，都使残疾人在生活中处于不利的地位，不能保证自己获得正常的个人生活或社会生活中一切或部分必需品。作为社会特殊而又困难的群体，残疾人往往被社会所忽略。社会环境的改造、社会秩序的建立、法律制度的制定、道德规范的设立等，基本上都是以健全人为坐标而进行的，残疾人在一定程度上被视为社会的极少数，对国家是微不足道的群体，所以在漫长的历史发展过程中，大多数残疾人只能处于孤立寡助的状态。[①] 但是，残疾现象带来的影响，不仅仅限于残疾人本人，也不仅仅限于残疾人的家庭，作为一种社会现象，其存在必然会影响到社会，任何执政者不管其出于什么目的，都不可能全然无视残疾人这一特殊群体的存在。[②] 随着社会的进步，人权运动的开展，特别是反对以人的功能是否健全为标准划分人的优劣的更深层次的人权运动，残疾人的人权保障成为衡量一个国家、社会是否文明、进步的重要标志。

在国际社会，关于残疾人的权利保障问题，除了《联合国宪章》、《世界人权宣言》、《经济、社会和文化权利国际公约》和《公民权利和政治权利国际公约》等人权文件的一般性规定外，联合国早在1969年就颁布了《禁止一切无视残疾人的社会条件的公约》，1971年通过的《智力迟钝者权利宣言》，首次提出了残疾人的权利。1975年联合国大会通过的《残疾人权利宣言》，确立残疾人享有同健全人完全平等的权利。1980年联合国大会宣布1981年为“国际残疾人年”，并确定1983～1992年为“联合国残疾人十年”。1982年联合国通过《残疾人的世界行动纲领》，将“平等、参与、共享”作为总的奋斗目标。1983年6月国际劳工大会通过《残疾人职业康复和就业公约》。1993年12月联合国大会通过《残疾人机会均等标准规则》。2006年12月13日，第61届联合国大会通过了《残疾人权利公约》，2008年6月，中国批准了该公约。目前，世界上已有130多个国家和地区制定了有关保护残疾人的法律。这表明，残疾人人权已引起国际社会

---

① 相自成：《中国残疾人保护法律问题史论》，中国法制出版社，2003年，《序言》部分第1页。

② 相自成：《中国残疾人保护法律问题史论》，中国法制出版社，2003年，《绪论》部分第5页。

广泛的关注。

二、残疾人权利保障的内容

根据联合国人权文件的一般性规定和《残疾人权利公约》等保护残疾人的专门文件，所有残疾人都毫无例外地享有下列权利，且不得基于种族、肤色、性别、语言、宗教、政治或其他见解、国籍或社会出身、财产、家世或任何其他情况，而对残疾者本人或其家属有所区别或歧视。

（1）享有人格尊严受到尊重的基本权利。不论其缺陷或残疾的起因、性质和严重程度，应与其同龄公民享有同样的基本权利，最主要的是享受适当的、尽可能正常而充实的生活。

（2）享有与其他人一样的公民权利和政治权利。对于智力缺陷者的这些权利的任何可能限制或压制，应适用《智力迟钝者权利宣言》第7条的规定。

（3）有权获得各种旨在尽可能自立的任何措施，如接受医药、心理和机能治疗，包括安装义肢和假体，接受社会康复、教育、指导、职业培训、就业和其他服务等，以帮助残疾人充分发展其能力和技能，以便他们参与到社会生活中去。

（4）有权享有经济和社会保障，并过着适足的生活。他们有权按照其能力获得并保有职业，或从事有用处的、生产的、有报酬的工作，并加入工会。

（5）有权与其亲属同住，并参加一切社会活动、创作活动或娱乐活动，除非残疾人的病况确有必要或为减轻病况确有必要，不得在居住方面使他们受到异于他人的待遇。如残疾人不得不居住在特别疗养所时，当地的环境和生活条件应尽可能接近同龄人的正常生活环境和条件。

（6）残疾人应受到保护，以免受任何剥削、管制或歧视性、虐待性或侮辱性的待遇。

（7）残疾人如确需合格的法律援助以保护其人身和财产时，应能够获得这种援助；残疾人如被依法起诉，所采用的法律程序应充分考虑到他们身心方面的状况。

三、中国残疾人权利保障实践

我国《宪法》第45条规定："国家和社会帮助安排盲、聋、哑和其他有残疾的公民的劳动、生活和教育。"我国《刑法》、《刑事诉讼法》、《民法通则》、《民事诉讼法》、《婚姻法》、《继承法》、《选举法》、《兵役法》、《义务教育法》等重要法律都对残疾人的权利保障作了专门的规定，并制定了一系列的政策、条例和规定来保障残疾人的权益，如《中国残疾人事业五年工作纲要》、《关于发展残疾人教育的若干意见》、《全国残疾人三项康复工作实施方案》、《关于残疾人个体开业给予免征税照顾的通知》、《关于对社会福利生产单位免征税问题的通知》等。

1990 年 12 月全国人民代表大会常务委员会通过了《残疾人保障法》，以“平等、参与、共享”为宗旨，一方面规定残疾人享有与其他公民平等的权利，并保护其不受侵害；另一方面规定采取辅助方法和扶持措施，发展残疾人事业，促进残疾人在事实上平等参与社会生活，共享社会物质文化成果，使我国残疾人权利保障事业真正纳入了法制化的轨道，也标志着我国残疾人权利保障事业进入了一个新的时代。2008 年 4 月，第十一届全国人民代表大会常务委员会对该法进行了修订。重申了残疾人在政治、经济、文化、社会和家庭生活等方面享有同其他公民平等的权利。残疾人的公民权利和人格尊严受法律保护，禁止基于残疾的歧视，禁止侮辱、侵害残疾人，禁止通过大众传播媒介或者其他方式贬低损害残疾人人格。我国残疾人权利保障的内容主要有：

（一）康复权保障

康复权是指通过医疗、训练等措施恢复健康的权利。康复是残疾人平等参与社会生活、在事实上享有广泛人权的必要前提。1988 年国务院批准了《全国残疾人三项康复工作实施方案》，开始在全社会广泛开展白内障复明、小儿麻痹后遗症矫治和聋儿听力语言训练三项康复工程。《残疾人保障法》明确规定国家保障残疾人享有康复服务的权利。各级人民政府和有关部门应当采取措施，为残疾人康复创造条件，建立和完善残疾人康复服务体系，并分阶段实施重点康复项目，帮助残疾人恢复或者补偿功能，增强其参与社会生活的能力。康复工作应当从实际出发，将现代康复技术与我国传统康复技术相结合；以社区康复为基础，康复机构为骨干，残疾人家庭为依托；以实用、易行、受益广的康复内容为重点，优先开展残疾儿童抢救性治疗和康复；发展符合康复要求的科学技术，鼓励自主创新，加强康复新技术的研究、开发和应用，为残疾人提供有效的康复服务。各级人民政府鼓励和扶持社会力量兴办残疾人康复机构。地方各级人民政府和有关部门，应当组织和指导城乡社区服务组织、医疗预防保健机构、残疾人组织、残疾人家庭和其他社会力量，开展社区康复工作。残疾人教育机构、福利性单位和其他为残疾人服务的机构，应当创造条件，开展康复训练活动。残疾人在专业人员的指导下和有关工作人员、志愿工作者及亲属的帮助下，应当努力进行功能、自理能力和劳动技能的训练。地方各级人民政府和有关部门应当根据需要有计划地在医疗机构设立康复医学科室，举办残疾人康复机构，开展康复医疗与训练、人员培训、技术指导、科学研究等工作。医学院校和其他有关院校应当有计划地开设康复课程，设置相关专业，培养各类康复专业人才。政府和社会采取多种形式对从事康复工作的人员进行技术培训；向残疾人、残疾人亲属、有关工作人员和志愿工作者普及康复知识，传授康复方法。政府有关部门应当组织和扶持残疾人康复器械、辅助器具的研制、生产、供应、维修服务。

（二）受教育权保障

《残疾人保障法》规定：国家保障残疾人享有平等接受教育的权利。各级人民政府应当将残疾人教育作为国家教育事业的组成部分，统一规划，加强领导，为残疾人接受教育创造条件。政府、社会、学校应当采取有效措施，解决残疾儿童、少年就学存在的实际困难，帮助其完成义务教育。各级人民政府对接受义务教育的残疾学生、贫困残疾人家庭的学生提供免费教科书，并给予寄宿生活费等费用补助；对接受义务教育以外其他教育的残疾学生、贫困残疾人家庭的学生按照国家有关规定给予资助。残疾人教育，实行普及与提高相结合、以普及为重点的方针，保障义务教育，着重发展职业教育，积极开展学前教育，逐步发展高级中等以上教育。残疾人教育应当根据残疾人的身心特性和需要去实施。县级以上人民政府应当根据残疾人的数量、分布状况和残疾类别等因素，合理设置残疾人教育机构，并鼓励社会力量办学、捐资助学。普通教育机构对具有接受普通教育能力的残疾人实施教育，并为其学习提供便利和帮助。普通小学、初级中等学校，必须招收能适应其学习生活的残疾儿童、少年入学；普通高级中等学校、中等职业学校和高等学校，必须招收符合国家规定的录取要求的残疾考生入学，不得因其残疾而拒绝招收；拒绝招收的，当事人或者其亲属、监护人可以要求有关部门处理，有关部门应当责令该学校招收。普通幼儿教育机构应当接收能适应其生活的残疾幼儿。残疾幼儿教育机构、普通幼儿教育机构附设的残疾儿童班、特殊教育机构的学前班、残疾儿童福利机构、残疾儿童家庭，对残疾儿童实施学前教育。初级中等以下特殊教育机构和普通教育机构附设的特殊教育班，对不具有接受普通教育能力的残疾儿童、少年实施义务教育。高级中等以上特殊教育机构、普通教育机构附设的特殊教育班和残疾人职业教育机构，对符合条件的残疾人实施高级中等以上文化教育、职业教育。提供特殊教育的机构应当具备适合残疾人学习、康复、生活特点的场所和设施。政府有关部门、残疾人所在单位和有关社会组织应当对残疾人开展扫除文盲、职业培训、创业培训和其他成人教育，鼓励残疾人自学成才。国家有计划地举办各级各类特殊教育师范院校、专业，在普通师范院校附设特殊教育班，培养、培训特殊教育师资。普通师范院校开设特殊教育课程或者讲授有关内容，使普通教师掌握必要的特殊教育知识。政府有关部门应当组织和扶持盲文、手语的研究和应用，特殊教育教材的编写和出版，特殊教育教学用具及其他辅助用品的研制、生产和供应。

（三）劳动就业权保障

《残疾人保障法》规定：国家保障残疾人劳动的权利。各级人民政府应当对残疾人劳动就业统筹规划，为残疾人创造劳动就业条件。残疾人劳动就业，实行集中与分散相结合的方针，采取优惠政策和扶持保护措施，通过多渠道、多层次、多种形式，使残疾人劳动就业逐步普及、稳定、合理。政府和社会举办残疾人福利企业、盲人按摩机构和其他福利性单位，集中安排残疾人就业。国家实行按比例安排残疾人就业制度。国家机关、社会团体、企业事业单位、民办非企业单位应当按照规定的比例安排残疾人就业，并为其选择适当的工种和岗位。达不到规定比例的，按照国家有关规定履行保障残疾人就业义务。国家鼓励用人单位超过规定比例安排残疾人就业。国家鼓励和扶持残疾人自主择业、自主创业。地方各级人民政府和农村基层组织，应当组织和扶持农村残疾人从事种植业、养殖业、手工业和其他形式的生产劳动。国家对安排残疾人就业达到、超过规定比例或者集中安排残疾人就业的用人单位和从事个体经营的残疾人，依法给予税收优惠，并在生产、经营、技术、资金、物资、场地等方面给予扶持。国家对从事个体经营的残疾人，免除行政事业性收费。县级以上地方人民政府及其有关部门应当确定适合残疾人生产、经营的产品、项目，优先安排残疾人福利性单位生产或者经营，并根据残疾人福利性单位的生产特点确定某些产品由其专产。政府采购，在同等条件下应当优先购买残疾人福利性单位的产品或者服务。地方各级人民政府应当开发适合残疾人就业的公益性岗位。对申请从事个体经营的残疾人，有关部门应当优先核发营业执照。对从事各类生产劳动的农村残疾人，有关部门应当在生产服务、技术指导、农用物资供应、农副产品购销和信贷等方面，给予帮助。政府有关部门设立的公共就业服务机构，应当为残疾人免费提供就业服务。残疾人联合会举办的残疾人就业服务机构，应当组织开展免费的职业指导、职业介绍和职业培训，为残疾人就业和用人单位招用残疾人提供服务和帮助。任何单位和个人不得以暴力、威胁或者非法限制人身自由的手段强迫残疾人劳动。

（四）文化生活权保障

《残疾人保障法》规定：国家保障残疾人享有平等参与文化生活的权利。各级人民政府和有关部门鼓励、帮助残疾人参加各种文化、体育、娱乐活动，积极创造条件，丰富残疾人精神文化生活。残疾人文化、体育、娱乐活动应当面向基层，融于社会公共文化生活，适应各类残疾人的不同特点和需要，使残疾人广泛参与。政府和社会采取下列措施，丰富残疾人的精神文化生活：①通过广播、电影、电视、报刊、图书、网络等形式，及时宣传报道残疾人的工作、生活等情况，为残疾人服务；②组织和扶持盲文读物、盲人有声读物及其他残疾人读物的编写和出版，根据盲人的实际需要，在公共图书馆设立盲文读物、盲人有声读物图书室；③开办电视手语节目，开办残疾人专题广播栏目，推进电视栏目、影视作品加配字幕、解说；④组织和扶持残疾人开展群众性文化、体育、娱乐活动，举办特殊艺术演出和残疾人体育运动会，参加国际性比赛和交流；⑤文化、体育、娱乐和其他公共活动场所，为残疾人提供方便和照顾。有计划地兴办残疾人活动场所。政府和社会鼓励、帮助残疾人从事文学、艺术、教育、科学、技术和其他有益于人民的创造性劳动。政府和社会促进残疾人与其他公民之间的相互理解和交流，宣传残疾人事业和扶助残疾人的事迹，弘扬残疾人自强不息的精神，倡导团结、友爱、互助的社会风尚。

（五）社会保障权保障

《残疾人保障法》规定：国家保障残疾人享有各项社会保障的权利。政府和社会采取措施，完善对残疾人的社会保障，保障和改善残疾人的生活。残疾人及其所在单位应当按照国家有关规定参加社会保险。残疾人所在城乡基层群众性自治组织、残疾人家庭，应当鼓励、帮助残疾人参加社会保险。对生活确有困难的残疾人，按照国家有关规定给予社会保险补贴。各级人民政府对生活确有困难的残疾人，通过多种渠道给予生活、教育、住房和其他社会救助。县级以上地方人民政府对享受最低生活保障待遇后生活仍有特别困难的残疾人家庭，应当采取其他措施保障其基本生活。各级人民政府对贫困残疾人的基本医疗、康复服务、必要的辅助器具的配置和更换，应当按照规定给予救助。对生活不能自理的残疾人，地方各级人民政府应当根据情况给予护理补贴。地方各级人民政府对无劳动能力、无扶养人或者扶养人不具有扶养能力、无生活来源的残疾人，按照规定予以供养。国家鼓励和扶持社会力量举办残疾人供养、托养机构。残疾人供养、托养机构及其工作人员不得侮辱、虐待、遗弃残疾人。县级以上人民政府对残疾人搭乘公共交通工具，应当根据实际情况给予便利和优惠。残疾人可以免费携带随身必备的辅助器具。盲人持有效证件免费乘坐市内公共汽车、电车、地铁、渡船等公共交通工具。盲人读物邮件免费寄递。国家鼓励和支持提供电信、广播电视服务的单位对盲人、听力残疾人、言语残疾人给予优惠。

（六）无障碍环境保障

《残疾人保障法》设立专章，对无障碍环境予以特别规定，明确国家和社会应当采取措施，逐步完善无障碍设施，推进信息交流无障碍，为残疾人平等参与社会生活创造无障碍环境。

关于无障碍设施：明确各级人民政府应当对无障碍环境建设进行统筹规划，综合协调，加强监督管理。无障碍设施的建设和改造，应当符合残疾人的实际需要。新建、改建和扩建建筑物、道路、交通设施等，应当符合国家有关无障碍设施工程建设标准。公共交通工具应当逐步达到无障碍设施的要求。有条件的公共停车场应当为残疾人设置专用停车位。

关于信息交流无障碍：明确国家应采取措施，为残疾人信息交流无障碍创造条件。各级人民政府和有关部门应当采取措施，为残疾人获取公共信息提供便利。国家和社会研制、开发适合残疾人使用的信息交流技术和产品。国家举办的各类升学考试、职业资格考试和任职考试，有盲人参加的，应当为盲人提供盲文试卷、电子试卷或者由专门的工作人员予以协助。公共服务机构和公共场所应当创造条件，为残疾人提供语音和文字提示、手语、盲文等信息交流服务，并提供优先服务和辅助性服务。组织选举的部门应当为残疾人参加选举提供便利；有条件的，应当为盲人提供盲文选票。

第三节　被羁押人的权利

《公民权利和政治权利国际公约》第10条规定："一、所有被剥夺自由的人应给予人道及尊重其固有的人格尊严的待遇……三、监狱制度应包括以争取囚犯改造和社会复员为基本目的的待遇。少年罪犯应与成年罪犯隔开，并应给予适合其年龄及法律地位的待遇。"该条规定，就是要求和号召世界各国对于被羁押的人，尤其是犯罪嫌疑人和被囚禁的罪犯应给予充分的人权保护，禁止残忍的、不人道的和有辱人格的不公正待遇。"所以，对被剥夺自由的人既不能施以违反《公民权利和政治权利国际公约》第7条规定的待遇，包括作医药或科学试验，也不能施以除了剥夺自由本身之外的其他痛苦或限制；他们的人格尊严应当与自由人一样受到同等的尊重。被剥夺自由者应当享有公约规定的各种权利，除了因为在拘押环境下所不可避免的限制之外。"①

本书所说的被羁押人，是指由于某种原因而被司法部门采取一定的强制措施羁押在特定场所的人，主要包括犯罪嫌疑人和被囚禁的罪犯即囚犯。

一、犯罪嫌疑人的权利

犯罪嫌疑人是指有某种迹象被侦查机关怀疑为犯罪，但尚未得到证实的人。犯罪嫌疑人是否确属犯罪分子，须经调查了解、收集证据、审查核实，才能得出结论，绝不能把犯罪嫌疑人同犯罪分子等同看待。对此有的国家用法律规定来区分犯罪嫌疑人和被告人，如我国《刑事诉讼法》规定，被司法机关怀疑有罪行的人，受到调查、侦查，以至被采取强制措施，然后被提起诉讼以前均称为犯罪嫌疑人，被提起公诉以后，则称为被告人。

犯罪嫌疑人尽管被怀疑犯了罪，但是他们仍享有一定的权利：

（1）法律帮助请求权。犯罪嫌疑人在被侦查机关第一次讯问后或者被采取强

---

①　杨宇冠：《人权法——〈公民权利和政治权利国际公约〉研究》，中国人民公安大学出版社，2003年，第204页。

制措施之日起，可以聘请律师为其提供法律咨询，代理申诉、控告。

（2）委托辩护权。公诉案件自案件移送审查起诉之日起，犯罪嫌疑人有权委托辩护人。人民检察院应当在收到移送审查起诉的案件材料之日起 3 日内，告知犯罪嫌疑人有权委托辩护人。

（3）申请回避权。对检察人员或者检察人员的近亲属和本案有利害关系的，检察人员接受当事人及其委托的人的请客送礼的，违反规定会见当事人及其委托的人的，犯罪嫌疑人有权要求其回避。

（4）本民族语言文字使用权。我国《刑事诉讼法》第 9 条规定：各民族公民都有使用本民族语言文字进行诉讼的权利。这正是犯罪嫌疑人使用本民族语言文字进行诉讼权利的依据。

（5）取保候审请求权。被羁押的犯罪嫌疑人及其法定代理人、近亲属和聘请的律师有权申请取保候审。

（6）沉默权。对与本案无关的问题的讯问，犯罪嫌疑人有拒绝回答的权利。

（7）强制措施解除请求权。犯罪嫌疑人及其法定代理人、近亲属或者犯罪嫌疑人委托的律师及其他辩护人对于人民检察院采取强制措施超过法定期限的，有权要求解除强制措施。

（8）申诉权。对人民检察院作出的不起诉决定进行申诉的权利。犯罪嫌疑人对人民检察院作出的不起诉决定不服，可向人民检察院申诉。

（9）控告权。对侵权提出控告的权利。对于检察人员侵犯公民诉讼权利和人身侮辱的行为，有提出控告的权利。

（10）损害赔偿请求权。犯罪嫌疑人的人身权利、财产权利因人民检察院及其工作人员违法行使职权受到侵犯的，有取得赔偿的权利。

另外，根据我国《刑事诉讼法》的规定。犯罪嫌疑人还有申请补充鉴定或者重新鉴定的权利，以及核对笔录的权利。

二、囚犯的权利

狭义的囚犯是指被囚禁于监狱的罪犯。广义的囚犯则包括被拘留、逮捕、羁押或监禁于任何监所的人。但无论是哪一类的囚犯，都应享有其应有的权利。

1. 选举权

我国《宪法》规定：年满 18 岁的公民，不分民族、种族、性别、职业、家庭出身、宗教信仰、教育程度、财产状况、居住期限，都有选举权。我国《选举法》对享有选举权的囚犯作了明确规定：被判处有期徒刑、拘役、管制而没有附加剥夺政治权利的；被羁押，正在受侦查、起诉、审判，人民检察院或者人民法院没有决定停止行使选举权的；正在取保候审或者被监视居住的；正在被劳动教养的；正在受拘留处罚的囚犯准予行使选举权的，上述囚犯由选举委员会和执行监禁、羁押、拘留或者劳动教养的机关共同决定，可以在流动票箱投票，或者委托有选举权的亲属或者其他选民代为投票，行使选举权。其中被判处拘役、受拘留处罚或者被劳动教养的人也可以在选举日回原选区参加选举。

2. 不受歧视权

对于囚犯，不应基于种族、肤色、性别、语言、宗教、政见或其他主张、国籍或社会出身、财产、出生或其他身份而受到任何歧视。

3. 宗教信仰自由权

宗教信仰自由是按自己的意愿，不受外力干涉而自由决定个人宗教信仰和参与宗教仪式的权利。我国《宪法》规定，中华人民共和国公民有宗教信仰自由，任何国家机关、社会团体和个人不得强制公民信仰宗教或者不信仰宗教，不得歧视信仰宗教的公民和不信仰宗教的公民。囚犯和其他普通公民一样，享有宗教信仰自由，允许信教的囚犯保持原有的宗教信仰，并在生活上照顾少数民族囚犯的生活习惯。

4. 享受人道主义待遇权

享受人道主义待遇的权利是指任何依法被剥夺自由的人，在被监管和生活上享有的得到人道和人格尊重以及所应得的最低限度标准的待遇的权利。我国早在1954年《中华人民共和国劳动改造条例》和《中华人民共和国逮捕拘留条例》中就确立了以争取改造囚犯和回归社会为基本目的，对囚犯实行人道主义的狱政制度。如将囚犯按不同的性别、年龄、犯罪记录、被监禁的法定原因等分别送入不同的狱所或监所，囚犯休息住宿的一般设备要合乎卫生规定，给予囚犯合于气候、足以保持健康的衣服，并应按时供给以维持健康和体力的有营养价值的饮食。在必要的监视下，准许囚犯以通信或接见方式，同亲属和朋友联系；准许囚犯阅读报章杂志和特种机关刊物，收听无线电广播、看电视、听演讲。为了达到改造罪犯，保护社会避免遭受犯罪危害的目的，监所应利用适当的改造、教育手段（包括劳动、职业指导和训练、文化学习、就业辅导、体能训练和道德法律教育），确保犯人返回社会时能适应社会生活，遵纪守法，增强责任感，并能够自食其力。

5. 申诉权

任何因逮捕或拘禁被剥夺自由的人，有权向法庭提起诉讼，以便法庭能不拖延地决定拘禁他是否合法，以及在拘禁不合法时及时下令予以释放。囚犯应有机会向监所主任或其代表官员提出请求或申诉。我国《刑事诉讼法》和《监狱法》也规定，罪犯对生效的判决不服的，人民检察院或者人民法院应当及时处理罪犯的申诉材料，监狱应当及时转递，不得扣押。人民检察院设置监所检察部门，其基本任务之一，就是正确处理罪犯及其家属的申诉和控告，保障罪犯的合法权益。

6. 工作权、劳动保护权和公平报酬权

服刑囚犯都必须工作，并依据医生的断定以其身心都能胜任为限。监所应交给足够的有用工作让囚犯积极去做，且所交工作应足以保持或增进囚犯出狱后诚实谋生的能力。在符合正当选择职业方式和监所管理及纪律要求的限度内，囚犯可以选择所愿从事的工作种类。囚犯每日及每周最高工作量应考虑到当地有关雇佣自由工人的规则和习惯，应准许每周休息 1 日。另外，对囚犯的工作应订立公平的报酬制度。

7. 财产权

囚犯的私有的金钱、贵重物品、衣服和其他物件按监规不得自行保管时，应在入狱时由监所代为保管，监所应保持物品完好。囚犯出狱时，这类财物应照数归还。根据我国有关法律规定，囚犯的现金由监狱、劳动队代为存入银行，利息归本人所有。有正当用途的可以支取，释放时全部返还。

8. 文化生活参加权和受教育权

监所应设置图书室，购置充足的娱乐和教学书籍供各类囚犯使用，并应鼓励囚犯充分利用图书馆。我国《监狱法》规定，监狱应根据不同情况，对罪犯进行扫盲教育、初等教育、初级中学教育和职业技术教育，经考试合格的，由教育部门发给相应的学业证书和技术等级证书。对囚犯开展系统的法制、道德、文化、技术教育，致力于把监狱、劳动场所办成教育人、改造人的特殊学校，提高改造囚犯质量，促进社会治安良性循环。

9. 死刑判决复核权和免受任意处决权

我国《刑法》和《刑事诉讼法》规定，死刑除依法由最高人民法院判决的以外，被告人均有权提出上诉，任何机关不得以任何借口对此权利加以剥夺。中级人民法院判处死刑的第一审案件，如被告人不上诉，也应由高级人民法院复核后报请最高人民法院核准，最高人民法院不同意判处死刑的可以提审或发回重审。《刑法》还规定对于应当判处死刑的犯罪分子，如不是必须立即执行的，可以判处死刑同时宣告缓期 2 年执行。死刑缓期执行的，由高级人民法院判决或者核准。判处死缓的，在执行期间如没有故意犯罪，2 年期满后减为无期徒刑；如有重大立功表现，2 年期满后减为 15 年以上 20 年以下有期徒刑；如有故意犯罪，查证属实后，由最高人民法院核准，执行死刑。我国《刑法》和《刑事诉讼法》规定，死刑只适用于罪行极其严重的犯罪分子，犯罪时不满 18 周岁的人和审判时怀孕的妇女，不适用死刑。未经最高人民法院判决和核准，并由最高人民法院院长签发执行死刑的命令，不得对任何人执行死刑。

10. 释放后受帮助权

囚犯获释后应享有为方便其恢复正常社会生活而接受善后照顾的权利。被监禁前有职业的，由原工作单位、当地劳动部门、街道或乡、村负责安置就业。对改造表现好的又有一定专业知识或生产技能的刑满释放人员，机关、科研部门或企业、事业单位工作需要且有增人或补员指标的，经考核合格，可以录用。被监禁前无职业的，释放后应和一般待业人员同样对待，由当地劳动部门或街道按照现行政策积极予以安置。放回农村且有劳动能力的，所在乡（镇）政府或村安排参加农业生产承包任务或其他专业队、组劳动；丧失劳动能力的，由其直系亲属或其他亲友赡养，确有困难时，由当地政府予以适当补助。原系在校学生，符合学龄规定，表现好经考试合格的，应让其复学。

第三编　人权的国际保护

第十一章　人权国际保护概述

第一节　人权国际保护概述

一、人权国际保护的概念

关于人权国际保护的概念，国际法学界存在不同的观点。主要分为从权利主体角度进行定义和从义务主体角度进行定义两种观点。①

从权利主体角度对人权的国际保护进行定义的学者认为，人权的国际保护是指由国际社会通过一定的机制对人权进行保护，即国际社会按照公认的国际法基本原则，根据国家自愿承担的条约义务和国际强行法所赋予的普遍国际义务，在人权领域进行国际合作，并防止和惩治侵犯人权的行为，以促进世界范围内人权的普遍实现。② 从义务主体角度对人权的国际保护进行定义的学者认为，人权国际保护是指国家和国际组织根据国际人权条约（包括区域性国际人权条约）或国际习惯法，承担特定的或普遍的国际人权义务，对实现基本人权的某些方面进行合作与保证，并对违反国际人权义务，侵犯人权的行为加以防止和惩治。③

二、人权国际保护的特征

人权国际保护具有以下特征：

（1）对国家和政府间国际组织而言，人权的国际保护既是其权利也是其义务。人权国际保护的主体一般是国家和政府间国际组织。国家是国际人权条约和国际习惯法所规定的义务承担者。一般说来，国际人权条约要求缔约国承担保护人权的特定义务，国际习惯法要求各国承担保护人权的普遍义务。国际组织，特别是联合国，其宗旨之一就是“增进并激励对于全体人类之人权及基本自由之尊重”，因此，联合国及其有关机构无疑是人权国际保护的实施者。而根据各区域有关人权文件的规定，欧洲理事会、欧洲联盟、美洲国家组织、非洲联盟为各自区域人权国际保护的实施者。

---

① 此依据是笔者根据对人权国际保护界定的不同观点自行确定的。

② 徐显明：《人权研究》（第二卷），山东人民出版社，2002 年，第 455 、457 页。

③ 朱晓青、柳华文：《〈公民权利和政治权利国际公约〉及其实施机制》，中国社会科学出版社，2003 年，第 2 页。

（2）人权国际保护的依据是国家自愿承担的国际人权条约所规定的特定义务和国际人权习惯法所赋予的普遍国际义务。

（3）人权国际保护的对象既包括国际人权，也包括国内人权。所谓国内人权是指在一国管辖范围之内，主要由国家通过国内措施予以保护和实现的人权，其主体主要是个人和法人。所谓国际人权，是指主要依靠国际社会共同加以保护和实现的人权，主要是集体人权和全人类的共同人权。集体人权如民族自决权、生存权、发展权、接受国际人道主义援助权等，其主体是以“国家”或民族为外在形式的“人民”（集体）。人类的共同人权包括国际和平与安全权、环境权、人类共同继承财产权、免受国际犯罪侵害的权利等。①

（4）人权国际保护的方式非常广泛，既包括对国家的指导和帮助，也包括对国家的监督与制裁，还包括国际机构对人权的直接保护。

（5）人权国际保护的目的是促进人权在世界范围内的普遍实现。具体地说，人权国际保护是为了防止侵犯人权的行为或针对违反国际人权义务已侵犯人权的行为而发生的。所谓违反国际人权义务的行为有两类：一是违反国际人权条约的特定义务，侵犯人权的行为；二是违反国际人权习惯法规定的普遍义务，严重侵犯人权的行为。这种侵犯人权的行为有“度”的限制，即要达到“严重程度”。而所谓“严重程度”，根据国际人权实践及国际人权条约和习惯规则，通常是指：①侵犯人权的行为已经危及或可能危及国际或地区的和平与安全。②严重侵犯或一贯严重侵犯人权的行为。② ③大规模粗暴侵犯人权的行为，如国际犯罪行为。国际法所规定的国际犯罪一般包括侵略罪、战争罪、灭绝种族罪、种族隔离罪、反人类罪、劫持或扣押人质罪、危害国际航空罪、国际贩毒罪、海盗罪、国际恐怖犯罪等。对上述行为均可实施人权的国际保护。③

三、人权国际保护的历史发展④

人权的国际保护并不与国内法同步，直到第二次世界大战以前，人权问题基本上是被当作纯属国内管辖事项来对待的。人权国际保护是人权进入国际法领域，由国家和国际组织行使保护权利承担保护义务而产生。它的发展大致经历了

---

① 宋惠昌：《现代人权论》，人民出版社，1993 年，第 177、178 页。转引自徐显明：《人权研究》（第二卷），山东人民出版社，2002 年，第 455 页。

② 这是经济及社会理事会第 1235 号决议和第 1503 号决议所提及的行为。以上资料引自朱晓青、柳华文：《〈公民权利和政治权利国际公约〉及其实施机制》，中国社会科学出版社，2003 年，第 4 页。

③ 徐显明：《人权研究》（第二卷），山东人民出版社，2002 年，第 457 页。朱晓青、柳华文：《〈公民权利和政治权利国际公约〉及其实施机制》，中国社会科学出版社，2003 年，第 2～4 页。

④ 此部分内容参见朱晓青、柳华文：《〈公民权利和政治权利国际公约〉及其实施机制》，中国社会科学出版社，2003 年，第 4～8 页。

三个时期，即17、18世纪的萌芽时期，19世纪至第二次世界大战的有限发展时期，第二次世界大战以后的全面发展并不断成熟时期。

（一）萌芽时期

在17、18世纪的一些西方国家，人权已经由理论概念上升为法律概念。英国1628年《权利请愿书》和1689年《权利法案》，美国1776年《独立宣言》和法国1789年《人权宣言》就是这种变化的显著标志。但是，各国在这一时期并没有人权国际保护的意识，仅仅是出于某种客观的需要，在两个或几个国家间产生极个别的或零星的保护人权的规定。这些规定一般出现在小区域的和平条约中，主要内容是承诺尊重不同教派的权利。同一时期，还出现了"战俘"这一法律概念，在某些国家间的双边条约中开始出现了关于战俘待遇的条款。1785年美国与普鲁士签订的友好条约第一次载入了对战俘应给予正当待遇的条款。

（二）有限发展时期

在19世纪至第二次世界大战这一人权国际保护的有限发展时期，发生了两个较大的历史事件，即19世纪初国际上开展的废奴运动及第一次世界大战。这一时期所签订的含有人权条款的条约表示了一种趋势，即要以国际监督的方法去承认和保护人的某些基本权利。具体来讲，人权国际保护的内容除了宗教自由外，有关禁止奴隶贸易的内容亦被双边或多边条约和协定所规定，有关人道主义待遇的内容也见诸19世纪中晚期的国际人道主义法律中。

（三）全面发展时期

第二次世界大战是由残忍地否定基本人权的国家挑起的。发动第二次世界大战的德国、意大利和日本有一些共同的特点，即对内肆意侵犯和压制本国人民的基本人权和自由，反共并禁止一切反对党，取消或废弃议会制度，实行法西斯主义的独裁统治；对外则积极进行侵略扩张。战争期间，侵略国家的暴行，尤其是纳粹德国对犹太人灭绝种族的行为使人类清醒地认识到，一个政府对其国民的野蛮行为与对其他国家的侵略之间密切相关，尊重人权与维护世界和平密切相关。战争还加强了人类"国际承认和保护人权，不但是与国际法目标的开明的概念相符合的，而且也是与国际和平的基本需要相符合"① 的信念，并使人类更加清醒地认识到，人权不能仅仅依赖于一个国家的法律保护，

① ［英］詹宁斯·瓦茨修订：《奥本海国际法》（第一卷第二分册），王铁崖、李适时等译，中国大百科全书出版社，1998年，第357页。

而应该将其放在国际体系和国际法的框架内，通过保障措施和机构，才能加以较为有效的保护和促进。这是因为，尽管各国宪法中明文承认并特别保护基本人权的做法已经在许多国家广为流传，但“由于国家宪法可以经过法定的、虽然是比较困难的程序予以变更，所以人权除非以国际社会的有效承认为基础并受其保障，是不足以防止国家的粗暴侵犯的”[①]。第二次世界大战以后，人权问题开始成为国际社会普遍关心的事项。人权全面进入国际法领域，人权国际保护进入了一个全面发展的时期。

以前存在国际人权保护的领域，第二次世界大战之后得到进一步的全面发展。第二次世界大战前，人权主要限于公民、政治权利的范围，强调个人尊严与自由。1948年《世界人权宣言》通过后，人权概念的内涵发生巨大变化，个人的经济、社会和文化权利被纳入人权概念。经过几十年的发展，人权国际保护活动已经覆盖个人的整个社会生活。20世纪60年代初，随着大批亚非拉国家的独立，民族解放运动走向高潮，国家、民族和人民享受的集体权利成为人权的组成部分。20世纪70年代以后，在发展中国家的积极倡导和不懈努力下，集体人权的概念中又逐渐加入了生存权和发展权等新内容。目前，人权国际保护的内容包括：公民、政治权利；经济、社会、文化权利；自决权；保护少数人；防止歧视；惩治危害人类罪行；禁止奴隶制、奴役、强迫劳动和类似制度与习俗；保护被拘禁人；保护难民、无国籍人、外国人；妇女及儿童权利；提倡社会福利、进步和发展等，大多以人权国际文书的形式体现出来。[②] 因此，第二次世界大战后，大量的涉及国际人权各方面的全球性和区域性国际文件出台，在世界范围内形成了有关人权保护的条约体系。

第二节 国际人权法的概念和渊源

国际人权法是指调整国际法主体之间主要是国家之间在国际人权领域活动中的关系所必须遵守的各项国际法原则、规则和制度的总称。国际人权法作为国际法的一个分支，其制定方法和国际法大体相同。国际人权法的渊源与国际法的一般渊源密切相关，而《国际法院规约》第38条通常被认为是“国际法渊源”的权威性的说明。在此，本书参照国际法的渊源，对国际人权法的渊源作一介绍。

---

① [英] 詹宁斯·瓦茨修订：《奥本海国际法》(第一卷第二分册)，王铁崖、李适时等译，中国大百科全书出版社，1998年，第357页。

② 邵津：《国际法》，北京大学出版社、高等教育出版社，2000年，第312页。

一、国际人权条约

（一）国际人权条约的分类

条约是国际人权法的主要渊源，按照适用的空间效力，关于人权问题的国际条约分为以下三类[①]：

（1）全球性的人权条约。主要是联合国及其专门机构所通过的、经过一定数量的国家签署、批准并生效的专门规定人权问题的国际条约，通常也称联合国人权条约。具体地，有 1948 年 12 月 10 日通过的《世界人权宣言》、1966 年 12 月 16 日通过的《公民权利和政治权利国际公约》和《公民权利和政治权利国际公约任择议定书》、1989 年 12 月 15 日通过的《公民权利和政治权利国际公约旨在废除死刑的第二任择议定书》、1966 年 12 月 16 日通过的《经济、社会和文化权利国际公约》、1984 年 12 月 10 日通过的《禁止酷刑和其他残忍、不人道或有辱人格的待遇或处罚公约》、1979 年 12 月 18 日通过的《消除对妇女一切形式歧视公约》和 1965 年 12 月 21 日通过的《消除一切形式种族歧视国际公约》等。

（2）区域性的人权条约。主要是由区域性国际组织通过的、经一定数量国家签署、批准并生效的关于人权问题的条约。按区域不同，主要有以下三类：①欧洲人权条约，如 1961 年 10 月 18 日通过的《欧洲社会宪章》、《欧洲理事会保护人权和基本自由公约经第 11 号及第 1、4、6 和 7 号议定书修订》、1952 年 3 月 20 日通过的《欧洲人权公约第一议定书》、《欧洲人权公约第十二议定书》、《欧洲保护少数民族框架公约》、1987 年 6 月 26 日通过的《欧洲防止酷刑和不人道或有辱人格的待遇或处罚公约》。②美洲人权条约，如 1969 年 11 月 22 日通过的《美洲人权公约》、1988 年 11 月 17 日通过的《美洲人权公约附加议定书》（《圣·萨尔瓦多议定书》）。③非洲人权条约，如 1981 年非洲统一组织通过的《非洲人权和民族权宪章》。[②]

（3）含有人权条款的全球性的和区域性的国际条约，如《联合国宪章》、《非洲统一组织宪章》和《美洲国家组织宪章》及修订该宪章的 1987 年议定书。

（二）国际人权条约的性质

国际人权法领域的国际条约属于多边条约、造法性条约。国际条约根据其内容和宗旨，可分为造法性条约和契约性条约。19 世纪初学者们就开始区别以制定抽象的规则为内容的多边条约和以具体的主观要求为内容的双边条约，多边条

---

① 富学哲：《从国际法看人权》，新华出版社，1998 年，第 53 页。

② 国际人权法教程项目组：《国际人权法教程》第二卷（文件集），中国政法大学出版社，2002 年。

约因接近于国内法规而称为造法性条约，双边条约因与契约相似而称为契约性条约。[①] 因此，所谓造法性条约指有关确立或更改一般国际法的原则、规则和制度的多边条约或国际公约，如《联合国海洋法公约》、《维也纳外交关系公约》等；所谓契约性条约指两个或几个国家就某些特定事项规定缔约国间具体权利和义务的条约，如两国之间签订的边界条约、贸易协定、司法互助协定等。[②] 国际人权条约都是多边条约，而且其内容主要是关于各成员国的义务及人的权利。国际人权条约并非两个或几个国家就某些特定事项规定缔约国间具体权利和义务的条约，其所涉及的总是各缔约国尊重其管辖范围内任何人的人权的义务与“人人”的权利，以及相应的保护措施或方式。正如《美洲人权公约》序言所指出的：“承认人的基本权利的来源并非由于某人是某一国家的公民，而是根据人类人格的属性，因此以公约形式来加强或补充美洲国家国内法提供的保护而对上述权利给予国际性保护是正当的。”国际人权条约以制定抽象的规则为内容，接近于国内法规，属于造法性条约。

（三）国际人权条约的特征

国际人权条约包括应予保护的确定的个人权利和已成为相关条约成员国的国家所承担的义务，其具有如下一些明显的特征。

（1）对某些条约条款克减的概念是国际人权条约的显著特征之一。在社会紧急状态、国家危难和战争等局势下，一个国家可能难以履行其国际义务。在这种局势下，平时可能被认为是违反公约的某些作为或不作为可以因为该特殊的情形而被暂时接受。国际人权条约的克减条款允许国家在某些情形下单方面决定不履行条约义务。[③] 几乎所有的缔约国都可以单方面宣布在某些明确规定的条件下克减他们的义务。当然，此类克减不仅在特定的文件中被严格地限制，而且也受到负责保护有关权利的机构的监督。某些权利，如禁止酷刑、生命权、禁止有溯及力的刑法及思想、良心和宗教自由等在任何情况下均不得减损。

（2）国际人权条约条款的保留适用国际条约保留及反对保留的一般制度，但是，被视为传统国际条约重要特征的国家间的互惠制度对国际人权公约的实施并

---

① 但是，路特教授认为这样划分事实上比较困难，同一条约里通常包含两种因素，所以不应分为法规性条约和契约性条约，而应分为法规性规定和契约性规定。参见［韩］柳炳华：《国际法》（上卷），朴国哲、朴永姬译，中国政法大学出版社，1997年，第75页。

② 王献枢：《国际法》，中国政法大学出版社，2002年，第17页。

③ 国际人权法教程项目组：《国际人权法教程》（第一卷），中国政法大学出版社，2002年，第607页。

不重要。[①]《维也纳条约法公约》第 2 条第（1）款 d 项对保留的“一个国家作出的单方声明，不论措辞或名称如何……其目的在于摒除或更改条约中若干规定对该国适用时之法律效果”的定义并不意味着一个国家可以随心所欲地修改其义务，条约通常精确规定可以提出保留的限度。《维也纳条约法公约》第 19 条规定一国可以在签署、批准、接受、赞同或加入条约时，提出保留。但有以下情形之一者不在此限：第一，该项保留为条约所禁止者；第二，条约仅允许特定之保留而有关之保留不在其内者；第三，不属于前两项所规定的情形，但是，该项保留与条约目的及宗旨不合者。就国际人权条约而言，《欧洲理事会保护人权和基本自由公约经第 11 号及第 1、4、6 和 7 号议定书修订》第 57 条规定，任何国家在签署本公约或交存批准书时得因其领土内现行有效的任何法律与本公约某项规定不符而对该项规定作出保留。一般性的保留不应根据本条而获准。根据本条所作的任何保留应包括对有关法律的简要说明。《美洲人权公约》第 75 条更明确规定：“只有按照 1969 年 5 月 23 日签订的《维也纳条约法公约》的规定，才能对本公约作出保留。”因此，即使国际人权条约未对保留问题进行规定，根据《维也纳条约法公约》及国际习惯法的要求，合法保留的提出必须不违背条约的目的和宗旨。结合国际人权条约条款的克减来说，试图通过保留来克减一项国际人权条约中表明绝对不可以克减的权利（如生命权、被承认在法律前的人格的权利）是明显违背此条约的目的和宗旨的。

（3）一般地，严重违反条约会导致条约义务的终止，然而在人权条约中却并非如此。《维也纳条约法公约》第 60 条第 2 项规定，多边条约当事国之一有重大违约情势时，其他当事国有权以一致协议，在各该国与违约国之关系上，或在全体当事国之间，将条约全部或局部停止施行或终止该条约。国际人权条约为多边条约，但其不适用于该项规定。因为根据《维也纳条约法公约》第 60 条第 5 项的规定，其第 2 项不适用于各人道性质之条约内所载关于保护人身之各项规定，尤其关于禁止对受此种条约保护之人采取任何方式之报复之规定。这是因为国际人权条约的主要内容本身就是使每一个缔约国承担尊重其管辖范围内的任何人的人权的义务，如果一个国家可以仅仅由于一次违反便免除其在国际人权条约中的义务，那么就会破坏这些条约的持续性保护的目的。相反地，国际人权条约对缔约国违反条约义务，致使人权受到侵害的情形规定了相应的保护措施。

（4）某些国际人权条约有允许公告退出的条款，同时规定在退出公告前任何违反条约的行为须承担的义务，由此就可以确保缔约国在其义务加重时不能仅仅通过选择退出而逃避其法律义务。根据《维也纳条约法公约》第 54 条的规定，

---

① 国际人权法教程项目组：《国际人权法教程》（第一卷），中国政法大学出版社，2002 年，第 569 页。

在依照条约之规定，或无论何时经全体当事国于咨商其他各缔约国后表示同意的情形下，得终止条约或一当事国退出条约。并非所有的国际人权公约都有退出条款，如《世界人权宣言》、《公民权利和政治权利国际公约》、《经济、社会和文化权利国际公约》等没有专门的退出条款。这些条约的退出适用《维也纳条约法公约》的相关规定。有些国际人权条约则有允许退出的专门规定，如《公民权利和政治权利国际公约任择议定书》第 12 条规定，任何缔约国得随时书面通知联合国秘书长退出本议定书，退约应于秘书长接得通知之日起 3 个月后发生效力，但退约不得影响本议定书各项规定对于退约生效日期以前依照第 2 条提出的任何来文的继续适用。

（5）国际人权条约的解释方法不同于一般的条约。关于条约的解释，传统的规则是《维也纳条约法公约》第 31 条表明的书面解释的规则，即条约应依其用语按其上下文并参照条约之目的和宗旨所具有之通常意义，善意解释之。但是，如果采取“书面解释”时，意义仍属不明或难解；或者所获结果显然属于荒谬或不合理时，根据公约第 32 条的规定，为确定其意见起见，得使用解释的补充资料，如条约的谈判记录、条约的历次草案、会议记录等。人权文件的解释机构则很少采用这样一种直接的做法，而是经常适用单独的或是和上述方法相结合的解释技术。此过程中包含了许多其他的因素，特别重要的是机构的作用，其行使职能的环境，机构成员国承袭的法律、政治和社会传统以及他们对于自身和机构职能的认知。例如，欧洲人权法院主要使用目的论或结果导向的方法解释公约。这并不意味着在情势需要的时候，该法院不使用标准的解释技术，而仅仅意味着他们有发挥公约的最大保护功能的角色意识。目的论手段遭到包括该法院的离任法官在内的一些人的批判，认为这将导致司法立法。毫无疑问，这是事实，因为有时法院会推断出条约中第一眼看起来并不明显的权利。然而，由于法官作为裁判者，无论如何都享有广泛的立法职能，对目的论手段的反对可能只是针对他们立法的范围而言的。①

二、国际人权习惯法

在第二次世界大战之前，甚至在 19 世纪就已经存在有关人权的国际法，而且不仅包括条约法②，也包括习惯法。早在 19 世纪，就有关于外国人法律地位

---

① 斯科特·戴维森：《人权》，开放大学出版社，1993 年，第 52～60 页；转引自国际人权法教程项目组：《国际人权法教程》（第一卷），中国政法大学出版社，2002 年，第 38～40 页。

② 有关人权的条约法有《国际联盟盟约》、《国际劳工组织章程》、有关废除奴隶制和奴隶买卖的条约、人道主义法等。1890 年《布鲁塞尔条约》就是一部有关人权的国际法。1926 年，国际联盟通过了《禁奴公约》并开放供各国签署。但与 1890 年《布鲁塞尔条约》一样，公约没有任何实施或执行条款，仅要求各缔约国就各自为执行公约而订立的法律和规定相互通告并通知国际联盟秘书长。1953 年议定书对 1926 年的公约作了修订，将原属于国际联盟秘书处的权利和责任转给了联合国秘书长。

的习惯法规则，并被许多国家规定在法律之中。[①] 有关人权的习惯准则的最好的例子也许就是有关国家对外侨待遇的责任的法律，另外一个例子是战后对战犯的审判。[②]

有学者指出，联合国大会决议的法律地位和强行法是必须提及的和习惯相联系的两个问题。首先看联合国大会决议。联合国大会所通过的决议应分成两类：一是处理联合国大会内部组织的日常事务决议，对联合国大会的成员有法律约束力。二是涉及其他事务的决议，就其本身而言并无法律约束力，但其由于调整对象和起草方式可能有某些法律效力。在此，应当明确区分两种性质的决议，即具有一般性质的决议，如敦促其成员国加强对于环境恶化的研究的决议，和试图解决成员国对于特定领域适用法律规则的理解的具有“法律”性质的决议。对后者是否具有法律效力是有争议的，一些国家如美国拒绝承认联合国大会决议的规范效力，并声称这些决议只是政治愿望。而其他一些国家认为，在适当情形下，决议是联合国大会对《联合国宪章》的权威解释，例如，《世界人权宣言》可以被认为是对一些宪章条款中的人权含义的权威解释。一些国家和评论家进一步指出，在处理广泛的“法律”问题时，决议是国家行为的明确声明，因此可以被认为是国际习惯法形成的实质因素。国际法院在尼加拉瓜诉美国案中即采取了此种立场，此案中多数国际法院法官认为，《决议原则宣言》和联合国第 3314 决议——《关于侵略定义的决议》，都表明了在共同领域内国际团体对适当习惯规则的理解。这样，当联合国决议无论如何都不能成为国际立法的一种形式时，却能为国际习惯法的形成提供一个构成因素。更有学者直接指出，在现代，关于人权问题的国际习惯法集中表现在 1948 年《世界人权宣言》之中。尽管从国际法上说，该宣言作为联合国大会通过的一项并非属于联合国本身事务的决议，并无法律拘束力。但经过 50 多年的发展，其不仅为许多国家的宪法所确认，而且还为许多关于人权问题的国际条约所承认，更为各国的国际法实践所确认。因此，可以说，宣言所载的各项主要原则与规则已经被各国“作为通例之证明而经接受为法律”[③]。其次来看强行法。根据 1969 年《维也纳条约法公约》第 53 条的规定，条约在缔结时与一般国际法强制规律抵触者无效。就适用本公约而言，一般国际法强制规律指国家之国际社会全体接受并公认为不许损抑，且仅有以后具有同等性质之一般国际法规律始得更改之规律。在起草该条款时，国际法委员会给出了强制法的实例，如在国际法中禁止使用暴力，在国际法的刑事法案中规定禁

① 富学哲：《从国际法看人权》，新华出版社，1998 年，第 54 页。

② ［加］约翰·汉弗莱：《国际人权法》，庞森等译，世界知识出版社，1992 年，第 23、197、198 页。

③ 富学哲：《从国际法看人权》，新华出版社，1998 年，第 54 页。

止奴役、种族灭绝和海盗行为。某些委员还认为侵犯人权的条约可能也和强制法相抵触。这种认为人权法具有强制法性质的观点在国际法院的“灭绝种族公约案”（Genocide Convention Case）和“巴塞罗那牵引公司案”（Barcelona Traction Case）以及美洲国家人权法院的许多案例中得到了支持。在一般意义上，和普遍人道主义性质相背离的条约有被归于违反强制法的危险，其相应的后果是会被有关法院宣布为无效。[①] 可见，持这种观点的学者在一定程度上将国际人权领域的习惯法与国际人道主义法等同起来了，并将其定义为强制法。

同时，对于国际人权习惯法问题，亦有学者指出，“至于国际人权法中，哪些属于对各国具有一般效力的国际习惯法，并不存在一个统一的标准。国际权威机构，如联合国国际法院提到的人权的国际习惯法内容大都与集体权利有关，如禁止灭绝种族、禁止奴隶制度、禁止种族隔离和种族歧视等”[②]。一些西方学者也承认自决权原则已成为国际强行法规则。[③] 这也从一个方面说明了国际人权法的特点。国际法学者们倾向于增加关于国际人权法的习惯法规则的内容，但多少带有理想主义色彩。美国法学会1987年第三次法律重述section 702列举了一些习惯法的内容，包括禁止：灭绝种族；奴隶制和奴隶贸易；对个人的谋杀或造成失踪；酷刑和其他残忍、不人道和有辱人格的待遇和处罚；长期任意拘留；有组织的种族歧视；一贯的大规模侵犯国际承认的人权。梅隆教授还补充提出其他习惯法规则，如自决权、被拘禁者的人道待遇、刑事程序中的正当法律程序，等等。但沙赫特教授对其中一些是否已经成为习惯法表示了怀疑。[④]

综上，有关国际人权习惯法有两个问题尚待明确：

（1）国际人权条约与国际人权习惯法的关系。在个人人权的国际保护方面，主要还是依据条约规定。条约的效力原则上只及于当事国，对非当事国没有拘束力。而且，人权条约的具体效力还要取决于缔约国对有关条约的保留程度以及是否就条约的任意选择条款作出声明等具体情况而定。当然，如果人权条约的有关规定已成为国际习惯法或强行法规则，对条约的非当事国也具有法律拘束力。[⑤]

（2）国际习惯法与强行法的关系到底如何？有学者指出，国际习惯法这样一项规则是否有强行法的性质，是一个较为不确定的问题。不过，国际法委员会认

---

① 斯科特·戴维森：《人权》，开放大学出版社，1993年，第52～60页；转引自参见国际人权法教程项目组：《国际人权法教程》（第一卷），中国政法大学出版社，2002年，第40～42页。

② 据联合国国际法委员会起草的1991年《危害人类和平及安全治罪法草案》，国际罪行包括侵略、殖民统治、种族灭绝、种族隔离、有计划或大规模侵害人权行为等。

③ 王铁崖：《国际法》，法律出版社，1995年，第203页。

④ 龚刃韧：《国际人权法与比较宪法》，转引自白桂梅：《国际人权与发展：中国和加拿大的视角》，法律出版社，1998年，第90、91页。

⑤ 王铁崖：《国际法》，法律出版社，1995年，第203页。

为这样一项规则是强行法。[①] 目前，对于在人权的国际保护方面，哪些内容已构成国际习惯法甚至强行法规则还存在分歧，但得到普遍承认的是一些国际人权法的规则已成为了习惯法，如禁止奴隶制度[②]、种族灭绝等。

三、一般法律原则

作为国际法的渊源，一般法律原则同条约和习惯一样被包括在《国际法院规约》第 38 条之中，而非第 38 条第 1 款（卯）项所提及的“辅助方法”之一。但是，尽管《国际法院规约》第 38 条第 1 款（寅）项授权法院在条约和习惯之外适用“一般法律原则为文明各国所承认者”，但法院很少有适用“一般法律原则”的机会。这一方面很可能是因为这些“一般法律原则”包括“人道的基本考虑，在平时比战时更为严格”[③]，另一方面则因为在通常情形下，国际协定和习惯法已经足以为裁判提供必要的根据。[④] 一般法律原则在国际人权法领域的适用同样如此。

此外，国际人权法的渊源还涉及对人权条约的解释及先例。

人权条约的解释以《维也纳条约法公约》第 31 条所阐述的条约解释的一般原则，即“条约应以其用语按其上下文并参照条约之目的及宗旨所具有之通常意义，善意解释之”，和第 32 条所阐述的条约解释的补充方法即以“该条约之准备工作及缔结时的情势”为基础，具体参考及分析条约中的词义和上下文、条约的目的和宗旨、条约的准备工作及缔结时的情势、监督该条约实施的机构的决定以及杰出人权法学家的著作。与此同时，人权条约的解释又与相关机构先前就类似案件所作出的有或没有约束力的判决或决定有特定的关系。就全球性的范例而言，包括国际法院的判决和咨询意见、联合国大会的决议[⑤]、不具有法定约束力

---

① ［英］詹宁斯·瓦茨修订：《奥本海国际法》（第一卷第二分册），王铁崖、李适时等译，中国大百科全书出版社，1998 年，第 354 页及第 440 页注释［334］。

② 禁止奴隶制度现在是国际习惯法的一项规则。国际法院认为不受奴役的保护包括在人身的基本权利中，由此而产生了各国对任何国家的义务。国际法委员会为了起草《危害人类和平及安全治罪法草案》的目的，把这种罪行作为违反人道罪处理。法律的演变很可以用按照 1853 年缔结的条约所设立的美国—大不列颠混合委员会仲裁员所作出的几个裁决来说明。关于英舰扣留从事奴隶贩卖的美国船舶的一些早期事例，仲裁员的结论称，在那个时候，奴隶贩卖是合法的，因此夺取船舶是违反联合王国的国际义务的；至于后来的夺取，仲裁员认为发生在禁止奴隶贩卖的时候，因此，联合王国对这些夺取不负任何国际责任。（见［英］詹宁斯·瓦茨修订：《奥本海国际法》（第一卷第二分册），王铁崖、李适时等译，中国大百科全书出版社，1998 年，第 354 页及第 440 页注释［333］。）

③ 这是国际法院在“科孚海峡案”（1949）中判定阿尔巴尼亚对它未就水域内雷区的存在提出警告应负责任的理由之一。

④ ［英］詹宁斯·瓦茨修订：《奥本海国际法》（第一卷第二分册），王铁崖、李适时等译，中国大百科全书出版社，1998 年，第 23、24 页及第 73 页注释［58］。

⑤ 例如，联合国大会于 1960 年 11 月 14 日在其 1514 号决议中通过的《给予殖民地国家和人民独立宣言》就是对《联合国宪章》的权威解释。

但很有说服力的基于人权公约而建立的人权机构的一般性意见、联合国条约机构在审议国家报告时作出的具体意见和对特定国家的建议[①]，以及条约机构在国家控诉和个人来文基础上作出的决定等；就区域性的范例而言，包括欧洲人权法院的判决和决定以及美洲人权法院的判决、咨询意见和决定等。[②]

第三节 国际人权法与国内人权法律制度

国际人权法与国内法的关系，实际上根源于国际法与国内法的关系，其对各国实践，尤其是对国际人权条约和习惯法规则在国内如何实施有着重要的理论及实践意义。在国际法领域，有关国际法与国内法关系的问题，主要存在两种理论，即一元论和二元论。后者认为国际法与国内法是两个互不相同、各自独立、平行运作的法律体系，国际法无论是总体还是部分，其本身是不能成为国内法的一部分的，其没有权力变更或创立国内法的规则，其只有根据国内法中形成的程序或规则，包括成文的或习惯的，才能在国内具有效力。因此，如果依照一个国家的国内法，国际法的全部或部分被认为是国内法，则纯粹是国内习惯或制定法使然。根据二元论，国际法的有关规则，经过“采纳”（adoption）或“纳入”（incorporation）而同时成为国内法规则，或者经过所谓“转化”（transformation），即把国际法规则内容制定为国内法规则。一元论则否定了二元论的论点，其认为国际法与国内法属于同一法律体系。根据主从关系不同，其又分为国内法优先（即国际法从属于国内法）和国际法优先（即国内法从属于国际法）两大派。目前，有关国际法与国内法关系的学说中，二元论比较符合实际，是占优势的观点，也是我国国际法学界的一般看法。[③] 在实践上，国际法与国内法的关系就体现为国际法在国内的实施和国内法在国际层面的适用两个方面。

人权概念和理论在二百多年的发展历史中，经历了从政治、道德概念到法律意识、法律实践，从国内法到国际法的过程。国际人权法与国内人权法律制度相比，具有以下特征：

(1) 权利主体不尽相同。国际人权法保护的权利主体既包括自然人，也包括种族、民族等自然人的集合体，还包括国家；国内人权的权利主体通常是自然人，也可包括种族、民族等自然人的集合体。关于个人和法人是否是国际人权法的主体问题，一直存在争议。有学者认为，个人和法人不是国际人权法的主体。

① 例如，《公民权利和政治权利国际公约》第40条对缔约国报告的要求。

② 国际人权法教程项目组：《国际人权法教程》（第一卷），中国政法大学出版社，2002年，第35、36页。

③ 邵津：《国际法》，北京大学出版社、高等教育出版社，2000年，第22～24页。

因为从法律角度讲，国际人权法作为国际法的一个分支或部门法，它的主体应当与国际法的主体是一致的。国家、政府间的国际组织和争取独立的民族所形成的代表该民族的政治性组织作为国际法的主体也是国际人权法的主体。个人和法人都不是国际法的主体，当然也不是国际人权法的主体。并指出，从国际实践特别是司法实践来看，个人和法人都不能作为国际法院和区域性人权法院的诉讼当事方。例如，《国际法院规约》第34条第1款明确规定："在法院得为诉讼当事国者，限于国家。"《美洲人权公约》第61条第1款规定："只有各缔约国和人权委员会有权向法院提交案件。"① 但是，另外有些文件有关于"个人申诉"的规定。例如，《欧洲人权公约（修改本）》关于"个人申诉"的第34条规定："法院得受理由于缔约一方对本公约或其议定书所规定权利的侵犯而受到损害的任何个人、非政府组织或私人团体所提出的申诉。缔约各方承诺不以任何方式妨碍该项权利的有效行使。"②《公民权利和政治权利国际公约任择议定书》（第一议定书）也是规定个人申诉程序的。③ 因此，也有学者认为，"人们愈加倾向于认为个人在有限的范围内也是国际法的主体"。同时，其也指出："虽然条约可能说个人的权利，好像这些权利是条约本身所产生的，但是，这照例不是通常的情形。这种条约并不创设这些权利，而只是使各缔约国负有义务，以国内法产生这些权利。"④

（2）权利内容不尽相同。人权国际保护既包括国内人权制度的传统内容，也包括国家所享有的特殊权利，如国家自行选择政治、社会、经济和文化发展道路的权利。1988年12月4日通过的《发展权利宣言》于序言中明确规定："确认发展权利是一项不可剥夺的人权，发展机会均等是国家和组成国家的个人一项特有权利。"

（3）效力范围不尽相同。人权国际保护具有国际法效力，有关规则适用于所有有关国际法主体。例如，《经济、社会和文化权利国际公约》第14条规定："本公约任何缔约国在参加本公约时尚未能在其宗主领土或其他在其管辖下的领土实施免费的、义务性的初等教育者，承担在2年之内制定和采取这一逐步实行的详细的行动计划，其中规定在合理的年限内实现一切人均得受免费的义务性教

---

① 富学哲：《从国际法看人权》，新华出版社，1998年，第54～56页。

② 该条规定与未经第11议定书修改的《欧洲人权公约》第44条"只有缔约各国及委员会才有权将案件提交法院"的规定不同。

③ 具体内容见本书后面有关《第一任择议定书》部分。

④ 并进一步指出："由条约设立并且个人可以出席，甚至反对其本国，以执行条约规定的法庭的著名例子，有欧洲共同体法院以及欧洲人权委员会和欧洲人权法院。在第二次世界大战以后，为了处理由于战争而发生的回复原状和赔偿事项，依据条约在德意志联邦共和国设立了一个最高回复原状法院和一个关于在德国的财产、权利和利益的仲裁委员会，个人可以向这些法庭起诉。伊朗-美国求偿法庭设立的方式是允许个人直接向法庭提出求偿。"（资料来源于［英］詹宁斯·瓦茨修订：《奥本海国际法》（第一卷第二分册），王铁崖、李适时等译，中国大百科全书出版社，1998年，第292、293页及第383页注释［3］。）

育的原则。”《公民权利和政治权利国际公约》第3条规定：“本公约缔约各国承担保证男子和妇女在享有本公约所载一切公民和政治权利方面有平等的权利。”[①]而国内人权制度的效力仅限于一国主权管辖的领域之内。

（4）法律渊源不尽相同。人权国际保护的法律渊源主要是与人权保护相关的国际公约、议定书等国际文书及国际习惯；国内人权保护的法律渊源则是国内法律或习惯。

（5）实现方式不尽相同。国内人权制度的实现主要通过国内立法、司法、行政部门的行为。而人权国际保护的实现主要是通过国际法主体签订国际人权公约或其他法律文书承担尊重和保护人权的一般或特定国际义务；国际机构可以对违约国家实行监督，或采取条约所规定的措施，以保证该义务得到履行。具体表现为以下三种途径：一是各国采取立法、司法和行政等方面的措施，通过发展本国经济和政治等来保障本国人民的基本人权。二是国际社会尤其是联合国这个最大的政府间国际组织及其专门机构，对于人权目标的实现给各国以外部保障，诸如维护国际和平与安全，向各国提供经济、技术援助等。三是对于大规模严重侵犯人权的问题，国际社会还可以对责任国采取国际制裁措施。但假借人权之名干涉他国内政的行为是违反国际法的，应当承担国际责任。[②]

尽管国际人权法与国内人权制度之间存在上述区别，人权问题在本质上依然是一国内部管辖的事务。首先，从内容上看，国际人权法中的概念、原则和规则主要来自国内法，特别是各国国内法认可的人权概念、原则和规则中具有共性的部分。其次，从保护人权的责任主体来看，正是国家及其法律秩序应对保护人权负有主要责任。有人说，国家及其法律秩序的主要目的就是保护这些权利。由于国家及其法律秩序比有组织的国际社会更接近公民个人，因而保护人权不仅是国家及其法律秩序的一个目的，而且国家在保护人权方面处于更为有利的位置。国家在保护人权方面有优先权利这一点已经得到习惯性国际法规的承认，因为只有在国内或国家一级的补救措施已全部用尽而问题仍未得到解决时，国际机构才对涉及个人的争端享有管辖权。[③] 在国际人权保护的实践中，也从来离不开各国政府的积极参与。最后，从人权保护的程序和机制来看，人权国际保护的过程很大程度上即是各主权国家或其他国际法主体通过国际人权公约承担国际法律义务，确保国际公认的人权原则、规则在本国得到实现并参加国际人权机构活动的过程。[④] 例如，《公民权利和政治权利国际公约》第2条第2款规定：“凡未经现行立法或其他措施予以规定者，

① 国际人权法教程项目组：《国际人权法教程》（第二卷），中国政法大学出版社，2002年，第31页。
② 富学哲：《从国际法看人权》，新华出版社，1998年，第69、70页。
③ ［加］约翰·汉弗莱：《国际人权法》，庞森译，世界知识出版社，1992年，第2、3页。
④ 邵津：《国际法》，北京大学出版社、高等教育出版社，2000年，第309、310页。

本公约每一缔约国承担按照其宪法程序和本公约的规定采取必要步骤，以采纳为实施本公约所承认的权利所需的立法或其他措施。”《经济、社会和文化权利国际公约》第 2 条第 1 款规定：“每一缔约国家应尽最大能力个别采取步骤，或经由国际援助和合作，特别是经济和技术方面的援助和合作，采取步骤，以便用一切适当方法，尤其包括用立法方法，逐渐达到本公约中所承认的权利的充分实现。”根据前款的规定，还可以看出，尽管正如 1974 年美国国会的一个小组所承认的“保护人权主要是各国政府对本国公民的责任”，即国家对国际人权法的实施负有主要的责任，国际人权法的实施同时并不排除国际社会的责任。所谓国际社会的责任是指世界各国作为一个整体和由国家组成的国际组织对国际人权法的实施所承担的责任，主要是就人权问题进行国际合作的责任。①

根据国际法基本原则和大多数国家的实践，处理国际法与国内法关系的原则主要有三条：一是国际法不能干预国家根据主权原则制定的国内法，不能凌驾于国内法之上。二是国内法不能破坏公认的国际法。国家对公认的国际法以及在平等自愿的基础上承担的国际义务，必须真诚地履行，受其约束，任何国家不得以内政为借口破坏国际法。三是国际法与国内法效力范围不同，彼此应当相互尊重各自的效力范围。当两者发生冲突时，应以各国公认的国际法基本原则为准绳进行调整，或修正，或撤销，或重定有关国内法律规范。上述原则完全适用于国际人权法与国内法的关系。具体地说，首先，国际人权法绝对不是“凌驾”于国家之上的法律。某些西方学者的国际人权法应当是“世界人权法”的主张严重违背国家主权原则，也无现实意义。其次，构成国际人权法的主体部分是关于人权问题的国际公约和《联合国宪章》中的人权条款。人权公约是国家自愿加入的，按照“条约必须遵守原则”，除公约允许的保留以外，缔约国必须真诚地履行其所承担的义务，否则将承担国际责任。最后，国际人权法的实施主要是靠各国国内法加以保证的。在这方面，国际人权法绝不能代替国内法。美国哥伦比亚大学教授路易斯·亨金在其《国际人权与权利在美国》一文中指出：“当一个国家尊重和保障人权方面有欠缺的时候，国际人权法不是去取代国内法和国家机制，而是努力促使该国家改进其国家法律和机制，使它们更为有效。”这是因为人权问题归根到底主要是各国国内管辖的事项。即使是国家通过参加有关人权问题的国际公约所承担的保护人权的义务的那些事项，也要靠各个国家采取立法、司法和行政等具体措施来实现。②

---

① 富学哲：《从国际法看人权》，新华出版社，1998 年，第 69 页。

② 富学哲：《从国际法看人权》，新华出版社，1998 年，第 56、57 页。

第十二章　国际人权文件

有关人权保护的国际条约和国际习惯法作为国际人权法的渊源主要是以国际人权法律文件的形式得以体现。国际人权文件包括国际人权公约和联合国大会通过的宣言和决议。有人认为，联合国大会通过的宣言和决议并没有法律拘束力。但不可否认的是，一些重要的宣言或决议，如《世界人权宣言》、《给予殖民地国家和人民独立宣言》等，对国际人权法的发展起着积极的推动作用，而且，许多宣言或决议最终都发展成为国际公约。

第一节　人权国际保护的基本文件

1948 年《世界人权宣言》、1966 年《公民权利和政治权利国际公约》、1966 年《经济、社会和文化权利国际公约》是最重要的关于人权的国际文件。

一、《世界人权宣言》

虽然《联合国宪章》载有人权条款，但它们只是抽象的一般性规定，没有人权概念的具体定义，没有具体的人权内容，也没有规定对人权实施保障的具体措施，这些缺陷无疑会影响人权的有效保护。因而，制定规定有具体人权内容的国际人权文件成为联合国的一项重要工作。联合国大会第一次会议决定把人权问题交由经社理事会来处理，联合国筹备委员会建议经社理事会立即设立人权委员会以制定一份“国际权利法案”。1946 年 2 月，联合国经社理事会根据《联合国宪章》第 68 条的规定，设立了以美国总统富兰克林·罗斯福的夫人艾莲娜·罗斯福为主席的人权委员会。人权委员会从建立时起就将阐明《联合国宪章》人权条款作为其历史任务。1947 年 1 月，人权委员会着手建立以《联合国宪章》人权条款为基础的国际人权宪章体系。1947 年，由人权委员会组成的起草委员会在美国举行了第一届会议。人权委员会的前三次会议（1947 年 1～2 月，12 月，1948 年 5～6 月）进行了《世界人权宣言》的起草工作。其中，1947 年，人权委员会在第一次会议上讨论了起草国际权利法案的形式问题。同年 3 月人权委员会成立了一个起草委员会，起草委员会在美国举行的第一届会议上决定国际人权宪章由人权宣言和采用条约形式的、具有法律约束力的国际人权公约及执行措施三个部分组成。不久又在起草委员会内设立了一个工作小组。该小组请法国代表卡森以联合国秘书处准备的提纲为基础，起草一个新的草案。《世界人权宣言》草案在人权委员会第二次会议之后被分送给联合国所有的成员国，要求成员国就案文提出意见。1948 年 5 月，起草委员会根据联合国各会员国的意见，对宣言草案作了进一步的修订。1948 年在巴黎召开的联合国大会第三届会议上，经过第三委员会和大会讨论，在作了若干修改后，于 12 月 10 日以 48 票赞成、零票反对、8 票弃权的多数正式通过了《世界人权宣言》。12 月 10 日这一天因此被联合国定为国际人权日。

（一）《世界人权宣言》的法律地位

如前所述，经社理事会授权人权委员会起草国际人权宪章，但并未说明这一计划拟定的文书的形式或地位，《联合国宪章》对此也没有规定。成员国中对此问题有三种不同的观点：①主张以不具有正式拘束力的宣言形式起草一项人权文书。代表国家有中国、苏联、美国及南斯拉夫。②主张制定一项有约束力的公约，但不完全反对制定一项宣言，但希望首先考虑制定一项公约。代表国家有澳大利亚、印度、英国。而且，英国不仅坚持制定一项有约束力的公约，还主张把经济和社会权利排除在公约之外。其他的大多数代表团则要求把经济和社会权利包括在内。③主张把宣言和公约合在一起，并更倾向于制定一项宣言。代表国家有智利、埃及、法国及乌拉圭。这些国家不赞同因为宣言没有正式的拘束力而应当制定一项公约的观点，他们认为，为避免宣言过分庞杂，公约可以作为用以处理细节性问题的一个办法。法国代表指出，宣言可以很快地制定出来，可以立即影响公众舆论，并可以作为各国未来政策的一个指针。可见，与那些明显地由于不想让宣言包含过分强制的条款，同时惧怕国内管辖事项遭到干涉，因而主张制定宣言的国家相比，法国所持的是一种实用主义的立场。总体而言，持第三种观点的国家不反对制定有约束力的公约，但认为制定一项宣言在当时更为现实。因此，尽管 1947 年 12 月人权委员会第二次作出的正式决定强调要同时制定一个宣言、一个公约以及执行措施三项文书，但“先宣言，后公约”的策略实际上占了上风。

有学者指出，不赋予宣言文本法律约束力的动机之一，是不想把人权作为政治武器。因此，《世界人权宣言》不同于要求签署和加入的公约，它不是条约，它是作为联合国大会决议的形式被通过和公布的，其本身并不具有法律上的拘束力。但是，许多西方学者认为，《世界人权宣言》所具有的法律效力远远超过联合国大会通过的一般决议甚至其他的宣言，《世界人权宣言》所列举的权利中至少有一些已经成为习惯法规则。对此，我国学者普遍认为，宣言本身的性质属于联合国大会通过的决议，没有法律拘束力。不过，宣言中的许多内容如果经证明是国际习惯法规则，则无疑是具有法律拘束力的。但是，宣言中究竟哪些规则是习惯法规则或强行法规则的问题，在学术和实践中并无定论。[①] 还有人认为宣言作为对《联合国宪章》的一个正式解释或法律的一般性原则，仍具有法律意义。[②]

尽管对宣言的性质存有异议，作为国际人权宪章体系的第一个文件及被国际社会普遍接受的关于人权问题的第一个国际文件，《世界人权宣言》无疑对人权的国际保护具有非常重要的意义。其宣布了联合国系统人权活动的基本原则，并填补了《联合国宪章》没有规定具体人权内容的空白。事实上，宣言作为人权的共同标准已为各国所公认，并被视为权威的国际人权文书，是众多人权文件的依据或基础。第一，《世界人权宣言》是联合国系统国际人权立法的依据或基础。正如1993年的《维也纳宣言和行动纲领》序言第8段所明确指出的，“强调《世界人权宣言》是各国人民和所有国家所争取实现的共同标准，是启迪的源泉，是联合国据之以推进现有国际人权文书、特别是《公民权利和政治权利国际公约》和《经济、社会和文化权利国际公约》所载标准的制定工作的基础”。1948年以来，联合国通过的几乎所有国际人权公约都以《世界人权宣言》所载的原则为依据。其中，最为重要的是，尽管《世界人权宣言》关于基本人权的各项内容已经被1966年联合国大会通过的《公民权利和政治权利国际公约》和《经济、社会和文化权利国际公约》这两个公约发展并法制化了，但两个公约基本上仍然是以宣言的规定内容为基础的。此外，联合国主要机构通过的许多文件也都引用或重申宣言规定的原则。例如，1960年12月14日通过的《给予殖民地国家和人民独立宣言》第7项规定：“一切国家应在平等、不干涉一切国家的内政和尊重所有国家人民的主权及其领土完整的基础上忠实地、严格地遵守《联合国宪章》、《世界人权宣言》和本宣言的规定。”1988年12月4日通过的《发展权利宣言》序言第3段规定：“认为根据《世界人权宣言》的规定，人人有权要求一种社会的和国际的秩序，在这种秩序里，本宣言所载的权利和自由可得到充分实现……”《发展权利宣言》第9条第2款规定：“本宣言的任何部分，不得作违背联合国宗旨和原则的解释，也不得暗示任何国家、集团或个人有权从事旨在侵犯《世界人权宣言》和有关人权的两项国际公约中所规定的权利的任何活动或任何行为。”第二，《世界人权宣言》是区域性国际人权文书的根据或基础。例如，《欧洲理事会保护人权和基本自由公约经第11号及第1、4、6和7号议定书修订》序言声称：“考虑到1948年12月10日联合国大会宣示的《世界人权宣言》；

---

① 朱晓青、柳华文：《〈公民权利和政治权利国际公约〉及其实施机制》，中国社会科学出版社，2003年，第34页。

② [瑞典] 格德门德尔·阿尔弗雷德松、[挪威] 阿斯布佐恩·艾德：《〈世界人权宣言〉：努力实现的共同标准》，中国人权研究会译，四川人民出版社，1999年，第7、8、9、38页。

考虑到该宣言的目的在于使所宣示的权利获得普遍和有效的承认和遵守……作为具有共同思想以及在政治传统、理想、自由与法治方面具有共同遗产的欧洲各国政府，决意采取首要措施以集体实施《世界人权宣言》中所阐述的某些权利……"1969年11月22日通过的《美洲人权公约》序言第4段"重申根据《世界人权宣言》，只有在创造了使人可以享有其经济、社会和文化权利以及享有其公民和政治权利的条件下，才能实现自由人为享受免于恐惧和匮乏的自由的理想……"。1981年非洲统一组织通过的《非洲人权和民族权宪章》序言第4段也重申"适当地顾及《联合国宪章》和《世界人权宣言》促进国际间合作的庄严誓约"。第三，《世界人权宣言》对许多国家制定宪法和其他立法活动产生了重大影响。在土耳其、几内亚、马里、毛里塔尼亚、巴西、扎伊尔、喀麦隆等国家的宪法中均可发现《世界人权宣言》所规定的权利，或《世界人权宣言》所载的原则。阿富汗宪法序言声称："本着维护和发扬阿富汗立宪运动的传统和尊重《联合国宪章》及《世界人权宣言》的精神，批准本宪法作为最重要的民族文献。"我国一直对《世界人权宣言》给予极高的评价，并将其作为国际人权标准。①

（二）《世界人权宣言》的基本内容

由序言和正文组成的《世界人权宣言》，作为第一个普遍性的国际人权文件，综合性地列举了各种公民权利、政治权利以及经济、社会和文化权利。其正文由30个条文组成。其中，第1条和第2条规定了《世界人权宣言》的基本思想和原则；第3条至第21条规定了公民权利和政治权利；第22条至第27条规定了经济、社会及文化方面的权利；第28条至第30条为最后条款。②

由于《联合国宪章》中的人权条款非常抽象，而《世界人权宣言》又不是条约，不具备法律效力，因此《世界人权宣言》通过后，联合国人权委员会在1948～1954年间即致力于起草国际人权公约。对于公民权利和政治权利与经济、社会和文化权利这两类人权，在1993年维也纳世界人权大会之前，东西方国家持有截然不同的观点。西方国家以其传统的人权思想为基础，强调公民权利和政治权利的重要性，轻视甚至不承认经济、社会和文化权利，认为经济、社会和文化权利只是政府的经济和社会政策纲领，而非个人权利。社会主义国家和发展中国家则努力要求将经济、社会和文化权利与公民权利和政治权利置于同等地位。西方国家传统的人权观念对联合国人权委员会起草人权公约产生了不可避免的影响。人权委员会在起草人权公约之初，以个人的公民权利和政治权利为中心拟出公约草案，并于1950

---

① 朱晓青、柳华文：《〈公民权利和政治权利国际公约〉及其实施机制》，中国社会科学出版社，2003年，第15～21页。

② 王铁崖：《国际法》，法律出版社，1995年，第205、206页。

年将保护个人的公民权利和政治权利的公约草案提交第5届联合国大会审议。大会对草案进行审议后，认为这一公约不全面，没有包括《世界人权宣言》的全部内容，未对经济、社会和文化权利予以保护，因此，要求人权委员会对草案进行补充和修正。正如大会在1950年12月4日第421E（V）号决议中所指出的，“享有公民、政治权利与享有经济、社会和文化权利两者相互联系，不容偏废”。鉴于公民权利和政治权利与经济、社会和文化权利难以共用一套监督机构，人权委员会请求联合国大会重新考虑其决定。1952年第6届联合国大会在进行了冗长的辩论之后，通过了由印度和黎巴嫩提出的起草两个公约，分别对公民权利和政治权利及经济、社会和文化权利予以保障，并建立不同的监督机制的倡议，决定由人权委员会起草两个人权公约，一个包括公民权利和政治权利，另一个包括经济、社会和文化权利，以便使大会能同时通过两个公约，并同时开放供各国签署。1954年，《经济、社会和文化权利国际公约草案》（A草案）及《公民权利和政治权利国际公约草案》（B草案）完成，人权委员会经由经社理事会将两个公约草案一并提交第9届联合国大会审议。大会对两个草案进行了初步审议后，决定将其广泛散发给各成员国，使各成员国政府能对公约草案进行充分研究，并使公众能够自由地对草案发表评论意见。大会要求第三委员会，即社会、人道和文化事务委员会在征求意见的基础上对草案进行逐条审议。1955～1966年间，第三委员会对《公民权利和政治权利国际公约草案》和《经济、社会和文化权利国际公约草案》进行了逐条审议。1966年12月16日，第21届联合国大会第2200A（XXI）号决议以105票一致通过了《经济、社会和文化权利国际公约》和《公民权利和政治权利国际公约》，并开放给各国签字、批准和加入。《公民权利和政治权利国际公约》于1976年3月23日生效，截止到2002年12月9日，该公约的批准国为149个，签署国为8个。《经济、社会和文化权利国际公约》于1976年1月3日开始生效，截止到2002年12月9日，该公约的批准国为146个，签署国为7个。《经济、社会和文化权利国际公约》、《公民权利和政治权利国际公约》及其《任择议定书》一起组成《国际人权公约》，《国际人权公约》与《世界人权宣言》构成了国际人权宪章体系[①]，也称“国际人权法案”（International Bill of Human Rights）。须注意的是，1966年人权两公约与《世界人权宣言》作为联合国大会决议的性质不同，其以国际条约的形式将人权的国际化在法律层面上向前推进了一大步。[②]

---

① 1986年《关于执行〈经济、社会和文化权利国际公约〉林堡原则》第1部分第2段规定：“《经济、社会和文化权利国际公约》连同《公民权利和政治权利国际公约》及其《任择议定书》，已于1976年开始生效。这些公约旨在详尽发挥《世界人权宣言》；这些文件构成《国际人权宪章》。”

② 朱晓青、柳华文：《〈公民权利和政治权利国际公约〉及其实施机制》，中国社会科学出版社，2003年，第22～24、35页。

二、《公民权利和政治权利国际公约》(International Covenant on Civil and Political Rights，以下简称《公约》或 ICCPR)

(一)《公约》的基本内容

《公约》由序言及正文 6 部分共 53 条条文组成，其核心内容是规定了人的尊严、平等和国家保障人权的义务。

《公约》的宗旨集中体现在其序言中，即促进公民权利和政治权利的实现。《公约》体现了《联合国宪章》中保护人权的原则，采纳了《世界人权宣言》中有关公民权利和政治权利的内容。但《公约》的内容亦有其自身利益的特点：第一，公约关于各项基本人权和自由的规定较为详细可行，具有法律文件所要求的明确性；第二，公约规定成员国不仅要尊重人权，而且有义务保证其领土和管辖下的个人能够享受到公约所载的权利，在权利遭到侵犯时得提供补救；第三，根据公约规定设立了人权事务委员会，处理公约执行中的有关事宜。《公约》正文部分所载权利除第 1 条自决权和第 27 条少数人权利为集体人权外，都是个人权利（即每个人作为一个单独的人就能享有的权利）。它们可以分为五类：①保护个人的人身权利，如关于禁止酷刑、任意逮捕和任意处决的条文。②程序公正，即在政府剥夺一个人自由的情况下，如逮捕、审判和监禁应当遵守的准则。③平等保护，即关于不因种族、性别等身份不同而有不同的待遇。④信仰、言论和集会、结社自由。⑤参加政治生活的权利。①

《公约》的第 1 条构成第一部分，主要规定人民享有自决权。第二部分包括第 2 条到第 5 条，也是公约的总论部分，规定了公约的原则和基本问题。第三部分从第 6 条到第 27 条，主要规定个人的各种公民权利和政治权利，包括生命权；不受酷刑、不受奴役权；自由权，即不得被任意逮捕、监禁权；自由迁徙权；法律面前人人平等权；个人在面临刑事指控时所享有的权利；私生活不受侵犯权；不受歧视权。公约对刑事司法方面的规定非常详细，在有关权利部分的 27 条中，有 10 条以上涉及刑事司法的准则，尤其是第 14 条详细规定了公正审判的一系列要求。公约的这部分内容成为刑事司法国际准则的重要组成部分，公约本身也成为迄今为止最集中和全面规定刑事司法人权保障准则的国际文书。《公约》第四部分从第 28 条到第 45 条，规定为保证公约的执行，根据公约设立专门机构，称为“人权事务委员会”。这部分讲述了委员会的组织机构、权限和职能。第五部分共 2 条，即第 46 条和第 47 条，规定不因公约而妨碍其他部门的责任和妨碍人

---

① Henry J. Steiner, Philip Alston, *International Human Rights in Context*, Oxford University Press, 2000 2nd edition, p. 145.

民利用天然财富的权利。第六部分从第48条到第53条共6条，规定了公约的批准和生效及执行。

（二）《公约》的签署、批准、加入和生效

一个国家的全权代表可以代表国家签署公约。国家元首、政府首脑和外交部长由于他们的职位而被认为拥有“全权”。但签署并不足以确立公约项下的法律义务，随后还需要批准。不过，根据《维也纳条约法公约》第18条的规定，签署使签署国有权进行批准，并且使该国负有善意的义务，避免从事可能损害公约宗旨的行为。批准涉及两个不同的程序性行为，一个为国内行为，一个为国际行为。在国内，批准构成国家愿意受公约拘束的明确同意。需要遵循的程序通常由该国的宪法规定。在国际上，批准则通过向联合国秘书长正式交存批准书的方式实现。根据人权公约，加入是成为缔约国的另一种方式。加入可以代替签署和批准，当一个国家未经签署和批准而正式接受公约规定时，则采用加入的方式。[①] ICCPR关于签署、批准和加入的问题规定在第48条。该条规定：“（一）本公约开放给联合国任何会员国或其专门机构的任何会员国、国际法院规约的任何当事国、经联合国大会邀请为本公约缔约国的任何其他国家签字。（二）本公约须经批准。批准书应交存联合国秘书长。（三）本公约应开放给本条第（一）款所述的任何国家加入。（四）加入应向联合国秘书长交存加入书。（五）联合国秘书长应将每一批准书或加入书的交存通知已经签字或加入本公约的所有国家。”

ICCPR有关生效的内容规定在第49条。该条款规定：“本公约应自第三十五件批准书或加入书交存联合国秘书长之日起3个月生效。对于在第三十五件批准书或加入书交存后批准或加入本公约的国家，本公约应自该国交存其批准书或加入书之日起3个月生效。”ICCPR于1966年12月16日在第21届联合国大会上以106票赞成，一致通过。根据其第49条的规定，在有35份批准书交存后，ICCPR自1976年3月23日生效。此外，公约第41条对国家间指控程序进行了规定：“（一）本公约缔约国得按照本条规定，随时声明他承认委员会有权接受和审议一缔约国指控另一缔约国不履行他在本公约下的义务的通知。按照本条规定所作的通知，必须是由曾经声明其本身承认委员会有权和缔约国提出的，才能加以接受和审议。任何通知如果是关于尚未作出这种声明的缔约国的，委员会不得加以接受。……（二）本条的规定应于有10个本公约缔约国已经作出本条第（一）款所述的声明时生效。……”因此，公约所规定的国家间指控程序在第10个接受声明交存以后，于1979年3月28日生效。

---

① 国际人权法教程项目组：《国际人权法教程》（第一卷），中国政法大学出版社，2002年，第562页。

(三)《公约》的保留、限制和克减

1.《公约》的保留[①]

作为造法性条约，人权条约的内容主要是使每一个缔约国承担尊重其管辖范围内任何个人的人权的义务，而非国家之间的关系。被视为传统国际条约重要特征的国家间的互惠制度对人权公约的实施并不很重要。但是，并没有任何专门适用于造法性条约的制度，因此，原则上，《维也纳条约法公约》有关保留的一般制度也适用于人权公约。其中，《公约》及其《任择议定书》没有任何关于保留问题的规定，应适用《维也纳条约法公约》的一般规则[②]，即不允许提出与《公约》的目的和宗旨不合之保留。对《公约》及其《任择议定书》的保留问题，人权事务委员会1994年第52届会议《关于批准和加入〈公约〉或其〈任择议定书〉时提出的保留意见或者有关声明的一般性意见》比较详细地进行了说明。该一般性意见指出："截至1994年11月1日，《公约》的127个缔约国中，46个缔约国之间就接受《公约》的义务，提出了150项不同程度的保留意见。"尽管"提出保留意见的可能性可以鼓励那些认为难以保证《公约》一切权利的国家接受其中义务的普遍性。保留意见能够帮助各国具体的法律适用《公约》列出的人人固有的权利"。但是，"保留意见的数目、内容、范围可能阻碍《公约》的有效执行，削弱对缔约国义务的尊重"。"《公约》没有禁止保留意见，也没有提到各种经过允许的保留意见。《任择议定书》也是这样。"但"没有禁止保留态度并不表示允许保留态度。《公约》和《任择议定书》之下的保留问题属于国际法范围。《维也纳条约法公约》第19(3)条规定了有关的指示。其中规定，如果条约不禁止保留意见或者保留意见属于具体允许的范围，国家就可以提出保留意见，但是必须符合条约的目的和目标"。《公民权利和政治权利国际公约旨在废除死刑的第二任择议定书》第2条就保留问题作了规定。其中，第1项规定了该任择议定书允许保留的可能性是明显有限的，只可以提出这样一项保留：即规定在战时可对在战时犯下最严重军事性罪行被判罪的人适用死刑。第2、第3项则规定了提出保留时一些程序方面的义务。

关于对保留的反对问题，对于人权公约来说，《维也纳条约法公约》关于对保留的反对的规则没有作用。《第24号一般性意见》指出，其他国家反对保留没有任何意义，即使他们可能认为该保留与公约的目的和宗旨相违背。但对

---

① 该部分内容参见国际人权法教程项目组：《国际人权法教程》(第一卷)，中国政法大学出版社，2002年，第567～570、579～584页。

② 《经济、社会和文化权利国际公约》也没有任何关于保留问题的规定，具体内容见该公约的专门介绍部分。

保留的反对可以为条约机构解释保留同公约目的和宗旨是否一致提供指导。根据《第24号一般性意见》，人权事务委员会认为他在行使其职能（如处理个人来文）时，有权决定某项保留是否符合《公约》或其《任择议定书》的目的和宗旨。

关于保留的法律效力，主要有两种观点：一是条约根本不对保留国生效。因为国际法要求缔约国的同意，所以，保留国除非撤回保留，否则不能成为条约的当事国。二是保留可以与条约分离，即条约将对保留国生效，但不能使其因保留而获益。

2.《公约》的限制①

《公约》中的许多权利或自由并不是绝对的，它们是有条件的，受到限制的。ICCPR有关限制的一般性规定主要体现在第5条和第47条；有关对特定权利进行的限制主要体现在第12条第3款（迁徙自由权）、第14条第1款（公平审判权）、第18条第3款（表达个人信仰和宗教的权利）、第19条第3款（表达自由权）、第21条（和平集会权）以及第22条第2款（结社自由权）。

限制条款和该款所限制的权利之间的关系是例外和一般规则的关系。一般规则是对权利或自由的保护，例外则是对权利或自由的限制。权利的限制有两种：一种是法律规定的限制，即公约本身的有些条款就规定了权利的行使须受到限制。例如，《公约》第19条规定的表达自由权就是比较典型的附条件的权利。该条第3款规定，"本条第2款所规定的权利（人人有自由发表意见的权利）② 的行使带有特殊的义务和责任，因此得受某些限制，但这些限制只应由法律规定并为下列条件所必需：①尊重他人的权利或名誉；②保障国家安全或公共秩序，或公共卫生或道德"。需要注意的是，"这些限制只应由法律规定"包含如下两点意思：一是限制必须由法律明文规定，二是国内法可以限制这些权利的行使。另一种是当一种权利与另一种权利或利益发生冲突时，一种权利可能为另一种权利让路。如《公约》第18条第3款规定："表示自己的宗教或信仰的自由，仅只受法律所规定的以及为保障公共安全、秩序、卫生或道德或他人的基本权利和自由所必需的限制。"③

对限制条款应作严格的解释，大多数学者认为，必须首先考虑受保护的权利

---

① 本部分内容参见杨宇冠：《人权法——〈公民权利和政治权利国际公约〉研究》，中国人民公安大学出版社，2003年，第34、35页。

② 括号内为笔者所加。

③ 也有学者指出，对于有些权利而言，通常法律本身可能并没有明确对这种权利的限制，而人们通过法律、法规对另一件事的规定，或在司法实践中的判决体现出来。国际法和国内法并没有规定对犯罪嫌疑人得到公正审理的权利加以限制，但在有些情况下形成了这种限制。（杨宇冠：《人权法——〈公民权利和政治权利国际公约〉研究》，中国人民公安大学出版社，2003年，第35页。）

是否受到干预；如果是的话，再考虑该干预根据限制条款是否正当。所有的例外条款必须被严格地解释，除了条款本身规定的标准外，其他任何标准都不可以成为对所保护的权利加以限制的基础。[①] 对此，《人权事务委员会第22号一般性意见》（第48届会议，1993）第8段指出："委员会认为，第18条第3款应做严格解释：**不许基于其中不曾规定的原因施加限制，即便这些限制作为《盟约》中受保护的权利的限制，如国家安全，可予允许**。施加限制的目的仅限于明文规定的，并且必须同载述的特定需要直接有关或者相称。施加的限制不得基于歧视性的目的或采取歧视性的做法。委员会认为，道德观念来源于许多社会、哲学和宗教传统；因此，为了保护道德对表示宗教或信仰的自由的限制必须基于不光是来自单一传统的原则。囚犯等已经受到若干合法限制的人员，可以在符合该限制的特定性质的最大限度内享有表示自己宗教或信仰的权利。"这段表述意味着对限制条款的解释应符合以下三点要求：①限制必须由法律规定（授权），基于合法目的而施行，不应是任意或非法的。②限制必须符合相称性原则。根据ICCPR有关限制性条款的规定，一项限制不仅须满足合法目的，还必须是达到该目的所必需的。相称性原则是"必需"这一形容词所固有的。除其他内容外，这一原则要求，所施加的每一种"约束"、"条件"、"限制"或"处罚"必须同追求的合法目的相称。在评价一种干预措施是否"必需"时，该原则是要考虑的因素之一。[②] ③限制不得以歧视的方式实施。

3. 《公约》的克减[③]

克减（derogation）原意是减免合同或条约某方面的义务。就公约而言，克减是在社会紧急状态、国家危难和战争等局势下，成员国可能难以履行其公约规定的义务。在这种局势下，平时可能被认为是违反公约的某些作为或不作为可以因为该特殊的情形而被暂时允许。克减条款包含两方面的内容：一方面，允许国家在某些情形下单方面决定不履行条约义务，即允许公约的成员国在紧急情况下单方面地临时克减其义务，另一方面，又对克减权利作出了限制。在成员国恢复

---

① 国际人权法教程项目组：《国际人权法教程》（第一卷），中国政法大学出版社，2002年，第587页。

② 在"《星期日时报》诉英国案"（Sunday Times v. United kingdom）中，欧洲人权法院将该问题表述为：被控的干预是否符合"紧迫的社会需要"？它同所追求的合法目的是否相符？国内当局提出的证明其正当的理由根据限制条款是否相关和充分？（国际人权法教程项目组：《国际人权法教程》第一卷，中国政法大学出版社，2002年，第597、598页。）有关"《星期日时报》诉英国案"（Sunday Times v. United kingdom）的详细资料见：《欧洲人权法院判例评述》，湖北人民出版社，1999年，第467～471页。

③ 本部分内容参见杨宇冠：《人权法——〈公民权利和政治权利国际公约〉研究》，中国人民公安大学出版社，2003年，第122～127页以及国际人权法教程项目组：《国际人权法教程》（第一卷），中国政法大学出版社，2002年，第607～609页。

正常后，被克减的权利也应当很快恢复，因为克减只是临时的措施。[①]

《公约》有关克减的内容集中体现在第 4 条。[②] 根据该条规定，成员国克减《公约》义务的条件有以下几点：

（1）威胁国家生命的社会紧急状态的存在。“社会紧急状态”（public emergency），具有公开的或公众的紧急状态的含义，是一种很广泛的状态，而非局部的，涉及少数人的紧急状态，包括国家危难、通常的战争以及国内困境（如社会动乱、颠覆活动、游击战争、种族冲突和恐怖主义）。危及国家生存是另一项附加要求，即要存在达到异常程度的、实际的、直接的威胁，社会紧急状态的程度要危及国家的生死存亡的状态。如果国家出现动乱，但并没有危及国家的生存，则国家不能援用克减的条款以免除自己的责任。《人权事务委员会第 5 号一般性意见》（1981）指出：“本委员会认为，根据第 4 条采取的措施具有例外的和暂时的性质，而且只能在有关国家的生存受到威胁的持续期间适用，并且在紧急状态期间，对于人权，尤其是那些不得克减的权利的保护变得更加重要。”

（2）紧急状态的正式宣布。这种宣布应当有宪法和法律根据，而非随意的行动。缔约国有义务通过秘书长立即将下列事项通知其他缔约国：已克减的各项规定、克减的理由、克减结束的时间。以上两个条件通常被称为“先决条件”或“首要条件”。

（3）相称性要求，即“克减的程度以紧急情势所严格需要者为限”，克减的程度和时间都应当根据紧急情况的程度而定，不得超过必要限度。所采取的措施必须不能超过需要的程度，也不能在需要的时间之外继续有效。

（4）与国际法下其他义务一致，即一项克减只有在一国不违反其根据国际法承担的其他义务的情况下才可实行。

（5）非歧视，即“不得包含纯粹基于种族、肤色、性别、语言、宗教或社会出身的理由的歧视”。这意味着在紧急状态下也不能只克减某部分人的权利，而

---

① 公约成员国克减公约权利的情况并不少见。例如，1999 年 8 月 27 日，厄瓜多尔通知联合国秘书长，一项 1999 年 7 月 5 日的法令宣布了厄瓜多尔全国的公私营运输系统在 1999 年 7 月份进入紧急状态；1999 年 7 月 13 日的另一项法令宣布厄瓜多尔全境为保安地区；1999 年 7 月 17 日的另一项法令解除国家紧急状态，厄瓜多尔政府后来具体指出克减的规定是《公约》第 12 条第 1 款、第 17 条第 1 款和第 21 条、第 22 条。此外，2000 年 1 月 6 日，厄瓜多尔政府通知联合国秘书长，厄瓜多尔全国进入紧急状态，宣布全国为保安地区。厄瓜多尔政府解释，采取这些措施是因为经济危机所引起的严重内部骚动。有关这方面的资料，可见《宣布或持续紧急状态的国家名单》，人权委员会：《执法与人权：人权和紧急状态问题》，1999 年 7 月 5 日，E/CN，4/Sub. 2/1999/31。

② 此外，《公约》第 5 条第 2 款规定：“对于本公约任何缔约国中依据法律、惯例、条例或习惯而被承认或存在的任何基本人权，不得借口本公约未予承认或只在较小范围上予以承认而加以限制或克减。”

对另部分人没有这种要求。[①]

根据《公约》第 4 条第 2 款的明示列举，即使在紧急状态下，如下权利亦不得克减：生命权（第 6 条）、不得使用酷刑和不人道待遇（第 7 条）、禁止奴役和强迫劳役（第 8 条第 1、2 款）、禁止因欠债而被监禁（第 11 条）、禁止有溯及力的刑法（第 15 条）、被承认在法律面前的人格（第 16 条）及思想、良心和宗教自由（第 18 条）。须注意的是，不能将《公约》第 4 条作为违反国际人权法普遍承认的基本人权的根据，第 4 条第 2 款列举不得克减的条款并不意味着其他条款在紧急状态下就当然可以克减，而应仔细分析和评估社会紧急状态的性质，考虑相称性要求等克减实施的条件，以决定《公约》哪一条的权利可以克减。[②]

《公约》中规定的克减权利和自由的权限同限制这些权利的权限不同。《公约》第 4 条关于可克减权利的一般授权是对规定在公约几个条款（如第 12、18、19、21、22 条）中的特别限制条款的补充。对权利设定限制的权限反映了在个人权利和正常情形下的社会需要之间寻求平衡的要求，而克减是只有在危机局势下为避免对公众的特殊损害才能暂时采取的异常措施。因此，一些学者将克减权解释为国家紧急状态下的一项宪法权利，这种权利近似于个人的自卫权。

（四）任择议定书[③]

《公民权利和政治权利国际公约》有两项任择议定书。

《公民权利和政治权利国际公约第一任择议定书》（通常称为《第一任择议定书》或《任择议定书》）于 1966 年 12 月 16 日通过，根据其第 9 条，在 10 份批准或加入书交存以后，与《公约》同时于 1976 年 3 月 23 日生效。该议定书由序言和 14 个条文组成，与《公约》的实施机制有关，是规定个人申诉程序的。《第一任择议定书》本身是一个单行的条约，需要由《公约》的缔约国另行批准和参加。议定书的形式为公约缔约国提供了选择性，如果公约缔约国觉得能接受个人申诉机制，就可以选择参加该议定书；反之，则可以只参加《公约》而不参加《任择议定书》。而且，根据该议定书第 12 条的规定，即使参加议定书之后还可以退出，所以该议定书是任意和任择性的。议定书第 1 条规定："成为本议定书

---

① 比较典型的事例是在第二次世界大战期间，美国政府与日本宣战后，对在美国的日本侨民的人身自由和财产进行了限制，从而构成了基于种族的歧视。

② 有学者指出，除了《公约》中列举的不得克减的权利外，其他一些权利可能也是不得克减的。例如，即使在国家紧急状态下，也很难看出对人身自由的某些方面和法治的某些最低保障的限制如何能满足"相称性要求"。（国际人权法教程项目组：《国际人权法教程》（第一卷），中国政法大学出版社，2002 年，第 608 页。）

③ 本部分内容参见朱晓青、柳华文：《〈公民权利和政治权利国际公约〉及其实施机制》，中国社会科学出版社，2003 年，第 36～38 页。

缔约国的公约缔约国承认委员会有权接受并审查该国管辖下的个人声称为该缔约国侵害公约所载任何权利的受害人的来文。”但“来文所涉公约缔约国如非本议定书的缔约国，委员会不得予以接受”。在具有相对独立性的同时，议定书与公约又是紧密联系的，是《公约》的补充：①只有公约缔约国才能成为议定书的缔约国。②公约与议定书共有一个实施监督机构，即人权事务委员会。从这个意义上讲，个人申诉程序构成了公约整套实施机制的重要组成部分。公约所创设的是一种多元性的，由强制性和任意性程序组成的，并由国家和个人参与的实施机制。③尽管委员会通过非公开会议的审查最后形成的结论是一种建议性质的意见，不具有法律上的拘束力，但其道义力量和舆论影响很大。而且，它也会因准司法程序而产生案件的积累，对理解和解释公约中的相关权利有重要作用。目前，大部分公约成员国加入了《第一任择议定书》，截止到 2002 年 12 月，149 个公约成员国中已有 104 个参加了该议定书。

《公民权利和政治权利国际公约旨在废除死刑的第二任择议定书》[①]（通常称为《第二任择议定书》）于 1989 年 12 月 15 日通过，根据其第 8 条，在第 10 份批准或加入书交存联合国秘书长之日起 3 个月后，于 1991 年 7 月 11 日生效。该议定书由序言和 11 个条文组成。其主要内容是，批准该议定书的公约缔约国不得对任何人执行死刑并采取一切必要措施废除死刑（第 1 条）；缔约国应该向人权事务委员会报告该议定书在该国生效的情况，即废除死刑的情况（第 3 条）。对于已经加入《第一任择议定书》的国家，个人来文申诉的范围也适用于《第二任择议定书》，除非有关缔约国在批准加入时已作出相反的声明（第 5 条）。截止到 2002 年 12 月，《第二任择议定书》有 49 个成员国。

《公约》及《第一任择议定书》均由中文、英文、法文、俄文、西班牙文写成，各文本同样作准。《第二任择议定书》则增加了阿拉伯文，各文本具有同等效力。

三、《经济、社会和文化权利国际公约》（International Covenant on Economic, Social and Cultural Rights，以下简称《公约》或 ICESCR）

《公约》于 1966 年 12 月 16 日通过，根据其第 27 条的规定，该公约已于 1976 年 1 月 3 日开始生效。《公约》将经济、社会及文化权利以法律的形式加以确认，并将其与公民权利和政治权利视为同等地位的权利。

（一）《公约》的基本内容

公约由序言及 5 个部分共 31 条组成。《公约》第 1 条即第一部分规定了国家

① 该议定书第 2 条对保留进行了规定，前已提及，在此不再赘述。

或集体的经济、社会和文化权利，主要规定了两大类权利：自决权和对自然资源的处置权。《公约》第 2～5 条即第二部分主要规定了国家承担的如下义务：最大能力采取措施的义务（第 2 条第 1 款），非歧视基础上的权利保障义务（第 2 条第 2 款），发展中国家的特殊义务（第 2 条第 3 款），保障男女平等享有权利的义务（第 3 条），合理限制权利的义务（第 4、5 条），合理克减权利的义务（第 5 条第 2 款）。其中，《公约》第 2 条对于充分理解《公约》具有特殊重要意义，它与《公约》所有其他条款有着密切联系。它说明了《公约》缔约国承担的一般法律义务的性质，这些义务既包括可称为行为义务的内容，也包括结果义务。具体而言，《公约》规定逐步实现权利并确认因资源有限而产生的局限，但它同时也规定了立刻生效的各种义务。其中有两项对于理解缔约国义务的准确性质特别重要：一项是“保障”“在无歧视的条件下行使”有关权利；另一项是《公约》第 2 条第 1 款中“采取步骤”的义务。《公约》第 2 条第 1 款规定：“每一缔约国家应尽最大能力个别采取步骤，或经由国际援助和合作，特别是经济和技术方面的援助和合作，采取步骤，以便用一切适当方法，尤其包括用立法方法，逐渐达到本公约中所承认的权利的充分实现。”《公约》第 6～15 条即第三部分主要规定了个人的经济、社会和文化权利。须注意的是，《公约》本部分在规定“人人权利”的同时，也要求缔约各国为充分实现这些权利而应采取所需的步骤。《公约》第 16～25 条即第四部分规定了《公约》的国际执行和监督机制，该机制在此后的公约实施中得到了进一步的发展和完善。[①]《公约》第 26～31 条即第五部分是关于《公约》签字、批准、加入、生效等的最后条款。

《公约》须经批准，应扩及联邦国家的所有部分，没有任何限制和例外。《公约》中文、英文、法文、俄文及西班牙文各本同一作准。

（二）《公约》的保留、限制与克减

1. 《公约》的保留

如前所述，公约的保留是在某个国家加入或批准公约时对公约的某些条款进行有限适用或不适用的制度，其涉及公约的实施即公约的某些条款在某个具体的国家是否适用的问题。联合国曾经在 1952 年 2 月 5 日通过决议，要求人权委员会在其负责起草的两个国际人权公约，即《经济、社会和文化权利国际公约》及《公民权利和政治权利国际公约》中列入关于是否容许保留以及关于保留的法律效力问题的条款。但在两个公约通过时，公约文本本身并没有任何关于保留的规定。在这种情况下，应该适用关于保留的一般理论，即《维也纳条约法公约》有关保留的一般规则。根据《维也纳条约法公约》第 19 条第 3 款的规定，《公约》

---

① 具体见后面有关公约实施机制部分。

缔约国对《公约》的保留必须符合《公约》的目的和宗旨。

在实践中，许多国家在签署和批准《公约》时，对它的某些条款提出了保留和发表了解释性声明。这些保留涉及几乎所有实质性条款，有的国家还对《公约》的程序性条款提出了保留。一般来说，对于本公约提出保留主要基于：①《公约》条款的规定与本国的有关制度不符，如刚果、英国和日本。②出于反殖民主义的考虑，如阿尔及利亚、几内亚等。③尽管《公约》并不要求各缔约国立即充分实施《公约》所保证的各项权利，但某些国家仍然认为有必要发表声明，保留他们延期适用公约某些条款的权利，如巴巴多斯等。

2.《公约》的限制

《公约》关于权利限制的规定集中体现在第 4 条、第 5 条及第 25 条。

《公约》第 4 条规定："本公约缔约各国承认，在对各国依据本公约而规定的这些权利的享有方面，国家对此等权利只能加以同这些权利的性质不相违背而且只是为了促进民主社会中的总的福利的目的的法律所确定的限制。"从该条可以看出，对《公约》权利的限制需符合以下条件：①基于公共利益的保护，即为了"促进民主社会中的总的福利的目的"而限制权利；根据《林堡原则》的规定，"民主社会"一词应解释为对限制的适用加以进一步的限制。其主要意思是指，施加限制的国家应证明此种限制并不损害社会的民主职能。虽然还没有一个统一的民主社会模式，但一个承认和尊重《联合国宪章》和《世界人权宣言》所提出的人权的国家，可以被认为符合此一定义。"促进总的福利"一词应解释为促进全体人民的福利。[①] ②必须保证目的的一致性，即限制必须与"这些权利的性质不相违背"。对此，《林堡原则》指出："'同这些权利的性质不相违背'此一限制，要求限制的解释和适用不得危害有关权利的本质。"[②] ③必须由法律规定。对此，《林堡原则》指出："对经济、社会和文化权利的行使，除了符合本公约且在限制所适用时有效的普遍适用的国家法律所规定者除外，不得加以任何限制。"而且，"法律施加于经济、社会和文化权利的限制，不应是任意的、不合理的或歧视性的"。"对于经济、社会和文化权利的行使加以限制的法律规则，应当清楚明白且人人可以理解。"并且，"法律应当提供充分的保障和有效的补救，以防止对经济、社会和文化权利的适用进行非法限制或滥用限制"。[③]

《公约》第 5 条和第 25 条规定了权利限制的两个原则：①禁止滥用限制原则，即第 5 条第 1 款所规定的，"本公约中任何部分不得解释为隐示任何国家、团体或个人有权利从事于任何旨在破坏本公约所承认的任何权利或自由或对它们

---

① 《林堡原则》第 52～55 段。

② 《林堡原则》第 56 段。

③ 《林堡原则》第 48～51 段。

加以较本公约所规定的范围更广的限制和活动或行为”。对此，《林堡原则》第57段指出：“第5条第1款强调了这样一个事实：对于一个国家来说，他没有任何一般的、隐含的或残余的权利，在法律所明确规定的限制之外去施加限制。任何法律规定均不得破坏（公约）‘所承认的任何权利和自由’。此外第5条还试图确保该公约中的任何规定均不致被解释为损害所有人民充分和利用其自然财富和资源的固有权利。”[①] ②禁止权利缩减原则，即第5条第2款所规定的，“对于任何国家中依据法律、惯例、条例或习惯而被承认或存在的任何基本人权，不得借口本公约未予承认或只在较小范围上予以承认而予以限制或克减”[②]，及第25条所规定的“本公约中任何部分不得解释为有损所有人民充分地自由地享受和利用他们的天然财富与资源的固有权利”[③]。《林堡原则》第58段规定，第5条第2款的目的在于确保该公约的任何规定均不得被解释为妨碍使受保护人员被给予更优厚待遇的业已生效或将要生效的国内法或任何双边或多边条约、公约或协定的规定。该款亦不得被解释为限制受到缔约国所接受的国家或国际义务的更大程度的保护的任何人权的行使。

3.《公约》的克减

关于ICESCR的克减问题，有观点认为，ICCPR第4条包含对国家的特定授权（克减），但在ICESCR中却没有规定任何相应的权利。[④] 另有观点认为，除了ICCPR，社会紧急状态，权利的克减在ICESCR中也有体现，例如，其第5条[⑤]（即上述第5条第2款的规定）。

第二节　人权国际保护的专门性和区域性文件[⑥]

一、国际人权保护的联合国专门性文件

（一）1966年人权两公约颁布之前的联合国专门性人权公约

在1966年人权两公约颁布之前的联合国专门性人权公约主要有：《防止及惩治

---

① 《林堡原则》第57段。

② 对于克减问题，《公约》除了该款有所涉及外，没有这方面的规定。

③ 葛明珍：《〈经济、社会和文化权利国际公约〉及其实施》，中国社会科学出版社，2003年，第7～15、151、152、162、163页。

④ 国际人权法教程项目组：《国际人权法教程》（第一卷），中国政法大学出版社，2002年，第607页。

⑤ 杨宇冠：《人权法——〈公民权利和政治权利国际公约〉研究》，中国人民公安大学出版社，2003年，第125页。

⑥ 本部分内容参见国际人权法教程项目组：《国际人权法教程》（第一卷），中国政法大学出版社，2002年，第60～65页。

灭绝种族罪公约》、《关于难民地位的公约》、《消除一切形式种族歧视国际公约》、《联合国教科文组织取缔教育歧视公约》及《给予殖民地国家和人民独立宣言》。

源于纳粹在第二次世界大战前及第二次世界大战中灭绝几百万犹太人、吉普赛人及其他种族的人的教训，《防止及惩治灭绝种族罪公约》于 1948 年 12 月 9 日通过。该公约由序言及正文 19 条条文组成。除有关公约的解释、适用、争端解决、签署、生效、加入及退约等之外，公约主要规定：①缔约国确认灭绝种族行为，不论发生于平时或战时，均系国际法上的一种罪行，承允防止并惩治之。②灭绝种族系指蓄意全部或局部消灭某一民族、人种、种族或宗教团体，犯有如下行为之一者：杀害该团体的成员；致使该团体的成员在身体上或精神上遭受严重伤害；故意使该团体处于某种生活状况下，以毁灭其全部或部分人的生命；强制施行办法，意图防止该团体内的生育；强迫转移该团体的儿童至另一团体。③除了灭绝种族外，下列行为也应予以惩治：预谋灭绝种族、直接公然煽动灭绝种族、意图灭绝种族及共谋灭绝种族。④对于灭绝种族犯罪与引渡问题，灭绝种族罪及上述第③点所列其他行为不得视为政治罪行，俾便引渡。缔约国承诺遇有此类案件时，各依照其本国法律及现行条约，予以引渡。

1951 年 7 月 28 日订于日内瓦的《关于难民地位的公约》于 1954 年 4 月 22 日生效，由序言及 7 章 46 条组成。根据序言的表述，公约是为修正和综合过去关于难民地位的国际协定而起草的，并根据原有的协定扩大了予以保护的范围。公约第 1 条有关“难民”一词的定义指出，本公约所用“难民”一词适用于下列任何人：（甲）根据 1926 年 5 月 12 日和 1928 年 6 月 30 日的协定或根据 1933 年 10 月 28 日和 1938 年 2 月 10 日的公约以及 1939 年 9 月 14 日的议定书或国际难民组织约章被认为难民的人；国际难民组织在其执行职务期间所作关于不合格的决定，不妨碍对符合于本款（乙）项条件的人给予难民的地位。（乙）由于 1951 年 1 月 1 日以前发生的事情并因有正当理由畏惧由于种族、宗教、国籍、属于某一社会团体或具有某种政治见解的原因留在其本国之外，并且由于此项畏惧而不能或不愿受该国保护的人；或者不具有国籍并由于上述事情留在他以前经常居住国家以外而现在不能或者由于上述畏惧不愿返回该国的人。① 1967 年《关于难民地位的议定书》由序言及正文 11 条条文组成。该议定书宣称，1951 年 7 月 28 日订于日内瓦的《关于难民地位的公约》仅适用于由于 1951 年 1 月 1 日以前发生的事情而变成难民的人，考虑到自通过公约以来，发生了新的难民情况，因此，有关的难民可能不属于公约的范围，考虑到公约定义范围内的一切难民应享有同等的地位而不论 1951 年 1 月 1 日这个期限，是合乎愿望的。因此，议定书

---

① 对于具有不止一国国籍的人，“本国”一词是指他有国籍的每一国家。如果没有实在可以发生畏惧的正当理由而不受他国籍所属国家之一的保护时，不得认为其缺乏本国的保护。

规定，难民一词是指公约所定义范围内的任何人，但公约第1条第1款（乙）项内“由于1951年1月1日以前发生的事情并……”和“……由于上述事情”等字视同已经删去。

《消除一切形式种族歧视国际公约》于1965年在联合国大会通过，1969年1月4日生效。该公约由序言及3部分25条条文组成，谴责并禁止种族歧视。公约所称“种族歧视者”，谓基于种族、肤色、世系或民族或人种的任何区别、排斥、限制或优惠，其目的或效果为取消或损害政治、经济、社会、文化或公共生活任何其他方面人权及基本自由在平等地位上的承认、享受或行使。但公约不适用于缔约国对公民与非公民间所作的区别、排斥、限制或优惠，且公约不得解释为对缔约国关于国籍、公民身份或归化的法律规定有任何影响，但以此种规定不歧视任一籍民为限。

1960年12月14日通过的《联合国教科文组织取缔教育歧视公约》由序言和19条条文组成。公约第1条规定，“歧视”一语指基于种族、肤色、性别、语言、宗教、政治或其他见解、国籍或社会出身、经济条件或出生的任何区别、排斥、限制或特惠，其目的或效果为取消或损害教育上的待遇平等，特别是：①禁止任何人或任何一群人接受任何种类或任何级别的教育；②限制任何人或任何一群人只能接受低标准的教育；③对某些人或某群人设立或维持分开的教育制度或学校，但本公约第2条的规定不在此限；④对任何人或任何一群人加以违反人类尊严的条件。“教育”一语指一切种类和一切级别的教育，并包括受教育的机会、教育的标准和素质，以及教育的条件在内。

1960年12月14日通过的《给予殖民地国家和人民独立宣言》由序言和7条条文组成，庄严地宣布需要迅速和无条件地结束一切形式和表现的殖民主义。

（二）1966年人权两公约颁布后的联合国专门性人权文件

1966年人权两公约颁布后的联合国专门性人权文件主要有：《人类环境宣言》、《消除对妇女一切形式歧视公约》、《禁止酷刑和其他残忍、不人道或有辱人格的待遇或处罚公约》、《发展权利宣言》、《儿童权利公约》、《国际劳工组织土著和部落民族公约》及《维也纳宣言和行动纲领》。

《消除对妇女一切形式歧视公约》于1979年12月18日的联合国大会通过，1981年9月3日生效。公约由序言和6部分共30条条文组成。根据其第1、2条的规定，“对妇女的歧视”一词是指基于性别而作的任何区别、排除和限制。其作用或目的是要妨碍或破坏对在政治、经济、社会、文化、公民或任何其他方面的人权和基本自由的承认以及妇女不论已婚未婚在男女平等的基础上享有或行使这些人权和基本自由。因此，缔约各国谴责对妇女一切形式的歧视，协议立即用一切适当方法，推行政策，消除对妇女的歧视。

《禁止酷刑和其他残忍、不人道或有辱人格的待遇或处罚公约》于1984年12月10日的联合国大会通过，由序言和3部分共33条条文组成。根据公约第1、2条的规定，“酷刑”是指为了向某人或第三者取得情报或供状，为了他或第三者所作或涉嫌的行为对他加以处罚，或为了恐吓或威胁他或第三者，或为了基于某一种歧视的任何理由，蓄意使某人在肉体上或精神上遭受剧烈疼痛或痛苦的任何行为，而这种疼痛或痛苦是由公职人员或以官方身份行使职权的其他人所造成或在其唆使、同意或默许下造成的。但是，纯因法律制裁而引起或法律制裁所固有或附带的疼痛或痛苦不包括在内。由此，每一缔约国应采取有效的立法、行政、司法或其他措施，防止在其管辖的任何领土内出现酷刑的行为，并且，任何特殊情况，不论为战争状态、战争威胁、国内政局动荡或任何其他社会紧急状态，均不得援引为施行酷刑的理由；上级官员或政府当局的命令也不得援引为施行酷刑的理由。

《人类环境宣言》，又称《斯德哥尔摩环境宣言》或《斯德哥尔摩宣言》，于1972年6月联合国人类环境会议通过，由2部分共26条条文组成。宣言第1部分指出，联合国人类环境会议考虑了需要取得共同的看法和制定共同的原则以鼓舞和指导世界各国人民保持和改善人类环境，并宣布了7项有关环境保护的原则；宣言第2部分则阐释了该7项原则所申明的共同信念。

《发展权利宣言》于1988年12月4日通过，由序言和10条条文组成。根据宣言的规定，发展权利是一项不可剥夺的人权，由于这种权利，每个人和所有各国人民均有权参与、促进并享受经济、社会、文化和政治发展，在这种发展中，所有人权和基本自由都能获得充分实现。人的发展权利意味着充分实现民族自决权，包括在关于人权的两项国际公约有关规定的限制下对他们的所有自然资源和财富行使不可剥夺的完全主权。

《儿童权利公约》于1989年11月20日通过，由序言和3部分共54条条文组成。根据公约的规定，儿童系指18岁以下的任何人，除非对其适用之法律规定成年年龄低于18岁。缔约国应尊重公约所列举的权利，确保其管辖范围内的每一儿童均享受此种权利，不得有歧视；并应采取一切适当措施确保儿童得到保护。公约除了包括一些传统的公民、政治、经济和社会方面的权利外，还包括一些单独适用于儿童的权利。例如，自出生起获得姓名的权利和尽可能知道谁是其父母并受其父母照料的权利（第7条）；在受父母、法定监护人或其他任何负责照管儿童的人的照料时，不受任何形式的身心摧残、伤害或凌辱，忽视或照料不周，虐待或剥削，包括性侵犯的权利（第19条）等。

《国际劳工组织土著和部落民族公约》于1989年6月27日由国际劳工大会第76届会议通过，由序言和10部分共44条条文组成。根据公约的规定，各成员国政府有责任在有关民族的参与下发展协调而系统的行动，以保护这些民族的权利并尊重其作为一个民族的完善性。土著和部落民族应不受障碍或歧视地享有充分的人权和各项基本自由。不得违犯有关民族的人权和基本自由，包括本公约所规定的权利，而对其使用任何形式的武力或强制手段。

《维也纳宣言和行动纲领》于 1993 年 6 月 25 日通过，由序言和正文共 100 条条文组成。其序言宣称“考虑到促进和保护人权是国际社会的一件优先事项，而这会议又是一独特的机会，由此可全面分析国际人权体系和人权保护机制，争取以公正、均衡的方式增强并促成更充分地遵守这些权利”，“宣告我们时代的精神和现实，要求世界人民和联合国全体会员国再接再厉，献身于促进和保护一切人权和基本自由的全球任务，以确保这些权利能被充分和普遍地享受，决心为国际社会的承诺迈出新的一步，更努力、持续地从事国际合作和团结，使人权事业能取得实际的进展”而“庄严通过《维也纳宣言和行动纲领》”。

二、国际人权保护的区域性文件

（一）欧洲人权文件

重要的欧洲人权文件主要有：《欧洲社会宪章》、《欧洲人权公约》及其议定书、《欧洲保护少数民族框架公约》、《欧洲防止酷刑和不人道或有辱人格的待遇或处罚公约》及《欧洲联盟基本权利宪章》。

《欧洲社会宪章》由欧洲理事会各成员国于 1961 年 10 月 18 日在都灵缔约，于 1965 年 10 月 18 日生效。该宪章由序言、正文 5 部分共 38 条条文及附录“社会宪章中受保护人员的范围”组成。宪章规定了一些措施，以确保在欧洲理事会成员国内非歧视地享受若干经济和社会权利。根据宪章，各缔约国承允确保有效行使所列举的经济和社会权利，并向理事会报告其努力的结果，此种报告首先由专家委员会审查，然后由理事会的政府社会委员会的小组委员会审查，最后由理事会的咨询议会审查。欧洲理事会部长委员会在与咨询议会协商之后，最终可向各缔约国提出建议。可见，宪章地位相对而言较弱，它由专家委员会而非由法院监督。

《欧洲人权公约》于 1950 年 11 月 4 日通过，1953 年 9 月 3 日生效，经 1998 年 11 月 1 日生效的第 11 议定书修改。公约由序言和 3 部分正文共 59 条条文组成。公约主要包括公民权利和政治权利，经济权利则在公约议定书中得到保护。公约还建立了允许国家之间互相投诉及个人控诉政府的司法程序。

《欧洲防止酷刑和不人道或有辱人格的待遇或处罚公约》于 1987 年 6 月 26 日通过，1989 年 2 月 1 日开始实施。公约由序言、5 部分正文共 23 条条文及其附件“特权与豁免”组成。公约没有增加实体权利却创建了一个旨在预防侵犯所载权利的条约监督机构。公约第 1 部分规定：“应设立禁止酷刑和不人道或有辱人格的待遇或处罚欧洲委员会。委员会以视察的方式检查被剥夺自由的人的待遇问题，并在需要的情况下保护他们免受酷刑和不人道或有辱人格的待遇或处罚。”并且，“缔约各国应按照本公约之规定准许委员会视察其管辖领土内被公共当局剥夺了其自由的人所在的任何地方”。

《欧洲联盟基本权利宪章》于 2000 年 12 月 7 日欧洲理事会尼斯会议通过，由序言和 7 部分正文共 54 条条文组成。宪章正文主要涉及对尊严、自由、平等、团结、公民权利等的保护及司法审判和其他的一般条款（包括适用范围、所保护权利的范围、保护标准及禁止滥用权利）。

（二）美洲人权文件

美洲间促进和保护人权的体系颇为复杂，它包括数个规定监督机构的人权文件，主要有：《美洲国家组织宪章》、《美洲人民权利和义务宣言》及《美洲人权公约》及其议定书和《美洲防止和惩治酷刑犯罪公约》。

《美洲国家组织宪章》于 1948 年在波哥大会议上获得通过，它宣称“个人的基本权利”乃是美洲国家组织建立的基本原则之一。《美洲人民权利和义务宣言》也是在 1948 年波哥大会议上通过的，宣言保证了公民权利和政治权利，并通过以下途径提及了其他权利，即号召成员国逐步采取措施实现《美洲国家组织宪章》所载之经济、社会、教育、科学和文化标准。宣言还载有一个宽泛的反对歧视的条款。

《美洲人权公约》[①]，又称《圣约瑟公约》，于 1969 年 11 月 22 日通过，1978 年开始生效。公约由序言和 3 部分正文共 82 条条文及智利声明、厄瓜多尔声明和乌拉圭的保留组成。《美洲人权公约》与《欧洲人权公约》明显不同的是，《美洲人权公约》除了包括更详尽的公民权利和政治权利条款外，其还包括实现经济、社会和文化权利的一般要求。

《美洲人权公约关于经济、社会和文化权利附加议定书》，又称《美洲人权公约附加议定书》或《圣·萨尔瓦多议定书》，于 1988 年 11 月 17 日通过，1999 年 11 月生效。议定书由序言、正文共 22 条条文和建议组成。该议定书充实了《美洲人权公约》第三章有关经济、社会和文化权利的内容。截至 2000 年 12 月，美洲地区有 12 个国家已批准加入该议定书。另外，在起草《美洲人权公约》时，曾试图加入一个禁止死刑的条款，但未能实现。1990 年巴拉圭美洲国家组织大会决定将《美洲人权公约关于废除死刑的议定书》向缔约国开放批准，它对该区域 7 个已批准该议定书的国家产生法律效力。

《美洲防止和惩治酷刑犯罪公约》于 1987 年 2 月 28 日生效，截至 2000 年 12 月已有 15 个缔约国。该公约对酷刑下了一个详细的定义并指出谁将对罪行负责。

---

① 需注意的是，并非所有的美洲国家组织成员国都是《美洲人权公约》的缔约国。例如，加拿大和美国都是美洲国家组织的成员国但不是《美洲人权公约》的缔约国。

（三）非洲人权文件

非洲体系是最新的区域性人权体系，主要的人权文件有：《非洲统一组织宪章》、《非洲人权和民族权宪章》及《关于建立非洲人权和民族权利法院的议定书》。

《非洲统一组织宪章》于1963年生效，为地区合作提供了基础。《非洲人权和民族权宪章》对《非洲统一组织宪章》的所有缔约国开放，其于1981年非洲统一组织通过并于1986年生效。该宪章由序言和3部分正文共68条条文组成。根据宪章规定，非洲统一组织各成员国即本宪章各缔约国均承认本宪章所包含的各项权利、义务和自由，并承诺采取立法措施或其他措施实现这些权利、义务和自由。《关于建立非洲人权和民族权利法院的议定书》于1998年6月经非洲统一组织国家和政府首脑大会通过。此议定书将在有15个非洲宪章成员国的批准或加入后生效。截至2001年9月，此议定书已有3个成员国，但还未生效。同时，没有法院能对被控违反非洲宪章义务的行为行使管辖权。

（四）亚洲人权文件

亚洲目前还没有一个区域性的人权文件，亚洲的学者和组织正在对此进行研究。不过，1955年的《万隆宣言》第三编包含有人权和自决权条款。[①]

① 1955年4月，中国政府总理周恩来在印度尼西亚万隆召开的亚非会议上签署了《亚非会议最后公报》（《万隆宣言》）。公报宣布亚非会议完全支持联合国宪章中所提出的人权的基本原则，并将“尊重基本人权、尊重《联合国宪章》的宗旨和原则”作为和平共处十项原则的第1条。同年5月，周恩来在全国人民代表大会常务委员会扩大会议上指出，《万隆宣言》的“十项原则中也规定了尊重基本人权、尊重《联合国宪章》的宗旨和原则……这些都是中国人民的一贯主张，也是中国一贯遵守的原则”。

第十三章　人权国际保护的机构

第一节　联合国体系内的人权机构

（一）一般性人权机构

1. 联合国大会

作为联合国人权活动的最高机构，联合国大会（General Assembly）在人权国际保护方面的职权主要以《联合国宪章》第10条关于大会“得讨论本宪章范围内之任何问题或事项，或关于本宪章所规定任何机关之职权；并除第12条所规定外，得向联合国会员国或安全理事会或兼向两者，提出对各该问题或事项之建议”，以及第13条关于联合国大会应发动研究并作成建议，以便“不分种族、性别、语言或宗教，助成全体人类之人权及基本自由之实现”的相关规定为根据。根据上述第10条规定，人权保护作为《联合国宪章》宗旨之一，当然属于得由大会讨论的宪章范围内的问题或事项；根据上述第13条规定，大会当然负有发动人权保护研究并提出建议的职责。①

具体而言，联合国大会在人权方面的职能主要包括以下方面：①对人权问题进行讨论、研究并提出建议。②进行国际人权立法的前期工作，通过关于人权问题的决议、宣言和公约。③设立负责人权事务的特设机构和附属机构。④管辖违背《联合国宪章》的侵犯人权事项。⑤接受并审议经济及社会理事会以及该理事会的下属人权机构关于人权问题的报告。⑥促进人权与基本自由的尊重与遵守。

2. 安全理事会

《联合国宪章》中关于安全理事会（Security Council）职权的具体规定主要体现在第五章“安理会”、第六章“争端的和平解决”、第七章“对于和平的威胁和破坏及侵略行为的应付办法”、第八章“区域办法”和第十二章“国际托管制度”等有关条文中。从上述规定来看，一般的人权问题不属于安全理事会的职权范围，宪章并未授权安全理事会可对一般的人权事务予以专门审议处理。但安全理事会有权对涉及国际和平与安全事件中的人权问题进行干预，即安全理事会如果断定确有破坏、威胁和平或侵略行为的存在，对由此而产生的严重侵犯人权行

① 邵津：《国际法》，北京大学出版社、高等教育出版社，2000年，第323页。

为，可以作成建议或抉择采取非武力乃至武力的强制办法予以解决；若安全理事会断定某国发生严重侵犯人权事件从而构成对国际和平与安全的威胁或破坏，也可以采取非武力或武力措施予以制止。根据宪章规定，安全理事会在履行维持和平与安全的职权对有关严重侵犯人权行为予以制止时，应严格遵照宪章中所规定的联合国的宗旨及原则，特别是其中最重要的主权平等原则和不干涉内政原则，不得借口人权问题干涉别国的内政。

此外，安全理事会在人权方面的职能还包括根据宪章第十二章“国际托管制度”的规定在执行国际托管制度中负有尊重人权及基本自由的职责和对于违反国际人道主义法的行为可采取必要的措施。例如，针对在前南斯拉夫地区发生的违反国际人道主义法的行为，安全理事会于 1993 年 2 月 22 日一致通过第 808 号决议，决定设立一个国际法庭起诉自 1991 年以来在前南斯拉夫境内犯有严重违反国际人道主义法的罪犯。1993 年 5 月 25 日，安全理事会一致通过第 827 号决议，正式成立前南斯拉夫问题国际法庭，并通过了关于成立该法庭的《国际法庭规约》。

3. 经济及社会理事会

由于《联合国宪章》把人权问题主要规定为经济社会事项，有关人权问题的条款主要规定在宪章第九章“国际经济及社会合作”和第十章“经济与社会理事会”之中，相对于联合国其他主要机构，作为联合国负责经济、社会事务主要机构的经济及社会理事会（Economic and Social Council）更是直接以人权国际保护作为自身重要职能。《联合国宪章》第 62～66 条规定了经济及社会理事会的职权，其中第 63 条明确规定经济及社会理事会的职权之一是“为增进全体人类之人权及基本自由之尊重及维护起见，得作成建议案”。此外，按照《联合国宪章》第 60 条的规定，联合国大会及大会权力之下的经济及社会理事会行使第 55～59 条所列的职权。从以上宪章条款的规定看，经济及社会理事会在人权方面的职权主要有以下方面：①促进实现宪章关于人权问题的宗旨，负责就提高人民生活水平和全民就业，促进解决国际间有关问题和文化及教育合作，不分种族、性别、语言或宗教及对全体人类人权与基本自由的普遍尊重与遵守等问题进行审议并开展研究，并就尊重和维护人权问题向大会提出报告和建议案。②召开国际会议通过国际人权文书并核准有关国际会议所通过的人权文书。③负责在人权领域内协调各专门机构和非政府组织的活动。

4. 托管理事会

托管理事会（Trusteeship Council）是联合国为执行国际托管制度而专门设立的行政管理机构，协助安理会和联合国大会履行其在国际托管制度方面的责任，并负责监督托管领土。理事会的成员为国家。根据《联合国宪章》第十二章“国际托管制度”的规定，国际托管制度的主要目标是促进托管领土居民的进步和使他们逐渐向自治或独立的方向发展，其中包括“不分种族、性别、语言或宗教，提倡全体人类之人权及基本自由之尊重，并激发世界人民互相维系之意识”。据此，托管理事会的主要职权在于：审查管理当局根据其拟定的托管领土居民的政治、经济、社会及教育方面的进展情况所提交的报告；会同管理当局接受并审查请愿书；与管理当局商定时间，按期视察各托管领土；依照托管协定条款，采取其他行动。自1975年起，托管理事会每年都根据《消除一切形式种族歧视公约》第15条的规定向消除种族歧视委员会转交管理当局的年度报告。理事会所收到的请愿书副本也送交该委员会。消除种族歧视委员会对这些报告和请愿作出归纳，并提出处理意见和建议，连同该委员会的年度报告一起提交联合国大会审议。

5. 国际法院

虽然从《联合国宪章》、《国际法院规约》到《经济、社会和文化权利国际公约》、《公民权利和政治权利国际公约》都未授权国际法院（International Court of Justice）审理人权问题，但国际法院在其实践中却实际受理过有关国家间关于人权问题的争端，如1958年处理的荷兰诉瑞典的“未成年人监护公约案”。国际法院还就涉及人权的某些问题发表过咨询意见，如1951年关于灭种罪公约的保留问题所发表的意见。另外，还有些关于人权问题的国际公约直接赋予了国际法院在人权事务方面的协定管辖权。例如，1948年《防止及惩治灭绝种族罪公约》第9条规定：“缔约国间关于本公约的解释、适用或实施的争端，包括关于某一国家对于灭绝种族罪或第3条所列任何其他行为的责任的争端，经争端一方的请求，应提交国际法院。”1965年《消除一切形式种族歧视国际公约》第22条和1984年《禁止酷刑和其他残忍、不人道或有辱人格的待遇或处罚公约》第30条也有类似规定。根据上述规定，有关公约缔约国在一定条件下可以或应当将彼此之间因公约的解释、适用或执行而引起的争端交付仲裁或提交国际法院审理和裁决。值得注意的是，还有的国际人权公约如《禁奴补充公约》、《关于无国籍人地位的公约》和《关于难民地位的公约》的有关规定对各自的当事国具有强制性质，明确要求当事国不仅在一定条件下应当将有关争端交付司法解决，而且不得对此类规定作出保留。

6. 秘书处

《联合国宪章》并未授权秘书处（Secretariat）和秘书长直接处理人权事务，但根据宪章关于秘书处和秘书长职权的规定和秘书处的实践，秘书处和秘书长在人权方面具有以下职能：①根据《联合国宪章》第98条的规定，秘书长可以出席联合国主要机构涉及人权问题的会议，并可以秘书长的身份发表意见，受托执行有关人权方面的职务。②根据《联合国宪章》第99条的规定，在世界任何地区如发生严重侵犯人权的事件从而危及国际和平与安全时，可以将此类事件提请安全理事会注意。③通过授权人权高级专员协调人权领域的活动。④通过设在日内瓦的“人权中心”就人权事务进行协调并提供咨询服务。[①]

（二）专门性人权机构

1. 人权理事会

在以往联合国组织系统的分工上，人权委员会是联合国处理人权问题的专门机构，在其60年的历程中于国际人权领域发挥了重要的作用，成功地把许多重大人权问题转变为国际社会议程上的主要议题，有效地扩大了《联合国宪章》人权条款的适用范围，在大规模侵犯人权问题上持有坚定立场和并做了大量工作，并通过了一系列有进步意义的重要决议，制定了大量的人权文书。但是由于一些西方国家出于某种政治动机，试图将人权问题政治化，肆意单方面攻击许多第三世界国家，人权委员会常常具有政治化倾向[②]，其效率和作用也因此受到严重影响。

2005年3月20日，联合国秘书长安南向第59届联合国大会提交了题为《大自由：为人人共享安全、发展和人权而奋斗》的改革方案报告，建议从理念和结构两方面入手，对联合国进行影响深远的“全面改造”，并正式提出设立人权理事会的建议。2006年3月15日，联合国第60届大会以170票赞成、4票反对、3票弃权的压倒性多数表决结果通过第60/251号决议[③]，决定设立联合国人权理事会，取代总部设在瑞士日内瓦的联合国人权委员会。

第60/251号决议明确规定：“设立人权理事会，取代人权委员会，作为大会的一个附属机关；大会将在五年后审查理事会的地位……理事会成员由联合国大会直接选举产生……”即将原先附属于经济及社会理事会职司委员会级别的人权委员会升级成为作为联合国大会一个辅助机关的人权理事会（Human Rights Council）。

创设新的人权理事会取代原人权委员会，是联合国改革构想中的重要内容，标志着联合国的人权事业进入了一个新的时代。根据该决议，联合国人权理事会是在联合国大会权力之下的指导和协调联合国人权活动的机构，其47个理事国由联合国大会直接选举产生[④]，任期为三年，可连任一届。如成员国严重违反人权，经联合国大会2/3投票，可中止其会员资格。人权理事会全年工作，每年至

---

① 富学哲：《从国际法看人权》，新华出版社，1998年，第36页。

② 表现为选择审查对象动机的政治化、人权领域关注重点的政治化、人权评价标准的“双重性”，以及讨论问题时的政治对抗氛围。

③ 美国、以色列、马绍尔群岛和帕劳投反对票，委内瑞拉、白俄罗斯和伊朗弃权。

④ 理事会成员构成以公平地域分配为基础以确保具有广泛的代表性：非洲、亚洲各13个，东欧6个，拉丁美洲和加勒比地区8个，西欧和其他国家7个。理事会成员资格向联合国所有会员国开放，在选举理事国时应考虑候选国在促进和保护人权领域的贡献以及就此作出的自愿誓言和承诺。2006年5月19日通过选举产生了首届人权理事国，中国以146票的较高票数当选。

少开三次全会，时间不少于 10 周，必要时由成员国提出，1/3 成员国支持，可举行特别会议。

根据第 60/251 号决议，人权理事会将承担、审查并在必要时改进及合理调整人权委员会的所有任务、机制、职能和职责，充当关于所有人权问题专题对话的论坛，促进在全球范围内不作任何区分地、公正平等地尊重和保护所有人的所有人权和基本自由。具体而言，人权理事会的主要职权包括以下方面：①预防违反人权行为的发生并有效处理侵犯人权的局势。②在联合国系统内外协商、协作、协调人权工作。③创建“普遍定期审查”（universal periodicre-view）制度，确保联合国全部会员国履行人权义务和承诺的情况都得到审查。④建议权，包括：“处理侵犯人权局势，包括严重和有计划的侵犯行为，并就此提出建议”（决议第 3 条）；“向大会提出关于进一发展人权领域国际法的建议”（决议第 5 条第 3 款）；“提出促进和保护人权的建议”（第 6 条第 9 款）。⑤其他职权，包括承担、审查并在必要时改进及合理调整原人权委员会的所有任务、机制、职能和职责，对联合国人权事务高级专员的工作进行指导等。[①]

2. 妇女地位委员会

联合国一直坚定不移地致力于性别平等的实现。《联合国宪章》不仅在其序言中重申“男女……平等权利之信念”和在第 8 条中宣称联合国“对于男女均得在其主要及辅助机关在平等条件下，充任任何职务，不得加以限制”，而且更重要的是在宪章中所有专门提到人权的条款，包括宣称联合国的宗旨之一是增进并鼓励对人权之尊重的第 1 条都规定这些权利的享受不分性别。为此，经济及社会理事会在成立之初的 1947 年便设立了一个专门的妇女地位委员会。

妇女地位委员会（Commission on the Status of Women）最初是作为人权委员会下设的一个小组委员会，是就妇女人权和有关影响妇女的问题进行研究，并向经济及社会理事会提出建议以及报告的机构。后该委员会独立出来成为经济及社会理事会的 6 个职司委员会之一，成为联合国处理有关妇女问题的主要机构。根据经济及社会理事会 1946 年所作决定，妇女地位委员会的职权是对有关影响妇女的问题进行研究，就促进在政治、经济、文化、社会以及教育领域的妇女权利向经济及社会理事会提出报告和建议。此外，经 1980 年经济及社会理事会的核准，妇女地位委员会还有权审议致联合国的有关妇女地位问题的来文。妇女地位委员会自成立以来的主要活动可以概括为以下几个方面：①争取妇女与男性具有平等的政治权利。②争取妇女在人身、经济、社会和文化方面的平等权利。③提出促进妇女地位方案。④倡议举办国际妇女年活动，筹备召开世界妇女大会。

---

① 江国青、熊志强：《联合国人权理事会法律制度探析》，载《外交评论》，2006 年第 4 期。

3. 联合国人权事务高级专员

联合国人权事务高级专员（UN High Commissioner for Human Rights）是1993年12月联合国大会第48届会议根据同年维也纳国际人权大会的建议通过第48/141号决议决定设立的，在联合国秘书长指导与授权下负责协调联合国人权领域活动特别是全面负责秘书处人权中心活动的联合国高级官员。该专员由联合国秘书长任命、联合国大会批准，在联合国大会、经济及社会理事会及其人权委员会授权和决定的范围内履行职责，负责促进对人权的尊重，协调并合理安排联合国人权计划，防止对人权的侵犯，简化、完善和强化联合国人权领域的机制，提高联合国人权事务运作的效率。

4. 联合国秘书处人权中心

该中心的前身是秘书处社会事务部的人权司，1982年根据联合国大会建议由联合国秘书长更名为人权中心。人权中心作为联合国秘书处的下属机构，是联合国日内瓦办事处的一部分，其主要职责在于：①作为联合国在人权领域的中心；②为联合国关注人权的各机构提供秘书处和实质性服务，包括法律、技术及行政管理方面的支持；③应有关机构的要求，就人权问题从事调查研究工作；④密切注意人权的执行情况并就此编写报告；⑤实施向各国政府人权问题提供的咨询服务和技术援助计划；⑥ 负责就人权事务协调处理与相关非政府间组织、外部机构和新闻媒介之间的联系；⑦收集和传播情报并编写出版物。1997年10月，根据第52届联合国大会通过的联合国人权秘书处改组方案，联合国秘书处人权中心（UN Centre for Human Rights）与联合国人权事务高级专员办公室合并成联合国人权事务高专办公室（Office of the High Commissioner for Human Rights），负责处理联合国的人权事务，机构总部设在日内瓦，并在纽约联合国总部设办事处。

第二节　根据国际人权条约设立的人权机构

一些国际人权条约特别是由联合国各机关或专门机构主持制定的国际人权条约为审议受理缔约国依照条约要求所送交的报告、处理有关国家或个人的来文和提出建议，专门规定设立了保障和监督条约实施的相关机构。

一、人权事务委员会

该委员会系根据1976年3月生效的《公民权利和政治权利国际公约》第28条规定而设立的监督公约实施的重要机构，由18名人权问题专家组成。委员会成员由缔约国选举，但以个人身份而不是以政府代表资格工作。委员会主要职责在于“接受一缔约国对另一缔约国的指控”并“接受个人对国家的控告”，审议所有缔约国提交的“关于他们已经采取而使本公约所承认的各项权利得以实施的措施和关于在享受这些权利方面所做出的进展的报告”。此外，委员会还有解释《公民权利和政治权利国际公约》条款的职责。

二、消除种族歧视委员会

该委员会系根据1969年1月生效的《消除一切形式种族歧视国际公约》第8条规定而设立，由“德高望重、公认公正的18人”组成。委员由《消除一切形式种族歧视国际公约》的缔约国选出，任期4年，每两年改选半数成员。为维护其公正性和代表性，委员会成员的选举须考虑到公平地代表世界各地域上的分配和各种不同文明与各主要法系。委员以个人资格任职，在任期内未经本人同意不得被解聘和撤换。

消除种族歧视委员会的主要职权在于：①审议各缔约国定期（每4年提交一份综合报告、每两年提交一份简要的最新情况报告）提交的关于实施公约情况的报告；②受理调解一缔约国对另一缔约国关于违反公约规定的指控（迄今为止尚无缔约国启动该程序）；③根据公约规定的任择条款，在有关缔约国声明承认委员会管辖权的前提下，受理声称为遭受缔约国侵犯公约所保护的任何权利的受害者的个人或群体的来文。

三、消除对妇女歧视委员会

该委员会系根据1981年9月生效的《消除对妇女一切形式歧视公约》第17条规定而设立，由“在公约所适用的领域方面德高望重和能力杰出的23人”组成。根据《消除对妇女一切形式歧视公约》第18条至第22条的规定，委员会每年召开不超过2周的会议，负责审议缔约国“就本国实行本公约各项规定所采取的立法、司法、行政或其他措施以及所取得的进展”向联合国秘书长提出的报告。各缔约国应在公约对本国生效后一年内提出该项报告，此后至少每4年并随时在委员会的请求下提出。缔约国报告中应明确阐述影响本公约所规定义务履行的各种因素和困难。

四、禁止酷刑委员会

该委员会系根据1987年6月生效的《禁止酷刑和其他残忍、不人道或有辱人格的待遇或处罚公约》（简称《禁止酷刑公约》）第17条规定而设立，由10名专家组成。依照《禁止酷刑公约》第19条至第24条的规定，委员会的主要职责在于：审议各缔约国提交的关于履行公约义务所采取措施的报告，对境内经常发生酷刑的缔约国采取秘密调查，受理承认《禁止酷刑公约》第21条任择条款规定的缔约国之间的相互指控，受理并调查处理来自承认公约第22条任择条款规定的缔约国国内个人的来文指控。根据规定，委员会每年应向缔约国和联合国大会提交一份关于自身活动开展及评价的报告。

五、儿童权利委员会

该委员会系根据联合国大会于 1989 年 11 月通过的《儿童权利公约》第 43 条规定而设立，由 10 名专家组成。儿童权利委员会主要职责在于审议各缔约国通过联合国秘书长向委员会提交的为履行公约义务实现本公约确认的权利所采取的措施以及关于这些权利享有方面进展情况的报告。

以上根据国际人权条约所设立的人权机构虽然所执行的具体任务和执行任务的方式都存在区别，但其组成具有以下共同特点：各公约对委员会委员的资格都有着相似的严格规定，一般要求委员应具有崇高道义地位，并且在人权方面有公认的专长；委员由公约缔约国提名，并由缔约国全体会议选出，以个人身份当选和进行工作；委员会的组成应考虑公平的地域分配和各种类型文化及各主要法系的代表性。这些人权机构的共同宗旨都在于监督审查相关国际人权公约的实施，有着以下共同职责：审议各缔约国提交的执行公约情况的定期报告；受理审议个人针对缔约国政府声称权利受到侵害的指控来文，并在发现有关缔约国确实存在系统侵害人权的情况下向该国派出调查特定领域人权情况的查访团；研究公约适用过程中遇到的理论、实践问题，对公约条文作出解释。

第三节　区域性人权机构

除了上述联合国系统内人权机构外，目前在世界不同地区还设立有一些区域性的人权机构以施行各区域性人权公约。如根据 1950 年缔结的《欧洲人权公约》规定设立的欧洲人权法院，根据 1969 年通过的《美洲人权公约》规定设立的美洲国家间人权委员会和美洲国家间人权法院，根据 1981 年通过的《非洲人权和民族权宪章》规定设立的非洲人权和民族权委员会。

以上不同地区的区域性人权机构特别是职能广泛的区域性人权委员会的设立，是人权保护区域化的重要标志。区域性人权委员会要求委员以个人资格当选，并对其在品德和才能方面作了很高的要求。在品德方面，要求委员候选人必须道德品质高尚、不偏不倚、秉公行事。在才能方面，要求委员候选人为公认的法学家，特别是在人权方面有专门的法律知识，并要求在其国内具有最高的司法职务或任命资格，具有法律方面的经验和实践。人权委员会的委员在执行职务时享有与外交人员同等的特权和豁免。各区域性人权委员会的工作程序大致可分为接受案件并决定是否受理，查明事实，促成当事各方友好解决，提出报告或建议，监督执行以及将案件移交人权法院等阶段。但在具体做法上，各区域性人权委员会存在差异。[①]

一、欧洲人权法院

为了保证各缔约国遵守公约，《欧洲人权公约》原第19条设立了欧洲人权委员会和欧洲人权法院为监督和执行公约的常设性机构，同时还为欧洲理事会部长委员会规定了监督公约实施的重要职权。欧洲人权委员会成立于1954年，主要职责在于受理、调解和调查对《欧洲人权公约》缔约国违反公约的申诉。随着1998年《欧洲人权公约》第11议定书的生效，欧洲人权委员会已完成其历史使命而归于解散。[②]

欧洲人权法院是《欧洲人权公约》常设的司法机关，于第8个公约当事国宣布接受法院强制管辖的1958年9月3日宣告成立。[③] 法院由与欧洲理事会成员国数目[④] 相等的法官组成，在同一国籍法官的数量上没有限制。法官以个人资格独立行使职务，任期6年，由欧洲理事会议会大会从欧洲理事会各成员国所提名的“具有高尚的道德品质并具有国内高级司法职务的任职资格或为公认的著名法学家”的候选人中以多数票选出，可以连选连任。在法院审理案件的过程中，如果属于某一国国民的法官不能出庭或自案件中撤出，或如果法院没有属于与该案有关国家国籍的法官，该国可为此案选派一名特别法官，其他法官则在开庭前通过抽签选出。但是依此成立的法庭在某些条件下可以或必须放弃管辖权，而由法院全体法官审理。欧洲人权委员会对于法院审理中的案件可以指定一名或一名以上的委员作为委员会代表和“公共利益的辩护人”对法院予以协助。

依据《欧洲人权公约》第44～48条的规定，法院的职能主要是审理缔约国和欧洲人权委员会提交的涉及解释和适用《欧洲人权公约》的一切案件。按照《欧洲人权公约》原先的规定，只有缔约各国和欧洲人权委员会才有权将案件提交法院，个人无权向法院直接提起诉讼，但自1990年11月6日《欧洲人权公约》第9议定书签订后，个人、非政府组织或个别团体开始被允许直接将案件提交法院。总体上看，在欧洲人权委员会存在的年代里，欧洲人权法院的管辖权受制于欧洲人权委员会，其作用发挥具有很大程度上的局限性，仅起着“半职”或“兼职”法院的作用。但根据《欧洲人权公约》第11议定书的规定，改革后的欧洲人权法院对有关公约解释和适用的一切事项享有管辖权，包括国家间指控案件

---

① 杨成铭、王瀚：《现代国际法学》，中国法制出版社，2001年，第400页。

② 根据《欧洲人权公约》第11议定书的规定，欧洲人权委员会继续工作至1999年10月31日，以处理在该议定书生效前委员会已宣布为可接受的案件。

③ 最早宣布接受欧洲人权法院强制管辖的几个国家为比利时、丹麦、联邦德国、爱尔兰、卢森堡、奥地利和冰岛。

④ 现为44个。

和个人申诉案件[①]，真正成为了欧洲人权保护的主导机构。

欧洲理事会部长委员会由欧洲理事会各成员国外交部长或其他代表组成，是欧洲理事会的决策和执行机构。依据《欧洲人权公约》第 32 条，部长委员会负责监督欧洲人权法院判决的执行。对此，部长委员会于 2001 年 1 月 10 日通过了《部长委员会关于适用〈欧洲人权公约〉第 46 条第 2 款的规则》。此外，部长委员会可请求欧洲人权法院就《欧洲人权公约》和《欧洲人权议定书》解释方面的法律问题发表咨询意见。

二、美洲国家间人权委员会和美洲国家间人权法院

根据《美洲人权公约》第 7 章、第 8 章相关规定，负责监督和实施该公约的机构为美洲国家间人权委员会和美洲国家间人权法院。不同于欧洲人权委员会，成立于 1959 年的美洲国家间人权委员会并不是《美洲人权公约》所设立的常设机构，而是美洲国家组织的附属机构，由美洲国家组织大会选出的 7 位代表组成。代表既可以是《美洲人权公约》的缔约国的国民，也可以是缔约国以外其他美洲国家成员国的国民，任期 9 年，可连任一次。在 1969 年《美洲人权公约》制定前，该委员会的主要职责是促使美洲国家组织各成员国的人权得到遵守和保护。自 1970 年开始，委员会根据被纳入《美洲国家组织宪章》的《美洲人权宣言》，被授权受理个人指控美洲国家组织成员国侵犯《美洲人权宣言》所规定人权的申诉。1978 年《美洲人权公约》正式生效后，不仅确认了委员会已有的上述职权，并进一步赋予委员会一些新的有关公约履行的职责和权限。美洲国家间人权委员会开始成为一个具有双重职权的国际监督机构，除受理申诉外，还有权根据《美洲人权公约》的规定，对全体公约缔约国家实行监督，以保证各公约缔约国所承担的各项保护人权的义务。目前美洲国家间人权委员会的主要职权包括：促进人权的尊重和遵守；向成员国建议采取有利于促进人权的立法措施；要求成员国提出促进人权措施的报告，特别是年度报告；受理一缔约国针对另一缔约国侵犯公约所规定的人权所提交的通知书和个人提交的对于某一缔约国破坏公约规定侵犯人权的请愿书。另外，委员会还对外提供相关咨询，从事有关研究和宣传。按照《美洲人权公约》第 44 条，委员会有权受理来自任何人或一群人或合法的非政府实体的谴责或控诉某一缔约国破坏公约的请愿书，但对于来自缔约国的来文则实行任择管辖，委员会只有在有关缔约国双方事先都已接受公约的第 45 条任择条款之后才有权受理。这与《欧洲人权公约》关于欧洲人权委员会相关权限的规定正好相反。

美洲国家间人权法院于《美洲人权公约》1978 年生效时建立，是执行公约

---

① 朱晓青：《欧洲人权法律保护机制研究》，法律出版社，2003 年，第 116 页。

的司法机构，由美洲国家组织大会从《美洲人权公约》缔约国国民中选出的 7 名法官组成。根据公约第 52 条要求，法官候选人应具有高尚的道德水准和在人权领域内公认的法学家声望，并在其国家符合担任最高司法机构法官的条件。法官任期 6 年，只能连任一次。根据《美洲人权公约》规定，法院只受理缔约国和美洲国家间人权委员会提交的案件，个人没有诉讼权。法院管辖权只及于根据《美洲人权公约》第 62 条任择条款作出接受声明或根据特别协议接受法院管辖的缔约国之间。法院判决具有终局性，对当事各国产生法律拘束力。依据《美洲人权公约》第 64 条规定，法院具有广泛的咨询管辖权，美洲国家组织的所有成员国和机构有权就《美洲人权公约》或有关美洲国家保护人权问题的其他条约的解释或美洲国家组织成员国国内法与美洲国家间的其他人权条约的关系问题请求法院提供咨询意见。

三、非洲人权和民族权委员会与非洲人权和民族权法院

根据《非洲人权和民族权宪章》第 30 条规定，其实施机构为非洲人权和民族权委员会。该委员会于 1987 年 7 月在埃塞俄比亚首都亚迪斯亚贝巴设立，由非洲统一组织国家元首和政府首脑会议以无记名方式选出的 11 名委员组成。委员以个人身份工作，任期 6 年，可连选连任。

非洲人权和民族权委员会的主要职能在于以下三个方面：在非洲地区促进人权和民族权；保证人权和民族权在《非洲人权和民族权宪章》规定的条件下受到保护；应缔约国、非洲统一组织机构或非洲统一组织认定的非洲组织的请求，解释《非洲人权和民族权宪章》的一切条款等。

委员会可以诉诸任何适当的调查方法，并有权处理各缔约国的来文。根据规定，委员会对其受理的国家来文提请处理的事项，必须是在查明一切地方救济办法已援用无遗后方可处理。当委员会审查发现有严重或大肆侵犯人权和人民权的特殊案件时，应提请国家或政府首脑会议注意。对于其他来文，包括个人来文，如经委员会过半数决定，也可以审议，而无须缔约国另行接受《非洲人权和民族权宪章》的任何规定或另行同意。《非洲人权和民族权宪章》还明确规定了委员会所应遵循的法律规范：除宪章自身外，还包括《联合国宪章》、国际人权宪章、有关人权和人民权的国际法、专门性和区域性人权文件，以及“符合人权和人民权利的国际法规范和非洲惯例、公认为法律的习惯和由非洲国家确认的法律原则以及法定的判例和教义”。

作为非洲人权保护制度的重要发展，非洲统一组织于 1998 年 6 月在布基纳法索首都瓦加杜古召开的峰会上通过《非洲人权和民族权宪章关于建立非洲人权和民族权法院的议定书》（以下简称《议定书》），该议定书于 2004 年 1 月 25 日

起生效。[1] 2006 年 7 月，非洲联盟在第 7 届首脑会议上根据《议定书》第 1 条规定决定正式成立非洲人权和民族权法院，作为非洲联盟内的司法机构。法院由非洲联盟国家与政府首脑会议从成员国国民中选举产生的 11 名法官组成。

根据《议定书》规定，非洲人权和民族权法院具有诉讼管辖权和咨询管辖权。就诉讼管辖权而言，根据《议定书》第 3 条第 1 款规定，法院可以受理向其提交的有关解释和适用《非洲人权和民族权宪章》、《议定书》以及有关国家批准的任何其他相关的人权文件中的所有案件和争端。就咨询管辖权而言，法院有权应非洲联盟的成员国、非洲联盟组织及其机构以及被非洲联盟确认的非洲地区的非政府组织请求，就任何与《非洲人权和民族权宪章》或任何其他人权文件有关的法律问题提供咨询意见。

---

① 2003 年 12 月 26 日，非洲岛国科摩罗批准了《非洲人权和民族权宪章关于建立非洲人权和民族权法院的议定书》，成为非洲第 15 个批准《议定书》的国家，根据《议定书》第 34 条第 3 款［2］的规定，《议定书》于 2004 年 1 月 25 日起生效。

第十四章　人权国际保护的实施制度

人权国际保护的实施是指以《联合国宪章》和国家间签订的有关国际人权公约为依据，通过相关国际机构和程序监督并保证各国履行其所承担的国际人权条约义务，以在世界范围内确保基本人权的普遍和充分实现并对侵犯人权的行为加以防止与惩治。第二次世界大战后的各主要国际人权公约在确认各种权利与自由时几乎都有专门条款对人权保护的实施予以规定，从而促使包括联合国在内的众多国际组织分别建立了监督和保证有关国家履行其人权义务的机构和程序，并在此基础上初步形成了人权国际保护的制度体系。

第一节　联合国处理大规模侵犯人权的程序和制度

一、经济及社会理事会第 1235 号决议

联合国一经成立，就开始从个人和非政府组织收到大量的关于侵犯人权和请求联合国干预的投诉，投诉者确信联合国会给他们带来长久期待的自由和公正。从 1947 年到 1957 年，联合国就收到大约 6.5 万件有关侵犯人权的来文。之后，联合国收到的这类报告不断上升，有时一年超过 2 万件。[①] 从联合国组织机构的设置上看，人权委员会本应是联合国内处理这些投诉的最合适机构。但经济及社会理事会于 1947 年所作的 75 号决议却规定人权委员会"对关于人权的任何指控无权采取任何行动"。

1967 年 6 月 6 日，经济及社会理事会通过第 1235 号决议，授权人权委员会和防止歧视和保护少数小组委员会有权审议包括南非实行的种族隔离政策和南罗得西亚实行的种族歧视在内的所有国家与大规模侵犯人权和基本自由有关的情况，并得在合适的情况下对"一贯持续的大规模侵犯人权的局势作出全面深入的研究，并对上述情势向经济及社会理事会提交报告并提出建议"。根据该项决议，人权委员会进一步要求防止歧视和保护少数小组委员会应将在世界上任何地方发生的一贯的大规模侵犯人权情况提请人权委员会注意。

---

① ［美］托马斯·伯根索尔：《国际人权法概论》，潘维煌等译，中国社会科学出版社，1995 年，第 41 页。

二、经济及社会理事会第1503号决议

1970年5月27日，经济及社会理事会通过第1503号决议，明确了"有关侵害人权及基本自由问题的来文的处理程序"。根据1503号决议规定，防止歧视和保护少数小组委员会无须依据条约，在经证明确系一贯和严重地侵害基本人权的情形下即有权建立一个由5人组成的小型工作组受理审查联合国每年所收到的数千份个人来文。① 决议规定防止歧视和保护少数小组委员会应通过秘密会议对有关来文连同所涉政府的任何相关评论予以审查，以确定是否将明显暴露出某种持续不断的大规模的和证据确凿的侵犯了人权而需由委员会来进行审查的特别情况送交人权委员会审议。对于小组委员会所送交的来文及报告，人权委员会被1503号决议授权可通过专门工作组进行筛选甄别，以决定是自行研究并向经济及社会理事会提出报告和建议（如对"海地案件"的处理），或是在征得有关国家同意的情况下任命一个特设委员会去进行调查（如对"赤道几内亚案件"的处理）。对于委员会所提交的报告和建议，经济及社会理事会以及联合国大会可以通过各会员国公开辩论产生适当的决议，要求有关政府纠正形势和遵守其对宪章的义务。以上程序通常被称为"1503程序"。

根据1235号决议和1503号决议，人权委员会及其小组委员会不仅可以公开讨论世界各地的侵犯人权事件，而且还可以用国别方式或专题方式审议某国或某些国家的人权局势，包括公开审议和秘密审议，并可作出相应的决议。

三、"普遍定期审查"制度

如前所述，针对就以往人权委员会在根据1235号决议和1503号决议进行人权审议时所存在弊端的批判，联合国大会第60/251号决议创建了"普遍定期审查"制度作为赋予新成立的人权理事会的一项重要职权，以纠正人权委员会在国别人权问题上的选择性做法，以便保证所有国家不论大小强弱，都能受到公正、公平和平等的对待。

第60/251号决议规定了"普遍定期审查"制度的框架性条件：①在审查成员国履行人权义务的情况时，应根据客观和可靠的信息，以事实为依据；②审查方式应确保普遍性，以尊重地平等对待所有国家的方式进行审查，避免选择性和双重标准；③审查应是一个以互动对话为基础的合作机制，由相关国家充分参与，并考虑到其能力建设（capacity-building）需要；④"普遍定期审查"制度

① 自1503程序启动后，每年联合国收到成千上万份关于指控的信件均被摘要载入机密文件，文件副本送交人权委员会和小组委员会成员，实际信件的副本送交信件中提及的会员国，以便会员国政府有机会将答复送交联合国。

应补充而非重复联合国其他人权条约机构的工作。⑤当选为理事会成员国者在其任期内须接受“普遍定期审查”机制的审查。[①]

第二节　多边性国际人权条约的实施制度

多边性国际人权条约的实施机制主要由报告及其审查制度、处理国家来文与和解制度和个人申诉制度构成。这些制度的实施主要依靠依各该公约成立的由以个人身份活动的专家组成的委员会，如前述公民权利和政治权利人权事务委员会、消除种族歧视委员会、消除对妇女歧视委员会、禁止酷刑委员会和儿童权利委员会等。

一、报告及审查制度

这一制度要求缔约当事国在国际人权条约对其生效后，应按条约规定的时间和程序将其履约情况定期向有关机构提交报告，说明本国在遵行条约确认的人权方面所采取的各种措施、所取得的进展或所面临的困难，而有关机构则有权对缔约当事国所提交报告进行审查、发表评论，并向缔约国政府提出意见和改进建议。

报告制度是有关国际组织及各主要人权公约所广为采用的国际人权的实施监督程序，早在联合国成立之前的一些国际组织如国际联盟和国际劳工组织即已运用这一程序监督其成员国履行有关人权义务的情况。鉴于这一制度的有效性，联合国成立后即开始着手建立人权问题的定期报告制度。目前的大多数国际人权条约特别是联合国系统内的人权条约也都将这一制度作为监督缔约当事国履行条约义务的主要措施予以明确规定。如《公民权利和政治权利国际公约》第 40 条即为其缔约国设定了基于强制性义务的报告制度。此外，《经济、社会和文化权利国际公约》第 16 条、《消除一切形式种族歧视国际公约》第 9 条、《消除对妇女一切形式歧视公约》第 21 条、《禁止酷刑公约》第 19 条也都规定缔约国通过联合国秘书长向有关国际机构提交报告，后者可以在审议报告的基础上提出一般性建议或评论。也有的国际人权条约虽然规定缔约国有提交报告的义务，但没有明确审议报告的程序，如《废止奴隶制、奴隶贩卖及类似奴隶制的制度与习俗补充公约》第 8 条和《联合国教科文组织取缔教育歧视公约》第 7 条的规定。

关于报告的提交时间，大多国际人权条约规定缔约当事国应在条约对其生效 1 年（《儿童权利公约》规定 2 年）内提出报告，并在此后定期提出补充报告（如《公民权利和政治权利国际公约》规定其缔约国每 5 年须提交有关进一步情

① 江国青、熊志强：《联合国人权理事会法律制度探析》，载《外交评论》，2006 年第 4 期。

况的报告）。对于报告的公开性，有的国际人权条约明确要求缔约国除向条约委员会和联合国有关机构散发外，还应对国内公众公开，从而更加有利于监督缔约国执行条约义务。如《儿童权利公约》规定："缔约国应向基本国公众广泛供应其报告。"

国际人权条约的缔结目的在于促进缔约国改善各自的人权状况，以逐步在世界范围内实现普遍而充分的人权。从国际人权活动开展的实际状况分析，各主要国际人权条约的报告及审查制度大多富有成效，促使和帮助缔约国采取了许多改进和完善保障人权的措施。各条约委员会对缔约当事国报告进行研究或审议，结果可作为评论或建议交给有关国家。但此类评论或建议对报告国均无法律拘束力，有关国家对委员会的建议应予尊重但也可置之不理。各条约委员会要使其建议具有效力，只能是针对具有普遍性的或重大的人权问题向联合国经济及社会理事会或秘书长提出，再由经济及社会理事会或秘书长提交联合国大会作出决议。

二、国家来文及和解制度

有些国际人权条约规定了明确的处理缔约国来文指控及和解的制度，其中比较典型的是《公民权利和政治权利国际公约》的相关规定。[①] 虽然《公民权利和政治权利国际公约》设立的国家来文及和解制度使得某一缔约国可以就违反条约指控另一缔约国，但这一制度存在着明显的缺陷：首先，这是一种以缔约国同意为前提的任意选择性制度。缔约国对《公民权利和政治权利国际公约》的批准并不能被视为当然接受人权事务委员会对国家间指控的管辖权，只能适用于已经作出单独声明承认委员会对受理上述指控有管辖权的国家。其次，《公民权利和政治权利国际公约》所建立的机构和程序并不具有司法审判或准司法审判的性质。虽然和解委员会在对指控进行审查后若仍不能予以协商友好解决，有权就一切有关事实作出自己的结论并就如何解决争议提出建议。但此类结论和建议对有关当事国并没有法律拘束力，争执双方并不被正式要求接受建议的解决办法，人权事务委员会只能在其年度报告中将当事国拒绝接受的情况提请联合国大会注意。此外，尽管这种国家间的来文指控与和解制度在理论上有着促进公约缔约国之间在履行公约义务方面互相监督的功效但公约缔约国出于政治、经济、外交等方面的种种考虑在实践中从未启动过。

除《公民权利和政治权利国际公约》之外，其他一些国际人权条约也有类似

---

① 《公民权利和政治权利国际公约》第 41 条第 1 款规定："本公约缔约国得按照本条规定，随时声明它承认委员会有权接受和审议一缔约国指控另一缔约国不履行它在本公约下的义务的通知。按照本条规定所作的通知，必须是由曾经声明其本身承认委员会有权的缔约国提出的，才能加以接受和审议。任何通知如果是关于尚未作出这种声明的缔约国的，委员会不得加以接受。"

规定。其中，有些条约在缔约国之间的指控方面规定了更为有力的强制性执行机制，如《消除一切形式种族歧视国际公约》规定，依公约所成立消除种族歧视委员会无须依据任择条款便有权处理任何缔约国之间的指控。根据该公约第 11 条、第 12 条规定，在当事双方缔约国未能自行达成满意的解决办法时，双方均有权以分别通知委员会及对方的方法，将有关争议提交消除种族歧视委员会，该委员会及随后专设的和解委员会处理来文均不以当事国双方的同意为条件。此外，一些地区性人权公约如《美洲人权公约》和《非洲人权和民族权宪章》也都规定，缔约国可自动援用本公约规定的斡旋与和解程序而无须事先声明承认有关机构的权限。

三、个人来文及申诉制度

个人来文和申诉制度是指根据有关国际组织的决议以及相关国际人权条约的规定，有关个人可以通过国际机构维护自身权利，促使有关国家特别是所属国履行国际人权义务。这一制度的实施目前大致可分为两类：一类以联合国经济及社会理事会的相关决议为依据，主要由人权委员会及其下设的防止歧视和保护少数小组委员会负责执行，适用于针对联合国任何会员国提交的个人来文，委员会的权力限于对来文所显示的一贯严重侵犯人权且有可靠证明的特殊情势进行研究、调查以及向经济及社会理事会作出建议；另一类以有关国际人权公约的相关规定为依据，由各公约规定设立国际机构负责执行，仅适用于针对事先明确声明接受有关国际机构权限的缔约国所提交的个人来文。

在《公民权利和政治权利国际公约》起草过程中，由于人权委员会的各国代表对于是否承认个人以及民间团体对国家的指控有很大的分歧，该委员会最后提交的公约草案中没有对个人的申诉权问题加以规定。后在对公约草案的讨论中，联合国大会第三委员会接受了黎巴嫩的提案，将该任意选择条款规定在附属于公约的单独议定书即《公民权利和政治权利国际公约任择议定书》中，补充了对《公民权利和政治权利国际公约》实施的措施，以使那些声称其为违背《公民权利和政治权利国际公约》行为受害者的私人一方能向人权委员会提出个人申诉。个人申诉只能对批准《公民权利和政治权利国际公约任择议定书》的《公民权利和政治权利国际公约》缔约国提出。

《公民权利和政治权利国际公约任择议定书》（以下简称《任择议定书》）第 1 条、第 2 条、第 3 条和第 5 条规定：“成为本议定书缔约国的公约缔约国承认人权事务委员会有权接受并审查该国管辖下的个人声称为该缔约国侵害《公民权利和政治权利公约》所载任何权利的受害人的来文”。“凡声称其在公约规定下的任何权利遭受侵害的个人，如对可以运用的国内救济办法，悉已援用无遗，得向委员会书面提出申请，由委员会审查”。“依据本议定书提送的任何来文，如系不具名，或经委员会认为滥用此项呈文权，或不符合公约的规定者，委员会应不予受理”。“委员会不得审查任何个人来文，除非已断定：①同一事件不在另一国际调查或解决程序审查之中；②该个人对可以运用的国内救济办法悉已援用无遗”。根据上述规定，只有在所涉国家应同时为公约缔约国和《任择议定书》的缔约国且所涉事项不在同一国际调查或解决程序之中时，在被指控国管辖之下权利受到严重侵害的个人在“用尽当地救济”之后，才可以本人名义具名向人权事务委员会提起书面控诉。

根据《任择议定书》第 4 条规定，人权事务委员会在接受申诉之后应将此事提请被控违反公约任何规定的有关缔约国注意，收到通知的国家应在 6 个月内以书面形式向委员会对申诉作出解释或声明，说明原委，如该国业已采取救济办法，则亦应一并说明。然后，人权事务委员会应参照该个人及有关缔约国所提出的一切书面材料，审查根据本议定书所收到的有关国家和申诉人的书面来文并将其意见告知有关缔约国及该个人。第 6 条规定，审查完毕后，委员会还应将其根据本议定书进行的工作摘要列入公约第 45 条所规定的委员会年度报告之中。从上述规定可以看出，人权事务委员会处理个人申诉的一般程序为：受理申诉、提请受指控国注意、受指控国答辩、委员会予以秘密审议、委员会提出处理意见、委员会将处理过程和结果列入年度报告以供联合国大会审议。自 1976 年《任择议定书》生效后，人权事务委员会已处理了相当数量的个人来文。尤其是自 20 世纪 80 年代后期以来，随着公众对个人来文及申诉制度了解的增加，委员会所收到的个人声称权利受到侵犯的申诉的数量成倍增加，至今已过千件，但其中的许多来文都或是由于申诉人没有用尽国内补救办法，或是由于申诉涉及的问题正在根据国际调查或解决的其他程序之中而被判定不予接受。

除《公约权利和政治权利国际公约》以外，其他一些人权条约也规定了类似的制度。如《消除一切形式种族歧视国际公约》和《禁止酷刑公约》也都将处理个人申诉或来文指控的制度作为缔约国任选条款加以规定。《消除一切形式种族歧视国际公约》第 14 条规定，不仅受害者个人，还可以“个人联名”提起申诉或请愿；《禁止酷刑公约》第 22 条规定，个人申诉或来文不仅可以针对其所受管辖的国家，也可以针对任何已接受任择条款的其他缔约国。此外，这两个公约都不是在单独的议定书而是公约正文中承认了个人的申诉权，相对于《公民权利和政治权利国际公约》更加进步。

个人来文和申诉制度的确立对于监督缔约国履行条约义务和解决缔约国之间的有关争议具有积极意义，但目前规定有个人来文和申诉制度的几个国际人权条约都是将其作为任择性的辅助措施，并且规定了严格的前提条件，如要求有关机构必须是在确认用尽国内救济办法以后才能受理个人来文，这严重影响这一制度的实际适用。此外，个人来文和申诉制度的作用发挥还受到以下因素的影响：一是相关委员会审议来文的时间相对较长。通常，委员会决定一个案件可否接受需12至18个月，案件的是非曲直的审查则需1至2年，这样至委员会最终意见的提出需2至3年甚至更长。二是审议时间的长短取决于有关缔约国的合作程度以及申诉者是否提供了委员会所需要的全部材料。这种“马拉松”式的审议，结果或者导致“时过境迁”，委员会的意见变得毫无价值；或者侵犯人权的行为得不到及时阻止，以致造成更为恶劣的后果；或者侵犯人权行为的受害者得不到适时的援助，面临更大的危险。这样便抑制了这一制度的有效运转。①

第三节　区域性国际人权条约的实施制度

一、《欧洲人权公约》的实施机制

欧洲地区最早、最有成效地设立了区域性人权保护制度。欧洲理事会自1950年始通过了一系列人权文件，包括1950年《保护人权及基本自由欧洲公约》（以下称《欧洲人权公约》）及其11项《议定书》、1961年《欧洲社会宪章》、1987年《防止酷刑和非人道或有辱人格的待遇或处罚欧洲公约》等。《欧洲人权公约》主要规定了公民权利和政治权利，其第1条明确要求“缔约国应确保在它们管辖下的每个人”享有公约规定的权利和自由，并规定设立欧洲人权委员会和欧洲人权法院，履行实施公约的职责。按照公约规定，在处理人权申诉时，由欧洲人权委员会审查和决定是否受理申诉、对受理的申诉加以调解以便达成一项友好解决办法；对不能达成上述办法的申诉移交欧洲人权法院加以审判或向欧洲理事会所属部长委员会提交报告并由后者决定是否存在对公约的违反，部长委员会监督其决定以及欧洲人权法院判决的执行。

根据《欧洲人权公约》第19条规定，欧洲人权法院是保证缔约国履行公约义务的专门司法机关，负责审理公约缔约国和欧洲人权委员会提交的涉及《欧洲人权公约》解释和适用的一切案件。欧洲人权法院只有在欧洲人权委员会承认友好解决或调解的努力失败后，并在规定的期限内，才有权受理有关的案件。法院对缔约国的管辖权是自愿管辖，以缔约国作出接受《欧洲人权公约》第46条任择条款的声明为前提。根据公约第46条规定，缔约国可表示全面地承认法院的管辖权，也可就某一具体案件接受法院的管辖。到1990年1月，欧洲理事会全体成员均已声明承认法院的强制管辖权。依据《欧洲人权公约》第46条、第48条原先的规定，“只有下列机构和缔约国可以将案件提交法院……：欧洲人权委员会、其国民声称是受害者的某一缔约国、将案件提交欧洲人权委员会的某一缔

---

① 王家福、刘海年、李林：《人权与21世纪》，中国法制出版社，2000年，第118页。

约国以及被指控的某一缔约国”，欧洲人权法院不受理个人向法院直接提出的申诉。个人的申诉只有向人权委员会提出，请求补救，当经过人权委员会确认友好解决失败后，法院才能处理这种案件。但根据1990年11月6日签订的《欧洲人权公约》第9议定书，公约第44条和第48条被修改成允许个人、非政府组织或个别团体将案件提交法院。

欧洲人权法院的诉讼程序主要是：案件提交法院后，法院即组织由7名法官组成的法庭审理各项文件，当事国本国籍的法官是当然的法庭组成人员。法院处理案件分为书面程序与口头程序，大体上与国际法院的审理程序相类似。法院的判决附有理由，为缔约国承允服从的终审判决，对当事国有明确的法律拘束力。根据《欧洲人权公约》的规定，欧洲人权法院对于其受理的案件，有权判令违反公约义务的国家对受害一方给予公正的补偿。公约还特别规定由欧洲部长委员会负责监督欧洲人权法院判决的执行。此外，根据1970年生效的《欧洲人权公约》第2议定书第1条、第2条规定，欧洲人权法院可应欧洲理事会部长委员会的要求，提供在解释《欧洲人权公约》和议定书方面法律问题的咨询意见。但法院的咨询管辖权仅限于“解释公约和其议定书的法律问题”，不得解释《欧洲人权公约》及其议定书所保证的“权利和自由的内容和范围”，不得处理“欧洲人权委员会、法院或部长委员会由于根据公约提起任何程序的原因而可能进行审议的任何其他问题”。

在以往欧洲人权委员会、欧洲人权法院和欧洲理事会部长委员会三重机构形成的欧洲人权实施机制下，有关诉讼程序过于复杂、冗长，案件从起诉至结案往往需历时5～6年，以致违反公约行为的受害者得不到及时的保护或救助。20世纪90年代后期，欧洲理事会开始着手对欧洲的人权实施机制予以改革。1998年11月1日，随着《欧洲人权公约》第11议定书的生效，《欧洲人权公约》的实施机制发生了重大变化。根据该议定书规定，于1999年11月1日起解散欧洲人权委员会，并取消了欧洲理事会所属部长委员会处理人权申诉的职能，仅以单一的司法手段来保障本区域的人权，所有有关人权的申诉均由欧洲人权法院处理，从而有助于提高人权争端案件审理的工作效率。在裁判机制方面，于1998年11月1日设立的单一的全日制的欧洲人权法院开始采用二级终审制：有关申诉先由该法院法庭初审，如当事人对法庭的判决不服，有权将案件移交大法庭进行上诉审。在管辖机制方面，第11号议定书将欧洲人权法院对于公约缔约国的人权争端管辖权明确为一种强制管辖权，任何公约缔约国必须接受人权法院的管辖。即任何国家一旦批准加入公约体系，则其公民个人就自动获得了向欧洲人权法院提起诉讼的权利。这是一项国际人权保护方面的革命性举措，它不仅是在国际法上第一次赋予个人有权自动直接地向一个国际司法机构提起诉讼的权利，而且对于新加入公约的中欧和东欧国家的国内法上的人权保护，这一改革的影响也是意义深远；经过这一变革，欧洲人权法院成为几乎整个欧洲的公民权利和自由的宪法法院。①

二、《美洲人权公约》的实施机制

根据《美洲人权公约》第 44 条，美洲国家间人权委员会有权受理来自任何个人、群体或合法的非政府组织对某一缔约国违反《美洲人权公约》的行为的谴责或指控，无须被控国事先接受任何任择性条款。依据《美洲人权公约》第 45 条，委员会还受理缔约国对另一缔约国侵犯《美洲人权公约》行为的指控，但前提是双方缔约国事先都已声明接受《美洲人权公约》第 45 条的任择条款，确认委员会的管辖权。可见，美洲国家间人权委员会对于个人的申诉实行强制管辖权，而不要求被控诉国家已声明承认委员会具有审理该控诉的管辖权；而对于国家的控诉，则要求被控诉国必须预先声明委员会具有审理该控诉的管辖权。对比之下，欧洲人权委员会对国家间的控诉实行强制管辖权，即不要求被控诉国必须预先声明承认委员会具有审理该控诉的管辖权，而对于个人的申诉则要求被控诉国必须预先承认委员会具有审理该控诉的管辖权。美洲国家间人权委员会成立之初接受申诉数量不多，但自 20 世纪 80 年代之后迅速增加，目前每年接受的申诉总量在 1000 件左右。

在审理案件程序方面，美洲国家间人权委员会与以往欧洲人权委员会的做法基本相同：

（1）接受案件后首先对事实进行调查予以确认。根据《美洲人权公约》第 48 条的规定，美洲国家间人权委员会可要求被控国政府提供材料以说明事实，在委员会认为必要或适当时，也可自行调查，但在发生严重和紧急的侵犯人权事件的情况下委员会如需前往有关国家进行调查时，应事先征得该有关国家的同意。为查明某一相关事件的情况，委员会通常组织成立一个特别委员会收集各种证据，听取证人证言，并在获得有关国家的准许后前往该国进行调查。该特别委员会成员可以在相关国家会见任何人、自由走访监狱和旅行，成员国政府应提供必要的便利和合作，并确保不对在调查中提供情况报告的人采取任何惩罚措施。②

（2）通过调解，促成友好解决。根据《美洲人权公约》第 48 条第 1 款第 6 项的规定，美洲国家间人权委员会“应置身于有关各方的支配下，以便在尊重本公约所承认的人权的基础上达成问题的友好解决”。在这一过程中，在某些事态严重和紧急的情况下为避免不可挽回的损失，委员会可以请求美洲国家间人权法

---

① 周勇：《少数人权利的法理》，社会科学文献出版社，2002 年，第 141 页。

② 杨成铭、王瀚：《现代国际法学》，中国法制出版社，2001 年，第 402 页。

院作出临时性限制措施。

(3) 如果未能获得友好解决，美洲国家间人权委员会可将问题提交美洲国家间人权法院进行审理，或以委员会绝大多数的同意，将对申诉问题审查的结论和建议写成报告，于美洲国家组织大会的年度报告上刊登并提交美洲国家大会讨论处理。虽然委员会并不是一个严格意义上的司法机构，但其审理个人申诉和就特定事件进行现场调查研究并作出结论和建议的活动，具有准司法的性质。[①]

根据《美洲人权公约》第 33 条规定，美洲国家间人权法院是保证缔约国履行公约义务的专门司法机关。与美洲国家间人权委员会不同，美洲国家间人权法院只受理缔约国之间指控的和美洲国家间人权委员会提交的违约案件，而不受理个人直接向法院提出的申诉。《美洲人权公约》第 62 条任择条款规定："①一个缔约国可以在交存批准书或参加本公约时，或者在以后的任何时候，声明它当然承认法院对有关本公约的解释和实施等一切事宜具有管辖权，承认这种管辖权的约束力，而不要求特别的协议；②这种声明的作出可以是无条件的，也可以以互相承认为条件，还可以在一特定期间或为某些特定案件而作出，声明应呈交组织的秘书长，并由其把副本送交组织的其他成员国和法院的秘书；③法院的管辖权应包括送交给其关于本公约条款的解释和实施的一切案件，只要与案件有关的缔约国承认或已承认这种管辖权，不论是根据上面各节而作的特别声明，还是特别协议。"美洲国家间人权法院管辖权只及于作出接受声明或根据特别协议接受法院对公约的解释或实施问题管辖的缔约国，缔约国的声明可在交存批准书或加入书时或在以后的任何时候作出。另外，依据《美洲人权公约》第 64 条规定，美洲国家间人权法院还具有广泛的咨询权，美洲国家组织的所有成员国和机构有权就《美洲人权公约》或有关美洲国家保护人权问题的其他条约的解释或美洲国家组织成员国国内法与美洲国家间的其他人权条约的关系问题请求法院提供咨询意见。

美洲国家间人权法院的判决具有终局性质，对当事国有法律拘束力，各方不得上诉。如果缔约国不履行判决规定，法院可请求美洲国家组织采取必要手段执行判决。根据公约第 66 条规定，法院的判决应陈述理由，如果判决不能全部或部分地代表法官的一致意见，任一法官都有权在判决中附上其不同的或单独的意见。另外，如果美洲国家间人权法院的当事一方对判决的意义或范围意见不一致，经当事任何一方的要求，法院应予以解释。根据《美洲人权公约》第 63 条第 1 款的规定，美洲国家间人权法院有权作出判决，宣告本案中被指控的缔约国是否违背了《美洲人权公约》规定应予承担的义务，是否对有关法律权利构成侵犯，要求违反公约义务侵犯个人权利和自由的国家确保受害人享有其权利和自

① 周勇：《少数人权利的法理》，社会科学文献出版社，2002 年，第 186 页。

由，或对侵犯措施或局势所造成的后果予以补救并对受害人予以公平赔偿。但《美洲人权公约》并没有建立监督法院判决执行的机制，美洲人权法院通常只能通过向美洲国家组织大会报告其判决未能执行的情况，向有关缔约国施加政治上和公众舆论方面的压力。

从上述规定看，《美洲人权公约》所采取的是以政治和法律相结合的程序来达到公约所规定宗旨和目的混合型实施机制。根据公约规定，既设立了作为行政性调解机关的美洲国家间人权委员会，同时又设立了作为司法机关的美洲国家间人权法院，这种政治和法律程序相结合的实施机制为《美洲人权公约》各缔约国就美洲地区内的人权保护开展广泛对话和合作提供了基础，同时也有利于通过强化人权的法律性质逐步使人权成为现代意义上的法定权利。美洲采用这种混合型实施机制来促进和保障区域性人权是以各缔约国有着较为共同的历史传统、政治倾向和法律意识为基础的。但由于人权的保护在某种程度上须限制政府权力的滥用，而且被控一方皆为缔约国，因此尽管美洲人权机构采用了政治与法律程序相结合的运行机制，但在实际运作中却以政治程序为主。申诉必须首先向美洲国家间人权委员会提出，以期在委员会调查、调解的基础上通过政治程序友好解决有关争议。只有在政治办法未获成功时，被控国或美洲国家间人权委员会才可诉诸法律程序，即将案件提交美洲国家间人权法院。期限届满而尚未移送人权法院，便又进入政治程序，即由美洲国家间人权委员会对该案是否存在对区域性人权公约的违反作出决定。委员会的决定和法院的判决的监督执行最终还是依靠政治手段，即由美洲国家组织大会的审议来敦促被控国执行上述决定或判决。[①]

三、《非洲人权和民族权宪章》的实施机制

根据《非洲人权和民族权宪章》的规定，非洲人权和民族权委员会有权审议缔约国对另一缔约国侵犯宪章行为的指控并提出建议。宪章规定，当某一宪章缔约国认为另一缔约国的行为已违反了宪章时，既可直接把有关指控提交非洲人权和民族权委员会，也可先以正式来文方式提请该国家注意（来文同时抄送委员会），被递交来文的国家应于 3 个月期限作出答复。在 3 个月期限内，只要“有关问题通过双边谈判或任何其他和平程序未获得有关双方满意的解决”（宪章第 48 条），任何一方均可把争端提交非洲人权和民族权委员会。非洲人权和民族权委员会对其受理的国家来文提请处理的事项，必须是在查明一切地方救济办法已援用无遗后方可处理，“除非委员会知道完成这种补救的程序将要不适当地延长”。一旦已经用尽当地救济，委员会便可着手进行调查事实的程序，设法获得有关案件的一切情报。根据《非洲人权和民族权宪章》第 46 条“委员会可以诉

① 杨成铭、王瀚：《现代国际法学》，中国法制出版社，2001 年，第 398、399 页。

诸任何适当的调查方法”和第 51 条第 1 款“委员会得请关系缔约国提供一切有关的情报”的规定，非洲人权和民族权委员会以两种方式进行调查：一是于必要时由人权委员会自行进行调查。此种调查若需进入有关国家境内，无须得到该有关国家许可或同意，而且有关国家应为委员会调查提供便利。二是可以举行听证会，要求有关国家或个人提供相应的书面和口头材料。根据宪章第 52 条规定，如果经过调查，没有达到“基于对人和人民权利的尊重”而作出的友好解决，委员会必须准备一份“叙述事实和调查研究的结果”的报告提交有关国家和非洲统一组织的国家元首和政府首脑会议。对于个人或非政府组织的来文指控，如经委员会过半数决定，委员会也可予以审议并将意见转达非洲统一组织国家元首和政府首脑会议，无须缔约国另行接受《非洲人权和民族权宪章》的任何规定或另行同意。同时，如果个人的控诉涉及一系列对人权及民族权的严重或大规模侵犯时，非洲人权和民族权委员会应提请非洲统一组织国家元首和政府首脑会议对此予以关注，非洲统一组织国家元首和政府首脑会议可要求委员会对这些案件进行深入调查，并提出附有审查结果和建议的事实报告书。

《非洲人权和民族权宪章关于建立非洲人权和民族权法院的议定书》（以下简称《议定书》）关于非洲人权和民族权法院审理和执行的程序规则是在吸取欧洲、美洲人权法院保护和促进人权的实践经验基础上而制定，并有所突破和创新。[①]

根据《议定书》第 6 条第 1 款规定，在决定根据《议定书》第 5 条第 3 款所提起案件的可受理性时，非洲人权和民族权法院可以请求非洲人权和民族权委员会给出意见，非洲人权和民族权委员会在接受请求后应尽快给出意见。根据《议定书》第 28 条规定，法院应当在结束其审议后 90 天内做出判决；判决以多数票得出；每位法官有权对法院的多数判决发表不同意见或反对意见；判决必须给出理由，必须公开宣布，并给当事人合理的事先通知；法院的判决具终局性，不得提出上诉；但是，在出现新证据的情况下，法院可以对判决进行解释，甚至进行复查。根据《议定书》第 30 条规定，非洲成员国应自愿遵守其作为当事人的判决，保证在法院限定的时间内履行判决。非洲联盟部长委员会负责监督法院判决的执行。此外，《议定书》第 31 条规定，法院应递交年度活动报告给非洲联盟大会，而且该报告应特别详细地指出有未遵守法院判决的国家的案件。

相较于非洲人权和民族权委员会，非洲人权和民族权法院为非洲地区侵犯人权案件的被害人提供了寻求法律救济的途径和机会，具有作出有拘束力的判决的权力，无疑将更能保障《非洲人权和民族权宪章》中的各项人权。[②]

---

① 洪永红、周严：《非洲人权与民族权法院述评》，载《西亚非洲》，2007 年第 1 期。

② 朱利江：《非洲人权法院：区域人权保护机制的重要进展》，载《国际论坛》，2005 年第 2 期。

附　　录

附录一　人权文件英文名称[①]

联合国人权文件

《世界人权宣言》（简称 UDHR）

Universal Declaration of Human Rights

《公民权利和政治权利国际公约》（简称 ICCPR）

International Covenant on Civil and Political Rights

《公民权利和政治权利国际公约第一任择议定书》

First Optional Protocol to the International Covenant on Civil and Political Rights

International Covenant on Civil and Political Rights: Optional Protocol

《公民权利和政治权利国际公约旨在废除死刑的第二任择议定书》

Second Optional Protocol to the International Covenant on Civil and Political Rights, Aiming at the Abolition of the Death Penalty

International Covenant on Civil and Political Rights: Second Protocol, Aiming at the Abolition of the Death Penalty

《经济、社会和文化权利国际公约》（简称 ICESCR）

International Covenant on Economic, Social and Cultural Rights

《禁止酷刑和其他残忍、不人道或有辱人格的待遇或处罚公约》

Convention Against Torture and Other Cruel, Inhuman or Degrading Treatment or Punishment

《消除对妇女一切形式歧视公约》

Convention on the Elimination of All Forms of Discrimination Against Women

《消除一切形式种族歧视国际公约》

International Convention on the Elimination of All Forms of Racial Discrimination

《防止及惩治灭绝种族罪公约》

Convention on the Prevention and Punishment of the Crime of Genocide

《给予殖民地国家和人民独立宣言》

---

① 本部分资料来源于2001年8月6日至24日于吉林大学举行的“北欧中国国际人权法教师研修班”材料。

Declaration on the Granting of Independence to Colonial Countries and Peoples

《发展权利宣言》

Declaration on the Rights to Development

《儿童权利公约》

Convention on the Rights of the Child

《维也纳宣言和行动纲领》

The Vienna Declaration and Program of Action

《人类环境宣言》(《斯德哥尔摩环境宣言》,《斯德哥尔摩宣言》)

The Stockholm Declaration on the Human Environment

《国际劳工组织土著和部落民族公约》

International Labor Organization Convention No. 169

《联合国教科文组织取缔教育歧视公约》

UNESCO Convention Against Discrimination in Education

欧洲人权文件

《欧洲社会宪章》(简称 ESC)

European Social Charter

《欧洲人权公约》(《欧洲理事会保护人权和基本自由公约经第 11 号及第 1、4、6 和 7 号议定书修订》)(简称 EHR)

European Convention for the Protection of Human Rights and Fundamental Freedoms

《欧洲人权公约第一议定书》

European Convention for the Protection of Human Rights and Fundamental Freedoms: Protocol No. 1

《欧洲人权公约第十二议定书》

European Convention for the Protection of Human Rights and Fundamental Freedoms: Protocol No. 12

《欧洲保护少数民族框架公约》

European Framework Convention for the Protection of National Minorities

《欧洲防止酷刑和不人道或有辱人格的待遇或处罚公约》

European Convention for the Prevention of Torture and Inhuman or Degrading Treatment or Punishment

美洲人权文件

《美洲人权公约》(简称 AMR)

American Convention on Human Rights

《美洲人权公约附加议定书》(《圣·萨尔瓦多议定书》)

American Convention on Human Rights Additional Protocol, " Protocol of San Salvador"

非洲人权文件

《非洲人权和民族权宪章》(简称 AFR)

African Charter on Human and People's Rights

附录二 主要的人权公约[①]

世界人权宣言

联合国大会 1948 年 12 月 10
日第 217A [Ⅲ] 号决议通过

序 言

鉴于对人类家庭所有成员的固有尊严及其平等的和不移的权利的承认,乃是世界自由、正义与和平的基础,

鉴于对人权的无视和侮蔑已发展为野蛮暴行,这些暴行玷污了人类的良心,而一个人人享有言论和信仰自由并免予恐惧和匮乏的世界的来临,已被宣布为普通人民的最高愿望,

鉴于为使人类不致迫不得已铤而走险对暴政和压迫进行反叛,有必要使人权受法治的保护,

鉴于有必要促进各国间友好关系的发展,

鉴于各联合国国家的人民已在联合国宪章中重申他们对基本人权、人格尊严和价值以及男女平等权利的信念,并决心促成较大自由中的社会进步和生活水平的改善,

---

① 依据国际人权法教程项目组编写的《国际人权法教程第二卷》(文件集),中国政法大学出版社 2002 年以及中国人权发展基金会编的《中国签署批准的国际人权公约》,新世界出版社 2003 年版核对。

鉴于各会员国业已誓愿同联合国合作以促进对人权和基本自由的普遍尊重和遵行，

鉴于对这些权利和自由的普遍了解对于这个誓愿的充分实现具有很大的重要性，

因此现在，大会发布这一世界人权宣言，作为所有人民和所有国家努力实现的共同标准，以期每一个人和社会机构经常铭念本宣言，努力通过教诲和教育促进对权利和自由的尊重，并通过国家的和国际的渐进措施，使这些权利和自由在各会员国本身人民及在其管辖下领土的人民中得到普遍和有效的承认和遵行。

第一条

人人生而自由，在尊严和权利上一律平等。他们富有理性和良心，并应以兄弟关系的精神相对待。

第二条

人人有资格享有本宣言所载的一切权利和自由，不分种族、肤色、性别、语言、宗教、政治或其他见解、国籍或社会出身、财产、出生或其他身份等任何区别。

并且不得因一人所属的国家或领土的政治的、行政的或者国际的地位之不同而有所区别，无论该领土是独立领土、托管领土、非自治领土或者处于其他任何主权受限制的情况之下。

第三条

人人有权享有生命、自由和人身安全。

第四条

任何人不得使为奴隶或奴役；一切形式的奴隶制度和奴隶买卖，均应予以禁止。

第五条

任何人不得加以酷刑，或施以残忍的、不人道的或侮辱性的待遇或刑罚。

第六条

人人在任何地方有权被承认在法律前的人格。

第七条

法律之前人人平等，并有权享受法律的平等保护，不受任何歧视。人人有权享受平等保护，以免受违反本宣言的任何歧视行为以及煽动这种歧视的任何行为之害。

第八条

任何人当宪法或法律所赋予他的基本权利遭受侵害时，有权由合格的国家法庭对这种侵害行为作有效的补救。

第九条

任何人不得加以任意逮捕、拘禁或放逐。

第十条

人人完全平等地有权由一个独立而无偏倚的法庭进行公正的和公开的审讯，以确定他的权利和义务并判定对他提出的任何刑事指控。

第十一条

（一）凡受刑事控告者，在未经获得辩护上所需的一切保证的公开审判而依法证实有罪以前，有权被视为无罪。

（二）任何人的任何行为或不行为，在其发生时依国家法或国际法均不构成刑事罪者，不得被判为犯有刑事罪。刑罚不得重于犯罪时适用的法律规定。

第十二条

任何人的私生活、家庭、住宅和通信不得任意干涉，他的荣誉和名誉不得加以攻击。人人有权享受法律保护，以免受到这种干涉或攻击。

第十三条

（一）人人在各国境内有权自由迁徙和居住。

（二）人人有权离开任何国家，包括其本国在内，并有权返回他的国家。

第十四条

（一）人人有权在其他国家寻求和享受庇护以避免迫害。

（二）在真正由于非政治性的罪行或违背联合国的宗旨和原则的行为而被起诉的情况下，不得援用此种权利。

第十五条

（一）人人有权享有国籍。

（二）任何人的国籍不得任意剥夺，亦不得否认其改变国籍的权利。

第十六条

（一）成年男女，不受种族、国籍或宗教的任何限制，有权婚嫁和成立家庭。他们在婚姻方面，在结婚期间和在解除婚约时，应有平等的权利。

（二）只有经男女双方的自由的和完全的同意，才能缔婚。

（三）家庭是天然的和基本的社会单元，并应受社会和国家的保护。

第十七条

（一）人人得有单独的财产所有权以及同他人合有的所有权。

（二）任何人的财产不得任意剥夺。

第十八条

人人有思想、良心和宗教自由的权利；此项权利包括改变他的宗教或信仰的自由，以及单独或集体、公开或秘密地以教义、实践、礼拜和戒律表示他的宗教或信仰的自由。

第十九条

人人有权享有主张和发表意见的自由；此项权利包括持有主张而不受干涉的自由，和通过任何媒介和不论国界寻求、接受和传递消息和思想的自由。

第二十条

（一）人人有权享有和平集会和结社的自由。

（二）任何人不得迫使隶属于某一团体。

第二十一条

（一）人人有直接或通过自由选择的代表参与治理本国的权利。

（二）人人有平等机会参加本国公务的权利。

（三）人民的意志是政府权力的基础；这一意志应以定期的和真正的选举予以表现，而选举应依据普遍和平等的投票权，并以不记名投票或相当的自由投票程序进行。

第二十二条

每个人，作为社会的一员，有权享受社会保障，并有权享受他的个人尊严和人格的自由发展所必需的经济、社会和文化方面各种权利的实现，这种实现是通过国家努力和国际合作并依照各国的组织和资源情况。

第二十三条

（一）人人有权工作、自由选择职业、享受公正和合适的工作条件并享受免于失业的保障。

（二）人人有同工同酬的权利，不受任何歧视。

（三）每一个工作的人，有权享受公正和合适的报酬，保证使他本人和家属有一个符合人的尊严的生活条件，必要时并辅以其他方式的社会保障。

（四）人人有为维护其利益而组织和参加工会的权利。

第二十四条

人人有享有休息和闲暇的权利，包括工作时间有合理限制和定期给薪休假的权利。

第二十五条

（一）人人有权享受为维持他本人和家属的健康和福利所需的生活水准，包括食物、衣着、住房、医疗和必要的社会服务。在遭到失业、疾病、残废、守寡、衰老或在其他不能控制的情况下丧失谋生能力时，有权享受保障。

（二）母亲和儿童有权享受特别照顾和协助。一切儿童，无论婚生或非婚生，都应享受同等社会保护。

第二十六条

（一）人人都有受教育的权利，教育应当免费，至少在初级和基本阶段应如此。初级教育应属义务性质。技术和职业教育应普遍设立。高等教育应根据成绩而对一切人平等开放。

（二）教育的目的在于充分发展人的个性并加强对人权和基本自由的尊重。教育应促进各国、各种族或各宗教集团间的了解、容忍和友谊，并应促进联合国维护和平的各项活动。

（三）父母对其子女所应受的教育的种类，有优先选择的权利。

第二十七条

（一）人人有权自由参加社会的文化生活，享受艺术，并分享科学进步及其产生的福利。

（二）人人对由于他所创作的任何科学、文学或美术作品而产生的精神的和物质的利益，有享受保护的权利。

第二十八条

人人有权要求一种社会的和国际的秩序，在这种秩序中，本宣言所载的权利和自由能获得充分实现。

第二十九条

（一）人人对社会负有义务，因为只有在社会中他的个性才可能得到自由和充分的发展。

（二）人人在行使他的权利和自由时，只受法律所确定的限制，确定此种限制的唯一目的在于保证对旁人的权利和自由给予应有的承认和尊重，并在一个民主的社会中适应道德、公共秩序和普遍福利的正当需要。

（三）这些权利和自由的行使，无论在任何情形下均不得违背联合国的宗旨和原则。

第三十条

本宣言的任何条文，不得解释为默许任何国家、集团或个人有权进行任何旨在破坏本宣言所载的任何权利和自由的活动或行为。

公民权利和政治权利国际公约

联合国大会一九六六年十二月十六日第2200A（XXI）号决议通过并开放给各国签字、批准和加入，生效：按照第四十九条的规定，于一九七六年三月二十三日生效。

序　言

本公约缔约各国，

考虑到按照《联合国宪章》所宣布的原则，对人类家庭所有成员的固有尊严及其平等的和不移的权利的承认，乃是世界自由、正义与和平的基础，

确认这些权利是源于人身的固有尊严，

确认，按照《世界人权宣言》，只有在创造了使人人可以享有其公民和政治权利，正如享有其经济、社会和文化权利一样的条件的情况下，才能实现自由人类享有公民及政治自由和免于恐惧和匮乏的自由的理想，

考虑到各国根据《联合国宪章》负有义务促进对人的权利和自由的普遍尊重和遵行，

认识到个人对其他个人和对他所属的社会负有义务，应为促进和遵行本公约所承认的权利而努力，

兹同意下述各条：

第一部分

第一条

（一）所有人民都有自决权。他们凭这种权利自由决定他们的政治地位，并自由谋求他们的经济、社会和文化的发展。

（二）所有人民得为他们自己的目的自由处置他们的天然财富和资源，而不损害根据基于互利原则的国际经济合作和国际法而产生的任何义务。在任何情况下不得剥夺一个人民自己的生存手段。

（三）本公约缔约各国，包括那些负责管理非自治领土和托管领土的国家，应在符合《联合国宪章》规定的条件下，促进自决权的实现，并尊重这种权利。

第二部分

第二条

（一）本公约每一缔约国承担尊重和保证在其领土内和受其管辖的一切个人享有本公约所承认的权利，不分种族、肤色、性别、语言、宗教、政治或其他见解、国籍或社会出身、财产、出生或其他身份等任何区别。

（二）凡未经现行立法或其他措施予以规定者，本公约每一缔约国承担按照其宪法程序和本公约的规定采取必要的步骤，以采纳为实施本公约所承认的权利所需的立法或其他措施。

（三）本公约每一缔约国承担：

1. 保证任何一个被侵犯了本公约所承认的权利或自由的人，能得到有效的补救，尽管此种侵犯是以官方资格行事的人所为；

2. 保证任何要求此种补救的人能由合格的司法、行政或立法当局或由国家法律制度规定的任何其他合格当局断定其在这方面的权利，并发展司法补救的可能性；

3. 保证合格当局在准予此等补救时，确能付诸实施。

第三条

本公约缔约各国承担保证男子和妇女在享有本公约所载一切公民和政治权利方面有平等的权利。

第四条

（一）在社会紧急状态威胁到国家的生命并经正式宣布时，本公约缔约国得采取措施克减其在本公约下所承担的义务，但克减的程度以紧急情势所严格需要者为限，此等措施并不得与它根据国际法所负有的其他义务相矛盾，且不得包含纯粹基于种族、肤色、性别、语言、宗教或社会出身的理由的歧视。

（二）不得根据本规定而克减第六条、第七条、第八条第（一）款和第（二）款、第十一条、第十五条、第十六条和第十八条。

（三）任何援用克减权的本公约缔约国应立即经由联合国秘书长将它已克减的各项规定、实行克减的理由和终止这种克减的日期通知本公约的其他缔约国家。

第五条

（一）本公约中任何部分不得解释为隐示任何国家、团体或个人有权利从事于任何旨在破坏本公约所承认的任何权利和自由或对它们加以较本公约所规定的范围更广的限制的活动或行为。

（二）对于本公约任何缔约国中依据法律、惯例、条例或习惯而被承认或存在的任何基本人权，不得借口本公约未予承认或只在较小范围上予以承认而加以限制或克减。

第三部分

第六条

（一）人人有固有的生命权。这个权利应受法律保护。不得任意剥夺任何人的生命。

（二）在未废除死刑的国家，判处死刑只能是作为对最严重的罪行的惩罚，判处应按照犯罪时有效并且不违反本公约规定和《防止及惩治灭绝种族罪公约》的法律。这种刑罚，非经合格法庭最后判决，不得执行。

（三）兹了解：在剥夺生命构成灭种罪时，本条中任何部分并不准许本公约的任何缔约国以任何方式克减它在《防止及惩治灭绝种族罪公约》的规定下所承担的任何义务。

（四）任何被判处死刑的人应有权要求赦免或减刑。对一切判处死刑的案件均得给予大赦、特赦或减刑。

（五）对十八岁以下的人所犯的罪，不得判处死刑；对孕妇不得执行死刑。

（六）本公约的任何缔约国不得援引本条的任何部分来推迟或阻止死刑的废除。

第七条

任何人均不得加以酷刑或施以残忍的、不人道的或侮辱性的待遇或刑罚。特别是对任何人均不得未经其自由同意而施以医药或科学试验。

第八条

（一）任何人不得使为奴隶；一切形式的奴隶制度和奴隶买卖均应予以禁止。

（二）任何人不应被强迫役使。

（三）

1. 任何人不应被要求从事强迫或强制劳动；

2. 在把苦役监禁作为一种对犯罪的惩罚的国家中，第（三）款 1 项的规定不应认为排除按照由合格的法庭关于此项刑罚的判决而执行的苦役；

3. 为了本款之用，“强迫或强制劳动”一词不应包括：

（1）通常对一个依照法庭的合法命令而被拘禁的人或在此种拘禁假释期间的人所要求的任何工作或服务，非属 2 项所述者；

（2）任何军事性质的服务，以及在承认良心拒绝兵役的国家中，良心拒绝兵役者依法被要求的任何国家服务；

（3）在威胁社会生命或幸福的紧急状态或灾难的情况下受强制的任何服务；

（4）属于正常的公民义务的一部分的任何工作或服务。

第九条

（一）人人有权享有人身自由和安全。任何人不得加以任意逮捕或拘禁。除非依照法律所确定的根据和程序，任何人不得被剥夺自由。

（二）任何被逮捕的人，在被逮捕时应被告知逮捕他的理由，并应被迅速告知对他提出的任何指控。

（三）任何因刑事指控被逮捕或拘禁的人，应被迅速带见审判官或其他经法律授权行使司法权力的官员，并有权在合理的时间内受审判或被释放。等候审判的人受监禁不应作为一般规则，但可规定释放时应保证在司法程序的任何其他阶段出席审判，并在必要时报到听候执行判决。

（四）任何因逮捕或拘禁被剥夺自由的人，有资格向法庭提起诉讼，以便法庭能不拖延地决定拘禁他是否合法以及如果拘禁不合法时命令予以释放。

（五）任何遭受非法逮捕或拘禁的受害者，有得到赔偿的权利。

第十条

（一）所有被剥夺自由的人应给予人道及尊重其固有的人格尊严的待遇。

（二）

1. 除特殊情况外，被控告的人应与被判罪的人隔离开，并应给予适合于未判罪者身份的分别待遇；

2. 被控告的少年应与成年人分隔开，并应尽速予以判决。

（三）监狱制度应包括以争取囚犯改造和社会复员为基本目的的待遇。少年罪犯应与成年人隔离开，并应给予适合其年龄及法律地位的待遇。

第十一条

任何人不得仅仅由于无力履行约定义务而被监禁。

第十二条

（一）合法处在一国领土内的每一个人在该领土内有权享受迁徙自由和选择住所的自由。

（二）人人有自由离开任何国家，包括其本国在内。

（三）上述权利，除法律所规定并为保护国家安全、公共秩序、公共卫生或道德、或他人的权利和自由所必需且与本公约所承认的其他权利不抵触的限制外，应不受任何其他限制。

（四）任何人进入其本国权利，不得任意加以剥夺。

第十三条

合法处在本公约缔约国领土内的外侨，只有按照依法作出的决定才可以被驱逐出境，并且，除非在国家安全的紧迫原因另有要求的情况下，应准予提出反对驱逐出境的理由和使他的案件得到合格当局或由合格当局特别指定的一人或数人的复审，并为此目的而请人作代表。

第十四条

（一）所有的人在法庭和裁判所前一律平等。在判定对任何人提出的任何刑事指控或确定他在一件诉讼案中的权利和义务时，人人有资格由一个依法设立的合格的、独立的和无偏倚的法庭进行公正的和公开的审讯。由于民主社会中的道德的、公共秩序的或国家安全的理由，或当诉讼当事人的私生活的利益有此需要时，或在特殊情况下法庭认为公开审判会损害司法利益因而严格需要的限度下，可不使记者和公众出席全部或部分审判；但对刑事案件或法律诉讼的任何判决应公开宣布，除非少年的利益另有要求或者诉讼系有关儿童监护权的婚姻争端。

（二）凡受刑事控告者，在未依法证实有罪之前，应有权被视为无罪。

（三）在判定对他提出的任何刑事指控时，人人完全平等地有资格享受以下的最低限度的保证：

1. 迅速以一种他懂得的语言详细地告知对他提出的指控的性质和原因；

2. 有相当时间和便利准备他的辩护并与他自己选择的律师联络；

3. 受审时间不被无故拖延；

4. 出席受审并亲自替自己辩护或经由他自己所选择的法律援助进行辩护；如果他没有法律援助，要通知他享有这种权利；在司法利益有此需要的案件中，为他指定法律援助，而在他没有足够能力偿付法律援助的案件中，不要他自己付费；

5. 讯问或业已讯问对他不利的证人，并使对他有利的证人在与对他不利的证人相同的条件下出庭和受讯问；

6. 如他不懂或不会说法庭上所用的语言，能免费获得译员的援助；

7. 不被强迫作不利于他自己的证言或强迫承认犯罪。

（四）对少年的案件，在程序上应考虑到他们的年龄和帮助他们重新做人的需要。

（五）凡被判定有罪者，应有权由一个较高级法庭对其定罪及刑罚依法进行复审。

（六）在一人按照最后决定已被判定犯刑事罪而其后根据新的或新发现的事实确实表明发生误审，他的定罪被推翻或被赦免的情况下，因这种定罪而受刑罚的人应依法得到赔偿，除非经证明当时不知道的事实的未被及时揭露完全是或部分是由于他自己的缘故。

（七）任何人已依一国的法律及刑事程序被最后定罪或宣告无罪者，不得就同一罪名再予审判或惩罚。

第十五条

（一）任何人的任何行为或不行为，在其发生时依照国家法或国际法均不构成刑事罪者，不得据以认为犯有刑事罪。所加的刑罚也不得重于犯罪时适用的规定。如果在犯罪之后依法规定了应处以较轻的刑罚，犯罪者应予减刑。

（二）任何人的行为或不行为，在其发生时依照各国公认的一般法律原则为犯罪者，本条规定并不妨碍因该行为或不行为而对任何人进行的审判和对他施加的刑罚。

第十六条

人人在任何地方有权被承认在法律前的人格。

第十七条

（一）任何人的私生活、家庭、住宅或通信不得加以任意或非法干涉，他的荣誉和名誉不得加以非法攻击。

（二）人人有权享受法律保护，以免受这种干涉或攻击。

第十八条

（一）人人有权享受思想、良心和宗教自由。此项权利包括维持或改变他的宗教或信仰的自由，以及单独或集体、公开或秘密地以礼拜、戒律、实践和教义来表明他的宗教或信仰的自由。

（二）任何人不得遭受足以损害他维持或改变他的宗教或信仰自由的强迫。

（三）表示自己的宗教或信仰的自由，仅只受法律所规定的以及为保障公共安全、秩序、卫生或道德、或他人的基本权利和自由所必需的限制。

（四）本公约缔约各国承担，尊重父母和（如适用时）法定监护人保证他们的孩子能按照他们自己的信仰接受宗教和道德教育的自由。

第十九条

（一）人人有权持有主张，不受干涉。

（二）人人有自由发表意见的权利；此项权利包括寻求、接受和传递各种消息和思想的自由，而不论国界，也不论口头的、书写的、印刷的、采取艺术形式的、或通过他所选择的任何其他媒介。

（三）本条第（二）款所规定的权利的行使带有特殊的义务和责任，因此得受某些限制，但这些限制只应由法律规定并为下列条件所必需：

1. 尊重他人的权利或名誉；

2. 保障国家安全或公共秩序，或公共卫生或道德。

第二十条

（一）任何鼓吹战争的宣传，应以法律加以禁止。

（二）任何鼓吹民族、种族或宗教仇恨的主张，构成煽动歧视、敌视或强暴者，应以法律加以禁止。

第二十一条

和平集会的权利应被承认。对此项权利的行使不得加以限制，除去按照法律以及在民主社会中为维护国家安全或公共安全、公共秩序，保护公共卫生或道德或他人的权利和自由的需要而加的限制。

第二十二条

（一）人人有权享受与他人结社的自由，包括组织和参加工会以保护他的利益的权利。

（二）对此项权利的行使不得加以限制。除去法律所规定的限制以及在民主社会中为维护国家安全或公共安全、公共秩序，保护公共卫生或道德或他人的权利和自由所必需的限制。本条不应禁止对军队或警察成员的行使此项权利加以合法的限制。

（三）本条并不授权参加一九四八年关于结社自由及保护组织权国际劳工组织公约的缔约国采取足以损害该公约中所规定的保证的立法措施，或在应用法律时损害这种保证。

第二十三条

（一）家庭是天然的和基本的社会单元，并应受社会和国家的保护。

（二）已达结婚年龄的男女缔婚和成立家庭的权利应被承认。

（三）只有经男女双方的自由的和完全的同意，才能缔婚。

（四）本公约缔约各国应采取适当步骤以保证缔婚双方在缔婚、结婚期间和解除婚约时的权利和责任平等。在解除婚约的情况下，应为儿童规定必要的保护办法。

第二十四条

（一）每一儿童应有权享受家庭、社会和国家为其未成年地位给予的必要保护措施，不因种族、肤色、性别、语言、宗教、国籍或社会出身、财产或出生而受任何歧视。

（二）每一儿童出生后应立即加以登记，并应有一个名字。

（三）每一儿童有权取得一个国籍。

第二十五条

每个公民应有下列权利和机会，不受第二条所述的区分和不受不合理的限制：

1. 直接或通过自由选择的代表参与公共事务；

2. 在真正的定期的选举中选举和被选举，这种选举应是普遍的和平等的并以无记名投票方式进行，以保证选举人的意志的自由表达；

3. 在一般的平等的条件下，参加本国公务。

第二十六条

所有的人在法律前平等，并有权受法律的平等保护，无所歧视。在这方面，法律应禁止任何歧视并保证所有的人得到平等和有效的保护，以免受基于种族、肤色、性别、语言、宗教、政治或其他见解、国籍或社会出身、财产、出生或其他身份等任何理由的歧视。

第二十七条

在那些存在着人种的、宗教的或语言的少数人的国家中，不得否认这种少数人同他们的集团中的其他成员共同享有自己的文化、信奉和实行自己的宗教或使用自己的语言的权利。

第四部分

第二十八条

（一）设立人权事务委员会（在本公约里以下简称“委员会”）。它应由十八名委员组成，执行下面所规定的任务。

（二）委员会应由本公约缔约国国民组成，他们应具有崇高道义地位和在人权方面有公认的专长，并且还应考虑使若干具有法律经验的人参加委员会是有用的。

（三）委员会委员以其个人身份选出和进行工作。

第二十九条

（一）委员会委员由具有第二十八条所规定的资格的人的名单中以无记名投票方式选出，这些人由本公约缔约国为此目的而提名。

（二）本公约每一缔约国至多得提名二人，这些人应为提名国的国民。

（三）任何人可以被再次提名。

第三十条

（一）第一次选举至迟应于本公约生效之日起六个月内举行。

（二）除按第三十四条进行补缺选举而外，联合国秘书长应在委员会每次选举前至少四个月书面通知本公约各缔约国，请它们在三个月内提出委员会委员的提名。

（三）联合国秘书长应按姓名字母次序编造这样提出的被提名人名单，注明提名他们的缔约国，并应在每次选举前至少一个月将这个名单送交本公约各缔约国。

（四）委员会委员的选举应在由联合国秘书长在联合国总部召开的本公约缔约国家会议举行。在这个会议里，本公约缔约国的三分之二应构成法定人数；凡获得最多票数以及出席并投票的缔约国代表的绝对多数票的那些被提名人当选为委员会委员。

第三十一条

（一）委员会不得有一个以上的委员同为一个国家的国民。

（二）委员会的选举应考虑到成员的公匀地域分配和各种类型文化及各主要法系的代表性。

第三十二条

（一）委员会的委员任期四年。他们如被再次提名可以再次当选。然而，第一次选出的委员中有九名的任期在两年后即届满；这九人的姓名应由第三十条第（四）款所述会议的主席在第一次选举完毕后立即抽签决定。

（二）任期届满后的选举应按公约本部分的上述各条进行。

第三十三条

（一）如果委员会其他委员一致认为某一委员由后除暂时缺席以外的其他任何原因而已停止执行其任务时，委员会主席应通知联合国秘书长，秘书长应即宣布该委员的席位出缺。

（二）倘遇委员会委员死亡或辞职时，主席应立即通知联合国秘书长，秘书长应宣布该席位自死亡日期或辞职生效日期起出缺。

第三十四条

（一）按照第三十三条宣布席位出缺时，如果被接替的委员的任期从宣布席位出缺时起不在六个月内届满者，联合国秘书长应通知本公约各缔约国，各缔约国可在两个月内按照第二十九条的规定，为填补空缺的目的提出提名。

（二）联合国秘书长应按姓名字母次序编造这样提出来的被提名人名单，提交本公约各缔约国。然后按照公约本部分的有关规定进行补缺选举。

（三）为填补按第三十三条宣布出缺的席位而当选的委员会委员的任期为按

同条规定出缺的委员会委员的剩余任期。

第三十五条

委员会委员在获得联合国大会的同意时，可以按照大会鉴于委员会责任的重要性而决定的条件从联合国经费中领取薪俸。

第三十六条

联合国秘书长应为委员会提供必要的工作人员和便利，使能有效执行本公约所规定的职务。

第三十七条

（一）联合国秘书长应在联合国总部召开委员会的首次会议。

（二）首次会议以后，委员会应按其议事规则所规定的时间开会。

（三）委员会会议通常应在联合国总部或联合国驻日内瓦办事处举行。

第三十八条

委员会每个委员就职以前，应在委员会的公开会议上郑重声明他将一秉良心公正无偏地行使其职权。

第三十九条

（一）委员会应选举自己的职员，任期二年。他们可以连选连任。

（二）委员会应制定自己的议事规则，但在这些规则中应当规定：

1. 十二名委员构成法定人数；

2. 委员会的决定由出席委员的多数票作出。

第四十条

（一）本公约各缔约国承担在①本公约对有关缔约国生效后的一年内及②此后每逢委员会要求这样做的时候，提出关于它们已经采取而使本公约所承认的各项权利得以实施的措施和关于在享受这些权利方面所作出的进展的报告。

（二）所有的报告应送交联合国秘书长转交委员会审议。报告中应指出影响实现本公约的因素和困难，如果存在着这种因素和困难的话。

（三）联合国秘书长在同委员会磋商之后，可以把报告中属于专门机构职司范围的部分的副本转交有关的专门机构。

（四）委员会应研究本公约各缔约国提出的报告，并应把它自己的报告以及它可能认为适当的一般建议送交各缔约国。委员会也可以把这些意见同它从本公约各缔约国收到的报告的副本一起转交经济及社会理事会。

（五）本公约各缔约国得就按照本条第（四）款所可能作出的意见，向委员会提出意见。

第四十一条

（一）本公约缔约国得按照本条规定，随时声明它承认委员会有权接受和审议一缔约国指控另一缔约国不履行它在本公约下的义务的通知。按照本条规定所作的通知，必须是由曾经声明其本身承认委员会有权的缔约国提出的，才能加以接受和审议。任何通知如果是关于尚未作出这种声明的缔约国的，委员会不得加以接受。按照本条规定所接受的通知，应按下列程序处理：

1. 如本公约某缔约国认为另一缔约国未执行公约的规定，它可以用书面通知提请该国注意此事项。收到通知的国家应在收到后 3 个月内对发出通知的国家提供一项有关澄清此事项的书面解释或任何其他的书面声明，其中应可能地和恰当地引证在此事上已经采取的、或即将采取的、或现有适用的国内办法和补救措施。

2. 如果此事项在收受国接到第一次通知后 6 个月内尚未处理得使双方满意，两国中任何一国有权用通知委员会和对方的方式将此事项提交委员会。

3. 委员会对于提交给它的事项，应只有在它认定在这一事项上已按照普遍公认的国际法原则求助于和用尽了所有现有适用的国内补救措施之后，才加以处理。在补救措施的采取被无理拖延的情况下，此项通知则不适用。

4. 委员会审议按本条规定所作的通知时，应以秘密会议进行。

5. 在服从分款 3 的规定的情况下，委员会应对有关缔约国提供斡旋，以便在尊重本公约所承认的人权和基本自由的基础上求得此事项的友好解决。

6. 在提交委员会的任何事项上，委员会得要求分款 2 内所述的有关缔约国提供任何有关情报。

7. 在委员会审议此事项时，分款 2 内所述的有关缔约国应有权派代表出席并提出口头和（或）书面说明。

8. 委员会应在收到按分款 2 提出的通知之日起 12 个月内提出一项报告：

（1）如果案件在分款 5 所规定的条件下获得了解决，委员会在其报告中应限于对事实经过和所获解决作一简短陈述；

（2）如果案件不能在分款 5 所规定的条件下获得解决，委员会在其报告中应限于对事实经过作一简短陈述；案件有关双方提出的书面说明和口头说明的记录，也应附在报告上。

在每一事项上，应将报告送交各有关缔约国。

（二）本条的规定应于有 10 个本公约缔约国已经作出本条第（一）款所述的声明时生效。各缔约国的这种声明应交存联合国秘书长；秘书长应将声明副本转交其他缔约国。缔约国得随时通知秘书长撤回声明。此种撤回不得影响对曾经按照本条规定作出通知而要求处理的任何事项的审议；在秘书长收到缔约国撤回声明的通知后，对该缔约国以后所作的通知，不得再予接受，除非该国另外作出了新的声明。

第四十二条

（一）

1. 如按第四十一条规定提交委员会处理的事项未能获得使各有关缔约国满

意的解决，委员会得经各有关缔约国事先同意，指派一个专设和解委员会（以下简称“和委会”）。和委会应对有关缔约国提供斡旋，以便在尊重本公约的基础上求得此事项的友好解决；

2. 和委会由各有关缔约国接受的委员五人组成。如各有关缔约国于 3 个月内对和委会组成的全部或一部分未能达成协议，未得协议的和委会委员应由委员会用无记名投票方式以 2/3 多数自其本身委员中选出。

（二）和委会委员以其个人身份进行工作。委员不得为有关缔约国的国民，或为非本公约缔约国的国民，或未按第四十一条规定作出声明的缔约国的国民。

（三）和委会应选举自己的主席及制定自己的议事规则。

（四）和委会会议通常应在联合国总部或联合国驻日内瓦办事处举行，但亦得在和委会同联合国秘书长及各有关缔约国磋商后决定的其他方便地点举行。

（五）按第三十六条设置的秘书处应亦为按本条指派的和委会服务。

（六）委员会所收集整理的情报，应提供给和委会，和委会亦得请有关缔约国提供任何其他有关情报。

（七）和委会于详尽审议此事项后，无论如何应于受理该事项后 12 个月内，向委员会主席提出报告，转送各有关缔约国：

1. 如果和委会未能在 12 个月内完成对案件的审议，和委会在其报告中应限于对其审议案件的情况作一简短的陈述；

2. 如果案件已能在尊重本公约所承认的人权的基础上求得友好解决，和委会在其报告中应限于对事实经过和所获解决作一简短陈述；

3. 如果案件不能在分款 2 规定的条件下获得解决，和委会在其报告中应说明对于各有关缔约国间争执事件的一切有关事实问题的结论，以及对于就该事件寻求友好解决的各种可能性的意见。此项报告中亦应载有各有关缔约国提出的书面说明和口头说明的记录；

4. 和委会的报告如系按分款 3 的规定提出，各有关缔约国应于收到报告后 3 个月内通知委员会主席是否接受和委员的报告的内容。

（八）本条规定不影响委员会在第四十一条下所负的责任。

（九）各有关缔约国应依照联合国秘书长所提概算，平均负担和委会委员的一切费用。

（十）联合国秘书长应被授权于必要时在各有关缔约国依本条第（九）款偿还用款之前，支付和委会委员的费用。

第四十三条

委员会委员，以及依第四十二条可能指派的专设和解委员会委员，应有权享受联合国特权及豁免公约内有关各款为因联合国公务出差的专家所规定的各种便利、特权与豁免。

第四十四条

有关实施本公约的规定，其适用不得妨碍联合国及各专门机构的组织法及公约在人权方面所订的程序，或根据此等组织法及公约所订的程序，亦不得阻止本公约各缔约国依照彼此间现行的一般或特别国际协定，采用其他程序解决争端。

第四十五条

委员会应经由经济及社会理事会向联合国大会提出关于它的工作的年度报告。

第五部分

第四十六条

本公约的任何部分不得解释为有损《联合国宪章》和各专门机构组织法中确定联合国各机构和各专门机构在本公约所涉及事项方面的责任的规定。

第四十七条

本公约的任何部分不得解释为有损所有人民充分地和自由地享受和利用他们的天然财富与资源的固有权利。

第六部分

第四十八条

（一）本公约开放给联合国任何会员国或其专门机构的任何会员国、国际法院规约的任何当事国和经联合国大会邀请为本公约缔约国的任何其他国家签字。

（二）本公约须经批准。批准书应交存联合国秘书长。

（三）本公约应开放给本条第（一）款所述的任何国家加入。

（四）加入应向联合国秘书长交存加入书。

（五）联合国秘书长应将每一批准书或加入书的交存通知已经签字或加入本公约的所有国家。

第四十九条

（一）本公约应自第三十五件批准书或加入书交存联合国秘书长之日起三个月生效。

（二）对于在第三十五件批准书或加入书交存后批准或加入本公约的国家，本公约应自该国交存其批准书或加入书之日起三个月生效。

第五十条

本公约的规定应扩及联邦国家的所有部分，没有任何限制和例外。

第五十一条

（一）本公约的任何缔约国均得提出对本公约的修正案，并将其提交联合国秘书长。秘书长应立即将提出的修正案转知本公约各缔约国，同时请它们通知秘书长是否赞成召开缔约国家会议以审议这个提案并对它进行表决。在至少有三分之一缔约国家赞成召开这一会议的情况下，秘书长应在联合国主持下召开此会议。为会议上出席并投票的多数缔约国家所通过的任何修正案，应提交联合国大会批准。

（二）此等修正案由联合国大会批准并为本公约缔约国的 2/3 多数按照它们各自的宪法程序加以接受后，即行生效。

（三）此等修正案生效时，对已经接受的各缔约国有拘束力，其他缔约国仍受本公约的条款和它们已接受的任何以前的修正案的拘束。

第五十二条

除按照第四十八条第（五）款作出的通知外，联合国秘书长应将下列事项通知同条第（一）款所述的所有国家：

1. 按照第四十八条规定所作的签字、批准和加入；

2. 本公约按照第四十九条规定生效的日期，以及对本公约的任何修正案按照第五十一条规定生效的日期。

第五十三条

（一）本公约应交存联合国档库，其中文、英文、法文、俄文、西班牙文各本同一作准。

（二）联合国秘书长应将本公约的正式副本分送第四十八条所指的所有国家。

公民权利和政治权利国际公约任择议定书

1966 年 12 月 16 日通过

本议定书缔约国，

认为为求进一步达成《公民权利和政治权利国际公约》（以下简称公约）的目标及实施其各项规定，允宜授权公约第四部分所设的人权事务委员会（以下简称委员会）依照本议定书所定办法，接受并审查个人声称因公约所载任何权利遭受侵害而为受害人的来文，

兹议定如下：

第一条

成为本议定书缔约国的公约缔约国承认委员会有权接受并审查该国管辖下的个人声称为该缔约国侵害公约所载任何权利的受害人的来文。来文所涉公约缔约国如非本议定书的缔约国，委员会不得予以接受。

第二条

以不违反第一条的规定为限，凡声称其在公约规定下的任何权利遭受侵害的

个人，如对可以运用的国内补救办法，悉已援用无遗，得向委员会书面提出申请，由委员会审查。

第三条

依据本议定书提送的任何来文，如系不具名，或经委员会认为滥用此项呈文权，或不符合公约的规定者，委员会应不予受理。

第四条

（一）除第三条规定外，委员会应将根据本议定书所提出的任何来文提请被控违反公约任何规定的本议定书缔约国注意。

（二）收到通知的国家应于6个月内书面向委员会提出解释或声明，说明原委，如该国业已采取救济办法，则亦应一并说明。

第五条

（一）委员会应参照该个人及关系缔约国所提出的一切书面资料，审查根据本议定书所收到的来文。

（二）委员会不得审查任何个人来文，除非已断定：

1. 同一事件不在另一国际调查或解决程序审查之中；

2. 该个人对可以运用的国内补救办法悉已援用无遗。

但如补救办法的实施有不合理的拖延，则不在此限。

（三）委员会审查本议定书所称的来文，应举行不公开会议。

（四）委员会应向关系缔约国及该个人提出其意见。

第六条

委员会应将其根据本议定书进行的工作摘要列入公约第四十五条所规定的委员会年度报告。

第七条

在1960年12月14日联合国大会通过关于《给予殖民地国家和人民独立宣言》的第1514（XV）号决议目标未达成以前，凡《联合国宪章》及联合国与其各专门机构主持下订立的其他国际公约与文书给予此等人民的请愿权利，不因本议定书各项规定而受任何限制。

第八条

（一）本议定书开放给业已签署公约的国家签字。

（二）本议定书须经业已批准或加入公约的国家批准。批准书应交存联合国秘书长。

（三）本议定书开放给业已批准或加入公约的国家加入。

（四）加入应向联合国秘书长交存加入书。

（五）联合国秘书长应将每一批准书或加入书的交存，通知业已签署或加入本议定书的所有国家。

第九条

（一）以公约生效为条件，本议定书应于第十件批准书或加入书交存联合国秘书长之日起 3 个月后发生效力。

（二）对于第十件批准书或加入书交存后批准或加入本议定书的国家，本议定书应自该国交存批准书或加入书之日起 3 个月后发生效力。

第十条

本议定书各项规定应一律适用于联邦国家的全部领土，并无限制或例外。

第十一条

（一）本议定书缔约国得提议修改本议定书，将修正案提交联合国秘书长。秘书长应将提议之修正案分送本议定书各缔约国，并请其通知是否赞成召开缔约国会议，以审议并表决所提议案。如缔约国 1/3 以上赞成召开会议，秘书长应在联合国主持下召开此会议。经出席会议并投票的缔约国过半数通过的修正案，应提请联合国大会核可。

（二）修正案经联合国大会核可，并经本议定书缔约国 2/3 各依本国宪法程序接受后，即发生效力。

（三）修正案生效后，对接受此种修正的缔约国具有拘束力；其他缔约国仍受本议定书原订条款及其此前所接受修正案的拘束。

第十二条

（一）任何缔约国得随时书面通知联合国秘书长退出本议定书。退约应于秘书长接得通知之日起 3 个月后发生效力。

（二）退约不得影响本议定书各项规定对于退约生效日期以前依照第二条提出的任何来文的继续适用。

第十三条

除本议定书第八条第（五）款的通知外，联合国秘书长应将下列事项通知公约第四十八条第（一）款所称的所有国家：

1. 依第八条所为的签字、批准及加入；

2. 依第九条本议定书发生效力的日期，及依第十一条任何修正案发生效力的日期；

3. 依第十二条提出的退约。

第十四条

（一）本议定书应交存联合国档库，其中文、英文、法文、俄文及西班牙文各本同一为准。

（二）联合国秘书长应将本议定书正式副本分送公约第四十八条所称的所有国家。

公民权利和政治权利国际公约旨在废除死刑的第二任择议定书

1989 年 12 月 15 日通过

本议定书各缔约国，

相信废除死刑有助于提供人的尊严和逐步发展人权，

回想起 1948 年 12 月 10 日通过的《世界人权宣言》第三条和 1966 年 12 月 16 日通过的《公民权利和政治权利国际公约》第六条，

注意到《公民权利和政治权利国际公约》第六条已经提到废除死刑，并以强烈的提词暗示废除死刑是可取的，

相信所有废除死刑的措施均应被认为是在享受生命权利方面的进步，

希望从此承担起废除死刑的国际义务，

兹议定以下各条：

第一条

（一）在本议定书缔约国管辖范围内，任何人不得被执行死刑。

（二）每一缔约国在其管辖范围之内，应采纳一切必要措施废除死刑。

第二条

（一）除了在批准或加入之时作出保留，规定按照对战争期间所犯的具有军事性质的最严重罪行的定罪执行战时死刑之外，对本议定书不容许有任何保留。

（二）作出上述保留的缔约国应在批准或加入时，向联合国秘书长提交适用战时的国内立法的有关规定。

（三）作出上述保留的缔约国应提请联合国秘书长注意适用其领土的战争状态的开始和结束。

第三条

本议定书的各缔约国依公约第四十条应在其提交给人权委员会的报告中，包括其为实施本议定书所采取的措施方面的情报。

第四条

对于那些根据第四十一条作出声明的各公约缔约国而言，当一缔约国声称另一缔约国没有履行其义务时，人权委员会接受和审议来文的职权应扩大到适用于本议定书的各项规定，除非有关缔约国在批准或加入时已作出相反的声明。

第五条

对于那些 1966 年 12 月 16 日通过的《公民权利和政治权利国际公约任择议定书》的缔约国，人权事务委员会按其管辖权限接受和审议个人来文的职权，应

扩大到适用于本议定书的规定，除非有关缔约国在批准加入时已作出相反的声明。

第六条

（一）本议定书的各项规定，应作为公约的补充规定加以适用。

（二）在不损害本议定书第二条作出保留的可能性的情况下，本议定书第一条第（一）款所保障的权利不得依公约第四条而被部分废除。

第七条

（一）本议定书向已签署公约的任何国家开放签字。

（二）本议定书接受已批准或加入公约的任何国家的批准，批准书应交存联合国秘书长。

（三）本议定书向已批准或加入公约任何国家开放加入。

（四）加入通过将加入书交存联合国秘书长而生效。

（五）联合国秘书长应将每一批准或加入书的交存通知所有已签署或加入本议定书的国家。

第八条

（一）本议定书应于第十份批准或加入书交存联合国秘书长之日起 3 个月后生效。

（二）对于在第十份批准或加入书交存之后批准或加入本议定书的每一国家，本议定书应自该国交存批准书或加入书之日起 3 个月后生效。

第九条

本议定书的各项规定应一律适用于联邦国家的全部领土，不得有任何限制或例外。

第十条

联合国秘书长应将下列事项通知公约第四十八条第（一）款所指的所有国家：

1. 根据本议定书第二条所作的保留、来文和通知；

2. 根据第四条或第五条所作的声明；

3. 根据第八条本议定书的生效日期。

第十一条

（一）本议定书应交存联合国档案库，其阿拉伯文、中文、英文、法文、俄文及西班牙文文本同样作准。

（二）联合国秘书长应将本议定书证明无误的副本送交公约第四十八条所指的所有国家。

经济、社会和文化权利国际公约

序　　言

本公约缔约各国，

考虑到，按照《联合国宪章》所宣布的原则，对人类家庭所有成员的固有尊严及其平等的和不移的权利的承认，乃是世界自由、正义与和平的基础，

确认这些权利是源于人身的固有尊严，

确认，按照《世界人权宣言》，只有在创造了使人人可以享有其经济、社会及文化权利，正如享有其公民和政治权利一样的条件的情况下，才能实现自由人类享有免于恐惧和匮乏的自由的理想。

考虑到各国根据联合国宪章负有义务促进对人的权利和自由的普遍尊重和遵行，

认识到个人对其他个人和对他所属的社会负有义务，应为促进和遵行本公约所承认的权利而努力，

兹同意下述各条：

第一部分

第一条

（一）所有人民都有自决权。他们凭这种权利自由决定他们的政治地位，并自由谋求他们的经济、社会和文化的发展。

（二）所有人民得为他们自己的目的自由处置他们的天然财富和资源，而不损害根据基于互利原则的国际经济合作和国际法而产生的任何义务。在任何情况下不得剥夺一个人民自己的生存手段。

（三）本公约缔约各国，包括那些负责管理非自治领土和托管领土的国家，应在符合《联合国宪章》规定的条件下，促进自决权的实现，并尊重这种权利。

第二部分

第二条

（一）每一缔约国家承担尽最大能力个别采取步骤，或经由国际援助和合作，特别是经济和技术方面的援助和合作，采取步骤，以便用一切适当方法，尤其包括用立法方法，逐渐达到本公约中所承认的权利的充分实现。

（二）本公约缔约各国承担保证，本公约所宣布的权利应予普遍行使，而不得有例如种族、肤色、性别、语言、宗教、政治或其他见解、国籍或社会出身、财产、出生或其他身份等任何区分。

（三）发展中国家，在适当顾到人权及它们的民族经济的情况下，得决定它们对非本国国民的享受本公约中所承认的经济权利，给予什么程度的保证。

第三条

本公约缔约各国承担保证男子和妇女在本公约所载一切经济、社会及文化权利方面享有平等的权利。

第四条

本公约缔约各国承认，在对各国依据本公约而规定的这些权利的享有方面，国家对此等权利只能加以同这些权利的性质不相违背而且只是为了促进民主社会中的总的福利的目的的法律所确定的限制。

第五条

（一）本公约中任何部分不得解释为隐示任何国家、团体或个人有权利从事于任何旨在破坏本公约所承认的任何权利或自由或对它们加以较本公约所规定的范围更广的限制的活动或行为。

（二）对于任何国家中依据法律、惯例、条例或习惯而被承认或存在的任何基本人权，不得借口本公约未予承认或只在较小范围上予以承认而予以限制或克减。

第三部分

第六条

（一）本公约缔约各国承认工作权，包括人人应有机会凭其自由选择和接受的工作来谋生的权利，并将采取适当步骤来保障这一权利。

（二）本公约缔约各国为充分实现这一权利而采取的步骤应包括技术的和职业的指导和训练，以及在保障个人基本政治和经济自由的条件下达到稳定的经济、社会和文化的发展和充分的生产就业的计划、政策和技术。

第七条

本公约缔约各国承认人人有权享受公正和良好的工作条件，特别要保证：

1. 最低限度给予所有工人以下报酬：

(1) 公平的工资和同值工作同酬而没有任何歧视，特别是保证妇女享受不差于男子所享受的工作条件，并享受同工同酬；

(2) 保证他们自己和他们的家庭得有符合本公约规定的过得去的生活；

2. 安全和卫生的工作条件；

3. 人人在其行业中适当的提级的同等机会，除资历和能力的考虑外，不受其他考虑的限制；

4. 休息、闲暇和工作时间的合理限制，定期给薪休假以及公共假日报酬。

第八条

（一）本公约缔约各国承担保证：

1. 人人有权组织工会和参加他所选择的工会，以促进和保护他的经济和社会利益；这个权利只受有关工会的规章的限制。对这一权利的行使，不得加以除法律所规定及在民主社会中为了国家安全或公共秩序的利益或为保护他人的权利和自由所需要的限制以外的任何限制；

2. 工会有权建立全国性的协会或联合会，有权组织或参加国际工会组织；

3. 工会有权自由地进行工作，不受除法律所规定及在民主社会中为了国家安全或公共秩序的利益或为保护他人的权利和自由所需要的限制以外的任何限制；

4. 有权罢工，但应按照各个国家的法律行使此项权利。

（二）本条不应禁止对军队或警察或国家行政机关成员的行使这些权利，加以合法的限制。

（三）本条并不授权参加 1948 年关于结社自由及保护组织权国际劳工组织公约的缔约国采取足以损害该公约中所规定的保证的立法措施，或在应用法律时损害这种保证。

第九条

本公约缔约各国承认人人有权享受社会保障，包括社会保险。

第十条

本公约缔约各国承认：

（一）对作为社会的自然和基本的单元的家庭，特别是对于它的建立和当它负责照顾和教育未独立的儿童时，应给予尽可能广泛的保护和协助。缔婚必须经男女双方自由同意；

（二）对母亲，在产前和产后的合理期间，应给以特别保护。在此期间，对有工作的母亲应给以给薪休假或有适当社会保障福利金的休假；

（三）应为一切儿童和少年采取特殊的保护和协助措施，不得因出身或其他条件而有任何歧视。儿童和少年应予保护免受经济和社会的剥削。雇佣他们做对他们的道德或健康有害或对生命有危险的工作或做足以妨害他们正常发育的工作，依法应受惩罚。各国亦应规定限定的年龄，凡雇佣这个年龄以下的童工，应予禁止和依法应受惩罚。

第十一条

（一）本公约缔约各国承认人人有权为他自己和家庭获得相当的生活水准，包括足够的食物、衣着和住房，并能不断改进生活条件。各缔约国将采取适当的步骤保证实现这一权利，并承认为此而实行基于自愿同意的国际合作的重要性。

（二）本公约缔约各国既确认人人享有免于饥饿的基本权利，应为下列目的，个别采取必要的措施或经由国际合作采取必要的措施，包括具体的计划在内：

1. 用充分利用科技知识、传播营养原则的知识和发展或改革土地制度以使天然资源得到最有效的开发和利用等方法，改进粮食的生产、保存及分配方法；

2. 在顾到粮食进口国家和粮食出口国家的问题的情况下，保证世界粮食供应，会按照需要，公平分配。

第十二条

（一）本公约缔约各国承认人人有权享有能达到的最高的体质和心理健康的标准。

（二）本公约缔约各国为充分实现这一权利而采取的步骤应包括为达到下列目标所需的步骤：

1. 减低死胎率和婴儿死亡率，和使儿童得到健康的发育；

2. 改善环境卫生和工业卫生的各个方面；

3. 预防、治疗和控制传染病、风土病、职业病以及其他的疾病；

4. 创造保证人人在患病时能得到医疗照顾的条件。

第十三条

（一）本公约缔约各国承认，人人有受教育的权利。它们同意，教育应鼓励人的个性和尊严的充分发展，加强对人权和基本自由的尊重，并应使所有的人能有效地参加自由社会，促进各民族之间和各种族、人种或宗教团体之间的了解、容忍和友谊，和促进联合国维护和平的各项活动。

（二）本公约缔约各国认为，为了充分实现这一权利起见：

1. 初等教育应属义务性质并一律免费；

2. 各种形式的中等教育，包括中等技术和职业教育，应以一切适当方法，普遍设立，并对一切人开放，特别要逐渐做到免费；

3. 高等教育应根据成绩，以一切适当方法，对一切人平等开放，特别要逐渐做到免费；

4. 对那些未受到或未完成初等教育的人的基础教育，应尽可能加以鼓励或推进；

5. 各级学校的制度，应积极加以发展；适当的奖学金制度，应予设置；教员的物质条件，应不断加以改善。

（三）本公约缔约各国承担，尊重父母和（如适用时）法定监护人的下列自由：为他们的孩子选择非公立的但系符合于国家所可能规定或批准的最低教育标准的学校，并保证他们的孩子能按照他们自己的信仰接受宗教和道德教育。

（四）本条的任何部分不得解释为干涉个人或团体设立及管理教育机构的自由，但以遵守本条第（一）款所述各项原则及此等机构实施的教育必须符合于国家所可能规定的最低标准为限。

第十四条

本公约任何缔约国在参加本公约时尚未能在其宗主领土或其他在其管辖下的领土实施免费的、义务性的初等教育者，承担在两年之内制定和采取一个逐步实行的详细的行动计划，其中规定在合理的年限内实现一切人均得受免费的义务性教育的原则。

第十五条

（一）本公约缔约各国承认人人有权：

1. 参加文化生活；

2. 享受科学进步及其应用所产生的利益；

3. 对其本人的任何科学、文学或艺术作品所产生的精神上和物质上的利益，享受被保护之权利。

（二）本公约缔约各国为充分实现这一权利而采取的步骤应包括为保存、发展和传播科学和文化所必需的步骤。

（三）本公约缔约各国承担尊重进行科学研究和创造性活动所不可缺少的自由。

（四）本公约缔约各国认识到鼓励和发展科学与文化方面的国际接触和合作的好处。

第四部分

第十六条

（一）本公约缔约各国承担依照本公约这一部分提出关于在遵行本公约所承认的权利方面所采取的措施和所取得的进展的报告。

（二）

1. 所有的报告应提交给联合国秘书长；联合国秘书长应将报告副本转交经济及社会理事会按照本公约的规定审议；

2. 本公约任何缔约国，同时是一个专门机构的成员国者，其所提交的报告或其中某部分，倘若与按照该专门机构的组织法规定属于该机构职司范围的事项有关，联合国秘书长应同时将报告副本或其中的有关部分转交该专门机构。

第十七条

（一）本公约缔约各国应按照经济及社会理事会在同本公约缔约各国和有关的专门机构进行咨商后，于本公约生效后 1 年内，所制定的计划，分期提供报告。

（二）报告得指出影响履行本公约义务的程度的因素和困难。

（三）凡有关的材料业经本公约任一缔约国提供给联合国或某一专门机构时，即不需要复制该项材料，而只需确切指明所提供材料的所在地即可。

第十八条

经济及社会理事会按照其根据《联合国宪章》在人权方面的责任，得和专门机构就专门机构向理事会报告在使本公约中属于各专门机构活动范围的规定获得遵行方面的进展作出安排。这些报告得包括它们的主管机构所采取的关于此等履行措施的决定和建议的细节。

第十九条

经济及社会理事会得将各国按照第十六条和第十七条规定提出的关于人权的报告和各专门机构按照第十八条规定提出的关于人权的报告转交人权委员会以供研究和提出一般建议或在适当时候参考。

第二十条

本公约缔约各国以及有关的专门机构得就第十九条中规定的任何一般建议或就人权委员会的任何报告中的此种一般建议或其中所提及的任何文件，向经济及社会理事会提出意见。

第二十一条

经济及社会理事会得随时和其本身的报告一起向大会提出一般性的建议以及从本公约各缔约国和各专门机构收到的关于在普遍遵行本公约所承认的权利方面所采取的措施和所取得的进展的材料的摘要。

第二十二条

经济及社会理事会得提请从事技术援助的其他联合国机构和它们的辅助机构以及有关的专门机构对本公约这一部分所提到的各种报告所引起的任何事项予以注意，这些事项可能帮助这些机构在它们各自的权限内决定是否需要采取有助于促进本公约的逐步切实履行的国际措施。

第二十三条

本公约缔约各国同意为实现本公约所承认的权利而采取的国际行动应包括签订公约、提出建议、进行技术援助以及为磋商和研究的目的同有关政府共同召开区域会议和技术会议等方法。

第二十四条

本公约的任何部分不得解释为有损《联合国宪章》和各专门机构组织法中确定联合国各机构和各专门机构在本公约所涉及事项方面的责任的规定。

第二十五条

本公约中任何部分不得解释为有损所有人民充分地和自由地享受和利用他们的天然财富与资源的固有权利。

第五部分

第二十六条

（一）本公约开放给联合国任何会员国或其专门机构的任何会员国、国际法院规约的任何当事国和经联合国大会邀请为本公约缔约国的任何其他国家签字。

（二）本公约须经批准。批准书应交存联合国秘书长。

（三）本公约应开放给本条第（一）款所述的任何国家加入。

（四）加入应向联合国秘书长交存加入书。

（五）联合国秘书长应将每一批准书或加入书的交存通知已经签字或加入本公约的所有国家。

第二十七条

（一）本公约应自第三十五件批准书或加入书交存联合国秘书长之日起 3 个月生效。

（二）对于在第三十五件批准书或加入书交存后批准或加入本公约的国家，本公约应自该国交存其批准书或加入书之日起 3 个月生效。

第二十八条

本公约的规定应扩及联邦国家的所有部分，没有任何限制和例外。

第二十九条

（一）本公约的任何缔约国均得提出对本公约的修正案，并将其提交联合国秘书长。秘书长应立即将提出的修正案转知本公约各缔约国，同时请它们通知秘书长是否赞成召开缔约国家会议以审议这个提案并对它进行表决。在至少有 1/3 缔约国赞成召开这一会议的情况下，秘书长应在联合国主持下召开此会议。为会议上出席并投票的多数缔约国所通过的任何修正案，应提交联合国大会批准。

（二）此等修正案由联合国大会批准并为本公约缔约国的 2/3 多数按照它们各自的宪法程序加以接受后，即行生效。

（三）此等修正案生效时，对已经接受的各缔约国有拘束力，其他缔约国仍受本公约的条款和它们已接受的任何以前的修正案的拘束。

第三十条

除按照第二十六条第（五）款作出的通知外，联合国秘书长应将下列事项通知同条第（一）款所述的所有国家：

1. 按照第二十六条规定所作的签字、批准和加入；

2. 本公约按照第二十七条规定生效的日期，以及对本公约的任何修正案按照第二十九条规定生效的日期。

第三十一条

（一）本公约应交存联合国档库，其中文、英文、法文、俄文、西班牙文各本同一作准。

（二）联合国秘书长应将本公约的正式副本分送第二十六条所指的所有国家。

后　记

本书是在《人权法学》（科学出版社 2005 年版）的基础上精减、补充、修订而成的。原版教材的编写由杨春福教授负责策划和统稿，金俭、肖泽晟、李斌、何鹰参与了前期论证，写作大纲最后由参编教师共同商定。本版教材的编写和修订分工如下：

绪论：杨春福

第一章：杨春福

第二章：金俭

第三章：金俭

第四章：杨辉忠

第五章：肖泽晟

第六章：黄秀梅

第七章：肖泽晟

第八章：周长征

第九章：吴卫星

第十章：黄秀梅、杨辉忠

第十一章：何鹰

第十二章：何鹰

第十三章：李斌

第十四章：李斌

由于本书由多人参与编写，故在内容、体例、写作风格等方面均有不一致的地方，恳望读者予以谅解。

感谢科学出版社的大力推荐，使本书入选普通高等教育“十一五”国家级规划教材。感谢科学出版社的编辑，正是通过他们的共同努力才使本书得以顺利出版。

杨春福

2009 年 9 月 1 日